日本語
類義表現と
使い方の
ポイント

市川保子 著

表現意図から考える

スリーエーネットワーク

©2018 by ICHIKAWA Yasuko

All rights reserved. No part of this publication may be reproduced, stored in a retrieval system, or transmitted in any form or by any means, electronic, mechanical, photocopying, recording, or otherwise, without the prior written permission of the Publisher.

Published by 3A Corporation.
Trusty Kojimachi Bldg., 2F, 4, Kojimachi 3-Chome, Chiyoda-ku, Tokyo 102-0083, Japan

ISBN978-4-88319-777-4 C0081

First published 2018
Printed in Japan

まえがき

　私は何年間か上級クラスで、日本語文法の教え方の指導をしていました。

　そのとき中国の学習者から、「このようなものが自分たちには役に立つ」と言われました。それが『初級日本語文法と教え方のポイント』の「指導法あれこれ」にある、以下の部分でした。

　ところで、皆さんは、意志を表す表現として、意志表現の意向形や「意向形＋と思う」を覚えさせようと、それだけを練習させていませんか。意志を表す表現にはほかにもいくつかあることを、練習を通してわからせてください。

　「沖縄へ行く」を取り上げてみましょう。

〈質問〉　Ａ：今度の連休はどちらかお出かけですか。
　　　　　Ｂ：ええ、沖縄へ行きます。
　　　　　　　ええ、沖縄へ行こうと思っています。
　　　　　　　ええ、沖縄へ行きたいと思っています。
　　　　　　　ええ、沖縄へ行く予定です。
　　　　　　　ええ、沖縄へ行くつもりです。

このように、すでに習った表現を織り交ぜて、練習させてください。

　彼女の意見は、自分たちは、例えば「意志」を表す表現はばらばらに複数習ってきているが、それらをいつ使い、どう使い分けるのかがよくわからない、こういうことを教えてほしいということでした。

　そのときの彼女の言葉がずっと私の頭から離れず、いつか機会があったらまとめてみようと考えていました。

　本書は、複数のよく似た表現（類義表現）を取り上げ、その異同を、形・意味だけでなく話し手の意図（表現意図と呼びます）にまで踏み込んで整理することを心がけました。表現意図とは、「話し手がどうとらえ、どう表そうかとする思いや考え」のことです。そして、そこで取り上げる文の形を「表現文型」と呼びます。

　表現意図に踏み込むのは、本当に大変で、本書はまだまだ形・意味の説明に留まっている部分が多いことを、まずお断りしておかなければなりません。

(3)

表現意図から見ると、話し手が複数ある表現の中から何を基準にして１つ
を選んでいるかは、次のような要因に基づくと考えられます。

（１）主観的（個人的な気持ちや判断として）に示すか、客観的な事柄とし
　　　て示すか。
（２）話し言葉的な表現を選ぶか、書き言葉的な表現を選ぶか。
（３）伝え方の丁寧さの度合いをどうするか。
（４）相手にはっきり伝えるか、曖昧に伝えるか。
（５）柔らかい言い方をするか、硬い言い方をするか。
（６）強調して伝えるか、強調しないで伝えるか。
（７）短く端的に伝えるか、説明的・解説的に伝えるか。
（８）その事柄をプラスのこととして表すか、マイナスのこととして表すか。

　その他にも「その事柄を実現性が高いこととして伝えるかどうか」「慣用的
な表現を使うか使わないか」等も挙げられます。

　本書は「表現意図」に焦点を当てながら、しかし、説明はわかりやすく簡単
にということを目指しました。本書を通して、「表現意図」からとらえる日本
語について、また、日本人の考え方について興味を持っていただき、日本語
指導や日本語学習等に役立てていただければこの上ない喜びです。

　本書の実現に向けてフルサポートしてくださった、スリーエーネットワー
ク編集部の溝口さやかさん、佐野智子さん、素敵なカバーや表づくりを工夫
してくださったブーギーデザインさん、そして、関わってくださった皆様に
心よりお礼申し上げます。

　なお本書は、国際交流基金ウェブサイト「日本語教育通信」での連載（「文
法を楽しく」2015年3月〜2017年3月）をきっかけに、新たに企画し、参考書
としてまとめたものです。連載の際にはいろいろなご意見、ご助言をいただ
きました。感謝申し上げます。

2018年9月　市川保子

本書の構成と使い方

1. 本書の構成

1） 44課からなる。課の内容は目次参照。

2） 第Ⅰ部と第Ⅱ部からなる。

　　第Ⅰ部：解説編
　　モデル会話、類義表現の使い分けの説明、比較の表、まとめ会話、否定の場合。

　　第Ⅱ部：使い方のポイント
　　各項目の使い方のポイントのまとめ、および、例文。

2. 第Ⅰ部の各課の構成

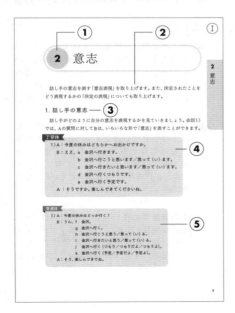

① 各課のタイトル（大項目）を示す。本書では44項目を取り上げている。
② 全体の簡単な内容説明。
③ サブ項目。下に簡単な説明を示す。サブ項目は複数にわたる。「意志」では1.にサブ項目「話し手の意志」、2.に「決定」が来る。
④ モデル会話。「意志」を表す表現文型をabc…で示す。質問と応答の形をとる。丁寧体で示す。
⑤ モデル会話。「意志」を表す表現文型を普通体で示す。自然な会話にするため、丁寧体と異なる表現をとる場合もある。

(5)

Ⅰ

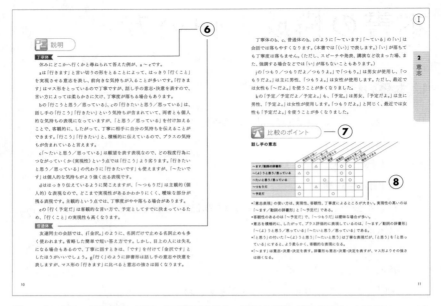

⑥ モデル会話の表現文型の説明。表現意図を中心に説明を行う。普通体では、会話体についても言及する。（普通体については特筆すべき内容のない場合は説明がない課もある。）

⑦ 比較のポイント。モデル会話で取り上げた表現文型の特徴を表で比較する。左に各表現文型を、上部斜めに特徴を示す。○はその特徴を「強く」持つことを、△は「どちらかと言えば」その傾向を持つことを表す。

⑧ 表で示された特徴のポイントを、箇条書きにまとめたもの。

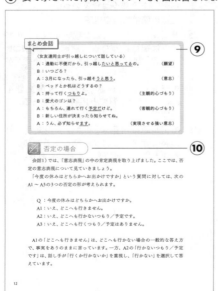

⑨ まとめ会話。自然な会話やストーリーで表現文型が実際にどのように使われているかを示す。（　）内にこの会話での表現文型の特徴を示す。登場人物に男女の指定のないものはどちらにも使えることを示す。

⑩ モデル会話では表現文型が肯定の形で取り上げられていることが多い。その表現文型は否定の形でも使えるか、また、意味の変化はあるのかについて考える。（否定の形が作れない、また作りにくい場合等では説明のない課がある。）

＊類義表現の使い分けは難しいので、モデル会話、説明、比較のポイント、まとめ会話、否定の場合等を通して、その表現のニュアンスを総合的につかんでいただければありがたい。

(6)

3. 文法用語について（本書での使用文法用語）

前文：本書では複文の前件に当たるもの、および、「そして」「しかし」等の接続詞で結ばれた2文の1文目を「前文」と呼ぶ。

後文：本書では複文の後件に当たるもの、および、「そして」「しかし」等の接続詞で結ばれた2文の2文目を「後文」と呼ぶ。

複文の場合：　〜　　から、　　　　〜　。
　　　　　　　前文　ので、　　　後文
　　　　　　　　　　ても、
　　　　　　　　　　ながら、
　　　　　　　　　　　　：

2文の場合：　〜　。そして、　　　〜　。
　　　　　　　前文　しかし、　　　後文
　　　　　　　　　　それで、
　　　　　　　　　　そのために、
　　　　　　　　　　　　：

普通体：親しい間柄等で用いられる会話や文章の文体。
丁寧体：改まった間柄等で用いられる会話や文章の文体。
普通形：動詞、形容詞、「名詞＋だ」等の辞書形やタ形等の活用の形。
丁寧形：動詞のマス形、形容詞、「名詞＋だ」のデス形等の丁寧な活用の形。

主語：文の成分の一つ。文中で「何がどうする」「何がどんなだ」「何が何だ」における「何が」に当たる部分。
述語：文の成分の一つ。文中で「何がどうする」「何がどんなだ」「何が何だ」における「どうする」「どんなだ」「何だ」にあたる部分。
主題：話し手が文全体の話題として取り上げ、それについて説明や解説を加えるもの。トピックとも言う。

名詞（人、もの、事柄の名前を示すもの）：（以下例を示す）りんご、本、建物
形容詞（事物・事柄の性質・状態や、人の感覚・感情等を表すもの）
　　・イ形容詞：大きい、おいしい、おもしろい

(7)

・ナ形容詞：きれいだ、静かだ、元気だ

動詞（事物・事柄の動作・作用・変化を表すもの）：見る、行く、なる、いる

　動詞の活用形

　　・辞書形（非過去と呼ぶこともある）：行く、食べる、する

　　・タ形（過去形と呼ぶこともある）：行った、食べた、した

　　・ナイ形（否定形と呼ぶこともある）：行かない、食べない、しない

　　・マス形：行きます、食べます、します

　　・マス形の語幹：行き、食べ、し

　　・連用中止（形）：行き、食べ、し

　　・〜（よ）う（形）：行こう、食べよう、しよう

副詞（動詞、形容詞、他の副詞等を修飾する語）：もっと、とても、いくら、どんなに

接続詞（語と語、句と句、または文と文をつなぐ語）：そして、しかし、ただし、それで、それに、また

助詞（いろいろな語に付いて、語と語、語と述語、文と文の関係を表すもの）

　　・格助詞（名詞に付いて、述語と名詞との関係を示す助詞）：が、を、に、で、へ

　　・取り立て助詞（文中のいろいろな語に付いて、他の事柄との関係を暗示しながら、ある事柄を取り立てる助詞）：は、も、だけ、しか、こそ、さえ、ほど

　　・並列助詞（並立助詞）（語や文を列挙する助詞）：と、や、とか、やら、に

　　・終助詞（文の終わりについて、話し手の気持ちを表す助詞）：ね、よ、な、か

(8)

目次

まえがき		(3)
本書の構成と使い方		(5)
本書で扱う表現文型一覧		(15)

		第Ⅰ部	第Ⅱ部
1課「主題」			
1	話題（主題）を提示する	2	446
2	話題（主題）の人やものについて述べる	5	447
2課「意志」			
1	話し手の意志	9	449
2	決定	13	450
3課「願望」			
1	話し手自身の願望	17	452
2	他者への願望	21	453
4課「義務」			
1	義務	25	456
2	必然・運命	30	457
5課「推量・推定1」			
1	可能性	34	459
2	根拠に基づく推量・推定	37	460
6課「推量・推定2」			
1	推量判断	42	462
2	納得	46	462
7課「伝聞」			
1	伝聞	50	465
2	言語情報の情報源	55	468
8課「許可、許可求め」			
1	一般的な許可・許可求め	58	469
2	丁寧な許可求め	62	471

(9)

		第Ⅰ部	第Ⅱ部

9課「助言」

1	一般的な助言	67	473
2	二者択一の助言	71	473

10課「誘い、申し出、依頼・お願い」

1	誘い	74	476
2	申し出	78	477
3	依頼・お願い	82	479

11課「指示、命令、禁止」

1	お願いから指示へ	87	481
2	指示から命令へ	91	483
3	禁止	94	484

12課「感情1（好き、嫌い、驚き）」

1	好き	97	487
2	嫌い	100	488
3	驚き	103	490

13課「感情2（喜び、悲しみ、感謝）」

1	喜び	107	493
2	悲しみ	110	495
3	感謝	113	498

14課「感情3（謝罪、後悔・反省）」

1	謝罪	118	501
2	後悔・反省	122	504

15課「感情4（諦め、過度の感情）」

1	諦め	126	506
2	過度の感情	129	507

16課「開始、進行中、終了」

1	動作の開始直前	133	509
2	動作の進行中・継続中	136	510
3	動作の終了・完了	139	512

17課「変化」

1	なる・〜てくる・〜ていく等	142	513
2	自動詞・〜ようになる・〜化（する）・〜まる	146	515
3	急速な変化・一方的な変化	150	516

		第Ⅰ部	第Ⅱ部

18課「経験」

1	普通の経験	153	518
2	珍しい経験	155	518

19課「受身」

1-1	被害の受身1	158	520
1-2	被害の受身2	159	520
1-3	被害の受身3	159	520
2	自動詞の受身	161	521
3	中立受身	164	522

20課「とき1」

1	～とき・～ときに・～ときには・～ときは	168	523
2	～とき・～たら・～と・～てすぐ（に）・～と同時に	172	525

21課「とき2」

1-1	時間の前後関係1「～てから・～あとで・～たら・～次第」	176	527
1-2	時間の前後関係2「『～てから』と『～あとで』の違い」	178	527
2	その時点以降を表す「～（て）以来・～てからというもの」等	181	529

22課「とき3」

1	一定の時間・期間内に状態・行為が終了する	185	530
2	一定の時間・期間、状態・行為が続く	190	532

23課「とき4」

1	同時の動作・状態	195	534
2	1つのことが終わって、すぐ次のことが起こる	200	536
3	限界・限度	205	538

24課「条件1」

1	仮定性が強い場合	210	540
2-1	仮定性が弱い場合1	214	540
2-2	仮定性が弱い場合2	217	540

25課「条件2」

1	～たら・～としたら・～となったら	221	544
2	～ば・～とすれば・～となれば	225	544
3	～と・～とすると・～となると	228	544
4	～（の）なら・～とする（の）なら・～となる（の）なら	231	544

(11)

		第Ⅰ部	第Ⅱ部

26課「条件3」

1-1	必要条件1「それが必要だ」	234	547
1-2	必要条件2「それなしにはできない」	237	549
2	誇張した条件表現	241	550

27課「原因・理由1」

1	一般的な原因・理由表現	245	552
2	評価や言い訳・説明を表す原因・理由表現	250	553

28課「原因・理由2」

1	「から」を含む原因・理由表現	256	556
2	その他の原因・理由表現	261	558
3	2文をつなぐ接続詞	267	560

29課「目的」

1	～に・～ため（に）・～ように	271	562
2	～に向けて・～を目指して・～に・～のに・～には	275	563

30課「逆接1」

1	一般的な逆接表現	279	565
2	書き言葉的な逆接表現	283	567

31課「逆接2」

1	「仮にそうであっても」を表す逆接表現	288	569
2	「仮にそうしても、無駄だ」を表す逆接表現	292	571

32課「逆接3」

1	部分的に認めて言い直す表現	296	572
2	2文をつなぐ接続詞	301	574

33課「対比」

1	「～は」を用いた対比	305	577
2	取り立て助詞「だけ・しか・ほど・も・は等」による対比	308	578
3	～一方（で）・～反面・～に対して・～にひきかえ	311	580

34課「比較」

1-1	二者比較1（質問と答え）	315	581
1-2	二者比較2（1文レベル）	318	584
2-1	三者以上の比較1（質問と答え）	322	586
2-2	三者以上の比較2（1文レベル）	325	588

		第Ⅰ部	第Ⅱ部

35課「比例」

1	一般的な比例表現	329	589
2	書き言葉的な比例表現	334	591

36課「並列・例示1」

1	名詞の並列・例示	338	593
2	イ形容詞の並列・例示	342	595
3	ナ形容詞・「名詞＋だ」の並列・例示	346	595
4	動詞の並列・例示	349	597

37課「並列・例示2」

1	例を挙げて、評価的な結論を導く	353	599
2	例を挙げて、「やり方」を助言する	358	601
3	並列助詞「の・だの・やら等」を使った並列・例示	360	602

38課「無関係」

1	～ても～ても・～(よ)うと～まいと等	365	603
2	いくら／どんなに／いかに～ても／～(よ)うと等	368	605
3	～によらず・～を問わず・～にかかわらず等	372	606

39課「付加」

1	～し・～だけで(は)なく(て)・～ばかりで(は)なく(て)・～うえに等	377	608
2	～はもちろん・～はもとより・～はおろか・～どころか等	381	609
3	2文をつなぐ接続詞	386	611

40課「類似、比喩・比況」

1-1	類似1「～に／と似ている・～に／とそっくりだ等」	390	613
1-2	類似2「評価の入る類似表現」	393	614
2-1	比喩・比況1	397	616
2-2	比喩・比況2	400	617

41課「根拠、立場・観点」

1-1	根拠1「外見・外観1」	403	618
1-2	根拠2「外見・外観2」	406	620
1-3	根拠3「言語情報」	409	621
2	立場・観点	412	622

42課「前置き」

1	声をかける	415	624
2	「すでに話したことである」と言って考えを述べる	419	626
3	慣用的な前置き表現	422	627

43課「敬語1（尊敬語）」

	第Ⅰ部	第Ⅱ部
1-1 敬意の対象者が相手1「先生と学生の会話」	427	629
1-2 敬意の対象者が相手2「社員と上司の会話」	430	629
2-1 敬意の対象者がその場にいない1「学生同士の会話」	431	629
2-2 敬意の対象者がその場にいない2「社員同士の会話」	432	629

44課「敬語2（謙譲語・丁重語）」

1-1 敬意の対象者が相手1「先生と学生の会話」	437	632
1-2 敬意の対象者が相手2「社員と上司の会話」	440	632
2-1 敬意の対象者がその場にいない1「学生同士の会話」	441	632
2-2 敬意の対象者がその場にいない2「社員同士の会話」	442	632

参考文献	637
索引	639

本書で扱う表現文型一覧

各課で取り上げた表現文型を、各課の節（見出し）ごとに示す。これらの表現文型は第Ⅰ部のモデル会話、比較のポイント、第Ⅱ部の項目に挙げられているものである。

1課「主題」

1 話題（主題）を提示する
- 〜って
- 〜という＋名詞＋は
- 〜というのは
- 〜は

2 話題（主題）の人やものについて述べる
- 〜は
- 〜って
- 〜（っ）たら
- 〜なら
- 〜ときたら

2課「意志」

1 話し手の意志
- 〜ます/動詞の辞書形
- 〜（よ）うと思う/思っている
- 〜たいと思う/思っている
- 〜つもりだ
- 〜予定だ

2 決定
- 〜ます/動詞の辞書形
- 〜ことになる
- 〜ことに決まる
- 〜ことに決める
- 〜ことにする

3課「願望」

1 話し手自身の願望
- 〜たい
- 〜たいと思う/思っている
- 動詞可能形＋たら/といいなあ
- 動詞可能形＋たら/といいなあと思う/思っている
- 動詞可能形＋たら/といいんだけど/が

- 動詞可能形＋ないかなあ（と思う/思っている）

2 他者への願望
- 〜てほしい
- 〜てもらいたい
- 〜てほしいと思う/思っている
- 〜ないかなあと思う/思っている
- 〜たらいいんだけど/が
- 〜たらいいのに

4課「義務」

1 義務
- 〜なければならない
- 〜なくてはならない
- 〜ないわけにはいかない
- 〜ないといけない
- 〜ざるを得ない
- 〜べきだ

2 必然・運命
- 〜ます/動詞の辞書形
- 〜てしまう
- 〜ものだ
- 〜なきゃならない
- 〜なくちゃならない
- 〜ざるを得ない
- 〜ないわけにはいかない

5課「推量・推定1」

1 可能性
- 〜と思う
- 〜だろうと思う
- 〜んじゃないかと思う
- 〜かもしれない

2 根拠に基づく推量・推定
- 〜そうだ（様態）
- 〜ようだ

(15)

～みたいだ

～らしい

～はずだ

～と思う

6課「推量・推定2」

1 推量判断

2 納得

～はずだ

～わけだ

～のだ/んだ

7課「伝聞」

1 伝聞

～そうだ（伝聞）

～らしい

～と/って言っていた

～と/って聞いた

～ということだ

～とのことだ

～みたいだ

～って。

～という。

2 言語情報の情報源

～によると

～では

～は

～で

噂では

8課「許可、許可求め」

1 一般的な許可、許可求め

～て（も）いい

～て（も）かまわない

～て（も）いいですか/でしょうか

～て（も）よろしいですか/でしょうか

～て（も）かまいませんか

2 丁寧な許可求め

～（さ）せてください

～（さ）せてほしい

～（さ）せてくださいませんか

～（さ）せてもらって（も）いいですか/
でしょうか

～（さ）せていただいて（も）いいですか/
でしょうか

～（さ）せていただいて（も）よろしいで
すか/でしょうか

～（さ）せていただいて（も）かまいませ
んか

～ならいい/かまわない

9課「助言」

1 一般的な助言

2 二者択一の助言

～たらいい

～といい

～ばいい

～ほうがいい

～たらどう（ですか）？

～べきだ

～たら？・～ば？

10課「誘い、申し出、依頼・お願い」

1 誘い

～ませんか

～てみませんか

ごいっしょにどうですか

ごいっしょしませんか

～ない？

～てみない？

いっしょにどう？

2 申し出

～ます/動詞の辞書形

～ましょう

～ましょうか

～（さ）せてください

～（よ）う

～（よ）うか

～（さ）せて。

～（さ）せてくれ/てちょうだい

3 依頼・お願い

～てください

(16)

～てくれますか
～てくれませんか
～てくださいますか
～てくださいませんか
～てもらえますか
～てもらえませんか
～ていただけますか
～ていただけませんか
～てもらって（も）いいですか
～て。
～てくれる？
～てくれない？
～てくださる？
～てくださらない？
～てもらえる？
～てもらえない？
～ていただける？
～ていただけない？
～てもらって（も）いい？

11課「指示、命令、禁止」

1　お願いから指示へ
　～てください
　～ように（してください）
　～（よ）う/ましょう
　～こと。
　～てもらいます/いただきます
2　指示から命令へ
　せよ
　しろ
　～なさい
　～こと。
　～ように。
　～て（ください）
　名詞止め
3　禁止
　～な
　～ない（動詞のナイ形）
　～ないで（ください）
　～ないこと。
　～てはいけない

～ないように（しよう/しましょう）
名詞止め

12課「感情1（好き、嫌い、驚き）」

1　好き
　（～は～が）好きだ
　（～は～が）大好きだ
　（～は～が）嫌いじゃ/ではない
　～は＋名詞だ
　いつも～ている
2　嫌い
　（～は～が/は）ちょっと/あまり……
　（～は～が/は）好きじゃ/ではない
　（～は～を/は）～ない（動詞のナイ形）
　（～は～が/は＋）動詞可能形の否定形
　（～は～が/は）苦手だ
　～から/ので等（理由を述べる）
3　驚き
　えっ、本当/ホント（ですか）？
　えっ、そうですか/そうなんですか
　びっくりした・驚いた
　～てびっくりした/驚いた
　～てびっくりしてしまった/しちゃった
　～て驚いてしまった/驚いちゃった
　えっ、そんな。
　えっ、まさか。
　えっ、うそ！

13課「感情2（喜び、悲しみ、感謝）」

1　喜び
　ありがとう（ございます）
　よかった
　うれしい
　ほっとした
　本当/ホント（ですか）？
　うそ！/うそでしょ（う）？
2　悲しみ
　あー、そうですか
　残念だ
　それは残念だ
　残念に思う

(17)

悲しい
悲しく思う
くやしい
どうしよう

3 感謝
ありがとうございます / ございました
すみません
～てくださって / いただいてありがとう
　（ございます / ございました）
感謝します
お世話になりました
ありがとう
どうも。
悪かった
お世話様。

14課「感情3（謝罪、後悔・反省）」

1 謝罪
すみません
申し訳ありません
ご迷惑をおかけしました / いたしました
申し訳ないことをしました / いたしました
許してください
これから注意します / 気をつけます
ごめん（なさい）
すまない / すまん
悪い / 悪かった

2 後悔・反省
～てしまった / ちゃった
～ば / なければ / なきゃよかった
～べきだった / べきじゃなかった
～ておけば / とけばよかった
～んだった / んじゃなかった

15課「感情4（諦め、過度の感情）」

1 諦め
～ざるを得ない
～ないわけにはいかない
～ないでは / ずにはすまない
～なければならない
～ほうがいい

2 過度の感情
～てしかた / しよう / しょうがない
～てたまらない
～てならない
～すぎる
～こときわまりない
～ことこのうえない

16課「開始、進行中、終了」

1 動作の開始直前
～ます / 動詞の辞書形
～（る）ところだ
～（よ）うと思っていたところだ
～（よ）うとしていたところだ

2 動作の進行中・継続中
～ている最中だ
～ている途中だ
～ているところだ
～ている
～つつある

3 動作の終了・完了
～（た）ところだ
～（た）ばかりだ
～た

17課「変化」

1 なる・～てくる・～ていく等
なる
なっている
～てくる（なっている）
～ていく（なっていく）
～てきている（なってきている）
～ていっている（なっていっている）
～つつある

2 自動詞・～ようになる・～化（する）・～まる
自動詞（変わる、増える、減る等）
～ようになる
～化（する）
～まる（高まる、深まる等）

3 急速な変化・一方的な変化
～一方だ

〜ばかりだ

〜だけだ

〜しかない

〜の一途をたどっている

18課「経験」

1 普通の経験

2 珍しい経験

〜（た）ことがある

〜た

〜ている

〜てみた

〜（た）経験がある

19課「受身」

1-1 被害の受身1

1-2 被害の受身2

1-3 被害の受身3

受身文

普通文（能動文）

2 自動詞の受身

受身文

普通文（能動文）

3 中立受身

〜が/は＋受身

〜が/は＋自動詞

〜が/は〜を＋他動詞

20課「とき1」

1 〜とき・〜ときに・〜ときには・〜ときは

〜とき

〜ときに

〜ときには

〜ときは

2 〜とき・〜たら・〜と・〜てすぐ（に）・〜と同時に

〜とき

〜たら

〜と

〜てすぐ（に）

〜と同時に

21課「とき2」

1-1 時間の前後関係1「〜てから・〜あとで・〜たら・〜次第」

1-2 時間の前後関係2「『〜てから』と『〜あとで』の違い」

〜てから

〜あとで

〜たら

〜次第

〜て

名詞＋のあとで

2 その時点以降を表す「〜（て）以来・〜てからというもの」等

〜てから

〜をきっかけに

〜（て）以来

〜てからというもの

22課「とき3」

1 一定の時間・期間内に状態・行為が終了する

〜とき/ときに

〜あいだに

〜うちに

名詞＋中に

〜前に/までに

〜ないうちに

2 一定の時間・期間、状態・行為が続く

〜ときは

〜あいだは

〜うちは

名詞＋中は

〜前は/までは

〜ないうちは

23課「とき4」

1 同時の動作・状態

〜ながら

〜かたわら

〜たり

(19)

〜し

〜つつ

〜でもあり〜でもある

2 1つのことが終わって、すぐ次のことが
　起こる

〜てすぐ（に）

〜とすぐ（に）

〜たらすぐ（に）

〜と同時に

〜とたん（に）

〜や否や

〜が早いか

動詞の辞書形＋なり

3 限界・限度

〜（た）きり

〜（た）まま

〜（た）なり

〜たら最後

24課「条件1」

1 仮定性が強い場合

〜たら

〜ば

〜なら

〜場合

〜ものなら

2-1 仮定性が弱い場合1

2-2 仮定性が弱い場合2

〜たら

〜ば

〜と

〜なら

〜のなら

〜場合

25課「条件2」

1 〜たら・〜としたら・〜となったら

〜たら

〜としたら

〜となったら

2 〜ば・〜とすれば・〜となれば

〜ば

〜とすれば

〜となれば

3 〜と・〜とすると・〜となると

〜と

〜とすると

〜となると

4 〜（の）なら・〜とする（の）なら・〜と
　なる（の）なら

〜（の）なら

〜とする（の）なら

〜となる（の）なら

26課「条件3」

1-1 必要条件1「それが必要だ」

〜なければ

〜ないと

〜なくては

〜ない限り（は）

〜ない以上（は）

〜ないようでは

1-2 必要条件2「それなしにはできない」

〜（た）うえで

〜ないことには

〜ことなしに（は）

名詞＋なしに（は）

名詞＋抜きで（は）

2 誇張した条件表現

〜でもしたら

〜（よ）うものなら

〜でも〜（よ）うものなら

〜なんか/なんて〜（よ）うものなら

27課「原因・理由1」

1 一般的な原因・理由表現

〜から

〜ので

〜て

〜ため（に）

〜し

名詞＋で

2 評価や言い訳・説明を表す原因・理由表現
～おかげで❶
～おかげで❷
～せいで
～ものだから
～わけだから
～の/んだから

28課「原因・理由2」

1 「から」を含む原因・理由表現
～から
～からか
～からこそ
～からには
2 その他の原因・理由表現
～なくて/ないで
～せいか
～ばかりに
～ばこそ
～だけあって
～だけに
～ゆえに
3 2文をつなぐ接続詞
そのため（に）
それで
ですから
だから
なぜなら
というのは

29課「目的」

1 ～に・～ため（に）・～ように
名詞/動詞のマス形の語幹＋に＋移動動詞
～ため（に）
名詞＋のため（に）
～ように
～ないように
2 ～に向けて・～を目指して・～に・～の
に・～には
名詞＋に向けて
名詞＋を目指して

名詞＋に
～のに
～には

30課「逆接1」

1 一般的な逆接表現
～が
～けれども/けれど/けど
～ても
～のに
～くせに
2 書き言葉的な逆接表現
～ながら（も）
～にもかかわらず
～ものの
～にかかわらず
～によらず

31課「逆接2」

1 「仮にそうであっても」を表す逆接表現
～としても
～にしても
～にせよ
～にしろ
2 「仮にそうしても、無駄だ」を表す逆接
表現
～ても
いくら/どんなに～ても
～（た）ところで
いくら/どんなに～（た）ところで
～たって

32課「逆接3」

1 部分的に認めて言い直す表現
～といっても
～とはいえ
～からといって/からって
～といえども
～することはする/したが・～したことは
したが
～とはいうものの

(21)

２　２文をつなぐ接続詞
しかし
けれども/だけど/けど
ですが
だが
でも
もっとも
ただし

33課「対比」

１　「〜は」を用いた対比
〜は〜て、〜は〜
〜は〜が、〜は〜
〜は〜けれども/けど、〜は〜
〜は〜のに、〜は〜
２　取り立て助詞「だけ・しか・ほど・も・は
　　等」による対比
だけ
しか
ほど/くらい/ぐらい
も
は
３　〜一方（で）・〜反面・〜に対して・〜に
　　ひきかえ
〜一方（で）
〜反面
〜に対して
〜にひきかえ

34課「比較」

1-1　二者比較1（質問と答え）
〜と〜と、どちらが
〜と〜では、どちらが
〜と〜は、どちらが
〜と〜なら、どちらが
〜（の）ほうが
〜が
〜で
名詞止め
1-2　二者比較2（1文レベル）
〜（の）ほうが

〜より〜（の）ほうが（ずっと）
〜よりむしろ〜（の）ほうが
〜わりに（は）
〜より〜（の）ほうがましだ
2-1　三者以上の比較1（質問と答え）
〜と〜と〜と、どれが一番〜
〜と〜と〜では、どれが一番〜
〜と〜と〜の中で（は）、どれが一番〜
〜の中で、何/どれが一番〜
〜が
〜が一番〜
〜で
名詞止め
2-2　三者以上の比較2（1文レベル）
〜が一番〜
〜より〜ものはない
〜ほど〜ものはない
〜くらい/ぐらい〜ものはない
〜くらい/ぐらいなら、〜ほうがいい/ま
　しだ

35課「比例」

１　一般的な比例表現
〜につれて
〜にしたがって
〜とともに
〜（の）にともなって
〜ば〜ほど
２　書き言葉的な比例表現
〜につれ
〜にしたがい
〜（の）にともない
〜（の）に応じて

36課「並列・例示1」

１　名詞の並列・例示
〜と〜
〜や〜
〜、〜、そして/それから〜
〜をはじめ、〜や〜
〜とか〜とか

(22)

～か～

2 イ形容詞の並列・例示
～くて
～く、（かつ）～（連用中止（形））
～し
～たり～たりする
～くもあり、～くもある

3 ナ形容詞・「名詞＋だ」の並列・例示
～で
～な
～し
～たり～たりする
～でもあり、～でもある

4 動詞の並列・例示
～て
連用中止（形)/マス形の語幹
～たり～たりする
～し

37課「並列・例示2」

1 例を挙げて、評価的な結論を導く
～も～も
～といい～といい
～といわず～といわず
～にしても～にしても
～であれ～であれ
～にしろ～にしろ
～にせよ～にせよ

2 例を挙げて、「やり方」を助言する
～とか～とか（したらどうか）
～たり～たり（したらどうか）
～なり～なり（したらどうか）

3 並列助詞「の・だの・やら等」を使った並列・例示
～とか～とか
～の～の
～だの～だの
～わ～わ
～やら～やら

38課「無関係」

1 ～ても～ても・～（よ）うと～まいと等
～ても～ても
～（よ）うと～（よ）うと
～（よ）うと～まいと
～（よ）うが～（よ）うが
～（よ）うが～まいが

2 いくら／どんなに／いかに～ても／～（よ）うと等
いくら/どんなに/いかに～ても
いくら/どんなに/いかに～（よ）うと
いくら/どんなに/いかに～（よ）うが

3 ～によらず・～を問わず・～にかかわらず等
～によらず
～を問わず
～にかかわらず
～と関係なく/なしに
～をよそに

39課「付加」

1 ～し・～だけで（は）なく（て）・～ばかりで（は）なく（て）・～うえに等
～し、それに/しかも
～だけで（は）なく（て）
～ばかりで（は）なく（て）
～のみならず
～うえに

2 ～はもちろん・～はもとより・～はおろか・～どころか等
～はもちろん
～はもとより
～はおろか
～どころか
～に限らず

3 2文をつなぐ接続詞
それに
しかも
そして
それから

(23)

そのうえ
また

40課「類似、比喩・比況」

1-1 類似1「～に／と似ている・～に／と
　　そっくりだ等」
～に／と似ている
名詞＋似だ
～に／とそっくりだ
～と瓜二つだ
～と～は似ている
1-2 類似2「評価の入る類似表現」
似たり寄ったりだ
似たようなものだ
似通っている
同じだ
代わり映えしない
2-1 比喩・比況1
～だ
いわば～だ
～（の）ようだ／みたいだ
～（の）ように見える
2-2 比喩・比況2
～んばかり（の）
～そうな
～かのごとき
～かと思うような

41課「根拠、立場・観点」

1-1 根拠1「外見・外観1」
～から言って
～からして
～からすると
～から見て
見るからに
1-2 根拠2「外見・外観2」
～から
～の／ところを見ると
～くらい／ぐらいだから
1-3 根拠3「言語情報」
～によると

～の話では
～が言って（い）たんですが／だけど
～が言うには
噂では
2 立場・観点
私は
私としては
私としても
私から言うと
私から見て

42課「前置き」

1 声をかける
ちょっとすみませんが／けど
申し訳ありませんが／けど
ちょっと（お）話があるんですが／けど
ちょっと（ご）相談したいことがあるん
　　ですが／けど
この間のことでちょっと
ちょっと悪いけど／悪いんだけど
2 「すでに話したことである」と言って考
　　えを述べる
前にも言いましたように
前にも言いましたが／けど
前にも言った（か）と思いますが／けど
（今さら）言う必要はないと思いますが／
　　けど
3 慣用的な前置き表現
ご存じのように
（ご）周知のように
ご案内のように
ご承知のように
言うまでもありませんが／けど

43課「敬語1（尊敬語）」

1-1 敬意の対象者が相手1「先生と学生の
　　会話」
1-2 敬意の対象者が相手2「社員と上司の
　　会話」
2-1 敬意の対象者がその場にいない1「学
　　生同士の会話」

(24)

2-2 敬意の対象者がその場にいない2「社
　　員同士の会話」
尊敬動詞（いらっしゃる/いらっしゃい
　　ます、なさる/なさいます等）
お＋動詞マス形の語幹＋になる/なります
尊敬受身
お/ご〜です
デス・マス形
動詞・形容詞・「名詞＋だ」の普通形

44課「敬語2（謙譲語・丁重語）」

1-1 敬意の対象者が相手1「先生と学生の
　　会話」
1-2 敬意の対象者が相手2「社員と上司の
　　会話」
2-1 敬意の対象者がその場にいない1「学
　　生同士の会話」
2-2 敬意の対象者がその場にいない2「社
　　員同士の会話」
謙譲動詞（伺う/伺います、まいる/まい
　　ります等）
お＋動詞マス形の語幹＋いたす/いたし
　　ます
お＋動詞マス形の語幹＋する/します
使役形＋ていただく/ていただきます
丁重語（まいる/まいります、おる/おり
　　ます等）
デス・マス形
動詞・形容詞・「名詞＋だ」の普通形

(25)

第Ⅰ部
解説編

1 主題

　話し手が、ある人・もの・事柄を取り上げ、それについて述べるとき、その人・もの・事柄を主題と言います。主題はトピックと言われることもあります。主題は話し手と聞き手（相手）にとって共通の話題となるものです。1では「〜って」「〜という＋名詞＋は」「〜というのは」「〜は」、2では「〜（っ）たら」「〜なら」「〜ときたら」等を取り上げます。

1. 話題（主題）を提示する

　会話等で、話題となるべき主題をどう取り上げるかを見ていきましょう。次の会話1）で、Aは「林さん」についてBに質問しています。Aはいろいろな形で「主題」を表しています。

丁寧体

> 1）A：a　新入社員の林さんってどんな人ですか。
> 　　　 b　新入社員の林さんという人はどんな人ですか。
> 　　　 c　新入社員の林さんというのはどんな人ですか。
> 　　?d　新入社員の林さんはどんな人ですか。
> 　　B：よくわからないんですが、おもしろい人らしいですよ。

普通体

> 1）A：e　新入社員の林さんってどんな人？
> 　　　 f　新入社員の林さんという人はどんな人？
> 　　　 g　新入社員の林さんというのはどんな人？
> 　　?h　新入社員の林さんはどんな人？
> 　　B：うん、おもしろい人らしいよ。

 説明

丁寧体

1)の会話では、Aは林さんを知らず、Bは林さんを知っています。「〜は」は主題を表しますが、主題「〜は」というのは話し手が知っている、または目の前にいるというように、存在を確認している場合に使います。そのため、林さんを知らないAが、dのように「〜は」を使うと不自然になります。知らない人や、ものや、事柄を会話に導入する場合は、a〜cのように「〜って」「〜という＋名詞＋は」という形を使わなければなりません。

a「〜って」は「〜という」、または「〜という＋名詞＋は」の会話的な表現です。会話体ですが、音を縮めているだけなので、丁寧な会話でも使われます。bも丁寧な会話で使われますが、少し発音に手間取る感じになります。bは、考えながら、また、ゆっくり話したり質問したりするときに合う言い方です。

c「〜というのは」は、bの「人」が「の」に変わっています。丁寧体でも使用可能ですが、省略した感じがあるので、失礼に聞こえることもあります。特に相手が目上の人の場合、「の」ではなく「人」、または「方(かた)」と言ったほうがいいでしょう。

dは厳密には誤用になるので、「？」が付けてあります。その人やもののことを知らない場合は、「は」は使えません。まず、「〜って」で主題として取り上げ、次の段階で、それについて「〜は」で述べるという形をとります。

普通体

友達同士の会話なら、eが一番会話的で適切です。f「〜という＋名詞＋は」も、考えながらゆっくり話すときにはよく使われます。

比較のポイント

話題（主題）を提示する

	話し手が対象を知っている	話し手、または聞き手が対象を知らない	改まった言い方	省略した感じ	会話的
〜って		○		○	○
〜という＋名詞＋は		○	○		
〜というのは		○		○	○
〜は	○				

- 話し手、または聞き手が対象を知っているか否かで、使用する「主題表現」が変わる。
- 「〜は」は話し手が、見ても聞いてもいないものには使えない。
- 対象を知らない場合は「〜って」「〜という＋名詞＋は」「〜というのは」を使う。
- 主題を提示する「〜って」は丁寧体の会話でも普通体の会話でも使うことができる。

　以上、主題に関わる表現を見てきましたが、次にそれらの表現が実際の会話ではどのように使われるのかを「まとめ会話」で示します。

まとめ会話

〈子供が母親にわからないことについて聞いている〉
子供：LPSって、何？　　　　　　　　　（話し手が知らない主題）
母親：お母さんもよくわからないから、明日先生に聞いてごらん。
〈次の日、学校で〉
子供：先生、LPSという物質はどういうものですか。
　　　　　　　　　　　　　　　　　　　（話し手が知らない主題）
先生：LPSというのは菌を作っている物質だよ。（聞き手が知らない主題）
子供：……。
先生：LPSは人の免疫力アップに役に立つと言われているよ。
　　　　　　　　　　　　　　　　　　　（話し手が知っている主題）

2. 話題（主題）の人やものについて述べる

次に、取り上げた主題（トピック）のことを、どう説明したり、述べたりするかを考えましょう。会話2）では、Aの質問に対してBは、いろいろな形で「主題」について説明することができます。

丁寧体

2) A：森さんはまだですか。
　B：a　森さんは、朝寝坊して遅れてくるみたいですよ。
　　　b　森さんって、朝寝坊して遅れてくるみたいですよ。
　　　c　森さんなら、朝寝坊して遅れてくるみたいですよ。

普通体

2) A：森さんはまだ？
　B：d　森さんは、朝寝坊して遅れてくるみたい{だよ／よ}。
　　　e　森さんって、朝寝坊して遅れてくるみたい{だよ／よ}。
　　　f　森さん（っ）たら、朝寝坊して遅れてくるんだって。
　　　g　森さんなら、朝寝坊して遅れてくるみたい{だよ／よ}。
　　　h　森（さん）ときたら、朝寝坊して遅れてくるんだって。

丁寧体

　会話2）では、森さんが現れないので、Aが心配して聞いています。Bのaは質問の「～は」をそのまま受けて答えています。bは「～って」を使っていますが、会話1）で取り上げた「知らない人やもの、事柄として提示する」というのではなく、話し手Bが森さんを取り上げ、森さんについて述べようとしています。「森さんってすごい」のようにプラス評価の場合も、また、「あのしかたのない森さんは」というように、呆れた気持ちで、軽く取り上げる場合もあります。それは状況によって異なります。ややくだけた言い方です。

　cの「～なら」はほぼ「～は」と同じです。少し違うのは、「森さんなら」の

ほうが「森さんは」より、やや突き放して、他人事のように見ているところで
す。次の例でも、bのほうが少し突き放した言い方になります。

　　A：森さん、どこ？
　　B：a　森さんはロビーにいたよ。
　　　　b　森さんならロビーにいたよ。

普通体

　fの「〜（っ）たら」は話し手の感情がかなり入る表現です。対象の「〜」に
は、人やペットなどが来ます。対象に対して、少し困ったり、驚いたり、批判
したりするときに、親近感を込めて述べます。主に女性・子供が使います。
「ん」の後ろでは「っ」が落ちることが多いです。

　「〜（っ）たら」より、非難の気持ちが強くなったのが、hの「〜ときたら」で
す。森さんを主題として取り上げつつ、「あの人はしかたがない！」と呆れた、
嘆く気持ちが入ります。主にマイナス評価に使われます。男女ともに使いま
すが、男性が使う場合は「さん」を省いて「林ときたら」としたり、「あの人」
の代わりに「あいつ」を使って、「あいつときたら」と言うことが多いです。

　なお、「〜（っ）たら」「〜ときたら」は話し手の感情がかなり入る、くだけ
た言い方になります。そのため、会話2）の丁寧体では省いてあります。

　普通体の文末の「〜だよ／よ。」については、「〜だよ。」は主に男性が使用
し、「〜よ。」は女性が使用します。ただし、最近では女性も「〜だよ。」を使う
ことが多くなりました。

　普通体は基本的には、文末を普通形にすればそのまま使えますが、普通形
のままではぶっきらぼうになることが多いので、それを和らげる終助詞が必
要になります。終助詞をどう使うかは外国人学習者には難しい問題ですが、
「終助詞の習得＝自然な日本語の習得」とも言えるので、少しずつ身に付けて
いきましょう。

　終助詞の代表的なものとしては、「ね」「よ」「よね」が挙げられます。

1 主題

- ね ：同意を求める、念を押す、感動の気持ち、相手に自分の判断を明確にする等。
- よ ：聞き手（相手）に情報を知らせる、注意を喚起する、命令、禁止、誘いかけを強める等。
- よね：同意を求め、聞き手と認識を共有する。そのことで、談話をスムーズにしたり、話し手自身の認識をより確実にしようとする。

比較のポイント

話題（主題）の人やものについて述べる

	強調的	非難の気持ち	軽く取り上げる	他人事のようにとらえる	親近感を持ってとらえる	会話的
〜は				○		
〜って			○	△	○	
〜(っ)たら	○	△	△		○	○
〜なら				○		
〜ときたら	○	○			△	○

- 「〜は」と「〜なら」の違いは、自分のこととしてとらえるかどうかによる。「〜なら」はやや他人事としてとらえる感じがある。
- 「〜って」→「〜(っ)たら」→「〜ときたら」の順で、話し手の感情が強くなる。くだけた言い方である。「〜って」はプラス評価・マイナス評価どちらにも使える。「〜(っ)たら」は親近感が強い表現で、「〜ときたら」は主に非難を表す。

まとめ会話

〈朝、母親と寝坊した娘の会話〉

娘　：お母さん、今何時？

母親：もう7時半だよ。

娘　：この時計<u>って</u>合ってる？　　　　　（主題について述べる）

母親：時計<u>なら</u>、どれも同じだよ。　　　　（少し突き放す）

娘　：お母さん<u>たら</u>、どうして起こしてくれなかったの？　（親近感）

母親：何度も起こしたよ。おまえ<u>ときたら</u>、全然起きないんだから。

　　　　　　　　　　　　　　　　　　　　　　　（非難の気持ち）

娘　：洋二<u>は</u>？　　　　　　　　　　（主題として取り上げる）

母親：もう出かけちゃったよ。

2 意志

話し手の意志を表す「意志表現」を取り上げます。また、決定されたことを
どう表現するかの「決定の表現」についても取り上げます。

1. 話し手の意志

話し手がどのように自分の意志を表現するかを見ていきましょう。会話1)
では、Aの質問に対してBは、いろいろな形で「意志」を表すことができます。

丁寧体

1）A：今度の休みはどちらかへお出かけですか。

B：ええ、a　金沢へ行きます。

b　金沢へ行こうと思います／思って（い）ます。

c　金沢へ行きたいと思います／思って（い）ます。

d　金沢へ行くつもりです。

e　金沢へ行く予定です。

A：そうですか。楽しんできてくださいね。

普通体

1）A：今度の休みはどっか行く？

B：うん、f　金沢。

g　金沢へ行く。

h　金沢へ行こうと思う／思って（い）る。

i　金沢へ行きたいと思う／思って（い）る。

j　金沢へ行く｛つもり／つもりだよ／つもりよ｝。

k　金沢へ行く｛予定／予定だよ／予定よ｝。

A：そう、楽しんできてね。

説明

丁寧体

休みにどこかへ行くかと尋ねられて答えた例が、a〜eです。

aは「行きます」と言い切りの形をとることによって、はっきり「行くこと」を実現させる意志を表し、前向きな気持ちが入ることが多いです。「行きます」はマス形をとっているので丁寧ですが、話し手の意志・決意を表すので、言い方によっては柔らかさに欠け、丁寧度が落ちる場合もあります。

bの「行こうと思う／思っている」、cの「行きたいと思う／思っている」は、話し手の「行こう」「行きたい」という気持ちが含まれていて、両者とも個人的な気持ちの表現になっていますが、「と思う／思っている」を付け加えることで、客観的に、したがって、丁寧に相手に自分の気持ちを伝えることができます。「行こう」「行きたい」と、積極的に伝えているので、プラスの気持ちが含まれていると言えます。

c「〜たいと思う／思っている」は願望を表す表現なので、どの程度行為につながっていくか（実現性）という点では「行こう」より劣ります。「行きたいと思う／思っている」の代わりに「行きたいです」も使えますが、「〜たいです」は個人的な気持ちがより強く出る表現です。

dははっきり伝えているように聞こえますが、「〜つもりだ」は主観的（個人的）な表現なので、どこまで実現性があるかわかりにくく、曖昧な部分が残る表現です。主観的という点では、丁寧度がやや落ちる場合があります。

eの「行く予定だ」は客観的な言い方で、予定としてすでに決まっているため、「行くこと」の実現性も高くなります。

普通体

友達同士の会話では、f「金沢。」のように、名詞だけで止める名詞止めも多く使われます。省略した簡単で短い答え方です。しかし、目上の人には失礼になる場合もあるので、丁寧に話すときは、「です」を付けて「金沢です」としたほうがいいでしょう。g「行く」のように辞書形は話し手の意志や決意を表しますが、マス形の「行きます」に比べると意志の強さは弱くなります。

丁寧体のb、c、普通体のh、iのように「～ています」「～ている」の「い」は会話では落ちやすくなります。(本書では「(い)」で表します。)「い」が落ちても丁寧度は落ちません。(ただし、スピーチや発表、講演など改まった場、また、強調する場合などでは「い」が落ちないこともあります。)

jの「つもり／つもりだよ／つもりよ。」で「つもり。」は男女が使用し、「つもりだよ。」は主に男性、「つもりよ。」は女性が使用します。ただし、最近では女性も「～だよ。」を使うことが多くなりました。

kの「予定／予定だよ／予定よ。」も、「予定。」は男女、「予定だよ。」は主に男性、「予定よ。」は女性が使用します。「つもりだよ。」と同じく、最近では女性も「予定だよ。」を使うことが多くなりました。

比較のポイント

話し手の意志

	実現性が高い	柔らかい言い方	丁寧度が落ちる	願望	客観的	積極的な言い方	プラス評価	曖昧さがある
～ます/動詞の辞書形	○		△			○	○	
～(よ)うと思う/思っている	△	○				○	○	
～たいと思う/思っている		○		○		○	○	
～つもりだ	△		△					○
～予定だ	○				○			

- ●「意志表現」の使い方は、実現性、客観性、丁寧度によるところが大きい。実現性の高いのは「～ます／動詞の辞書形」と「～予定だ」である。
- ●客観性のあるのは「～予定だ」で、「～つもりだ」は曖昧な場合が多い。
- ●意志を積極的に、したがって、プラス評価的に表現しているのは、「～ます／動詞の辞書形」「～(よ)うと思う／思っている」「～たいと思う／思っている」である。
- ●「と思う」の付いた「～(よ)うと思う」「～たいと思う」は丁寧な表現だが、「と思う」を「と思っている」にすると、より柔らかく、客観的な表現になる。
- ●「～ます」は意志・決意・決定を表す。辞書形も意志・決意・決定を表すが、マス形よりその強さは弱くなる。

> **まとめ会話**
>
> 〈女友達同士が引っ越しについて話している〉
> A：通勤に不便だから、引っ越し<u>たいと思ってる</u>の。　　　（願望）
> B：いつごろ？
> A：3月になったら、引っ越<u>そうと思う</u>。　　　　　　　　（意志）
> B：ベッドとか机はどうするの？
> A：持って行く<u>つもり</u>よ。　　　　　　　　　　　　（主観的心づもり）
> B：愛犬のゴンは？
> A：もちろん、連れて行く<u>予定</u>だけど。　　　　　　（客観的心づもり）
> B：新しい住所が決まったら知らせてね。
> A：うん、必ず知らせ<u>ます</u>。　　　　　　　　　（実現させる強い意志）

 否定の場合

　会話1)では、「意志表現」の中の肯定表現を取り上げました。ここでは、否定の意志表現について見ていきましょう。
　「今度の休みはどちらかへお出かけですか」という質問に対しては、次のA1〜A3の3つの否定の形が考えられます。

　　Q ：今度の休みはどちらかへお出かけですか。
　　A1：いえ、どこへも行きません。
　　A2：いえ、どこへも行かないつもり／予定です。
　　A3：いえ、どこへも行くつもり／予定はありません。

　A1の「どこへも行きません」は、どこへも行かない場合の一般的な答え方で、事実をありのままに言っています。一方、A2の「行かないつもり／予定です」は、話し手が「行くか行かないか」を重視し、「行かない」を選択して答えています。

A3は、話し手が「心づもり」または「予定」を重視して、「そのような {心づもり／予定} はない」と答えています。A3のような「〜つもり／予定はない」は、質問者に尋ねられて、自分の真意や本心をやや強く伝えるときに多く用いられます。

　Q ：今回の選挙に立候補なさいますか。
　A1：いや、（私には）立候補する {つもり／予定} はありません。

2. 決定

　話し手が、決まったこと、決めたことをどのように表現するかを見ていきましょう。会話2）では、Aの質問に対してBは、いろいろな形で「決定」を表すことができます。

丁寧体

2）A：Bさん、転勤なさるんですか。
　　B：はい、a　来月転勤します。
　　　　　　b　来月転勤することになりました。
　　　　　　c　来月転勤することに決まりました。
　　　　　　d　来月転勤することに決めました。
　　　　　　e　来月転勤することにしました。
　　B：そうですか。大変ですね。頑張ってください。

普通体

2）A：Bさん、転勤するの？
　　B：うん、f　来月転勤する。
　　　　　　g　来月転勤することになったよ。
　　　　　　h　来月転勤することに決まったよ。
　　　　　　i　来月転勤することに決めたんだ。
　　　　　　j　来月転勤することにしたよ。
　　A：そうか、大変だね。でも、頑張ってね。

 説明

> 丁寧体

　aはマス形を使って「決定」を表しています。「決意」を表しているとも考えられますが、転勤というのは組織に関わることなので、ここでは「決定」の意味合いが強いと思われます。

　b～eの文末はタ形を使っているので、「転勤の決定が成立している」という状況になります。b「～ことになった」、c「～ことに決まった」は組織が決めたことという客観的な表現をしています。実際の決定の経緯はわかりませんが、聞き手Aには決定（結果）の形で伝えています。「～ことになる」のほうが「～ことに決まる」より成句的（慣用的）な言い方です。

　d「～ことに決めた」、e「～ことにした」は、b、cとは逆に、自分が決めたというような言い方をしています。転勤を迷っていたり、渋っていたりしたかもしれないが、最終的には自分がそのように決めたという言い方になります。eのほうがdより成句的（慣用的）な言い方です。

　a～eの中で、自分の意志は見せずに、婉曲に、したがって、丁寧に表現しているのはb、cと思われます。

> 普通体

　普通体の会話では、「はい」の代わりに「うん」を使うこともありますが、女性は「ええ」を使うこともあります。また、相手の質問に「そうなんだよ（主に男性）」「そうなのよ（女性）」で受ける場合も多いです。

比較のポイント

決定

	客観的	結果重視	自分が決める	慣用的な言い方	丁寧
～ます/動詞の辞書形	△	△	△		
～ことになる	○	○		○	○
～ことに決まる	○	○			○
～ことに決める			○		
～ことにする			○	○	

- 自分が決めた（主体重視）という形をとるか、組織等の第三者が決めた（結果重視）という形をとるかで決定の報告の仕方が変わる。
- 主体重視の表現を選ぶか、結果重視の表現を選ぶかは、実際の状況、経緯、話し手がそのことをどうとらえ、どう伝えたいかによって変わってくる。
- 一般的には、「なる」表現、つまり、「～ことになる」「～ことに決まる」のほうが穏やかで、丁寧になる。
- 率直に「～ます」を使うのは簡単でよいが、少しそっけない感じもある。また、自分が決めたか、人によって決められたかはわからない。

まとめ会話

〈息子が父親に海外へ転勤になったことを話している〉

息子：お父さん、会社がエジプトに工場を建てる<u>ことになった</u>んだ。

（結果重視）

父親：えっ。エジプトに？

息子：うん、先月の会議で工場を建てる<u>ことに決まった</u>んだ。（結果重視）

父親：ふーん。

息子：いろいろ意見が出たけど、最後は社長がそうする<u>ことに決めた</u>んだ。

（主体重視）

父親：おまえも行くのか？

息子：うん、工場長をやれってことなので、<u>行きます</u>。　　（決意）

父親：家族も？
息子：ちょっと心配なんだけど、みんなで相談して行く<u>ことにした</u>よ。

（主体重視）

 否定の場合

　「決定」を表す「～ことになった」「～ことに決まった」等の否定は、「転勤しないことになった／なりました」「転勤しないことに決まった／決まりました」のように、「こと」の前の動詞を否定形にすれば表現できます。

　また、転勤を決めるのは会社（組織）だと考えれば、「転勤はしなくてもいいことになった／なりました」「転勤はなくなった／なくなりました」「転勤は中止／延期になった／なりました」と表現することもできます。

3 願望

　話し手の願望を表す「願望表現」を取り上げます。「願望」とは「願い望むこと」で、話し手が自分のことで願い望む場合と、他者（多くの場合「相手」）に対して願い望む場合があります。

1. 話し手自身の願望

　話し手がどのように自分の希望や願望、望み、また、夢を表すかを見ていきましょう。会話1）では、Aの質問に対してBは、いろいろな形で自分の「願望」を表すことができます。

丁寧体

1）A：将来は何になりたいですか。
　　B：a　宇宙飛行士になりたいです。
　　　　b　宇宙飛行士になりたいと思います／思って（い）ます。
　　　　c　宇宙飛行士に {なれたら／なれると} いいなあと思います／
　　　　　　思って（い）ます。
　　　　d　宇宙飛行士に {なれたら／なれると} いいんです {けど／が}。
　　　　e　宇宙飛行士になれないかなあと思います／思って（い）ます。
　　A：頑張ればきっとなれますよ。

普通体

1）A：大きくなったら、何になりたい？
　　B：f　宇宙飛行士になりたい。
　　　　g　宇宙飛行士になりたいと思う。
　　　　h　宇宙飛行士に {なれたら／なれると} いいなあ。
　　　　i　宇宙飛行士に {なれたら／なれると} いいんだけど。
　　　　j　宇宙飛行士になれないかなあ。
　　A：頑張ればきっとなれるよ。

# 説明

丁寧体

「宇宙飛行士になりたい。」のように「～たい」で言い切る場合は、話し手の気持ちを非常に強く感じさせます。aのように「です」や「んです」を付け加えることで、多少丁寧になりますが、話し手の気持ちを直接的に伝えている点は変わりません。一方、bのように「～たい」に「思う」が付くと、自分の気持ちを客観的にとらえ、相手に伝えようとする要素が入ってきて、「～たいです」に比べて大人の言い方になります。

「～たいと思う」は今の気持ちを伝えますが、「～たいと思っている」は、ある一定期間思っていたという客観性が加わるので、さらに直接的な気持ちは弱くなります。

c～eは「動詞可能形＋～」の形をとっています。また、cとdは条件を表すタラ形（なれたら）、または「動詞の辞書形＋と」（なれると）を用いているので、「そういうことが起こり得る場合は」「そういうことが可能な場合は」という仮定の可能性に対する期待が含まれています。

終助詞「なあ」は「な」で置き換えることもできます。「な」も「なあ」も話し手が独り言のように言うときに使いますが、「なあ」のほうが気持ちの度合いが強くなります。

d「～たら／といいんですけど／が」は、自分の願望の実現を望みながら、それを婉曲に相手に伝えています。婉曲に伝えることによって全体としての丁寧度が上がっています。

eでは「～ないかなあ」が願望を表しています。否定と結び付いて、逆に肯定の事柄の実現を望む表現になっています。「～ないかなあ」だけでは独り言のようになりますが、「と思う／思っている」が付いて、相手に自分の願望を伝えています。「～ないかなあ」は「～ないかな」を強調した形になります。

普通体

　願望は相手に伝える場合もありますが、自分の願望として、頭の中で思ったり、独り言のようにつぶやいたりすることも多いです。特に、h～jは「と思う」を用いていないので、独り言のように伝わってきます。

 比較のポイント

話し手自身の願望

	気持ちが強い	丁寧	直接的	客観的	憧れ的願望	独り言的
～たい		○		○		
動詞可能形＋たら／といいなあ	△				○	○
動詞可能形＋たら／といいんだけど／が		△		△	○	△
動詞可能形＋ないかなあ	○				○	○

- 「～たい」または「～たいです」は直接的な願望の表出になる。柔らかく、丁寧にしたいときは、「と思う／思っている」を付けるとよい。
- 「動詞可能形＋たらいい」、「動詞可能形＋といい」という仮定の形、また、「動詞可能形＋ないかなあ」という形で、憧れ的な願望を表すことができる。
- 「動詞可能形＋たら／といいなあ」および「動詞可能形＋ないかなあ」という形は、独り言的なニュアンスを含む。「と思う／思っている」を付けると独り言でなくなる。
- 「動詞可能形＋たら／といいなあ」「動詞可能形＋ないかなあ」も「～たい」と同じで、「と思う／思っている」を付けると客観性が生まれ、丁寧になる。
- 「～たいと思う」は、いろいろな段階の推量や判断、思考を包括するので、「比較のポイント」から省く。

> まとめ会話

〈オリンピックに出たいAが知人Bと話している〉
A：オリンピックに出場したいと思っています。　　（願望を伝える）
B：出られるといいですね。
A：ええ、子供のときから、出られたらいいなあと思っていました。
　　　　　　　　　　　　　　　　　　　　　　　（憧れ的願望）
B：可能性はどうなんですか。
A：同じ記録を持ってるのが3人いるんです。代表は2人です。
B：2人ですか。
A：ええ、でも、絶対出たいんです。　　（直接的、強い願望）
B：そうでしょうね。
A：出られないかなあと毎日思っています。　　　　（強い願望）

 否定の場合

「宇宙飛行士になりたいか」と聞かれて、否定で答える場合は、「宇宙飛行士には／になんか／なんかになりたくない」と答えます。「は／なんか」は、そんなものになりたくないという強い否定の気持ちを表します。

次に「と思う」の付いた文の否定の形「〜たくないと思う」「〜たいと思わない」について考えてみましょう。

答えがイエスかノーかを知らない聞き手Aの質問に対しては、Bは「〜たくないと思う」で答えることができます。

　①A：バスツアー、行きたいと思いますか、行きたくないですか。
　　B：いやあ、行きたくないと思っています。

一方、聞き手Aが、Bが行きたくないことを知っている場合は次のようになります。

②A：行きたくないんですって？　どうして？　行きましょうよ。

　　B：a　いや、私は（何度言われても）行きたいとは思わないんですよ。

　　　　b　いや、私はあんなところへは行きたいとは思わないんですよ。

　このように、「～たいとは思わない」は、すでに答えがノーであることを知っている聞き手に、再度はっきりノーと答えるときに使われます。

2. 他者への願望

　話し手が他者に何かをしてほしいとき、どのように表現するかを見ていきます。会話2）では、Aの質問に対してBは、いろいろな形で他者に対する「願望」を表すことができます。

丁寧体

2）A：今晩の会に彼女、来ますか。

　　B：わからないんですけど、

　　a　来てほしいです。

　　b　来てもらいたいです。

　　c　来てほしいと思います／思って（い）ます。

　　d　{来ない／来てくれない} かなあと思います／思って（い）ます。

　　e　{来たら／来てくれたら} いいのにと思います／思って（い）ます。

普通体

2）A：今晩の会に彼女、来る？

　　B：うーん、わからないけど、

　　f　来てほしいなあ。

　　g　来てもらいたいね。

　　h　来てほしいと思って（い）る。

　　i　{来ない／来てくれない} かなあと思って（い）る {んだ／のよ}。

　　j　来てくれたらいいんだけど。

　　k　来たらいいのにね。

 説明

> 丁寧体

　「ほしい」は、名詞に付いて「名詞＋がほしい」(例:車がほしい、家がほしい)のように話し手の願望を表しますが、「もう一度説明してほしい」のように、「動詞テ形＋ほしい」の形で他者に対する願望を表します。会話2)aがそうです。「彼女」が省かれていますが、「彼女」を入れると、「彼女に来てほしい」となります。「(～に)～てほしい」は直接的な願望を表しますが、指示や命令のニュアンスを含む場合も多いです。

　「～てほしい」を願望の「～たい」で表すと、b「～てもらいたい」になります。これも多くの場合、指示や命令のニュアンスを含みます。「～てほしい」と比べると、改まった、客観的な表現になります。

　cは「ほしい」の後ろに「と思う／思っている」が付いて、より客観的に、より丁寧に相手に自分の気持ちを伝えています。

　dは「～ないかなあ」の形で肯定の願望を表しています。eは仮定の形「～たら」を使って願望を表していますが、「いい」の後ろに逆接を表す「のに」が来ることがあります。その場合、「来たらいいのに、なぜ来ないんだろう。残念だ」という意味合いになります。

> 普通体

　f～kのように「です」や「と思う」を削除した普通体「～たい」等は、話し手の願望が率直に、また直接的すぎる形で伝わります。h以外は言い切らずに、f「なあ」、g「ね」、i「よ」、j「けど」、k「のに＋ね」のように終助詞、または終助詞に近い語が付いています。それによって、話し手の直接的な願望をやや曖昧に表現しています。

比較のポイント

他者への願望

	直接的	指示・命令の意味合いが入る	客観的	丁寧	会話的	独り言的	
～てほしい	○	○					
～てもらいたい	△	○	○	△			
～てほしいと思う/思っている	△	△	○	○			
～ないかなあと思う/思っている		△	○		○	○※	
～たらいいんだけど/が				△	○	○	
～たらいいのに					○	○	

※「と思う/思っている」がない場合

- 「～てほしい」「～てもらいたい」は指示・命令になりやすい表現である。
- 「～てほしい」は「～てもらいたい」より直接的な言い方である。
- 「～てほしい」「～てもらいたい」に「と思う／思っている」を付けると、丁寧になるが、指示・命令の意味合いは残る。
- 「～ないかなあ」「～たらいいんだけど」は、やや曖昧な（独り言的な）言い方で、憧れ的な願望を表す。会話的な印象になる。

まとめ会話

〈綱引き大会準備係のAが近所のBに話しかける〉
A：綱引き大会に参加<u>してほしい</u>んですけど。　　　　（直接的）
B：綱引き大会？
A：できるだけたくさんの人に参加<u>してもらいたい</u>んですよ。
　　　　　　　　　　　　　　　　　　　　　　　　（強い依頼）
B：いいですよ。
A：お友達も参加<u>しないかなあと思う</u>んですが。誘ってみてください。
　　　　　　　　　　　　　　　　　　　　　　　　（強い願望）
B：いいですよ。聞いてみますね。
　　　　　　　　　＊＊＊

> B：だめだそうです。
> A：そうですか。残念です。
> B：ごめんなさいね。みんなも参加したらいいのにと思うんですけど。
> 　　　　　　　　　　　　　　　　　　　　　　（残念な気持ち）

 否定の場合

　他者への願望「来てほしい」の否定には、「来てほしくない」と「来ないでほしい」があります。基本的には、「〜てほしくない」は話し手の「否定の願望の気持ち」を表すのに対し、「〜ないでほしい」は「否定の依頼・命令」を表します。
　救急車を呼ぶか呼ばないかの状況で、「呼んでほしくない」と言う場合、話し手は自分の願望を述べているのであり、「呼ばないでほしい」は相手に依頼・命令をしていることになります。

　　A：大丈夫？　救急車、呼ぶ？
　　B：前も呼んだから、今回は呼んでほしくない。
　　A：でも、呼んだほうがいいよ。僕が電話するから。
　　〈Aが電話しようとする〉
　　B：待って。
　　　　救急車、やっぱり呼ばないでほしい。
　　　　こんな時間だと近所に迷惑だから。

Bは最初「呼んでほしくない」と自分の希望を述べていましたが、Aが電話をかけようとしたので、それを止めるべく、依頼・命令を表す「呼ばないでほしい」と言ったと考えられます。

4 義務

　人が人として、あるいは立場上、身分上、当然する必要のあることを「義務」と言います。この課では、当然する必要のある「義務」と、宿命的にそうなってしまう「必然・運命」に関わる表現を取り上げます。

1. 義務

　話し手がどのように義務の気持ちを表現するかを見ていきましょう。会話1）では、Aの質問に対してBは、いろいろな形で「義務」の気持ちを表すことができます。

丁寧体

1）A：Bさん、あの仕事、どうしますか。
　　B：ええ、少し厄介そうですが、a　やらなければなりません。
　　　　　　　　　　　　　　　　　 b　やらなくてはなりません。
　　　　　　　　　　　　　　　　　 c　やらないわけにはいきません。
　　　　　　　　　　　　　　　　　 d　やらないといけません。
　　　　　　　　　　　　　　　　　 e　やらざるを得ません。
　　A：大変でしょうが、絶対やるべきですよ。

普通体

1）A：Bさん、あの仕事、どうするの？
　　B：うん、少し厄介そうだけど、f　やらなきゃならないから。
　　　　　　　　　　　　　　　　　 g　やらなくちゃならないんだよ。
　　　　　　　　　　　　　　　　　 h　やらないわけにはいかないんだよ。
　　　　　　　　　　　　　　　　　 i　やらないといけないんだ。
　　　　　　　　　　　　　　　　　 j　やらざるを得ないよね。
　　A：大変だろうけど、絶対やるべきだよ。

25

説明

丁寧体

「義務」は、話し手が社会通念上そうする必要があるととらえるときに用いることが多いです。そういう社会的、一般的な義務を表す表現が、a～cになります。一方、社会的というより個人的な必要性を感じ、義務表現を使う場合もあります。それがd「～ないといけない」、e「～ざるを得ない」です。しかし、一般的か個人的かという区別は難しく、両者は重なり合うことも多いです。ここでは、そういう違いが存在するということを念頭に、しかしあまりこだわらずに見ていきます。

aの「～なければならない」は義務表現の代表的なものですが、やや改まった、硬い響きがあります。話し言葉では、そのままの形で使われにくいです。bの「～なくてはならない」は「～なければならない」とほぼ同じ意味になりますが、「～なくてはならない」のほうがやや柔らかく、話し言葉的になります。「～なければならない」がより社会的、公的な義務を表すのに対し、「～なくてはならない」は、個人的、私的な事柄に関わることが多いようです。

cの「～ないわけにはいかない」も、常識や社会通念、過去の経験に照らして「そうしないのは不可能だ。だから、そうしなければならない」という意味になります。自分の立場から考えて、厄介でもその仕事をやるのは義務だと客観的に判断した言い方と言えるでしょう。「～なければならない」「～なくてはならない」より説明的、解説的になります。

「義務」を個人的にとらえた場合、d「～ないといけない」が用いられます。話し言葉として用いられますが、「いけない」（例：タバコはいけない、居眠りをしてはいけない）を含んでいるため、禁止のニュアンスがあり、やや強く響くことがあります。

個人的義務と言える表現には、他にe「～ざるを得ない」があります。書き言葉的な表現で、「その他に選択肢がないから」「しかたがないから」そのことをする、というニュアンスを持ちます。したがってeは、「厄介な仕事なので、大変かもしれないが、自分に与えられた（命じられた）仕事なのだから、

やるほかしかたがない」という意味になります。

　会話の最後のAで出てくる「〜べきだ」も義務を表します。どちらかという
と社会的にとらえた義務表現と言えます。「〜べきだ」は相手、または他者に
向けられた「義務表現」で、話し手自身のことを、例えば「私は会合に出るべ
きです」とは言えません。「〜べきだ」は助言的な意味合いを持つこともあり
ますが、義務表現として使われたときには、硬く強い言い方になります。

普通体

　普通体では短縮形（縮約形とも言う）が多く用いられます。「〜なければな
らない」は「れば」が縮まって「〜なけりゃならない」も可能ですが、普通は
「〜なきゃならない」になります。gでは「〜なくてはならない」の「ては」が
縮まって「〜なくちゃならない」になっています。短縮形は丁寧体の会話で
使っても、失礼にはなりません。ただ「きゃ」「ちゃ」という音が耳障りにな
る場合もあるので、その部分は素早く、小さく発音するようにしたほうがい
いでしょう。不快に聞こえる場合もあるので、目上の人には使いすぎないほ
うが賢明です。

　fでは文末に「から」、gとhは「んだよ」、iは「んだ」、jは「よね」が付いて
います。いずれもやや強い言い訳、理由説明、訴えになります。仕事がうまく
行きそうかと聞かれて、「難しそうな仕事だが、自分はやる義務がある」とい
う義務感を、相手に訴えている状況なので、そのような文末になりやすくな
ります。

比較のポイント

　会話1）に出てきた義務表現をまとめると次の表のようになります。右端
の2列に「わがこと」「ひとごと」とあるのは、独り言のように、もっぱら話し
手自身に向けて発せられる表現を「わがこと」、もっぱら他者へ向けて発せら
れる表現を「ひとごと」としたものです。上に述べた「〜ざるを得ない」は「わ
がこと」、一方、「〜べきだ」は「ひとごと」で用いられやすいことを表してい
ます。

義務

	社会通念・常識に基づく	個人的義務	改まった言い方	硬い言い方	禁止のニュアンス	強い言い方	しかたがないという気持ち	わがこと	ひとごと
～なければならない	○		○	○		○			
～なくてはならない	○		△	△		△			
～ないわけにはいかない	○		○	○					
～ないといけない		○			○	△	△		
～ざるを得ない		○		○			○	○	
～べきだ	○			○		○			○

- 「義務」は常識や社会通念から判断して起こることが多いので、全体的に改まった言い方になる。代表的なのが、「～なければならない」「～ないわけにはいかない」である。
- 一方で、義務を個人的、私的にとらえて表現するのが、「～ないといけない」「～ざるを得ない」である。
- 改まった表現を、話し言葉的にしたのが、「～なきゃならない」「～なくちゃならない」等である。
- 「義務」をしかたがないことだと内省的にとらえるのが「～ざるを得ない」である。
- 「～ざるを得ない」は話し手が自分自身へ、「～べきだ」は他者へ向けた「義務」表現である。

まとめ会話

〈中村さんは田川さんに自治会の会長を引き受けてくれるように頼んでいる〉

中村 ： 会長をお願いしたいのですが。

田川 ： えっ、私がやら<u>なければなりません</u>か。他にもいい人がいるでしょう。　　　　　　　　　　　　（改まった言い方）

中村 ： いや、会長は、田川さんのような方がやら<u>ないといけません</u>よ。　　　　　　　　　　　　　　（個人的な言い方）

田川 ： ……。

中村 ： 田川さんがやる<u>べきです</u>。　　　　　　（強い言い方）

田川 ： そんなに頼まれては、引き受け<u>ないわけにはいきません</u>ね。

（常識・社会通念上）

中村　：いや、ありがとうございます。

＊＊＊

〈家に帰って〉
奥さん：それで、引き受けちゃったの？
田川　：引き受け<u>ざるを得なかった</u>んだよ。　　　（しかたがない）
奥さん：本当にあなたが引き受け<u>なくてはならない</u>の？

（少し硬い言い方）

田川　：……。

否定の場合

「〜なければならない」「〜なくてはならない」「〜ないわけにはいかない」等の義務表現では、すでに否定の形が使われています。ここでは、「〜べきだ」の否定表現を取り上げ、見てみましょう。

　　A：あの仕事はやったほうがいいでしょうか。
　　B（肯定）：ええ、絶対やるべきです。
　　　（否定）：いいえ、a　やるべきでは／じゃありません。
　　　　　　　　　　b　やる必要はありません。
　　　　　　　　　　c　やらなくてもいいです。
　　　　　　　　　　d　やらないほうがいいです。

「べきだ」には「〜ないべきだ」という言い方はなく、aのように「べき」の後ろを否定にします。かなり強い言い方になります。他に、b「やる必要はない」、c「やらなくてもいい」、d「やらないほうがいい」と言うこともできます。

2. 必然・運命

　話し手が、必ず起こるはずの必然的な事柄を、どのように表現するかを考えてみましょう。会話2）では、Aの質問に対してBは、いろいろな形で「必然・運命」に対する自分の気持ちを表すことができます。

丁寧体

2）〈Bのご主人が亡くなった〉

　A：ご主人のこと、大変でしたね。おさびしいでしょう。

　B：ええ、でも、a　人間はいつかは死ぬんです。

　　　　　　　　b　人間はいつかは死んでしまうんですよ。

　　　　　　　　c　人間はいつかは死ぬものなんですよ。

　　　　　　　　d　人間はいつかは死ななきゃならないんですよ。

　　　　　　　　e　人間はいつかは死ななくちゃならないんですよ。

　　　　　　　　f　人間はいつかは死なざるを得ないんですよ。

　　　　　　　　g　人間はいつかは死なないわけにはいかないんですよ。

　A：それはそうですが……。元気を出してくださいね。

普通体

2）A：ご主人、大変だったね。大丈夫？

　B：うん、でも、h　人間はいつかは死ぬのよ。

　　　　　　　　i　人間はいつかは死んじゃうのよ。

　　　　　　　　j　人間はいつかは死ぬものなのよ。

　　　　　　　　k　人間はいつかは死ななきゃならないのよ。

　　　　　　　　l　人間はいつかは死ななくちゃならないのよ。

　　　　　　　　m　人間はいつかは死なざるを得ないのよ。

　　　　　　　　n　人間はいつかは死なないわけにはいかないのよ。

　A：うん、そりゃそうだけど……。元気出してね。

丁寧体

　ここでは「そういう運命・宿命にある」という自然の成り行きや当然の成り行きを表す場合に、義務表現が使われています。

　aは動詞の辞書形やマス形を用い「当然の成り行き」を、bは「～てしまう」を用いて「自然・当然の帰結」や「そうなってしまう(だろう)という残念な気持ち」を、cは「～ものだ」が付いて、「当然の成り行き」や「帰結」を表しています。d、eは義務表現を用いて「成り行き」や「運命」を表し、fは「しかたがない」という意味合いを、gは客観的に見てそう判断しなければならないということを表しています。

　その表現が義務を表すのか、当然の帰結を表すのかは、基本的には話し手の意図によりますが、多くの場合は話題の内容や状況で決まってくると言えます。

普通体

　会話2)のBは夫を亡くした妻の発話なので、女性言葉「のよ。」を使っています。

比較のポイント

必然・運命

	自然・当然の成り行き	本来の性質	しかたがないという気持ち	残念な気持ち	運命・宿命	改まった言い方	硬い言い方	話し言葉的	書き言葉的
～ます/動詞の辞書形	○				○				
～てしまう	○		○	○					
～ものだ	○	○	○		○		○		
～なきゃならない	△				△			○	
～なくちゃならない	△				△			○	
～ざるを得ない	○		○		△		○		○
～ないわけにはいかない	○				△	○	○		○

- 必然や運命・宿命を表す表現には、「義務」の表現を使う場合と、それ以外の場合がある。
- 前者のうち「～なきゃならない」「～なくちゃならない」は「～なければならない」「～なくてはならない」の短縮形で、会話でよく用いる。
- 後者には「～ます／動詞の辞書形」「～てしまう」「～ものだ」等があり、短く、端的に必然や運命を表現している。
- 「～ないといけない」のような「いけない」を用いた義務表現は、禁止の意味合いを含む場合が多いので、「必然」の場合には使いにくい。

まとめ会話

〈Aが、介護施設の職員Bとロボットの導入について話している〉

A：介護ロボットというものができたそうですね。

B：ええ、介護施設のような人手不足が深刻な職場では、ロボットを
　　導入せ<u>ざるを得ない</u>んです。　　　　　　　　（しかたがない）

A：でも、人って、人の温もりを求める<u>ものだ</u>と思いますよ。

　　　　　　　　　　　　　　　　　　　　　　　　　（本来の性質）

B：そうですね。ロボットと人間の役割分担を考え<u>なくちゃなりませ</u>
　　<u>ん</u>ね。　　　　　　　　　　　　　　　　　　（柔らかい言い方）

A：それに、ロボット化が進むと、若い人から仕事を奪ってしまうかもしれません。心配です。
B：でも、ロボットの開発を進め<u>ないわけにはいかない</u>と思います。

（常識・社会通念上）

 否定の場合

　会話2）のd～gは述語部分が否定になっているので、a～cで否定の形ができるかを考えてみましょう。

　　a'　人の心は死なないんです。
　　b'　人の心は死んでしまわないんです。
　　c'　人の心は死なないものなんですよ。

a'～c'は自然な文です。したがって、a～cで取り上げた形（本書で表現文型と呼ぶ）は否定の形も可能と言えます。

5 推量・推定 1

　「推量」という大きな枠組みの中には、話し手の個人的な判断に基づく「可能性」や、より客観性を伴う「推量・推定」、また、話し手の認識と現実の一致・不一致を問題にする「推量判断」等があります。

　「推量・推定1」では、「可能性」表現を1で、「推量・推定」表現を2で取り上げます。

1. 可能性

　話し手が可能性のあることを、どのように表現するかを見ていきましょう。会話1）では、Aの質問に対してBは、いろいろな形で「可能性」を表すことができます。

丁寧体

1）A：誰が選ばれるでしょうね。
　　B：そうですね、a　花子が選ばれると思います。
　　　　　　　　　　b　花子が選ばれるだろうと思います。
　　　　　　　　　　c　花子が選ばれるんじゃないかと思います。
　　　　　　　　　　d　花子が選ばれるかもしれません。

普通体

1）A：誰が選ばれるだろうね。
　　B：そうね、e　花子が選ばれると思う。
　　　　　　　f　花子が選ばれるだろうと思う。
　　　　　　　g　花子が選ばれるんじゃないかと思う。
　　　　　　　h　花子が選ばれるかも（しれない）。

丁寧体

　ここでは、話し手の主観・気持ちに基づいて推量・判断することを「可能性」と呼びます。「可能性」を表す表現は話し手の気持ちに基づくものなので、客観性に欠けると考えられます。「〜と思う」「〜だろう」「〜んじゃないか」「〜かもしれない」等が「可能性」を表す表現になります。

　aは「花子が選ばれる」に「と思う」が付いて、断定性を少し和らげています。そのため、自分の考えを丁寧に相手に伝えることができます。

　bは「でしょう」の普通形「だろう」が入っているので、a「〜と思う」よりは曖昧に、「花子が選ばれる」可能性を伝えています。曖昧に伝えているということは、丁寧になっているとも言えます。

　c「〜んじゃないかと思う」は、「はっきりそうだとは断定できないが、おそらく〜ではないだろうか」という話し手の推測を表します。「〜んじゃないか」と相手に問う形をとり、控えめに自分の考えや意見を含ませています。持ち回った曖昧な言い方ですが、その分丁寧になっており、柔らかい言い方になります。

　dの「〜かもしれない」（会話では「〜かもわからない」と言う場合もある）も「〜んじゃないかと思う」と同じく可能性が低くなります。可能性の低さから、話し手の断定することへの自信のなさ（時に「懸念」）を表すこともあります。一方、「〜かもしれない」は、話し手が相手に曖昧に伝えたい場合にも使われます。曖昧であるために丁寧になることが多いです。

普通体

　hは丁寧体と同じく「花子が選ばれる」に「かもしれない」が付いています。普通体の会話では、「かもしれない」が長いためか、「〜かも。」で終わらせる若い人達も多いです。

5 推量・推定 1

比較のポイント

可能性

	断定的	主観的	曖昧な言い方	丁寧	断定への自信のなさ
〜と思う	△	△		△	
〜だろうと思う		△	△	○	△
〜んじゃないかと思う		△	○	○	△
〜かもしれない		○	○	○	○

- 「〜と思う」「〜だろうと思う」「〜んじゃないかと思う」「〜かもしれない」には、話し手の主観的な判断が入っている。
- 曖昧な言い方をするという特徴は、可能性表現に共通に見られる。
- 曖昧であることは、丁寧に通じる場合が多い。可能性表現の多くは丁寧な表現であると言える。
- 「〜かもしれない」は、断定することへの自信のなさ（時に「懸念」）を含む気持ちを表すことがある。

まとめ会話

〈A（女）とB（男）は友達同士。Bは通訳の資格試験を受けるらしい〉

A：通訳の資格試験、絶対合格してね。
B：うん、合格するよ。
A：本当ね？
B：うん、合格できる<u>と思う</u>。　　　　　（少し和らげて伝える）
A：ああ、よかった。
B：うん、合格できる<u>だろうと思う</u>よ。　　（少し曖昧）
A：「だろう」？
B：いや、合格できる<u>んじゃないかと思う</u>よ。（曖昧）
A：ええっ？
B：ごめん、合格できない<u>かもしれない</u>。　（自信のない気持ち）

否定の場合

会話1)で取り上げた形(表現文型)a～dについて否定の形を考えてみましょう。

    a' 花子は選ばれないと思います。
    b' 花子は選ばれないだろうと思います。
    c' 花子は選ばれないんじゃないかと思います。
    d' 花子は選ばれないかもしれません。

「と思う」「だろうと思う」「んじゃないかと思う」の前に来る語を否定形にすると、否定の可能性を表すことができます。

2. 根拠に基づく推量・推定

「可能性」のような主観的判断でなく、客観的な情報・根拠に基づいて、話し手がどのように推量したり、想像したりするかを見ていきましょう。会話2)では、Aの質問に対してBは、いろいろな形で自分の「推量・推定」を表すことができます。

丁寧体

2)A：試合はあるでしょうか。
  B：よくわからないけど、a ありそうですよ。
                            b あるようですよ。
                            c あるみたいですよ。
                            d あるらしいですよ。
                            e あるはずです。
                            f あると思いますよ。

5 推量・推定 1

> 普通体
>
> 2) A：試合はあるかな？
>   B：よくわからないけど、g　ありそう {だよ／よ}。
>   h　あるよう {だよ／よ}。
>   i　ある {みたい／みたいだよ／みたいよ}。
>   j　あるらしいよ。
>   k　あるはず {だよ／よ}。
>   l　あると思うよ。

 説明

丁寧体

　会話2)では、Aの質問に対して、Bはいろいろな情報・根拠に基づいて、a～fの形で答えています。もし、話し手の主観に基づいた「可能性」だけで答えるとしたら、会話1)で見た「だろう」「かもしれない」のような、主観的な推量表現になります。

　aは様態を表す「～そうだ」(例：ありそうだ、雨が降りそうだ、死にそうだ)を使って答えていますが、その根拠としては、例えば係の人が設営をしている、準備をしている等の外見的・外観的な状況・兆候を中心として判断していることが考えられます。

　b「～ようだ」は、外見的・外観的な状況に、話し手の経験・体験等に基づく判断が加わります。「～ようだ」は、様態「～そうだ」よりはもう少し総合的、客観的にとらえようとします。c「～みたいだ」は「ようだ」の会話的な言い方になります。

　d「～らしい」はやや硬い表現ですが、情報を客観的に推量する表現です。「～らしい」は聞いた情報(人、ラジオ等)に基づくことが多いため、伝聞を表すことが多くなります。また、事柄(ここでは試合があるかないか)に対する話し手の態度が、やや距離を置いたような、やや無関心な様子を感じさせることがあります。これは、関心の度合いを色濃く見せる「～そうだ(様態)」、それほどではないが関心を持つ「～ようだ／みたいだ」と異なる点でもあります。

e「～はずだ」は、「自分の現在の認識で判断すると当然こうだ」(太田, 2014)を表します。話し手が、係の人が準備している等の周りの状況から判断して、「それなら／だから、試合は当然ある」と認識したことを「～はずだ」で表しています(6「推量・推定2」1参照)。

　fは、いろいろな段階の推量・認識・判断を包括する形で、「～と思う」を用いています。これは、「思う」が主観的な推量判断から客観的な思考まで、幅広く表すことができる動詞であるためと考えられます。

普通体

　「あるみたい／みたいだよ／みたいよ」では、「～みたい。」は男女とも、「～みたいだよ。」は主に男性（女性も使う）、「～みたいよ。」は一般に女性が使用します。

比較のポイント

根拠に基づく推量・推定

	外見・外観・兆候を中心として判断	経験的に判断	言語情報での判断が多い	無関心、距離を置いた感じ	当然こうだと判断する	会話的
～そうだ（様態）	○					
～ようだ	△	○				
～みたいだ	△	○				○
～らしい			○	○		
～はずだ					○	

- 情報・根拠の種類によって、外見・外観・兆候からとらえる「～そうだ（様態）」、外見・外観に話し手の体験を加えて判断する「～ようだ」、言語情報を通して判断することの多い「～らしい」がある。
- 「～みたいだ」は「～ようだ」と類義であるが、会話的で親しい間柄で使うことが多い。
- 「～らしい」は推量だけでなく伝聞表現にも使うが、いずれの場合も無関心や距離を置いた感じが入ることが多い。
- 「～はずだ」の用法は多岐にわたるが、基本的には、話し手がその時点において「当然こうである」と判断する／したときに用いる。
- 「～と思う」は、いろいろな段階の推量や判断、思考を包括するので、「比較のポイント」から省く。

> **まとめ会話**
>
> 〈知人同士のA（女）とB（男）が第三者の「彼」のことを噂している〉
> A：あの人が嘘をつくことがあるかしら。
> B：いや、彼ならありそうですよ。　　　（外見・外観・兆候からの判断）
> A：まあ、時間を守らないことはあるようだけど。（総合的・体験的判断）
> B：この間も遅れてきたらしいですよ。　　　　　　　　　（伝聞）
> A：でも、誰でも遅れることはあると思いますよ。　（推量・判断・思考）
> B：そうですね。
> 　　でも、この間は小川さんにひどい嘘をついたみたいですよ。
> 　　　　　　　　　　　　　　　　　（総合的・体験的判断、会話的）
> A：そんなことしないはずです。あの人はいい人だから。（当然こうだ）

 否定の場合

　会話2)で取り上げた形（表現文型）a～fについて否定の形を考えてみましょう。

　試合があるかと聞かれて、否定で答える場合は、試合は、a'「なさそうです」、b'「ないようです」、c'「ないみたいです」、d'「ないらしいです」、e'「ないはずです」、f'「ないと思います」になります。このうち「なさそうだ」の様態「～そうだ」と、推量判断の「～ないはずだ」の「～はずだ」には、もう1つの否定の形があります。

　①A：試合はあるでしょうか。
　　B：a　こんな大雨だから、試合はなさそうですね。
　　　　b　もう1時間もたっているけど、試合はありそうにないですね。

「～なさそうだ」は外観や兆候を見て、直感的にそう判断する表現です。一方、「～そうにない」は、いくつかの情報に基づいて、そのような可能性が低いと

判断したことを表します。

　②A：試合はあるでしょうか。
　　B：a　係の人が「中止」と言っていたから、やらないはずです。
　　　　b　地面がぬかるんでいるから、やるはずがありませんよ。

「～ないはずだ」は「当然やらないだろう」という、話し手の「当然そうである」という判断を表し、「～はずがない」は、話し手の判断からして「あり得ない、不可能だ」という、驚きにも似た強い否定の気持ちを表します。
　（「～はずがない」と「～はずはない」の違いについては、両者は重なり合うことが多いですが、「が」が即座に強く否定するのに対し、「は」は少し考え、判断を交えて否定しています。

　③A：誰がそんなデマを飛ばしたんだ？
　　B：山川さん。
　　A：a　まさか。山川さんがそんなこと言うはずがない。
　　　　b　山川さんは人格者だから、そんなことを言うはずはない。

aでは、Bの発言を聞いて即座に強く否定しています。bでは、Bの発言を聞いても即座に反応せず、山川さんの性格を考慮したりして冷静に判断をしています（6「推量・推定2」否定の場合参照）。

5
推量・推定1

41

6 推量・推定 2

　「推量・推定2」では、話し手の思っていること（認識）が現実とどう一致するか、あるいは一致しないかを表す「推量判断」表現を取り上げます。ここで扱う「〜はずだ」「〜わけだ」「〜のだ／んだ」は、「推量・推定1」で扱った「〜そうだ（様態）」「〜ようだ」「〜らしい」等より客観的な推量判断になります。

1. 推量判断

　話し手が情報に基づいて、客観的に、どのように物事を推量し、判断し、表現するかを見ていきます。会話1）では、Aの質問に対してBは、いろいろな形で自分の「推量判断」を表すことができます。

丁寧体

> 1）A：どうしたんですか。
> 　　B：先生に叱られたんです。
> 　　A：ああ、a　3日続けて遅刻をすれば／したら、叱られるはずですね。
> 　　　　　　b　3日続けて遅刻をしたから、叱られたわけですね。
> 　　　　　　c　3日続けて遅刻をしたから、叱られた｛の／ん｝ですね。

普通体

> 1）A：どうしたの？
> 　　B：先生に叱られたの。
> 　　A：ああ、d　3日続けて遅刻をすれば／したら、叱られるはずだよね。
> 　　　　　　e　3日続けて遅刻をしたから、叱られたわけ｛だね／ね｝。
> 　　　　　　f　3日続けて遅刻をしたから、叱られた｛んだ／の｝ね。

 説明

丁寧体

　会話1）では、先生に叱られたことに対して、聞き手Aが推量し、判断をしています。ここには「〜はずだ」「〜わけだ」「〜のだ／んだ」が出てきています。

　a「はずだ」は「自分の現在の認識で判断すると当然こうだ」（太田, 2014）を表すので、Aが自分の現在の認識に合わせ、「3日も続けて遅刻すれば／したら当然叱られる」→「叱られるはずだ」と答えたと考えられます。

　bでは、3日続けて遅刻をしたという理由・原因に対し、当然の結論・帰結として「〜わけだ」が使われています。このように「〜わけだ」の基本的な働きは「当然の結論・帰結」になります。

　c「〜のだ／んだ」はある前提や状況などについて、その原因・理由などを説明したり、それらの事柄の結論・帰結を表したりします。また、話し手の気持ちを強調して表すこともあります。cでは「はずだ」や「わけだ」に比べて、やや主観的に、気持ちを込めて話し手の帰結・結論を表しています。

普通体

　普通体の会話では文末に終助詞「の」がよく出てきます。終助詞「の」には2つの用法があります。

（1）質問・疑問を表す（男女とも使用）。
　　例：どうしたの？
（2）断定の気持ちを軽く表現する（女性や子供が使用）。
　　例：おなかが痛いの。
（1）の「の」は上がり調子に、（2）の「の」は下がり調子になります。

　「んだね」は男女両方が使いますが、fに出てくる文末の「のね」は女性専用の表現で、軽い主張、念を押す気持ちを表します。

まとめ会話

〈Aがきのう来なかった理由について話している〉
A：きのうはすみません。来られなくて……。
B：どうしたんですか。
A：出がけに病院から電話があって。
　　母が車にぶつかって、病院に運ばれたんです。
B：それは大変でしたね。
　　それで来られなかったんですね。　　　（結論・帰結、やや主観的）
A：頭を打って、しばらく意識がなかったので。
B：そうですか。それなら来られないはずですね。　　（当然こうだ）
A：すみません。
B：それで今日は大丈夫なんですか。
A：ええ、妹が付いていてくれてるので。
B：ああ、妹さん……。それで今日は来られたわけですね。（結論・帰結）

 否定の場合

　会話1)で取り上げた形（表現文型）について否定の形を考えてみましょう。以前、次のような事件がありました。

　7歳の男の子が山の中で行方不明になり、消防団、警察、自衛隊と、たくさんの人が何日も捜索しました。男の子はその間ずっと見つからなかったのですが、6日目に、行方不明になった場所から約6、7キロメートル離れた、普段は無人の自衛隊の施設で保護されました。人々は山の中ばかりを探していて、近くの自衛隊の施設に入り込んでいるとは思わなかったのです。以下はその事件についての会話です。

A：〇〇君は自衛隊の宿舎にいたんですよ。
B：ああ、a　自衛隊の宿舎にいたら、見つからないはずですね。
　　　　　b　自衛隊の宿舎にいたら、見つかるはず{が／は}ないですね。
　　　　　c　自衛隊の宿舎にいたから、見つからなかったわけですね。
　　　　　d　自衛隊の宿舎にいたら、見つかるわけ{が／は}ないですね。
　　　　　e　自衛隊の宿舎にいたから、見つからなかったんですね。

　a〜eのうち、b「〜はずが／はない」とd「〜わけが／はない」は置き換えが可能です。
　次に、a「〜ないはずだ」とb「〜はずが／はない」、c「〜ないわけだ」とd「〜わけが／はない」の違いについて考えましょう。
　「〜ないはずだ」は話し手の「当然そうではない」（見つからない）という判断を表し、「〜はずが／はない」は、話し手の判断からして「あり得ない、不可能だ」（見つかることはあり得ない）という強い疑問の気持ちを表します。
　一方、「〜ないわけだ」は物事の流れの帰結・結論（自衛隊の宿舎にいたから見つからなかった）を表し、「〜わけが／はない」は、「そういうことが起きる理由がない、あり得ない」という話し手の強い疑問の気持ちを表します。
　「〜はずが／はない」「〜わけが／はない」の「が」と「は」については、「が」でも「は」でもどちらでもいい場合が多いですが、「が」を使うとかなり強い、一方的な主張になり、「は」を使うと熟慮の入った判断になる傾向があります。

6 推量・推定 2

2. 納得

　ここでは、話し手が納得したことをどのように表現するかについて見ていきましょう。会話2）では、Bの発言に対してAは、いろいろな形で「納得の気持ち」を表すことができます。

丁寧体

2）A：このケーキ、おいしいですね。
　　B：1つ500円もした｛の／ん｝ですよ。
　　A：ああ、だから、a　おいしいはずですね。
　　　　　　　　　　b　おいしいわけですね。
　　　　　　　　　　c　おいしい｛の／ん｝ですね。

普通体

2）A：このケーキ、おいしいね。
　　B：1つ500円もしたのよ。
　　A：ああ、だから、d　おいしいはず｛だね／ね｝。
　　　　　　　　　　e　おいしいわけ｛だね／ね｝。
　　　　　　　　　　f　おいしい｛んだ／の｝ね。

 説明

丁寧体

　自分の心情や認識と「結果」が一致したときに、「なるほど」と認めることを「納得」と言います。aとbは、「納得」を表す「〜はずだ」「〜わけだ」の使い方で、ここでは両者は同じ意味合いを持ちます。「〜はずだ」は「自分の現在の認識で判断すると当然こうだ」という判断で、また、「〜わけだ」は「当然の結果・帰結」として、それぞれ認識・判断から納得へと結び付いていきます。

　「〜はずだ」「〜わけだ」が理屈として（客観的に）頭の中で納得しているのに対し、c「〜のだ／んだ」は、話し手の気持ちとして納得しているという感じがあります。理屈ではなく、自然な気持ちとして「おいしい」と言っていると考えられます。

普通体

　「納得」を表すために先立つ接続詞には、「それなら」「だから」等を使います。「それで」「道理で」も使えますが、普通体の会話では直接的な表現として「だから」がよく使われるようです。ただし、「だから」を強調しすぎると、非常に強い言い方になるので、注意が必要です。

比較のポイント

推量判断、納得

	結論・帰結を重視	当然こうだと判断する	前提や状況が必要	強調的	客観的	主観的
〜はずだ		○	○		○	
〜わけだ	○		○		○	
〜のだ／んだ			○	○		○

- 「〜はずだ」が話し手の認識と現実との一致、または不一致に対して「当然こうだ」と客観的に判断・主張するのに対し、「〜のだ／んだ」は主観的に判断する。
- 「〜わけだ」は結論・帰結を重要視し、結論・帰結から客観的に判断しようとする。
- 「〜のだ／んだ」は自分の経験や心情に、「〜はずだ」は自分の現時点で持っている認識に、「〜わけだ」は前提や状況の論理的帰結に基づいて判断することが多い。
- 心情、認識、論理的帰結が一致したとき、「納得」という形で三者が共通的に使用可能になる。

まとめ会話

〈A（男）とB（女）がレストランで食事をしている〉

A　　：ここは○○ホテルの元料理長がやってるんだよ。
B　　：ふーん、だから、しゃれたお店な<u>わけ</u>ね。　　　　　（納得）
A　　：やっぱりおいしいね。
B　　：超一流ホテルの料理長なんだから、おいしい<u>はず</u>ね。
　　　　　　　　　　　　　　　　　　　　　　　（当然こうだ、納得）
A　　：そうだね。

6　推量・推定　2

＊＊＊

〈レジで〉
レジ係：1万9千円です。
A　　：えっ、1万9千円！
〈外で〉
A　　：○○ホテルの元料理長が作ったから、高い<u>ん</u>だね。
　　　　　　　　　　　　　　　　　　　　（納得、主観的）
B　　：そうね。○○ホテルの料理長の料理だから、高い<u>の</u>ね。
　　　　　　　　　　　　　　　　　　　　（納得、主観的）

 否定の場合

会話2）を変えて、否定の出やすい会話にしてみましょう。（普通体で示します。）

①A：このケーキ、何かおいしくないね。
　B：やっぱりわかる？　これ、1つ100円なの。
　A：ああ、100円だから、a'　おいしくないはずだね／ね。
　　　　　　　　　　　　 b'　おいしくないわけだね／ね。
　　　　　　　　　　　　 c'　おいしくないんだね／のね。

「納得」表現においても、「はずだ」「わけだ」「のだ／んだ」は前に否定の形をとることができます。一方、「〜はずだ」「〜わけだ」等を否定にした形はどうでしょうか。

②A：ああ、100円だったら、a"　おいしいはずが／はないね。
　　　　　　　　　　　　　 b"　おいしいわけが／はないね。
　　　　　　　　　 ？c"　おいしいん／のじゃないね。

「～はずがない／はずはない」「～わけがない／わけはない」において、「～が／はない」はどちらも可能ですが、「～<u>が</u>ない」が、話し手の即座の、強い否定になるの対し、「～<u>は</u>ない」は、話し手が少し考え、判断を交えて否定していると考えられます。*c"*の「～のだ／んだ」の否定は不適切な言い方になります。

6
推量・推定 2

7 伝聞

　「人から情報を伝え聞くこと」、また「情報を人づてに聞くこと」を「伝聞」と言います。ここでは、「伝聞表現」と伝聞の「情報源」の表し方を取り上げます。(「情報源」については、41「根拠、立場・観点」1–3も参照してください。)

1. 伝聞

　話し手が、人から聞いて得た情報をどのように伝えるかを見てみましょう。会話1)では、Aの質問に対してBは、いろいろな形で「自分が聞いたこと(伝聞)」を表すことができます。

丁寧体

> 1)A：田中さんは来そうですか。
> 　B：ええ、a　来るそうですよ。
> 　　　　　 b　来るらしいですよ。
> 　　　　　 c　来る{と／って}言って(い)ました。
> 　　　　　 d　来る{と／って}聞きました。
> 　　　　　 e　来るということです。
> 　　　　　 f　来るとのことです。

普通体

> 1)A：田中さんは来そう？
> 　B：うん、g　来るそう{だよ／よ}。
> 　　　　　 h　来るらしいよ。
> 　　　　　 i　来る{と／って}言って(い)たよ。
> 　　　　　 j　来る{と／って}聞いたけど。
> 　　　　　 k　来るということ{だよ／よ}。
> 　　　　　 l　来る{みたい／みたいだよ／みたいよ}。
> 　　　　　 m　来るって。

50

①

説明

丁寧体

「伝聞」とは「第三者から得た情報を、聞き手に伝えること」で、表現としてはaの「〜そうだ」が代表的なものです。伝聞の「〜そうだ」は聞いたことを聞き手に取り次ぐ役割を持ちますが、伝える際に、「早く伝えたい」とか「価値がある情報だ」といった話し手の気持ちを含ませる場合が多いです。

　①妻：隣の奥さん、フランスへ行くって言って（い）たよ／行くそうよ。
　　夫：ふーん。

①の会話で、「行くって言って（い）た」は単に聞いたことを聞いた通りの形で夫に伝えていますが、「行くそう（だ）」では妻がある種の感情（「早く知らせたい」「うらやましい」など）を込めていると考えられます。

　b「〜らしい」は推量（推定）を表しますが、言語情報（主に聞いたもの）に頼ることが多く、「伝聞」を表すことが多くなります。しかし、「〜そうだ（伝聞）」と比べると、やや距離を置いて、客観的に相手に伝えているという意味合いが入ります。

　c「〜と言っていた」、d「〜と聞いた」は伝達内容を、その人が言った通りに、また、聞いた通りに伝えるという意味になります。「〜と言っていた」では主語（主体）は他者、「〜と聞いた」では「私」になります。c、dで使われている「って」は格助詞「と」の代わりをし、話し言葉で用いられます。

　e「〜ということだ」とf「〜とのことだ」は、いずれもやや硬い言い方で、改まった場で使用されます。両者の一番の違いは、前者が伝聞内容をまとめて説明し報告するのに対し、後者は聞き手への直接的な伝言であるという点です。

　②A：小川さんは？
　　B：もう帰りました。a　今晩インドネシアへ出発するということです。
　　　　　　　　　　　　b　今晩インドネシアへ出発するとのことです。

7

伝聞

51

②のaは、単に小川さんの状況・情報を伝えているだけですが、bは、帰ってしまった小川さんがBに、「今晩インドネシアへ出発する」ことをAに伝えるように頼み、BがそれをAに伝えたという意味合いになります。

普通体

l「〜みたい（だ）」は、本来推量を表す表現であるため、「伝聞」に使われるときも、それが推量によるものか客観的情報によるものかがやや曖昧になります。しかし、柔らかい言い方なので、親しい間柄でよく使います。

mの文末に来る「〜って。」はもっぱら話し言葉として、「〜と言った」「〜と聞いた」という意味に用います。親しい相手に、気軽に伝聞内容を伝えています。

この他の「伝聞表現」として、もっぱら書き言葉で使われる「〜という。」があります。「という」で終結し、後ろに何も付きません。また、表記はひらがなで表します。「彼は僻地で医者をしているという。」「日本ではオオカミは絶滅したという。」のように、噂や伝説等に用いられることが多いです。新聞の報道などにも多く現れるとともに、小説や歌詞などにも使われることが多いです。

比較のポイント

伝聞

	話し言葉的	書き言葉的	硬い言い方	話し手の気持ちが入る	距離を置く	客観的	やや曖昧	会話的
～そうだ（伝聞）	○			○				
～らしい		△	△		○	○		
～と/って言っていた	○					○		
～と/って聞いた	○					○		
～ということだ		○	○			○		
～とのことだ		○	○			○		
～みたいだ	○			○			○	○
～って。	○			○				○
～という。		○	○			○		

●伝聞表現は下図のように、話し言葉的なものから書き言葉的なものまで幅が広い。

話し言葉的　←　　　　　　　　　　　　　　　　　　　　　　　　　　→　書き言葉的

～って。　　～みたいだ　　～そうだ　　～と言っていた　～らしい　～ということだ　　～とのことだ　～という。
　　　　　　　　　　　　　　　　　～と聞いた

●主観的に（気持ちを入れて）伝えるか客観的に伝えるかについては、「～そうだ」「～みたいだ」「～って。」は主観的、それ以外は客観的な言い方である。

●「～という。」はもっぱら書き言葉として用いられる。

まとめ会話

〈Aが知人のBを吉田さんのシャンソンの会に誘っている〉

A：吉田さんのシャンソンの会がある<u>そうです</u>よ。（価値がある情報）

B：いつ？　どこで？

A：今月の終わり<u>って聞きました</u>。　　　　　　（聞いた通りに伝える）

　　○○ホールである<u>らしい</u>ですよ。　　　　　　　　　　　（客観的）

B：そうですか。

A：ぜひ来てくださいって言ってました。　　（言った通りに伝える）
B：へえー。
A：いろいろな趣向があるということです。（改まった言い方、報告）
B：そうですか。
A：ご招待するので、ぜひおいでくださいとのことですよ。
　　　　　　　　　　　　　　　　　　　　（改まった言い方、伝言）
B：えっ、そうですか。ありがとう。ぜひ。

 否定の場合

　会話1）で取り上げた形（表現文型）について否定の形を考えてみましょう。
　伝聞を表す「そうだ」「らしい」「と言っていた」「ということだ」等、すべて前に否定の形を置くことができます。（例：来ないそうだ、来ないらしい、来ないと／って言っていた、来ないということだ、来ないとのことだ）
　伝聞「そうだ」において、「そうだ」そのものを否定にする言い方はありません。

　　？彼女は結婚するそうじゃありません。

2. 言語情報の情報源

「伝聞表現」を使うときに、情報源をどのように表現するかを考えましょう。会話2)では、Aの質問に対してBは、いろいろな形で自分が聞いた「情報源」を表すことができます。

丁寧体

2）A：両社の合併はありますか。
　　B：a　テレビのニュースによると、近々あるそうですよ。
　　　　b　テレビのニュースでは、近々あるらしいですよ。
　　　　c　テレビは、近々ある｛と／って｝言って（い）ました。
　　　　d　テレビのニュースで、近々ある｛と／って｝聞きました。
　　　　e　新聞の報道では、近々あるということです。
　　　　f　噂では、近々あるんですって。

普通体

2）A：両社の合併はあるかな？
　　B：g　テレビのニュースによると、近々あるそう｛だよ／よ｝。
　　　　h　テレビのニュースでは、近々あるらしいよ。
　　　　i　テレビは、近々あるって言って（い）た。
　　　　j　テレビのニュースで、近々あるって聞いたよ。
　　　　k　新聞の報道では、近々あるということ｛だよ／よ｝。
　　　　l　噂では、近々｛あるって／あるんだって｝。

 説明

丁寧体

「伝聞」の情報源の表し方としては、丁寧体・普通体の会話にかかわらず、「によると」「では」「は」「で」などが用いられます。a「～によると」は改まった硬い言い方になります。話し言葉ではb、e、fのように、「～では」が多く用いられます。

cのようにテレビ（またはラジオ）を主語にする場合は、「テレビ（ラジオ）は／が〜って／と言っていた」という形になります。情報源を取り立てたい、また、強めたいときは、このような言い方をします。

dのように文末に「そうだ」や「らしい」を使わないで、直接「（私が）聞いた」という言い方もできます。この場合の「テレビのニュースで」は、情報源を表すとともに、何で聞いたかの手段・方法を示しています。

fは情報源を特定せず、曖昧に「噂では」と言っています。

普通体

kの文末の「あるということだよ／よ。」は、普通体の会話ではもっと簡単に、g「あるそうだよ／よ。」か、l「あるって。」、または「あるんだって。」を使います。

比較のポイント

言語情報の情報源

	改まった硬い言い方	話し言葉的	情報源を取り立てる	直接的	曖昧・ぼかして言う	情報源より内容が重要
〜によると	○					
〜では		○	○			
〜は		○	○	○		
〜で		○				
噂では					○	○

- 情報源の表現としては、「〜によると」が形式的で、硬い印象を与える。他の「〜では」「〜は」「〜で」は話し言葉的で柔らかい表現である。
- 「噂では」は、情報源がわからない、情報源を知らせたくない場合に用いる。
- 情報源の表現は文頭に来ることが多い。文末の表現と釣り合いを持たせることも重要である。

> **まとめ会話**
>
> 〈友達のＡ（女）とＢ（男）が近所であった放火事件のことを話している〉
> Ａ：先週近所で放火があったの知ってる？
> Ｂ：放火？
> Ａ：うん、近所の人の話<u>では</u>、犯人はつかまったって。　　（話し言葉的）
> Ｂ：ニュース<u>で</u>何か聞いた？　　　　　　　　　　　　　（話し言葉的）
> Ａ：うん。テレビのニュース<u>は</u>、犯人は高校生だって言ってた。
> 　　　　　　　　　　　　　　　　　　　　　　　（情報源を取り立てる）
> Ｂ：高校生か……。
> Ａ：新聞にも載ってたわよ。
> 　　　新聞<u>によると</u>、受験のイライラが原因だそうよ。
> 　　　　　　　　　　　　　　　　　　　　　　　（改まった硬い言い方）
> Ｂ：ふーん。
> Ａ：<u>噂では</u>、親が厳しいんだって。　　　　　　　　　　　　（曖昧）

 否定の場合

　すでに説明したように、「伝聞」の内容そのものには、肯定の事柄も否定の事柄もあります。

　一方、情報源を表す「によると」「で／では」そのもの、また、その前に否定の形は来ることができません。

8 許可、許可求め

この課では人がどのように許可を求めたり、許可を与えたりするかについて、「一般的な表現」を1で、「丁寧な表現」を2で取り上げます。

1. 一般的な許可、許可求め

話し手が相手に許可を求め、また、許可を与えるとき、一般的にはどのように表現するかを見ていきましょう。会話1）で、Aは、いろいろな形で「許可求め」を表すことができます。

丁寧体

1）A：お庭、きれいですねえ。

B：そうですね。今が一番きれいですよ。

A：a　写真を撮って（も）いいですか／でしょうか。

　　b　写真を撮って（も）よろしいですか／でしょうか。

　　c　写真を撮って（も）かまいませんか。

B：ええ、いいです／かまいませんよ。どうぞ、どうぞ。

普通体

1）A：わあー、きれい！　d　写真を撮って（も）いい？

　　　　　　　　　　　e　写真を撮って（も）かまわない？

B：うん、いい／かまわないよ。

A：サンキュー。

58

説明

丁寧体

　写真撮影の許可を取る状況です。a～cには「～て（も）いい／よろしい／かまわない」が使われています。「も」は通常はあったほうが文が整っている感じがしますが、会話などでは省略されることも多いです。

　aの「～て（も）いい」はよく使われる一般的な許可表現です。

　bに出てくる「よろしい」は使い方が難しい形容詞です。「よろしい」には次のような使い方があります。

　　①帰ってもよろしい。（許可を与える）
　　②帰ってもよろしいですか／よろしいでしょうか。（許可を求める）

　①は許可を与えたり、認めたりするのに使われますが、「よろしい」は通常、目上の人が目下の人に使います。対等な者同士や、目下の人が目上の人に対しては使えません。一方、②の「よろしいですか」は、丁寧な許可求めとして誰に対しても使えます。「～て（も）いいですか／いいでしょうか」より丁寧になります。

　c「～て（も）かまいませんか」は相手が気にするか否かの「意向」を聞く表現で、柔らかく丁寧な聞き方になります。一方、答えの「(～て（も))かまいません／かまわない」は、「いいです／いい」と同じように使われますが、「私は気にしていないよ。だから、どうぞ」というような気遣いの意味合いを含む場合があります。

普通体

　1)の普通体の会話には出ていませんが、b「～て（も）よろしいですか」の普通体「～よろしい？」は、主に年配の女性が使います。一般には「ですか／でしょうか」を付けて、丁寧体の会話で用いられます。

8　許可、許可求め

比較のポイント

一般的な許可、許可求め

	改まった言い方	硬い言い方	平易な言い方	柔らかい言い方	丁寧
〜て（も）いい（です）			○		
〜て（も）かまいません／かまわない		△		○	○※
〜て（も）いいですか／いい？			○	○	○※
〜て（も）よろしいですか	○	○			○※
〜て（も）かまいませんか／かまわない？		△		○	○※

※丁寧体の場合

- 許可求め表現は丁寧度によってどれを使うかが変わる。フォーマルであればあるほど「〜て（も）よろしいですか」のような硬い言い方になる。
- 文末の「ですか」を「でしょうか」にすると、柔らかい表現になる。
- 「かまわない」には、「気にしない」という個人的な意味合いが入るが、通常は「いい」と同じように使える。
- 「入ってもいい（ですか）」等の「も」はあってもなくてもいいが、「も」がないと、やや省略した感じになる。

まとめ会話

〈公民館で〉
利用者：このいすを借り<u>てもいいですか</u>。　　　　（一般的な言い方）
職員　：……。
利用者：あのう、いすがもう1つ必要なんですが、持って行っ<u>てもいいでしょうか</u>。　　　　　　　　　　　　　　　　　（丁寧）
職員　：どこへ？
利用者：あっちのほうへ。<u>よろしいでしょうか</u>。（より丁寧、硬い言い方）
職員　：うーん、ちょっと。

> 利用者：……じゃ、こちらのいすなら、借り<u>てもかまいません</u>か。
> 　　　　　　　　　　　　　　　　　　　　（丁寧、柔らかい言い方）
> 職員　：ああ、これならいいですよ。

否定の場合

否定の「許可、許可求め」は、動詞・形容詞・「名詞＋だ」を否定の形にします。

　　動詞　　：スープ、温めなくてもいいです（か）。
　　形容詞　：スープは温かくなくてもいいです（か）。
　　　　　　　部屋はきれいじゃ／でなくてもいいです（か）。
　　名詞＋だ：今じゃ／でなくてもいいです（か）。

次に、許可を求められて許可を与えない場合の表現についても考えてみましょう。

　　A：帰ってもいいですか。
　　B：a　ええ、（帰っても）いいですよ。
　　　　b　いいえ、（帰っては）いけません。

aは許可した場合、bは許可しなかった場合の表現になります。「～てはいけない／いけません」の代わりに「～てはだめだ／だめです」も会話の中では使われます。

2. 丁寧な許可求め

　話し手が相手に対して、より丁寧に許可を求めるときの表現を考えます。
会話2）は会話1）より丁寧にした許可求めです。Aのようにいろいろな形で
「許可求め」を表すことができます。

丁寧体

2）A：すみません、

- a　お宅の庭の写真を撮らせてください。
- b　お宅の庭の写真を撮らせてほしいんです｛が／けど｝。
- c　お宅の庭の写真を撮らせてくださいませんか。
- d　お宅の庭の写真を撮らせてもらって（も）いいですか／
　　でしょうか。
- e　お宅の庭の写真を撮らせていただいて（も）いいですか／
　　でしょうか。
- f　お宅の庭の写真を撮らせていただいて（も）よろしいですか／
　　でしょうか。
- g　お宅の庭の写真を撮らせていただいて（も）かまいませ
　　ん（でしょう）か。

B：ええ、いいですよ。1枚か2枚ならいいです／かまいませんよ。

普通体

2）A：悪いんだけど、

- h　庭の写真を撮らせて。
- i　庭の写真を撮らせてちょうだい。
- j　庭の写真を撮らせてほしいんだけど。
- k　庭の写真を撮らせてくれない？
- l　庭の写真を撮らせてもらって（も）いい／かまわない？
- m　庭の写真を撮らせていただいて（も）いい／かまわない？

B：うん、いいよ。1枚か2枚ならいい／かまわないよ。

62

説明

丁寧体

「許可求め」の表現に使役形（〜（さ）せる）を使うものがあります。多くの場合、授受表現の「〜てもらう／いただく」が付いて丁寧な「許可求め」になります（d 〜 g）。

aの「〜（さ）せてください」は丁寧ですが、単刀直入な依頼です。目上の人や知らない人には、cのように「〜ませんか」を付けたほうがいいでしょう。もっと丁寧に許可を求めたいときは、e 〜 gを使ったほうがいいと思われます（10「誘い、申し出、依頼・お願い」3参照）。

bもaと同じように、頼み方によっては直接的な依頼になります。「〜てほしい」が直接的な表現であるためです。

dも丁寧ですが、「〜てもらって」を使っているため、少しざっくばらんな言い方になります。「でしょうか」を使うと、ざっくばらんな感じは解消されますが、もっと丁寧に言いたいときには、e「〜ていただいて」を使ったほうがいいでしょう。

eはdより丁寧で、「でしょうか」を使うと、より柔らかく丁寧な許可求めになります。eと同じくらい丁寧なのはg「〜かまいませんか」です。「あなたはかまわないか」というように、相手の気持ちを重んじているので、やはり柔らかく丁寧な表現になります。

fは「よろしい」を使っています。相手に許可を求めているので、「いい」より丁寧になります。ただし、相手にそれほど敬意を示さなくてよい場合に用いると、慇懃無礼（表面は丁寧なようで、実は尊大であるという意味）になることもあります。

Bの答えで、Bは「〜ならいい」と言っています。「たくさん写真を撮るのは困るが、1、2枚だったらいい」という意味の「条件付きの許可」の表現です。

普通体

a「〜（さ）せてください」は普通体の会話では、hのように「〜（さ）せて。」になることが多いです。親しい間柄、また、目下の人に対してであれば、i「〜

てちょうだい」を使うこともできます。k「～てくれない？」もh、iと同じく親しい間柄での言い方になります。

　l、mのように、普通体の会話で丁寧な許可求め「～（さ）せてもらう／いただく」を使うのは、ちょっと矛盾した感じがしますが、親しい間柄でも、お願いをする場合は使うことができます。どちらかというと、使うのは女性が多いようです。

⚖ 比較のポイント

丁寧な許可求め

	改まった言い方	柔らかい言い方	直接的	やや強い言い方	丁寧
～（さ）せてください			○	○	△
～（さ）せてほしい			○	○	
～（さ）せてくださいませんか			△	△	○
～（さ）せてもらって（も）いいですか/でしょうか	△	△			○
～（さ）せていただいて（も）いいですか/でしょうか	○	○			○
～（さ）せていただいて（も）よろしいですか/でしょうか	○	○			○
～（さ）せていただいて（も）かまいませんか	○	○			○

- 「使役＋授受＋て（も）いい」の形をとっているものは、相手を尊重した丁寧な許可求めになる。
- 「～（さ）せてください」「～（さ）せてほしい」は言い切りの形で使うと、強い言い方になる。「～（さ）せてくださいませんか」「～（さ）せてほしいんですが／けど」のようにすると柔らかくなる。
- 「～（さ）せていただいて（も）～」の形は、時に丁寧すぎるときがある。そういう場合は「～（さ）せてもらって（も）～」でよい。

> **まとめ会話**

〈会員制のクラブの入り口で〉

客　：中に入らせてもらってもいいですか。　　　　　　　　（丁寧）

係員：だめです。ここは会員制になってますから。

客　：そこを何とか。友人は会員です。

係員：ご本人でないと入れません。

客　：……ぜひ入らせてほしいんですが。　　　　　　　　　（直接的）

係員：だめです。

客　：ぜひ入らせてください。　　　　　　　　　　　　　　（直接的）
　　　じゃ、今会員になります。
　　　それなら、入らせていただいてもよろしいでしょうか。（より丁寧）

係員：……。

客　：今日だけでいいんで、入らせてくださいませんか。　　（丁寧）
　　　お願いします。

係員：あなたには負けました。じゃ、今日だけ。

8　許可、許可求め

 否定の場合

会話2)で取り上げた形(表現文型)について否定の形を考えてみましょう。使役形を使った「〜させてください」等の否定表現は次のようになります。

a'　子供をここへ来させないでください。

b'　子供をここへ来させないでほしいんですが。

c'　子供をここへ来させないでくださいませんか。

d'　子供さんをここへ来させないでもらって(も)いいですか／でしょうか。

e'　子供さんをここへ来させないでいただいて(も)いいですか／でしょうか。

「〜てもらって／いただいて」を使うと、かなり丁寧になるので、相手の子供である場合は、「子供」は、「子供さん」または「お子さん」になることが多いです。

9 助言

　この課では「助言」について見ていきましょう。「助言」というのは、話し手が相手（聞き手）、または他者に対して、役に立ちそうな言葉をかけることで、アドバイスとも言われます。1で「一般的な助言」、2で「二者択一の助言」を取り上げます。

1．一般的な助言

　話し手が相手に対して、助言をするときの一般的な表現を考えましょう。会話1）では、Aに対してBは、いろいろな形で「助言」を表すことができます。

丁寧体

> 1）Ａ：九州を旅行しようと思って（い）ます。
>
> 　Ｂ：そうですか。九州へ行くのなら、
>
> 　　　　a　阿蘇山へ行ったらいいですよ。楽しいですよ。
>
> 　　　　b　阿蘇山へ行くといいですよ。楽しいですよ。
>
> 　　　　c　阿蘇山へ行けばいいですよ。楽しいですよ。
>
> 　　　　d　阿蘇山へ行ったらどうですか。楽しいですよ。
>
> 　　　　e　阿蘇山へ行くべきですよ。楽しいですよ。
>
> 　Ａ：ああ、阿蘇山ですか……。

> 普通体 1
>
> 1) A：九州を旅行しようと思って（い）るんだけど。
>   B：九州？　九州へ行くのなら、
>   　　　　f　阿蘇山へ行ったらいいよ。
>   　　　　g　阿蘇山へ行くといいよ。
>   　　　　h　阿蘇山へ行けばいいよ。
>   　　　　i　阿蘇山へ行ったらどう？
>   　　　　j　阿蘇山へ行くべき{だよ／よ}。
>   A：ふーん、阿蘇山か……。

> 普通体 2　短縮形
>
> 1) A：九州を旅行しようと思って（い）るんだけど。
>   B：k　阿蘇山へ行ったら？
>   　　l　阿蘇山へ行けば？
>   A：阿蘇山？

説明

丁寧体

　aは「〜たらいい」、bは「〜といい」、cは「〜ばいい」と、条件の形を用いています。3つともほぼ同じ意味合いを持ちますが、「〜たらいい」が一番話し言葉的、「〜といい」はやや硬い言い方で、決めつけるような感じが少しあります。「〜たら」は話し手の直接的な気持ちが入りやすい表現で、話し手の自由な判断が入るため、「助言」する場合でも思い付いたことを述べるという傾向があります。一方、「〜といい」は話し手が確信を持って助言している感じがします。

　cの「〜ば」は、後文の成立が望まれているという文脈で使われることが多く、そのために何をすればよいかが問題となります（庵他,2000）。このことから、助言表現に結び付いていきやすいと考えられます。

①A：どうすればこの問題は解決できるでしょうか。

　B：1人1人が責任を持って知恵を絞れば、絶対解決できますよ。

②A：料理の味をよくする方法を教えて。

　B：ああ、料理の仕上げに味噌をちょっと加えれば、おいしくなるよ。

　会話1）c「（阿蘇山へ行け）ばいいですよ」は阿蘇山へ行くことを肯定的に
とらえた文なので、「〜ばいい」はプラス評価の意味合いになり、柔らかく丁
寧な印象を与えています。しかし、「〜ばいい」がマイナス評価の状況で用い
られると、冷たい、突き放したような意味合いが入ることがあります。

③A：手伝ってくれない？

　B：自分でやればいいでしょう？　　私は忙しいんだから。

④A：これどうすればいいでしょうか。

　B：加藤さんに聞けばいいよ。君の上司なんだから。

「〜ばいい」の持つ「それさえすればいい」という意味合いによって、③は「自
分でやるので十分でしょう？　特に問題はないでしょう？」というニュアン
スが入り、突き放した感じがするのだと思われます。

　dは「〜たらどうですか」を用いて決定権を相手に委ねる形をとっていま
す。相手に委ねる形をとりながら、実は「そうするのがいいですよ」と、相手
に勧めていることが多いです。

　eの「〜べきだ」は本来は「〜なければならない」という義務を表しますが、
ここでは強めの提案・助言の表現として使われています。a〜dよりはっきり
と、強めの助言をしています（4「義務」1参照）。

普通体

　普通体2の会話では短縮形が使われています。短縮形は話の速度を速めた
り、親しい間柄での会話で使われたりすることが多いですが、丁寧さに欠け
ることもあります。k「行ったら？」、l「行けば？」は両方とも言いっぱなし
の感じがありますが、「行ったら？」と比べて「行けば？」はどこか冷たく、

9 助言

突き放した感じがすることがあります。先に述べたように、「〜ば」の持つ「それさえすればいい」という意味用法によって、「阿蘇山へ行くので十分でしょう？　特に問題はないでしょう？」というニュアンスが入り、突き放した感じがするのだと思われます。

> **まとめ会話**
>
> 〈Aは友人のBに、Bの書いた小説を出版社に送ることを勧めている〉
> A：小説、書けましたか。
> B：ええ、まあ。
> A：出版社に送ったらどうですか。　　　　　　　（相手に決定権）
> B：出版社ですか。
> A：ええ、すぐに送るといいですよ。　　　　　　　（確信的）
> B：いやあ、自信ないし。
> A：そんなこと言ってないで。
> 　　封筒に入れて送ればいいんですよ。　　（それだけすればいい）
> B：どうしようかな……。
> A：難しく考えないで、送ったらいいんですよ。（話し手の自由な判断）
> B：うーん。
> A：一生懸命書いたんだから、送るべきですよ。　（強めの提案・助言）

 否定の場合

　否定の場合については「2. 二者択一の助言」の会話2）の説明で少し触れてあります。ここでは、会話1）のようにどこかへ行く予定をしている人に、否定の助言をする場合を考えてみましょう。
　「九州を旅行しようと思っている」人に対して、阿蘇山が危険だと思ったら、「そうですか。でも、阿蘇山へは行かない／登らないほうがいいですよ」と言うのが一番自然になります。

2. 二者択一の助言

次に、行くか行かないか、するかしないかのような、二者択一の場合の助言の表現を見ていきましょう。会話2)では、Aの質問に対してBは、いろいろな形で二者択一の「助言」を表すことができます。

> 丁寧体
>
> 2)A：明日集会があるんですが、どうしましょうか。
>   B：そうですね。a　参加したほうがいいですよ。
>   　　　　　　　　b　参加したらいいですよ。
>   　　　　　　　　c　参加しないほうがいいですよ。

> 普通体
>
> 2)A：明日の集会はどうしようか。
>   B：うーん、d　参加したほうがいいよ。
>   　　　　　　e　参加したらいいよ。
>   　　　　　　f　参加しないほうがいいよ。

 説明

丁寧体

　会話2)は、集会に参加するかしないかの二者択一の助言です。二者択一の助言には、基本的にはaの「～ほうがいい」が用いられます。肯定の助言では「～たほうがいい」（参加したほうがいい）、否定ではcのように「～ないほうがいい」になります。

　ここで肯定の助言（動詞）の場合、なぜ現在の事柄に過去を表す「～た」を用いるのかについて考えてみましょう。「～た」は過去や物事の完了（物事の実現）を表します。助言表現においても、「参加するほうがいい」より「参加したほうがいい」のほうが、その事柄の完了・実現が強調され、実現を強調する話し手の気持ちが入っていると考えられます。「よかったよかった」（安

心)、「悪かった」(謝罪)の「た」が、過去・完了というより話し手の気持ちを表しているのと同じです。「た」がモダリティの一面を持っていると言えます。

bの「〜たらいい」は、「あまり深く考えずに、とにかく」参加するのがいいという意味合いを持ちます。これは直接的な、また、自由な判断を許す「〜たら」の性質から来ていると考えられます。

cは否定の助言ですが、「〜た」と異なり「〜なかった」は過去しか表さないため、助言には「〜なかったほうがいい」は用いられません。

普通体

「りんご、食べるか。」「きのう行ったか。」のように動詞に直接「か」を付けて質問するのは、男性が親しい間柄に使う表現で、ぞんざいな印象を与えます。一方、会話2)普通体のAの質問のように、「どうしようか。」は親しい間柄で男女ともに使え、ぞんざいな響きはありません。「〜(よ)うか」が相談を持ちかけたり、申し出をする表現であるためと考えられます。

まとめ会話

〈A(女)のプリンターの調子が悪い。友人B(男)が助言している〉
A：プリンターの調子が悪いの。
B：この間買ったプリンター？
A：うん。
B：メーカーに直接聞いたほうがいいよ。(「聞く／聞かない」の二者択一)
A：電話で？
B：うん、遠慮しないほうがいいよ。(「遠慮する／しない」の二者択一)
　　買ったばかりなんだから、何でも聞いたらいいんだよ。

(助言、話し手の自由な判断)

Ⅰ

⚖ 比較のポイント

一般的な助言、二者択一の助言

	やや硬い言い方	決めつけるような言い方	柔らかく丁寧	突き放した感じ	決定を相手に委ねる	会話的	丁寧さに欠ける	軽い言い方
～たらいい（です）						○	△	○
～といい（です）	○	△						
～ばいい（です）			○※	△				
～ほうがいい（です）			○					
～たらどう（ですか）?					○	○		○
～べきだ/べきです	○	○						
～たら? ～ば?		○		△	○	○	○	○

※文脈に影響を受ける

● 助言の仕方が丁寧であるかそうでないか、柔らかく助言するか硬く決めつけるようにするか、突き放すか、軽く助言するか等によって、表現が分かれる。

● 表現の中で丁寧なのは、「～ばいい（です）」「～ほうがいい（です）」である。

● 会話的なのは「～たらいい（です）」「～たらどう（ですか）?」「～たら?」「～ば?」である。中でも「～たら?」「～ば?」は省略した形で丁寧さを欠くため、親しい間柄でしか使えない。

● 硬い言い方は「～といい（です）」「～べきだ／べきです」で、「～ばいい（です）」は文脈や状況、イントネーションによって冷たく突き放す言い方になる場合がある。

9

助言

<table>
<tr><td>**10**</td><td># 誘い、申し出、
依頼・お願い</td></tr>
</table>

　「誘い、申し出、依頼・お願い」は、相手への働きかけが強い表現です。事柄の内容、相手との関係、状況等によって、どのぐらい丁寧に働きかけるかが問題になってきます。1で「誘い」、2で「申し出」、3で「依頼・お願い」の表現を取り上げます。

1. 誘い

　人を誘うときの表現を見ていきましょう。会話1）でAは、いろいろな表現で「誘い」を表すことができます。

丁寧体

> 1）A：山中みゆきのコンサートがあるんですが。
> 　　B：山中みゆきの？
> 　　A：ええ、a　いっしょに行きませんか。
> 　　　　　　b　いっしょに行ってみませんか。
> 　　　　　　c　ごいっしょにどうですか。
> 　　　　　　d　ごいっしょしませんか。
> 　　B：ええ、ぜひ。

普通体

> 1）A：山中みゆきのコンサート、e　いっしょに行かない？
> 　　　　　　　　　　　　　　　f　いっしょに行ってみない？
> 　　　　　　　　　　　　　　　g　いっしょにどう？
> 　　B：うん、行こ行こ。

丁寧体

「誘い」の代表的なものはa、bのような「〜ませんか」の形です。否定疑問にすることで丁寧な「誘い」になります。bは「〜てみる」が付いていますが、aに比べると、「ちょっと(試す)」という気持ちが入り、「軽く誘うから、軽く答えて」というように、相手に負担をかけさせないという配慮が入ります。

c「〜どうですか」は、具体的に「行く」という動詞を出さずに、相手の考えや気持ちを柔らかく尋ねています。dは「いっしょに行く」の代わりに、「行動を共にする」という意味の慣用表現「ごいっしょする」を使っています。優しく誘う表現です。

普通体

普通体になると、誘いの表現は丁寧度が落ち、直接的になります。しかし、e、fは「〜ない？」「〜てみない？」のように否定疑問を用いているので、柔らかいニュアンスを残します。g「〜どう？」(例:行くのはどう？)も柔らかい「誘い」になります。

普通体の疑問文で最後の部分をどう終わるかは難しい問題です。終助詞「か」を付けたときに、失礼にならない場合となる場合について考えます。

1)「普通体＋か」が失礼にならない場合
- 普通体の「誘い・申し出」表現の「〜(よ)う」には、「か」を付けても失礼にならない。(例:行こうか。食べようか。聞いてみようか。)
- 普通体の「誘い・申し出」表現の「〜ない？」を「〜ないか？」としてもいい。ただし、この表現は主に男性が使う。(例:行かないか？　行ってみないか？　食べないか？)

2)「普通体＋か」が失礼になる場合

- 「普通形＋か」(例：行くか。食べたか。聞いてみるか。) はかなりぞんざいな言い方になるので、親しい相手にのみ使う。次のように、文の最後の語の音(( )で示す)を少し伸ばし、伸ばした音のトーンを上げるようにすると、失礼にならない。

     (ウ)   (ア)   (オ)
  行く？［イク↗？］ 食べた？［タベタ↗？］ どう？［ドオ↗？］

会話1)の普通体の最後で、Bが「行こ行こ」と言っていますが、「行こう行こう」を縮めたもので、親しい間柄で使われます。

次の「比較のポイント」では、丁寧体と普通体に分けて観察します。

比較のポイント

誘い（丁寧体）

	丁寧	柔らかい言い方	ちょっと試す	優しい誘い	慣用的な言い方
〜ませんか	○	○		△	
〜てみませんか	○	○	○	○	
ごいっしょにどうですか	○	○		○	
ごいっしょしませんか	○	○		○	○

- 「誘い」表現は「〜ませんか」「〜てみませんか」と、「ごいっしょにどうですか」「ごいっしょしませんか」の2つのグループに分けられる。いずれも丁寧で柔らかい表現である。
- 「〜てみませんか」は「〜ませんか」より柔らかく、丁寧になる。

誘い（普通体）

	丁寧	柔らかい言い方	ちょっと試す	優しい誘い
〜ない？		○		△
〜てみない？	△	○	○	△
いっしょにどう？	○	○		○

- 普通体表現ではあるが、「〜ない？」「〜てみない？」は否定疑問の形をとっているので、優しく誘う柔らかい表現になっている。
- 「いっしょにどう？」は男女とも年齢に関係なく使われる。

 否定の場合

　会話1）で取り上げた形（表現文型）について否定の形を考えてみましょう。
　丁寧な「誘い」では、「いっしょに行きませんか」のように否定形が使われますが、否定の内容を持つ「誘い」はどう表せばいいのでしょうか。
　「行きませんか」の否定の言い方は、「行かないでおきませんか」になります。

　　A：田中さんのお見舞いに行きますか。
　　B：どうしようか迷っているんですが。
　　A：奥さんの話では、田中さんは見舞いに来てほしくないようですよ。
　　　　まだ人に会う元気がないようです。
　　B：そうですか。
　　A：ええ、ですから、しばらくはお見舞いに行かないでおきませんか。
　　B：そうですね。そうしましょう。

2. 申し出

人に何かを申し出たり、提案したりする表現を見ていきましょう。会話2）でAおよびBは、いろいろな形で「申し出」を表現することができます。

丁寧体

2)〈レストランでの食事後、レジの前で〉
A：a 私が払います。
　　b 私が払いましょう。
　　c 私が払いましょうか。
　　d 私に払わせてください。
B：いえ、e 私が払います。
　　　　　f 私が払いましょう。
　　　　　g 私に払わせてください。

普通体

2) A：h 私が払うよ。
　　i 私が払おう。(男)
　　j 私が払おうか。
　　k 私に払わせて。
　　l 私に払わせて{くれ(男)／ちょうだい}。
B：いや、私が……。

説明

丁寧体

会話2)はAとBがいっしょに食事をして、誰が払うかの場面で2人が言い合っています。

a、e「～ます」は意志・決意が固い表現になります。b、f「～ましょう」、c「～ましょうか」は話し手側の申し出で、強い意志を表し、実現性も高いと考えられます。特に「～ましょうか」は、「どう思いますか」という、相手が考え、

選択できる余地を残しています。

d、gは「使役形＋てください」の形で、許可を求めながら、申し出をしています。したがって、丁寧な申し出となりますが、「〜てください」で言い切ると、やや強く響きます。もっと柔らかく丁寧にしたいときは、「〜(さ)せてくださいますか／くださいませんか」を使う必要があります(8「許可、許可求め」2参照)。

普通体

普通体になると、申し出の表現はすべて丁寧度が落ち、直接的になります。会話の中の( )内の「男」は男性言葉であることを示しています。h〜lの中でi「私が払おう」、l「私に払わせてくれ」は男性言葉になります。

kは「使役形＋てください」の「ください」が省略されたものです。「ください」を付けたいときは、lのように男性は「〜(さ)せてくれ」、女性は「〜(さ)せてちょうだい」を使うと、会話的な言い方になります。(「てちょうだい」は女性が使うことが多いですが、男性もカジュアルな言い方として使うことがあります。)

10
誘い、申し出、依頼・お願い

79

 比較のポイント

申し出（丁寧体）

	直接的	明確な言い方	実現性が高い	丁寧	柔らかい言い方
〜ます	○	○	○	△	
〜ましょう	○	○	○	△	△
〜ましょうか	△	△	△	○	○
〜（さ）せてください	○	○	△	○	

- 「申し出」表現には「〜ます」と「〜ましょう」を使ったものと、「使役形＋てください」を使ったものがある。
- 「〜ます」は話し手の意志を直接的に主張する形をとるので、明確な申し出になる。
- 「〜ましょう」は「〜ましょうか」より話し手の意志を強く含んだ、より実現性の高い申し出となる。「〜ましょうか」はより柔らかく、丁寧な申し出の言い方である。
- 「使役形＋てください」（例：私に払わせてください）は丁寧な申し出であるが、「〜てください」で言い切っているため、直接的に響く。より丁寧に柔らかく表現するには、「〜（さ）せてくださいますか／くださいませんか」を使ったほうがよい。
- ここには出ていないが、より柔らかく軽い申し出として「〜てみます」「〜てみましょう」「〜てみましょうか」がある。「〜てみます」「〜てみましょう」「〜てみましょうか」の順で丁寧さが増す。

申し出（普通体）

	直接的	明確な言い方	実現性が高い	丁寧	柔らかい言い方	やや硬い言い方
動詞の辞書形	○	○	○			
〜（よ）う	○	○	○		△	
〜（よ）うか	△	△	△		○	
〜（さ）せて。	△	○	△	△		△
〜（さ）せてくれ／ちょうだい	○	○	△	△		△

- 普通体の「申し出」は、「動詞の辞書形」「〜（よ）う」「〜（よ）うか」が直接的で明確である。
- 使役形の付いた「〜（さ）せて（くれ／ちょうだい）」は、「（さ）せ」がやや硬い感じを与えるが、その分丁寧に響く。

まとめ会話（誘い＋申し出）

〈Aが知人のB（男）をスキーに誘っている〉
A：冬休みに北海道へスキーに行き<u>ませんか</u>。　　　　（丁寧な誘い）
B：いいですね。
A：ニセコあたりに行き<u>ましょうか</u>。　　　　　　　　（丁寧な申し出）
B：ニセコは人気がありますね。ニセコに<u>しましょう</u>。（明確な申し出）
A：どんな状況か、J旅行社に私が電話、かけ<u>てみましょうか</u>。
　　　　　　　　　　　　　　　　　　　　　　　（より柔らかい申し出）
B：いや、僕が行っ<u>てみます</u>よ。来週別の用事で、近くまで行くから。
　　　　　　　　　　　　　　　　　　　　　　　　　　（明確な申し出）
A：そうですか。
B：うん、僕にやら<u>せてください</u>。結果がわかったら、連絡しますよ。
　　　　　　　　　　　　　　　　　　　（丁寧な申し出、硬い言い方）

 否定の場合

　会話2）で取り上げた形（表現文型）について否定の形を考えてみましょう。
　肯定の申し出「電気をつけましょうか／つけようか」に対して否定の申し出は、「電気をつけないでおきましょうか／おこうか」、また、「テレビを消しましょうか／消そうか」は「テレビを消さないでおきましょうか／おこうか」のように「〜ておく」が現れてきます。次に電気をつける／テレビを消すときまで、「（電気を）つけない」「（テレビを）消さない」状態でいることを、「その状態をそのまま続ける」という意味を持つ「〜ておく」で表していると考えられます。

会話2)の「(私が)払います／払いましょう／払おうか」は「払う」ことを主張しているので否定にしにくいですが、あえて表現するなら、「(じゃ、私は)払わないでおきます／おきましょう／おこうか」になります。

3. 依頼・お願い

話し手が相手に依頼をしたり、お願いをするときの表現を考えます。会話3)で、Aは、いろいろな形で「依頼・お願い」を表すことができます。

丁寧体

3)A：申し訳ないんですが、この仕事、
   a 手伝ってください。
   b 手伝ってくれますか／くれませんか。
   c 手伝ってくださいますか／くださいませんか。
   d 手伝ってもらえますか／もらえませんか。
   e 手伝っていただけますか／いただけませんか。
   f 手伝ってもらって（も）いいですか。
 B：ええ、いいですよ。

普通体

3)A：悪いんだけど、この仕事、
   g 手伝って。
   h 手伝ってくれる／くれない？
   i 手伝ってくださる（女）／くださらない（女）？
   j 手伝ってもらえる／もらえない？
   k 手伝っていただける（女）／いただけない（女）？
   l 手伝ってもらって（も）いい？
 B：うん、いいよ。

 説明

丁寧体

a「〜てください」は丁寧な依頼の形をとっていますが、言い方によっては有無を言わせない命令口調になることもあります。それを避けるために、b〜eのように「〜てくれる／くださる」「〜てもらう／いただく」を付けた、より丁寧で柔らかい言い方があります。

b〜eで、「〜ますか」（例：〜ていただけますか）と「〜ませんか」（例：〜ていただけませんか）を比べると、「〜ませんか」のほうがより丁寧になります。「〜ますか」でも丁寧ですが、否定の形は相手の意志を問うて依頼しているので、より柔らかく丁寧になります。

c「〜てくださいますか／くださいませんか」とe「〜ていただけますか／いただけませんか」は両方同程度に丁寧ですが、最近はe「〜ていただけますか／いただけませんか」のほうがより丁寧だと認識されて、より多く使われる傾向があるようです。

fは「〜てもらって（も）いいですか」という許可求めの形をとっています。今風の新しい言い方で、許可してもらえるかどうかを伺う形をとりながら、実は「依頼」（しばしば「指示」や「命令」）を行っています。この表現については、違和感を持つ人（特に年配者）もいるようですが、比較的いろいろな場所で使われています。

b〜eそれぞれをより丁寧にしたい場合は、文末に「でしょうか」を付ける（fは「です」を「でしょう」に変える）ことができます。

普通体

g「〜て。」は親しい間柄ではよく使います。優しく言うと甘えた感じになり、強く言うと命令口調になります。iとkは柔らかい言い方（女性言葉）で、普通、男性は使いません。男性はi、k以外を使うか、もう少し指示・命令の意味合いを込めて、「手伝ってくれ」と言うことが多いと思われます。

10 誘い、申し出、依頼・お願い

比較のポイント

依頼・お願い（丁寧体）

	丁寧	命令口調	柔らかい言い方	直接的	婉曲	今風
～てください	○	○		○		
～てくれますか	○	△	△	○		
～てくれませんか	○		○	△		
～てくださいますか	○		○	△		
～てくださいませんか	○		○		○	
～てもらえますか	○	△	△	○		
～てもらえませんか	○			△		
～ていただけますか	○		○	△		
～ていただけませんか	○		○		○	
～てもらって（も）いいですか	△	○	○		○	○

- すべて「依頼・お願い」を表すが、「～てください」と「～てもらって（も）いいですか」は命令的になりやすい。
- 「～てくれますか」「～てもらえますか」のように肯定形を使うと、働きかけのやや強い言い方になる。
- 「～てくれませんか」「～てもらえませんか」のように否定形にするとより丁寧になる。
- おおよそではあるが、次の順序で丁寧さが増すと考えられる。
「～てください」→「～てくれますか」→「～てもらえますか」→「～てくれませんか」→「～てもらえませんか」→「～てくださいますか」→「～ていただけますか」→「～てくださいませんか」→「～ていただけませんか」（「～てもらって（も）いいですか」は除く。）

依頼・お願い（普通体）

	会話的	命令口調	柔らかい言い方	直接的	婉曲	今風
～て。	○	○		○		
～てくれる？	○	△	△	○		
～てくれない？	○		○	△		
～てくださる？	○	△	○	△		
～てくださらない？	○		○		△	
～てもらえる？	○	△	△	○		
～てもらえない？	○		○		△	
～ていただける？	○		○	△		
～ていただけない？	○		○		△	
～てもらって（も）いい？	○	○	○		○	○

- 普通体で使うと、柔らかくなって女性言葉になってしまう表現（「～てくださる／くださらない？」「～ていただける／いただけない？」）がある。
- 「～てくれる／くれない？」「～てもらえる／もらえない？」「～てもらって（も）いい？」は男女とも使えるが、男性が使うと、かなり優しくお願いしている表現になる。

まとめ会話

〈Aは女子学生、Bは男子学生。イベントの準備をしている〉

A　　：この仕事、代わって<u>もらっていい</u>？　　　　　　　（今風）
B　　：うーん、僕にも仕事があるんだけど。
A　　：疲れちゃったんで、ちょっと代わって<u>もらえない</u>？（柔らかい）
B　　：いいけど。じゃ、僕の仕事やって<u>くれる</u>？　　　　（やや直接的）
A　　：いいよ。

〈しばらくして〉

A　　：でも、お互い疲れたね。
B　　：先輩に頼もうか。
A　　：うん……。私が頼んでみるよ。

〈先輩に向かって〉

A　　：先輩、仕事、代わって<u>もらえませんか</u>。　　　　　（丁寧）
先輩：うーん。

> B　　：僕からも頼みます。代わっていただけませんでしょうか。
>
> （より丁寧）
>
> 先輩：わかったよ。

 否定の場合

　会話3）では「手伝う」を使っていますが、「手伝う」は「人の仕事を助ける」というプラスの意味を持ちます。否定の依頼・お願い表現は「手伝わないでください」より、「手を出さないでください」と言うほうが自然な言い方になります。ここでは「手を出さない」を使って、依頼・お願い表現を考えてみましょう。依頼・お願い表現は次のようになります。（次のa'～e'で、1文目は丁寧体、2文目は普通体、（男）は男性言葉、（女）は女性言葉を示す。）

　a'　手を出さないでください。
　　　手を出さないでくれ（男）／ちょうだい。
　b'　手を出さないでくれますか／くれませんか。
　　　手を出さないでくれる／くれない？
　c'　手を出さないでくださいますか／くださいませんか。
　　　手を出さないでくださる／くださらない？（女）
　d'　手を出さないでもらえますか／もらえませんか。
　　　手を出さないでもらえる／もらえない？
　e'　手を出さないでいただけますか／いただけませんか。
　　　手を出さないでいただける／いただけない？（女）

否定の依頼・お願い表現は問題がないようです。なお、a'の「～てくれ。」は男性言葉、c'「～てくださる／くださらない？」、e'「～ていただける／いただけない？」は女性言葉になります。

11 指示、命令、禁止

　ここで取り上げる「指示、命令、禁止」は、10課の「誘い、申し出、依頼・お願い」より、さらに相手に対する働きかけが強くなります。「指示」とは文字通り「指で差し示すこと」で、先生が生徒に、上司が部下に、また、国や自治体が国民や住民に「このようにするように」と指図することです。「命令」は主に上位の者が下位の者に言い付けることで、指示より働きかけが強く、言い付けに従って行動することが必要になります。「禁止」は「することを許さない」ことで、命令の一種と考えられます。

1. お願いから指示へ

　皆さんは公園に立っている看板を見たことがありますか。筆者の家の近くにある公園の看板には「公園利用者へのお願い」として次のようなことが書いてあります。

1）公園利用者へのお願い
- バイクの乗り入れはやめましょう。
- 犬の放し飼いはやめましょう。
- 打ち上げ花火はやめましょう。
- 公園灯を午後10時に消灯しますので、夜間の公園利用はご遠慮ください。
- マナーを守ってご利用ください。

　　　　　　　　　　　　　　　　　　　　　　　　　M市公園課

説明

　ここでは、「〜ましょう」と「ご〜ください」の表現が使われ、市からの「お願い」という形をとっていますが、市というのは権力のある組織ですから、この「お願い」は「指示」ととることもできます。

　これらを「指示」表現で表すとどうなるでしょうか。1）を「指示」の形式で表現したのが次の2）です。

2）公園利用者へのお願い

　a　バイクの乗り入れはやめてください。

　b　犬の放し飼いはやめるように（してください）。

　c　打ち上げ花火はやめましょう。

　d　公園灯を午後10時に消灯するので、夜間の公園利用はしないこと。

　e　ご利用に際しては、マナーを守っていただきます。

　1）に比べると、全体として働きかけのかなり強い言い方になります。a「〜てください」は丁寧な依頼の形をとって、ぴしっと、相手に指示する働きを持っています。

　aより命令的な響きを持つのがbです。特に「動詞の辞書形＋ように。」（例：時間を守るように。）で終わると、強い指示の響きがあります。「ようにする」という言い方の中に「努力をしろ」という意味合いが入るためでしょう。

　cは、看板1）と同じ「〜ましょう」を使っています。「〜ましょう」は相手に誘いかけながら、指示をする働きを持ちます。普通体になると「〜（よ）う」（やめよう）になります。

　dは指示や注意・命令の典型的な用法です。「〜こと。」を用いて、簡潔に指示・命令をしています。指示や注意を箇条書きで表すとき等にもよく用いられます。

　•犬の放し飼いをやめること。

- 犬の糞を放置しないこと。
- 芝生には入らないこと。

eの「〜ていただきます」はテ形に「授受・やりもらい」を表す「いただく」の付いたもので、マス形の形でかなり強制力の強い指示表現になります。「〜てもらいます」も使われますが、「〜ていただきます」より丁寧度が下がり、より強い表現になります。

比較のポイント

お願いから指示へ

	話し言葉的	書き言葉的	働きかけが強い	命令の意味合いが入る（実現性が高い）	柔らかい言い方	強制力が強い
〜てください	○		○	○	△	△
〜ように（してください）	○	○*	○	○	△	○
〜(よ)う/ましょう	○			○		
〜こと。		○	○	○		○
〜てもらいます/いただきます	○		○	○		○

※「〜ように。」で終わるとき

- 「指示表現」の中には話し言葉的なものと書き言葉的なものがある。「〜ように。」「〜こと。」は書き言葉的である。
- 「指示表現」の中には、命令の意味合いが強い（＝強制力が強い）ものと、弱いものがある。相手によって、または指示の内容によって使用する表現が変わる。

11 指示、命令、禁止

> **まとめ会話**
>
> 〈学童保育所で〉
> 先生：太一君、持ち出した物は元に戻し<u>ましょう</u>ね。（柔らかい指示）
> 太一：はーい。〈返事はするが、戻さない〉
> 先生：持ち出した物は元に戻し<u>てください</u>。　　（依頼しながら命令）
> 太一：はーい。〈返事はするが、戻さない〉
> 先生：きちんと戻す<u>ように</u>。わかった？　　　　　（指示）
> 太一：はーい。〈返事はするが、戻さない〉
> 先生：きちんと戻す<u>こと</u>。いい？　　　　　　　（硬い言い方）
> 太一：うん、わかった。
> 先生：いくら小学生でも規則は守っ<u>てもらう</u>からね。　（強い指示）

 否定の場合

　2)の「公園利用者へのお願い」を用いて、a〜dの否定のお願い・指示を考えてみましょう。「芝生に入らない」を用います。

　　a'　芝生に入らないでください。
　　b'　芝生に入らないように（してください）。
　　d'　芝生に入らないこと。

a、b、dは否定が可能ですが、c「〜ましょう」の否定表現は難しいです。「芝生に入らないでおきましょう」「芝生に入らないようにしましょう」等が考えられますが、後者の「〜ないようにしましょう」のほうが自然です。

2. 指示から命令へ

　公園の看板などでは、指示以上の強い表現はあまり適当ではありません。「やめましょう」を「やめろ」とすると、かえって人々の反発を招いてしまうからです。強く指示したいときは、「やめること。」のように、「〜こと。」を使うことが多いようです。しかし、工場など危険を伴う場所や、一瞬のミスが大事故につながるようなところでは、短く、明確に指示・命令をする必要があります。そこでは、命令の形を用いた注意書きや看板が多く見られます。

　次の3)は、工場での「注意書き」のいくつかを集めたものです。

> 3) 工場での注意書き
> 　a　注意せよ！
> 　b　整理整頓をしなさい。
> 　c　この高さより下げること。
> 　d　作業中は必ずヘルメットを着用するように。
> 　e　左右を見て！
> 　f　保護メガネ着用。

 説明

　「する」の命令形は「せよ」「しろ」ですが、a「せよ」は書き言葉に、「しろ」は話し言葉に用いられます。「せよ」「しろ」よりもう少し柔らかい命令形はbの「〜なさい」で、本来は話し言葉ですが、文書などでも用いられることがあります。

　c、dの「〜こと。」「〜ように。」は指示にも使われますが、働きかけの強い命令としても使われます。

　eは「〜てください」の「ください」が省略された形で、強い言い切りの命令になります。

　fのように、動詞「する」を省略した名詞止めの形も命令の働きをします。

「頭上注意」「スリップ注意」など、工事現場の標語などに多く見られます。b
で使っている「整理整頓」も、fの形で使われることが多いです。

　aとeに付いている「！」は人の注意を引くためのもので、必要に応じて付
けたり付けなかったりします。

　命令表現にはこれら以外に「あっちへ行った行った」（「あっちへ行け」の
意味）のように、動詞のタ形を2度繰り返す表現もあります。この他に、座っ
ている人に「立った立った」、自分の通り道にいる人に「どいたどいた」等が
使われます。「ほら、立った」「さあ、座った」「さあ、歩いた」のように動詞を
1度しか使わない形もありますが、2度繰り返すことが多いようです。

比較のポイント

指示から命令へ

	話し言葉的	書き言葉的	強い命令	丁寧
せよ		○	○	
しろ	○		○	
～なさい	○		○	△
～こと。		○	○	△
～ように。	△	○	○	△
～て。	○		○	
名詞止め	△	○	△	

- 命令表現で重要なのは、命令の強さ（実現性）がどうかという点である。命令が強くなると実現性が高くなる。
- 「しろ」「～て。」と「名詞止め」が丁寧さの上でやや落ちる。
- 話し言葉的か書き言葉的かということも重要であるが、実際の使用では、両者が混在していることが多い。話し手は、相手や命令の内容を見ながら、効果的な表現を考えて使い分けていると言える。

> まとめ会話

〈テニスコートで〉
コーチ：相手のボールをよく見て。　　　　　（強い命令、話し言葉的）
生徒　：はーい。
コーチ：ボールは正確に返すこと。　　　　　　（硬い言い方）
生徒　：はーい。
コーチ：右へ打て。遠くへ打て。　　　　　　（強い命令、話し言葉的）
生徒　：はーい。
コーチ：ボールから目を離さないように。　　　　　　（指示）
生徒　：はーい。
コーチ：よーし。
　　　　じゃ、10分休憩。メンバー交代。　　　（明確な言い方）

 否定の場合

3)を否定にしてみましょう。内容は変えてあります。

a'　よそ見するな。
b'　工具を放置しないで。／放置するな。／放置しないように。
c'　この高さより上げないこと。
d'　居眠りをしないように。
e'　よそ見をしないで！
f'　装飾品の着用禁止。

否定形の「指示」「命令」から次の「禁止」の表現につながっていきます。

11 指示、命令、禁止

3. 禁止

　話し手が相手に対して、何かを禁止するときの表現を見ていきましょう。ここではタバコを吸うことを禁止する表現を使って考えましょう。「禁止表現」は否定の形の命令表現と言うことができます。

> 4）a　ここでタバコを吸うな。
>
> 　　b　ここでタバコを吸わない。
>
> 　　c　ここでタバコを吸わないでください。
>
> 　　d　ここでタバコを吸わないこと。
>
> 　　e　ここでタバコを吸ってはいけない。
>
> 　　f　ここでタバコを吸わないように。
>
> 　　g　禁煙。

説明

　aは禁止の表現です。「動詞の辞書形」に禁止を表す終助詞「な」を付けた形で、簡潔で、働きかけがかなり強い言い方です。書き言葉としては男女とも使えますが、話し言葉では男性が使います。

　bのように動詞のナイ形を使って禁止を表す場合もあります。aよりは柔らかく、説得するような言い方になっています。

　cはa、bより丁寧な言い方になりますが、言い方が丁寧なだけで、決めつけた強い表現になることが多いです。文書・看板など書かれたものでは、dの「～（ない）こと。」がよく用いられます。これは口頭ではほとんど現れません。eは「～てはいけない」の形で、禁止を表します。aと同じくらいの強さがあります。

　fは禁止の指示・命令として使われています。gのように名詞だけを出す名詞止めも表示や注意書きなどによく使われます。「立ち入り禁止」「駐車禁止」「使用禁止」などがあります。名詞止めの中の「禁（止）」が禁止の意味を表し

ています。話し言葉では「ここは立ち入り禁止だ／です」のように、後ろに「です」や「だ」が付くことが多いです。

比較のポイント

禁止

	話し言葉的	書き言葉的	決めつけた言い方	強い言い方	実現性が高い	丁寧
〜な	△	△	○	○	○	
〜ない（動詞のナイ形）	△	△				
〜ないで（ください）	○		○	○	○	○
〜ないこと。		○	○	○	○	△
〜てはいけない	○		○	○		
〜ないように（しよう／しましょう）	○	○※		○	○	△
名詞止め	△	○	△	○	○	

※「〜ように。」で終わるとき

- 話し言葉的に使われる表現は「〜ないで（ください）」「〜てはいけない」「〜ないようにしよう／しましょう」で、書き言葉的なものは、「〜ないこと。」「〜ないように。」「名詞止め」である。
- 文末の「〜な」「〜ない」は、話し言葉、書き言葉両方に使われる。
- 「〜な」は男性言葉で、女性は言い切りの形ではあまり使わない。「〜ない」「〜ないで」のほうをよく使う。

まとめ会話

〈高校のグラウンドで。体育の授業でランニングをしている。先生は男性〉
先生：ここで立ち止まら<u>ないで</u>。　　　　　　　（強い命令、会話的）
生徒：はい。〈立ち止まろうとする〉
先生：立ち止まら<u>ないように</u>。　　　　　　　　　　　（指示）
生徒：はい。〈立ち止まろうとする〉
先生：立ち止まら<u>ないこと</u>。　　　　　　　　　（硬い言い方）
生徒：はい。〈立ち止まろうとする〉

11
指示、命令、禁止

先生：立ち止まる<u>な</u>って言ってるだろ。　　　　　　　　　（直接的）

生徒：……。〈立ち止まってしまう〉

先生：立ち止まっ<u>てはいけない</u>。　　　　　　　　　　　（禁止命令）

生徒：……。〈立ち止まったまま〉

先生：立ち止まら<u>ない</u>。　　　　　　　　　　　　（禁止命令、説得）

　　　いいな。

生徒：……。〈下を向いてしまう〉

12 感情 1（好き、嫌い、驚き）

　話し手の気持ちや感情を表す表現を取り上げます。「感情1」では、1で「好き」、2で「嫌い」、3で「驚き」に関わる表現を見ていきましょう。

1. 好き

　話し手が相手に、何かが「好きだ」と言いたいときの表現を見ていきましょう。会話1）では、Aの質問に対してBは、いろいろな形で「好きであること」を表すことができます。

丁寧体

1）A：コーヒーは好きですか。
　　B：ええ、a　好きです。
　　　　　　 b　大好きです。
　　　　　　 c　嫌いじゃ{ありません／ないです}。
　　　　　　 d　私はコーヒー党です。
　　　　　　 e　私はいつもコーヒーを飲んで（い）ます。

普通体

1）A：コーヒー、好き？
　　B：うん、f　好き{だよ／よ}。
　　　　　　 g　{大好きだよ／大好きよ／大好き}。
　　　　　　 h　嫌いじゃないよ。
　　　　　　 i　私はコーヒー党{だよ／よ}。
　　　　　　 j　私、いつもコーヒー飲んで（い）る。

97

 説明

> 丁寧体

　好きだということを表したい場合は、aのように「(～は～が)好きだ」を用いるのが普通です。日本語の「好きだ」は心が引き付けられたり、気持ちにぴったり合うことを表し、英語のlike, loveの意味を持ちます。特に強く言い表したい場合は、b「大好き」を使うこともできます。「大好き」は、どちらかというと女性が好む、感情過多の表現です。

　cの「嫌いじゃありません」「嫌いじゃないです」は、「好きだ」とほぼ同じ意味を持ちますが、否定形を用いているので、相手は、本当はどうなのか推し量りにくい、曖昧なところがあります。

　好きなことを別の表現、「名詞」で表したのがdです。「コーヒー党」はかなりコーヒーが好きなことを表していますが、「コーヒーは好きですか」の質問に対し、質問通りに答えていない点でしゃれた感じを与えます。「党」の付くものには甘党（甘い物が好きな人）、辛党（お酒が好きな人）等があります。

　eも質問通りの答え方ではなく、「いつも飲んでいる」と言うことで、好きだということを伝えています。

> 普通体

　普通体では、余分なことは言わないで、短く自分の好みを言う傾向があります。「好きだ」「大好きだ」のように「～だ」で言い切るのは男性の言い方になります。後ろに「よ」や「ね」を付けて語調を柔らかくすると、女性も使うことができます。女性は「だ」を付けず、「大好きよ。」「大好き。」等と言うことが多いです。

　ここで少し助詞の省略について考えてみましょう。質問でAは「コーヒー、好き？」のように、「コーヒーが好き？」「コーヒーは好き？」の「が」か「は」を省略しています。また、Bのjでは「私はいつもコーヒーを飲んで(い)る」の「は」と「を」が省略されています。このように格助詞「が」、対象・目的を表す「を」、主題(トピック)の「は」は省略されることが多いです。

比較のポイント

好き

	強調的	大げさに言う	程度が高い	しゃれた感じ	短い表現	柔らかい言い方	曖昧
（〜は〜が）好きだ				○			
（〜は〜が）大好きだ	○	○	○				
（〜は〜が）嫌いじゃ/ではない						○	○
〜は＋名詞だ	○	△	○	○	○	△	
いつも〜ている	△		○			△	

- 「好きだ」ということを伝える場合、より強調して言うか、普通に言うか、曖昧に言うかに分けることができる。
- 強調した言い方が、「大好き」、「〜は＋名詞だ」「いつも〜ている」である。
- 普通の言い方が「好き」で、曖昧に言うのが否定表現を使った「嫌いじゃない」である。
- 丁寧な尋ね方として、「お好きですか」「お嫌いですか」のように「お」を付ける言い方もある。

まとめ会話

〈知人同士のAとBが相撲について話している〉

A：Bさんは相撲通なんだそうですね。　　　　　　　　（そうである）

B：ええ、相撲が大好きです。　　　　　　　　　　　　（強調）

A：相撲のどこがいいですか。

B：裸と裸でぶつかるところがいいですね。

A：そうですか。

B：小さい力士が大きい力士を投げ飛ばすところも好きです。（短く簡潔）

A：じゃ、柔道もお好きですか。　　　　　　　　　　　（丁寧）

B：うーん、嫌いじゃないですが、やっぱり……。　　　（曖昧）

12
感情
1
（好き、嫌い、驚き）

2. 嫌い

　話し手が相手に、何かが「嫌いだ」と言いたいときの表現を見ていきます。会話2）では、Aの質問に対してBは、いろいろな形で「嫌いであること」を表すことができます。

丁寧体

2）A：コーヒーはお嫌いですか。
　　B：ええ、a　（コーヒーは）ちょっと／あまり……。
　　　　　　b　コーヒーは好きじゃ{ありません／ないんです}。
　　　　　　c　コーヒーは{飲みません／飲まないんです}。
　　　　　　d　コーヒーは{飲めません／飲めないんです}。
　　　　　　e　コーヒーは苦手です。
　　　　　　f　寝られなくなります／眠れなくなりますので。

普通体

2）A：コーヒーは嫌い？
　　B：うん、g　コーヒーはちょっと……。
　　　　　　h　コーヒーは好きじゃない。
　　　　　　i　コーヒーは飲まない{んだよ／のよ}。
　　　　　　j　コーヒーは飲めない{んだよ／のよ}。
　　　　　　k　コーヒーは苦手。
　　　　　　l　寝られなくなる／眠れなくなるから。

 説明

丁寧体

　「コーヒーは嫌いか」と尋ねられ、答えた発話がa～fです。会話では、「嫌いだ」とあからさまに言うのは通常は避けたほうがいいですが、Aのような率直な質問に対しては、自分の気持ちをありのままに言ってもいいでしょう。
　aは「ちょっと」や「あまり」を用いて曖昧に表現しています。相手を傷つけ

ないようにという配慮の表れと言えるでしょう。

　b〜dで使われている「〜ません」は、丁寧なようで、言いっぱなしたように強く聞こえるので、「じゃありません」や「飲みません」「飲めません」を弱く発音するか、「〜ないんです」を使ったほうがいいでしょう。「んです」の中に申し訳ないという気持ちを含めることもできます。

　cは「飲まない」、dは「飲めない」となって、それぞれ意志と可能を表しています。日本語では、自分の意志を直接的に伝えるより、「できる・できない」という可能（形）表現を用いることが多いです。婉曲に伝えることによって丁寧さを表すところがあります。

　eは感情形容詞の「嫌いだ」を使う代わりに「苦手だ」という、「できない」に通じる否定表現を用いています。「嫌いだ」より間接的な言い方になります。

　fは感情表現ではありませんが、「嫌いか」と問われて、理由を述べることによって答える言い方です。fのように、きちんと理由を述べるのは、丁寧な対応の仕方と考えられます。

普通体

　日本語では助詞の省略だけでなく、語や句の省略も多く見られます。丁寧体のa、普通体のgでは述語すべてを省略しています。また、普通体のkでは、「です」が省略されています。省略形は普通体の会話でよく見られますが、短くなる分、丁寧さに欠けます。

　lは理由を述べることによって答える言い方ですが、丁寧体のfのように、理由を表す「〜ので」ではなく、普通体では直接的な「〜から」を使っています。

比較のポイント

嫌い

	曖昧	言いっぱなしの感じ	婉曲・間接的	丁寧
（〜は〜が/は）ちょっと/あまり……	○		○	○
（〜は〜が/は）好きじゃ/ではない		○		
（〜は〜を/は）〜ない（動詞のナイ形）		○	○	
（〜は〜が/は＋）動詞可能形の否定形			○	○
（〜は〜が/は）苦手だ			△	△
〜から/ので等（理由を述べる）			○	○

- 日本語では否定的な返事をするとき、直接的な言い方を避け、曖昧な言い方が好まれる。「ちょっと……」「あまり……」等の表現を使う。
- 「んです」は理由説明を表すので、「〜ません」より「〜ないんです」のほうが、少し丁寧になる。
- 「好き・嫌い」を言う代わりに、飲まない理由を言うのも丁寧な方法である。

まとめ会話

〈Aが知人のBにお酒を勧めている〉

A：1杯、どうぞ。
B：いや、お酒はちょっと……。　　　　　　　　（曖昧に表現）
A：そう言わずに……。
B：いや、お酒は飲まないんです。　　　　　　　（意志の表示）
A：ああ。
B：飲めないんですよ。　　　　　　　　　　　　（不可能）
　　苦手なんです。　　　　　　　　　　　　　　（婉曲・間接的）
A：そうですか。
B：体質的に合わないみたいで……。　　　　　　（理由説明）
A：それはごめんなさい。

3. 驚き

　話し手が相手に、「驚き」を伝えたいときの表現を見ていきましょう。会話3）では、Aの質問に対してBは、いろいろな形で「驚き」を表すことができます。

丁寧体

3）A：洋子さんが結婚するそうですよ。
　　B：a　えっ、本当／ホントですか。
　　　　b　えっ、そうなんですか。
　　　　c　そうですか。びっくりしました。
　　　　d　そうですか。驚きました。
　　　　e　その話を聞いてびっくりしました／驚きました。
　　　　f　その話を聞いてびっくりして／驚いてしまいました。

普通体

3）A：洋子さんが結婚するよ。
　　B：g　ええっ、ホント？
　　　　h　あー、びっくりした。
　　　　i　あー、驚いた。
　　　　j　驚いちゃった。
　　　　k　びっくりしちゃった。
　　　　l　えっ、そんな。
　　　　m　えっ、まさか。
　　　　n　えっ、うそ！

 説明

丁寧体

　思いがけないニュースを知ったとき、発するのはa、bの「えっ、本当／ホントですか」「えっ、そうなんですか」や「そうですか」のような表現でしょう。そのあと一息ついて、c「びっくりしました」d「驚きました」のような具

体的な意味を持つ表現が出てくると考えられます。b「そうなんですか」とc、d「そうですか」の違いは次のようです。

> **そうなんですか**：人から事実を聞いて、驚いたときに使う。
> **そうですか**：相手の言うことを理解したり、納得したときに使う。驚いた
> 　　　　　　　気持ちが含まれるときもある。

「そうなんですか」のほうが驚きをより強調的に表していると言えます。
　c「びっくりする」とd「驚く」の違いは、「びっくりする」のほうが驚きの様子が目に見えるような形で表されることです。また、「びっくりする」は「少しびっくりした」「かなりびっくりした」のように程度の副詞が付きにくいですが、「驚く」は「少し驚いた」「かなり驚いた」のように付くことができます。「びっくりする」は話し言葉的、「驚く」は話し言葉・書き言葉両方に使います。
　e、fは「～て」（聞いて）を用いて驚いた原因・理由を述べています。fは「びっくりする」「驚く」に「てしまう」が付いて、すっかりそういう気持ちになったと強調した表現になります。

普通体

　若者達の間で好んで使われるのがg、nです。最近では年配者もよく使います。
　j、kの「ちゃった」は「驚いてしまった」「びっくりしてしまった」の「てしまった」の短縮形で、話し言葉でよく使われます。lとmは否定形の述語が省略された形です。l「そんな」は「そんなことはないでしょう」、m「まさか」は「まさか結婚はあり得ない」を省略した形で、強い打ち消しを表しています。

比較のポイント

驚き

	感嘆詞的	客観的、冷静	原因・理由あり	強調的	否定の気持ち	若者好み
えっ、本当/ホント（ですか）？	○			○	△	○
えっ、そうですか/そうなんですか	○	△		○		
（〜て）びっくりした	△		○※			○
（〜て）驚いた		○	○※			
〜てびっくりしてしまった/しちゃった			○	○		○
〜て驚いてしまった/驚いちゃった			○	○		
えっ、そんな。えっ、まさか。	○				○	
えっ、うそ！	○			○	△	○

※「〜て」がある場合

- 「驚き」の表現は大きく分けて、感嘆詞のように無意識に発してしまうものと、表現の中に「驚き」という意味の語が入るものがある。前者は「えっ、本当／ホント（ですか）？」「えっ、そうですか／そうなんですか」「えっ、そんな。／まさか。」「えっ、うそ！」。後者は「（〜て）驚いた／驚いてしまった／驚いちゃった」「（〜て）びっくりした／びっくりしてしまった／びっくりしちゃった」である。
- 「驚き」を表すため、強調的な言い方になる表現が多い。
- 「えっ、まさか。」は「それはあり得ない」という否定の気持ちが入るが、その他の表現でも程度の差はあるが、「あり得ない」という気持ちが含まれている。
- 「えっ、ホント（？）」「えっ、うそ（！）」のような言い方は、本来は「あり得ない、信じられない」という否定の気持ちから発する表現だが、最近の若者は特に否定の気持ちなしに使っていることもある。

> **まとめ会話**
>
> 〈AとBは隣人同士。サーカスの象が逃げ出したらしい〉
> A：象が逃げ出したんですって。
> B：<u>えっ、ホントですか。</u>　　　　　　　　　　　　　　（感嘆詞的）
> A：檻のかぎをかけ忘れていたんですって。
> B：<u>えっ、そうなんですか。</u>　　　　　　　　　　　　（感嘆詞的）
> A：町に出て、家をこわしたようですよ。
> B：えっ、あの大人しい象が……。
> A：人にぶつかって、けがをさせみたいですよ。
> B：<u>そうですか。</u>　　　　　　　　　　　　　　　　　（感嘆詞的）
> 　　<u>びっくりしました。</u>　　　　　　　　　　　　　　　（驚き）
> A：興奮したんでしょうね。
> B：本当に……。
> 　　象が暴れるなんて、<u>話を聞いて驚いてしまいました。</u>　（理由説明）

 否定の場合

　会話3）で取り上げた「驚き」の形は肯定で使い、否定では使わないと考えていいでしょう。

13 感情 2（喜び、悲しみ、感謝）

　「感情1」に続いて2では、「喜び」「悲しみ」、そして「感謝」に関わる感情表現を取り上げます。

1. 喜び

　話し手が「喜び」を伝えたいときの表現を考えましょう。会話1）では、Aからの知らせに対してBは、いろいろな形で「喜び」を表すことができます。

丁寧体

1）A：（あなたは）合格ですよ。
　　B：a　ありがとうございます。
　　　　b　ああ、よかったです。
　　　　c　ああ、うれしいです。
　　　　d　ああ、ほっとしました。
　　　　e　えっ、本当ですか。
　　　　f　えっ、うそでしょう？

普通体

1）A：合格だって。
　　B：g　ありがとう。
　　　　h　ああ、よかった。
　　　　i　ああ、うれしい。
　　　　j　ああ、ほっとした。
　　　　k　えっ、ホント？
　　　　l　えっ、{うそ！／うそだろ？（男）／うそでしょ？}

説明

丁寧体

　合格に対する喜びは、やはりaの「ありがとうございます」で表されるのが普通でしょう。もう1つよく使われる表現はb「よかったです」です。dの「ほっとしました」と同じ意味の安堵感（あんどかん）が含まれますが、「ほっとした」よりも用途の広い表現です。

　cの「うれしいです」も使われますが、うれしい感情を「うれしい」で表現するのは、少し直接的すぎる感じもあります。たぶん年配者はあからさまに「うれしいです」とは言わず、「ありがとうございます」と言うか、「うれしく思います」「よかったです」のような婉曲な言い方をするでしょう。

　e、fは現代風で、特に若者に好まれる短い、会話的な言い方です。うれしいときだけでなく驚いたときにも使われ、現在では年配層も用いるようになっています（12「感情1」3参照）。

普通体

　「うれしい」という喜びの気持ちを表す表現として、g～lは会話でよく使われます。普通体は丁寧体よりも強調の度合いが強くなり、声の大きさやイントネーションの強さが加わります。lの「（うそ）だろ？」は「～だろう？」が短くなった形で男性が使います。「～でしょ？」は「～でしょう？」の詰まった形で、カジュアルな会話で男女ともに用います。

比較のポイント

喜び（丁寧体）

	感謝	安堵感	直接的	丁寧	若者好み
ありがとうございます	○			○	
よかったです		○	△	○	
うれしいです			○	○	△
ほっとしました		○		○	
本当ですか			△		○
うそでしょう？			○		○

喜び（普通体）

	感謝	安堵感	直接的	丁寧	若者好み
ありがとう	○			△	
よかった		○	○		
うれしい			○		△
ほっとした		○			
ホント?			△		○
うそ！/うそでしょ(う)?			○		○

- 「喜び」の表し方は、相手に向けて発する表現「ありがとう（ございます）」「ホント?」「本当ですか」等と、自分に向けて発する表現「よかった」「うれしい」「ほっとした」等がある。「うそ！」は相手へとも自分へとも解釈できる。
- 「喜び」の表現は、気持ちを直接的に表すか間接的に表すかによっても異なる。直接的に表す代表は「よかった」「うれしい」、間接的に表す代表は「ありがとう（ございます）」である。
- 表し方は相手や場面、状況、話し手の年齢、性別、性格などに大きく関わってくる。

まとめ会話

〈漫画家Aが大賞をもらったらしい〉

出版社の人：漫画大賞、おめでとうございます。

漫画家A　：えっ、うそでしょ？　　　　　　　　　（驚きの気持ち）

出版社の人：いや、最優秀賞です。

漫画家A　：ホント？　　　　　　　　　　　　　　（驚きの気持ち）

出版社の人：5年越しの夢がかないましたね。

漫画家A　：いやあ、ほっとしました。　　　　　　（安堵感）

　　　　　　うれしいです。　　　　　　　　　　（直接的）

周りの人　：よかったですね。　　　　　　　　　　（ともに喜ぶ）

漫画家A　：ありがとうございます。　　　　　　　（感謝の気持ち）

　　　　　　5年頑張ってきてよかったです。　　　（安堵感）

13 感情 2（喜び、悲しみ、感謝）

否定の場合

会話1)で取り上げたa〜dの「喜び」の形は肯定で使い、否定では使わないと考えられます。e、fを否定の形（否定疑問）にすると、次のようになります。

　　e'　えっ、本当じゃないでしょう？
　　f'　えっ、うそじゃないですか。

f'は普通に使いそうですが、e'は少し無理があるかもしれません。

2. 悲しみ

次に、話し手が「悲しみ」を伝えたいときの表現を考えましょう。会話2)は住宅申し込みの抽選発表の場面です。Aの知らせに対してBは、いろいろな形で「悲しみ」を表すことができます。

丁寧体

2)A：Bさん、当選者リストに名前がないみたいですよ。
　B：a　あー、そうですか。
　　　b　残念です。
　　　c　それは残念です。
　　　d　残念に思います。
　　　e　悲しいです。
　　　f　悲しく思います。
　　　g　くやしいです。
　　　h　どうしましょう。

> 普通体
>
> 2) A：Bさん、抽選、ダメだったみたいよ。
>   B：i　えーっ。
>   　　j　残念。
>   　　k　それは残念。
>   　　l　残念だな〜。
>   　　m　うーん、悲しい。
>   　　n　くやしい。
>   　　o　どうしよう。

 説明

> 丁寧体

　AがBに不都合なことを知らせる場面です。それを聞いて、まずはaのように、「あー、そうですか」というのが一般的でしょう。悲しみの表現が出てくるまでの、言葉を失ったような言い方です。

　悲しみの表現としては、b「残念です」を使って感情を述べるものがあります。「残念」には「惜しい」という気持ちも含まれます。また、cのように「それは」を付けて、「それは残念です」と客観化させる言い方があります。cは、通常は、自分のことではなく他者の事柄を悲しむ場合に使います。

　dの「残念に思う」では、ナ形容詞「残念だ」が、fではイ形容詞「悲しい」が、副詞的に（「残念に」「悲しく」）用いられています。

　「喜び」を表すのに直接的に「うれしい」と言うのは、特に年配者では憚られると説明しましたが、同じことは「悲しみ」にも言えます。「悲しみ」を表すには、eのように「悲しい」という形容詞を使うより、b〜dのように「残念だ」、またはg「くやしい」を使うことのほうが多いでしょう。「残念だ」が惜しい気持ちにとどまるのに対し、「くやしい」は諦めたり忘れたりできない気持ちを、他者に、または自分自身に発する強い表現になります。

　fの「悲しく思う」は、冷静に自分の気持ちを客観化させていると考えられます。hは悲しみの情報を得て、戸惑ってしまい、そのまま「どうしましょう」

という言い方をしていますが、結果的には悲しみを表していると言えます。

`普通体`

　i〜oは、かなり率直に話し手の感情を示していると言えるでしょう。j〜lの「残念」、m「悲しい」、n「くやしい」がそのまま、感情の発露として表現されています。

比較のポイント

悲しみ

	強調的	直接的	客観的、冷静に	戸惑いの気持ち	感嘆詞的
あー、そうですか				○	○
残念だ/です		△			
それは残念だ/です	○		○		
残念に思う/思います			○		
悲しい（です）	○	○			
悲しく思う/思います			○		
くやしい（です）	○	○			
どうしよう/しましょう		△		○	

- 「あー、そうですか」は感嘆詞的に発する言葉で、直接的には悲しい気持ちを出さないが、心の中での思いが深い場合が多い。
- 日本語では、悲しみを表すときは「悲しい」とは言わず、「残念だ」「くやしい」を使うことが多い。
- 「悲しい」という感情を表したい場合は直接的な「悲しい」ではなく、「悲しく思う／思います」を使ったほうがいい。
- どうしていいかわからないくらい悲しいときは、黙るか「どうしよう」と言うことが多い。

まとめ会話

〈オーディション発表会場で。Bはオーディションの受験者〉
Ａ：Bさん、だめだったみたいですね……。

B：あー、そうですか。　　　　　　　　　　（感嘆詞的）

　　どうしましょう……。　　　　　　　　（戸惑い）

A：とても残念に思います。　　　　　　　　（惜しい気持ち）

B：ホント、私も残念です。　　　　　　　　（惜しい気持ち）

A：Cさんもだめだったようですよ。

B：Cさんが！

　　それは残念です。　　　　　　　　　　（他者への悲しみ）

〈会場の外で〉

A：主役はDさんに決まったんだって。

B：そうか。くやしいなあ。　　　　　　　　（強い感情）

A：元気出して！

B：悲しいなあ。　　　　　　　　　　　　　（直接的）

　　どうしよう。　　　　　　　　　　　　（戸惑い）

13

感情

2

（喜び、悲しみ、感謝）

否定の場合

2）の会話で取り上げた「悲しみ」の形は否定の形にはなりません。ただし、hはh'のようにできるかもしれません。

　　h'　あー、どうしようもありませんね。

3. 感謝

　話し手が相手に、「感謝」の気持ちを伝えたいときの表現を考えましょう。会話3）はBがAさんにお礼を述べている場面です。Bはいろいろな形でAさんに「感謝」を表すことができます。

> 丁寧体

3）A：ああ、ついに完成しましたね。
　　B：a　（どうも）ありがとうございます。
　　　　b　（どうも）ありがとうございました。
　　　　c　（どうも）すみません。
　　　　d　手伝って{くださって／いただいて}、ありがとうございます／
　　　　　　ありがとうございました。
　　　　e　（ああ、）感謝します。
　　　　f　お世話になりました。
　　A：いえいえ。

> 普通体

3）A：ああ、ついに完成したね。
　　B：g　（どうも）ありがとう。
　　　　h　どうも。
　　　　i　悪かったね。
　　　　j　手伝ってくれてありがとう。
　　　　k　お世話様。
　　A：ううん、大丈夫{だよ／よ}。

 説明

> 丁寧体

　「ありがとう」を用いる表現には、普通体「ありがとう」、丁寧体「ありがとうございます」「ありがとうございました」の3つがあります。冒頭に「どうも」を付けると、さらに丁寧になります。この3つの簡単な使い分けは次のようです。

　　ありがとう：「ありがとうございます」の省略の形。丁寧度は少し落ちるが、
　　　　　　　　　日常のやりとりでは「ありがとう」だけでいい場合が多い。

ありがとうございます ：丁寧な言い方。ほとんどの状況で使える。
ありがとうございました：「〜ました」と過去形になっている。相手がして
くれたことに対する感謝の表現。物事・事態が
完了・実現したあとに使う。

c「すみません」は本来謝罪の表現ですが、日本語では感謝の表現として頻
繁に使われます。会話では「すみません」が「すいません」と発音されること
が多いです。

dは「〜て」で感謝の理由が述べられる形です。理由を加えているので、単
なる「ありがとう（ございます／ございました）」よりは丁寧になります。「〜
てくださって（ありがとう）」のほうが個人的な感謝を直接的に表しますが、
日本人は「〜てくださって」より「〜ていただいて」のほうが丁寧だととらえる
傾向があり、最近は「〜ていただいて」が多く使われるようになってきました。

eは感謝の度合いがかなり高い表現で、改まった硬い言い方になります。
「ああ、」が入ったほうが自然さが加わるようです。

f「お世話になりました」も日本語ではよく使われます。相手や他者がやっ
てくれたことすべてに対して感謝を表す表現で、「迷惑・面倒をかけた」「時
間をとらせた」等、全体的なことに対する感謝の気持ちを表しています。

普通体

h「どうも。」は、「どうもありがとう（ございます／ございました）」の最初
の部分だけを独立させた言い方です。「どーも」のように「ど」を伸ばして1回
だけ言う場合や、「どうもどうも」、「どもども」と短く発音して2回繰り返す
場合等があります。仕事の場面やフォーマルな場面でよく使います。どちら
かというと、男性がよく使います。

丁寧体のe「感謝します」、f「お世話になりました」は丁寧な言い方なので、
丁寧体で用いられます。親しい間柄では、もともとは「謝罪」を表すi「悪かっ
た」や「すみません」の普通体「ごめん（ね）」を用いて感謝を表すことも多い
です。「お世話になりました」は親しい間柄ではkのように「お世話様。」と言
うこともあります。女性がよく使います。

比較のポイント

感謝（丁寧体）

	丁寧	改まった言い方	気軽に使う
ありがとうございます／ございました	○	○	
すみません	○		○
感謝します	○	○	
お世話になりました	○	○	

感謝（普通体）

	改まった言い方	気軽に使う	親しい間柄	女性がよく使う
ありがとう		○	○	
どうも。	△	○		
悪かった			○	
お世話様。		△	△	○

- 日本語の感謝表現は、非常に丁寧なものからそれほどでもない会話的なものまで幅が広い。多くの場面で使えるものは、「ありがとう」「ありがとうございます／ありがとうございました」「すみません」である。
- 改まった、硬い言い方としては「感謝します」「お世話になりました」がある。親しい間柄で使える会話的な表現としては、「ありがとう」「すみません」がある。
- 「すみません」以外にも謝りの表現を使って感謝を表す場合が多い。「ごめん（ね）」「申し訳ない」「悪い／悪かった」等（「ごめん」「悪い」については14「感情3」1参照）。
- 「どうも」は「ありがとう（ございます／ございました）」「すみません」の前に付いて、丁寧な感謝を表す。単独で使うと、気軽な短い感謝表現になる。頭を下げるなり、口調を丁寧に言うなりすると、「どうも。」だけでフォーマルな場でも使える。
- 理由を言って感謝する「〜てありがとう／ありがとうございます」は「比較のポイント」から省いてあるが、「ありがとう／ありがとうございます」と意味的には同じである。

> まとめ会話

〈遺失物センターで〉
A　　：落とし物、連絡をしていただいてありがとうございます。
　　　　　　　　　　　　　　　　　　　　　　　　　　（理由説明）
係員：はい。
　　　これですね。
A　　：はい、そうです。
係員：じゃ、ここに受け取りのサインをしてください。
〈Aが書類にサインをする〉
係員：はい、どうぞ。〈Aに落とし物を渡す〉
A　　：どうもありがとうございます。　　　　（非常に丁寧）
　　　あのう、拾ってくださった方は？
係員：ああ、名前を言わずに行ってしまったんですよ。
A　　：ああ、そうですか。
　　　　　　　　　　　＊＊＊
係員：では。
A　　：どうもありがとうございました。　　（完了したことに対して）
　　　お世話になりました。　　（全体的なことに対する感謝）

13 感情　2（喜び、悲しみ、感謝）

 否定の場合

　3)の会話で取り上げた「感謝」の形は否定の形にはなりません。eはe'のようにできるかもしれません。これは否定の形をとって、最大級の感謝を述べています。

　　e'　（ああ、）感謝の申し上げようもありません。

14 感情 3（謝罪、後悔・反省）

　「感情3」では、「謝罪」と「後悔・反省」の表現を取り上げます。「1.謝罪」では
「すみません」「申し訳ない」等の表現を、「2.後悔・反省」では「（し）てしまった」
「（し）なければよかった」「（する）んじゃなかった」等の表現を見ていきます。

1. 謝罪

　話し手が相手に、「謝罪」の気持ちを伝えたいときの表現を考えましょう。
会話1）で、Aはいろいろな形でBに「謝罪」を表すことができます。

丁寧体

> 1）A：a　（本当に）すみません（でした）。
> 　　　 b　（本当に）申し訳ありません（でした）。
> 　　　 c　ご迷惑をおかけ {しました／いたしました}。
> 　　　 d　申し訳ないことを {しました／いたしました}。
> 　　　 e　（どうか／どうぞ）許してください。
> 　　　 f　これから注意します／気をつけます。
> 　　B：いいえ。大丈夫です。

普通体

> 1）A：g　ごめん（なさい）。
> 　　　 h　すまない／すまん。（男）
> 　　　 i　申し訳ない。
> 　　　 j　悪い。
> 　　　 k　迷惑をかけたね。
> 　　　 l　悪かったね。
> 　　　 m　許して／許してくれ（男）／許してね。
> 　　　 n　これから注意する／気をつけるね。
> 　　B：うん、大丈夫 {だよ／よ}。

 説明

丁寧体

　a「すみません」は、相手に迷惑をかけたときに、まず最初に口を突いて出てくる表現です。b～eはaより丁寧で、やや硬い言い方になります。相手に迷惑をかけたと感じたときにはa～eを使い、そのあとにfを言い添えるといいでしょう。

　aの「すみません」と「すみませんでした」の違いは次のようです（庵他, 2001）。

　　すみません：自分の行為に関する謝罪を行為の直後に述べるときに使う。
　　　例：〈借りていた本にコーヒーがかかった〉すみません。本を汚しちゃって……。
　　すみませんでした：行為と謝罪の間に時間的隔たりがある場合に使う。
　　　例：〈2、3日後に〉この間は、本を汚しちゃって、すみませんでした。

　cは自分が与えた不快感や困難のことを、ひっくるめて「迷惑」という表現を使っています。c、dに出てくる「します」と「いたします」では、「いたします」のほうが丁寧になります。

　eの「どうか」と「どうぞ」の違いは、「どうか」のほうが古語的で硬い言い方になります。また、懇願（許しを乞う）の気持ちが強くなります。

　fは話し手が、「すみません」や「申し訳ない」等の謝罪の言葉だけでは不十分に思った場合、今後どうするかにまで言及した表現です。

普通体

　普通体の会話では、aの「すみません」と、もっと軽い言い方のg「ごめん（なさい）」がよく使われます。h「すまない／すまん」は「すみません」の会話的な言い方で、男性が使います。i「申し訳ない」も、どちらかというと男性言葉と言えるでしょう。

　j「悪い」とl「悪かった」はほとんど同じように使います。どちらかという

と、「〜かった」のようにタ形を用いて過去になっているほうが、謝罪の気持ちが強く感じられます。mで「許して」は主に女性が、「許してくれ」は男性が使います。

比較のポイント

謝罪（丁寧体）

	はじめに口を突いて出る表現	やや硬い言い方	今後について言い添える	総合的な謝罪
すみません	○			
申し訳ありません	△	○		
ご迷惑をおかけしました/いたしました		○		○
申し訳ないことをしました/いたしました		○		
許してください		○		
これから注意します/気をつけます			○	

謝罪（普通体）

	男性言葉	気軽に使う	やや硬い言い方	会話的	今後について言い添える
ごめん（なさい）		○		○	
すまない/すまん	○	△		○	
申し訳ない	△		○		
悪い/悪かった		○		○	
迷惑をかけた			○		
許して/許してくれ	○*		○		
これから注意する/気をつける					○

※「許してくれ」の場合

- 「謝罪」は相手や事柄の内容によって表現が変わる。「申し訳ありません」「ご迷惑をおかけしました」「許してください」等は、改まった、形式を重んじる言い方である。
- 「すみません」は改まった場でも、そうでない場でも使える。
- 「ごめん（なさい）」「すまない/すまん」「悪い/悪かった」は親しい間柄のカジュアルな表現として使う。

まとめ会話

〈自転車に乗っている高校生が、歩行者（被害者）にぶつかった〉
高校生：あ、<u>すみません</u>。　　　　　　　　　　（とっさの謝罪）
　　　　大丈夫ですか。
被害者：〈痛そうな顔をしている〉
高校生：頭は打たなかったですか。
被害者：ええ、大丈夫みたいです。
高校生：本当に<u>申し訳ありません</u>。　　　　　　　（丁寧）
　　　　　　　　　　＊＊＊
〈翌日、高校生は母親といっしょに被害者宅へ謝りに行く〉
母親　：先日は<u>申し訳ありませんでした</u>。　　　　（丁寧、硬い）
被害者：〈硬い表情をしている〉
母親　：<u>申し訳ないことをいたしまして</u>……。　　（より丁寧）
高校生：<u>本当に申し訳ありません</u>。　　　　　　　（より丁寧）
　　　　<u>どうか許してください</u>。　　　　　　　　（懇願）
被害者：いいですよ。これから気をつけてください。
高校生：はい、<u>これから注意します</u>。　（今後について言い添える）
母親　：<u>ご迷惑をおかけしまして</u>……。　　　　　（総合的謝罪）
　　　　これは気持ちだけの物ですが、どうぞ。

14 感情 3（謝罪、後悔・反省）

 否定の場合

　1）の会話で取り上げた「謝罪」の形で、a、b、dはすでに否定になっています。e、fは次のようにできるかもしれません。

　　e'　（どうか／どうぞ）怒らないでください。

fの場合は、これはfの否定表現ではありませんが、次のように「注意する／

気をつける」の内容を否定にすることが多いです。

f'　これからミスしないように注意します／繰り返さないように気をつ
　　けます。

2．後悔・反省

　話し手が相手に、「後悔」や「反省」の気持ちを伝えたいときの表現を見て
いきましょう。「後悔」は前にしたことをあとになって悔いることで、「反省」
は自分の行った行為について考察し、批判的な評価を加えることです。しか
し、両者を区別することは難しいので、ここでは「後悔・反省」をひと括りと
して取り上げます。次の会話2）ではAが仕事で失敗をし、それについてBに
話しています。Aはいろいろな形で「後悔・反省」を表すことができます。

丁寧体

2）B：課長怒（おこ）ってましたよ。何か怒るようなこと、したんですか。
　　A：ええ、a　やってしまいました／やっちゃいました。
　　　　　　 b　{やらなければ／やらなきゃ} よかったです。
　　　　　　 c　やるべきじゃ {ありませんでした／なかったです}。
　　　　　　 d　{やめておけば／やめとけば} よかったです。
　　　　　　 e　やるんじゃなかったです。
　　B：うーん、そうですか……。

普通体

2）B：課長怒ってたよ。何か怒るようなことしたの？
　　A：うん、f　やっちゃったんだ。
　　　　　　 g　{やらなければ／やらなきゃ} よかった。
　　　　　　 h　やるべきじゃなかった。
　　　　　　 i　やめとけばよかった。
　　　　　　 j　やるんじゃなかった。
　　B：うーん、そうか……。

 説明

丁寧体

a「〜てしまった」は、残念、後悔等いろいろな感慨を込めて使われます。「取り返しのつかないことが起こった」というニュアンスが加わることが多いです。

b「〜ばよかった」は、現状と違うことを望んだり、現状を嘆いたりしながら、失望や残念といった後悔の感情が強く表れる表現です。cの「〜べきじゃなかった」より会話的になります。

c「〜べきじゃなかった」も肯定形の「〜べきだった」も後悔や反省を述べる表現で、より理性的、客観的に過ちを認める感じがあります。

d「〜ておけば／とけばよかった」はb「〜ばよかった」とほぼ同じ意味を持ちますが、「前もってする」という意味の「〜ておく」を結合させた形で、思慮が足りなかった、もっと自重したほうがよかったと後悔をする表現です。

e「〜んじゃなかった」は実際にはやってしまったことについて、それをしなければよかったと悔やんでいる気持ちを表します。

普通体

丁寧体のa「やってしまいました／やっちゃいました」の普通体「やっちゃった」は、独り言に使われることが多いです。「んだ」を付けて、「やっちゃったんだ」としたほうが相手に対する説明になります。最後にBが「うーん、そうか」と言っていますが、この「そうか」は、戸惑いを含んでいるので語調を弱め、やや下降調で言う必要があります。

比較のポイント

後悔・反省

	取り返しのつかない気持ち	失望・残念な気持ち	理性的	客観的	前もってする	主観的	独り言的
～てしまった／しまいました／ちゃった	○	○				○	△※
～ば／なければ／なきゃよかった（です）		○				○	△※
～べきだった／べきじゃなかった（です）			○	○			△※
～ておけば／とけばよかった（です）		○			○	○	△※
～んだった／んじゃなかった（です）						○	△※

※普通体の場合

- 「～てしまった／ちゃった」「～ておけば／とけばよかった」は否定形を作りにくいことから、もっぱら肯定表現で「後悔・反省」を表す表現だと言える。
- 他の表現は肯定形・否定形を作りやすい。肯定・否定両面で「後悔・反省」を表すことができる（「～ばよかった⇔～なければよかった」「～べきだった⇔～べきじゃなかった」「～んだった⇔～んじゃなかった」）。
- 主観的か客観的かというとらえ方では、「～べきだった」「～べきじゃなかった」がやや客観的と言える。他はすべて主観的に後悔・反省をしている。

まとめ会話

〈会議の翌日〉
小川：加藤さん、会議で何か言ったの？　林さんが怒ってたよ。
加藤：林さんが怒ってた？
小川：うん。
加藤：そうか、言わ<u>なきゃよかった</u>なあ、あんなこと。

（後悔・反省の気持ち）

小川：何て言ったの？

> 加藤：考えが甘すぎるって。
> 小川：ふーん。
> 加藤：言わないでおけばよかったんだ。　　（後悔・反省の気持ち）
> 　　　でも、あのとき、言っちゃった。（取り返しのつかない気持ち）
> 小川：言わないほうがよかったね。あの人プライド高いから。
> 加藤：そうだね。言うんじゃなかったね。　　（後悔・反省の気持ち）
> 小川：そうね。
> 加藤：うん、言うべきじゃなかったんだよ。　（理性的、客観的反省）
> 　　　どうしよう。

 否定の場合

　2）の会話で取り上げた「後悔・反省」の形はb、cとeはすでに否定になっています。またaは否定にしにくいです。dは次のように否定にできます。

　　d'　やらないでおけばよかったです。

「やらないでおけばよかった（です）」の代わりに「やらなければ／やらなきゃよかった（です）」も使うことができます。

15 感情 4（諦め、過度の感情）

　「感情4」として、ここでは「諦め」表現と、感情や感覚が限界近くに達したときの「過度の感情」表現を取り上げます。1の「諦め」表現としては、「～ざるを得ない」「～ないわけにはいかない」等、2の「過度の感情」表現では、「～てしよう／しょうがない」「～てたまらない」「～てならない」等を見ていきます。

1. 諦め

　まず、話し手が「諦め」の気持ち（しかたがないという気持ち）を伝えたいときの表現を考えましょう。会話1）では、Aの質問に対してBは、いろいろな形で「諦め」を表すことができます。

丁寧体

> 1）A：Bさん、仕事、辞めるんですか。
>
> 　　B：ええ、こういう状況では、
>
> 　　　　a　辞めざるを得ません。
>
> 　　　　b　辞めないわけには {いきません／いかないんです}。
>
> 　　　　c　辞めないでは／辞めずには {すみません／すまないんです}。
>
> 　　　　d　辞めなければならないでしょう。
>
> 　　　　e　辞めたほうがいいでしょう。

> 普通体
>
> 1) A：Bさん、仕事辞めるの？
>   B：うん、こうなったら、f　辞めざるを得ないよ。
>   　　　　　　　　　　　g　辞めないわけにはいかない{よ／んだよ／のよ}。
>   　　　　　　　　　　　h　{辞めないでは／辞めずには}すまない{よ／んだよ／のよ}。
>   　　　　　　　　　　　i　辞めなければならないだろう。
>   　　　　　　　　　　　j　辞めたほうがいいだろう。

説明

丁寧体

　a「〜ざるを得ない」は書き言葉的な表現で、「その他に選択肢がないから、しかたがないから、そのことをする」という意味合いを持ちます。aでは、「自分はまだ辞めたくないが、諸事情で辞める以外に選択肢がない」という意味になります。b「〜ないわけにはいかない」は、常識や社会通念、会社の事情等に照らして、「そうしないのは社会的に筋が通らない、できない」という意味になります（4「義務」1参照）。

　c「〜ないではすまない」（辞めないではすまない）は、書き言葉では「〜ずにはすまない」（辞めずにはすまない）となり、「それをしないと社会的に、また、自分の気持ちがおさまらない、申し訳ない」という気持ちを表します。

　dは義務表現「〜なければならない」を用いて、義務感から「辞める」ことを考えているという意味になります。eは選択肢として「辞める」ことを選び、そのほうがいいと判断しています。その判断の中に「諦め」の気持ちが含まれています。

普通体

　g、hの「〜よ／んだよ／のよ。」で、「〜よ。」は男女、「〜んだよ。」は主に男性（女性も使う）、「〜のよ。」は女性が使用します。

比較のポイント

諦め

	書き言葉的	話し言葉的	硬い言い方	しかたがない	社会的に筋が通らない	申し訳ない	義務感	選択
〜ざるを得ない	○		○	○				
〜ないわけにはいかない	○		○		○	○		
〜ないでは/ずにはすまない	○※		○	△	○	○	○	
〜なければならない			○		○		○	
〜ほうがいい		○						○

※「〜ずにはすまない」の場合

- 人が「諦め」を表現するとき、「諦め」の原因を外的（社会的）なものとして表現するか、内省的に自分の心の問題として表現するかが1つの基準となる。
- 外的な要因から来る「諦め」表現には、「〜ないわけにはいかない」「〜ないでは／ずにはすまない」「〜なければならない」がある。
- 内省的にとらえる「諦め」の表現には「〜ざるを得ない」「〜ほうがいい」がある。「〜ざるを得ない」には「しかたがない、それ以外に方法はない」の気持ちが入る。「〜ほうがいい」は自分自身での選択判断を表す。

まとめ会話

〈会社で〉
役員1：こういう状況では、自社の株を売却し<u>なければならない</u>でしょうね。　　　　　　　　　　　　　　　　（義務的）
役員2：売ら<u>ざるを得ない</u>でしょうね。　　　（しかたがない）
役員1：社員にはどう説明しますか。
役員2：きちんと説明し<u>ないわけにはいかない</u>と思います。
　　　　　　　　　　　　　　　　　　（社会的に筋が通らない）
役員1：もうしばらく黙っていてはどうでしょうか。
役員2：ええ、でも、いずれは、本当のことを説明し<u>ないではすまない</u>ですよ。　　　　　　　　　　　　（社会的におさまらない）

否定の場合

　1）の会話で取り上げた「諦め」の形はa～dはすでに否定になっています。eは次のように否定にできます。

　　e'　（残って）いない／居続けないほうがいいでしょう。

2. 過度の感情

　話し手が、その程度が非常に、また、過度に高いことを伝えたいときの表現を考えます。会話2）では、Aが言った「暑い」に対してBは、いろいろな形で、暑さがもう自分の限界にまで来ていることを表すことができます。

丁寧体

2）A：暑いですねえ。
　　B：ええ、a　暑くて{しかた／しよう／しょう}が{ありません／ないです}。
　　　　　　　b　暑くてたまりません／たまらないです。
　　　　　　　c　暑くてなりません／ならないです。
　　　　　　　d　暑すぎます。
　　　　　　　e　暑いこときわまりないです。
　　　　　　　f　暑いことこのうえありません。

普通体

2）A：暑いねえ。
　　B：うん、g　暑くて{しかた／しょう}がないよ。
　　　　　　　h　暑くてたまらない。
　　　　　　　i　暑すぎるねえ。
　　　　　　　j　暑いこときわまりないねえ。
　　　　　　　k　暑いことこのうえないよ。

 説明

丁寧体

　a〜fはどれも程度が非常に高くて、我慢できないことを表しています。aの「〜てしかたがない」「〜てしようがない」「〜てしょうがない」は、いずれも「克服する、あるいは我慢する方法がない」の意味で、我慢できない気持ちを表します。3表現とも話し言葉ですが、「〜てしょうがない」が一番会話的で、次に「〜てしようがない」「〜てしかたがない」が続きます。

　b「〜てたまらない」は、「ある感情・感覚・欲求を抑えられない」という気持ちの高まりの強い言い方です。主に話し言葉として使われます。aよりは、やや硬い言い方になります。

　c「〜てならない」はやや古めかしい言い方で、書き言葉に用いられることが多く、「そういう気持ちを、また、そう思ったり感じたりするのを禁じ得ない」という意味を表します。

　d〜fは程度が非常に高く、限界まで来ていることを表します。dは通常のあるべき状態を超えていることを「〜すぎる」で表しています。「多すぎる、難しすぎる」のように、「〜すぎる」を用いることで、その状態がマイナスの状態であること、不快であることを表しています。

　eの「きわまりない」は漢字で示すと「極まりない」で、その暑さに極点がない、とどまるところがないほどの状態であることを表し、主に話し手のマイナスの気持ちを表すのに用いられます。(ただし、「ありがたいこときわまりない」「恐れ多いこときわまりない」のように、数は少ないがプラス評価に使う場合もあります。)

　fの「このうえない」は「これ以上ないぐらい(暑い)」という意味ですが、プラスの意味を表すのにも用いられます。(例:美しいことこのうえない。)

普通体

　丁寧体cの「〜てならない」は書き言葉的なので、普通体からは省きました。丁寧体aの「しようがない」は普通体ではgのように「しょうがない」となります。

比較のポイント

過度の感情

	書き言葉的	話し言葉的	硬い言い方	我慢できない	客観的	マイナス評価
〜てしかた/しよう/しょうがない		○		○		
〜てたまらない		○	△	○		
〜てならない	○		○	○		
〜すぎる		○		△	△	○
〜こときわまりない	○		○	○	△	△
〜ことこのうえない	○		○	○	△	

- 「過度」の気持ちを表す言い方は話し言葉に多いが、「〜こときわまりない」「〜ことこのうえない」は書き言葉的である。「〜てならない」、そして程度は落ちるが、「〜てたまらない」もやや硬い言い方である。
- 日常の会話的な言い方としては、「〜てしょうがない」「〜てたまらない」「〜すぎる」がよく使われる。

まとめ会話

〈留学生のリリさんが元気がないので、友人が話を聞いている〉

友達：リリさん、ホームシックにかかっちゃったの？
リリ：ええ、さびしく<u>てしょうがないんです</u>。　　　（話し言葉的）
友達：そっか。それで最近元気ないんだ。
リリ：メールしたり、電話したりしてるんだけど、さびしく<u>てならないんです</u>。　　　（やや硬い言い方）
友達：この部屋に1人なの？
リリ：はい。
友達：そりゃ、さびし<u>すぎる</u>よね。　　　（マイナス評価）
リリ：ええ。
友達：寮の主任にメールしてみたら？　ルームメートを探してくれるかもしれない。

15 感情 4〈諦め、過度の感情〉

リリ：はい、そうします。

＊＊＊

〈メールの文面〉

　○○寮主任　大山様
　305号室のリリ・ブリックです。
　私の部屋にはルームメートがいないので、さびしく<u>てたまりません</u>。
　　　　　　　　　　　　　　　　　　　　　　　　（やや硬い言い方）
　毎日がつらい<u>ことこのうえありません</u>。　　　　（書き言葉的）
　ルームメートを探してくださいませんか。
　よろしくお願いします。
　リリ・ブリック

 否定の場合

　2)の会話で取り上げた「過度の感情表現」の形はd以外すべて否定になっています。dは「暑すぎる」という肯定の形ですが、否定（マイナス）の意味を表しているので、否定になりにくいです。あえて否定にすると、次のようになります。

　　d'　暑すぎるとは言えません。

16 開始、進行中、終了

物事の開始や進行中、また、終了それぞれの時点を話し手がどう表現するかについて見ていきます。

1. 動作の開始直前

話し手が相手に、動作・行為の開始を伝えるときの表現を見ていきましょう。会話1）では、Aの質問に対してBは、いろいろな形で仕事の「開始」を表すことができます。

丁寧体

1）A：例の仕事は？
　　B：a　今からやります。
　　　　b　今からやるところです。
　　　　c　今からやろうと思って（い）たところです。
　　　　d　今からやろうとして（い）たところです。

普通体

1）A：例の仕事は？
　　B：e　今からやるよ。
　　　　f　今からやる｛ところ／ところだよ／ところよ｝。
　　　　g　今からやろうと思って（い）た｛ところ／ところだよ／ところよ｝。
　　　　h　今からやろうとして（い）た｛ところ／ところだよ／ところよ｝。

説明

丁寧体

　a「やります」は、これからやるという開始を表すと同時に、話し手の意志も表しています。「ところ」は「ある広がりを持った位置」のことで、空間的・時間的、また、抽象的な事柄に使われます。bのような「動詞の辞書形＋ところだ」はその動作が今すぐ起こる状況・状態を表します。ここには意志は入っておらず、その状況にあるということのみを説明しています。

　cでは、「思っていた＋ところだ」のように「た」が使われています。「例の仕事は？」と聞かれて、「これから始める」という動作の開始直前を表すために、「今の今までやろうと思っていた」と表現したと考えられます。

　dも「やろうとしていたところだ」のように「〜していた」と「た」を使っています。「今からやる動作の体勢をとっていた」という、動作開始寸前の様子が目に見えるような説明になります。

　c、dについては、人から電話がかかってきたときに、「ああ、今電話しようと思っていた／していたところだ」と言うことが多いですが、本当にそうだったのかは別にして、社交上、また、便宜上（言い訳等を含めて）使われることがよくあります。

普通体

　「〜ところです」は普通体の会話では、男性（女性も含む）なら「〜ところだよ。」に、女性なら「〜ところよ。」になりますが、男女共通の使用として、「です／だ」を省いて、「やるところ。」「思っていたところ。」のように「ところ」で止めることも多く見られます。

比較のポイント

動作の開始直前

	話し手の意志	状況説明	今の今までやろうと思っていた	言い訳が入る	直前の動作
～ます/動詞の辞書形	○				
～(る)ところだ		○		△	○
～(よ)うと思っていたところだ		○	○	○	
～(よ)うとしていたところだ		○		○	○

- 開始直前の状態を描写する表現は、「やります」→「やるところです」→「やろうと思って／していたところです」の順に状況の説明が細かくなる。
- 自分の状況を細かく説明するということは、自分の事情を説明する「言い訳」につながっていく。「遅いね。まだやらないの？」と言われて「やります」「やるところです」より、「やろうと思って／していたところだ」のほうが言い訳がましく聞こえる。

まとめ会話

〈宿題について母子が話している〉
母親：宿題やったの？
子供：うん、今からやる<u>ところ</u>。　　　　　　　（状況説明）
母親：えー！
子供：今やろ<u>うと思ってたところだ</u>よ。　　　（状況説明・言い訳）
母親：またそんなこと言って。
子供：本当だよ。ほら。〈ノートを見せる〉
　　　今からやろ<u>うとしていたところだ</u>よ。　（状況説明・言い訳）
母親：ともかく、さっさとやりなさい。
子供：はーい。今やり<u>まーす</u>。　　　　　　　（話し手の意志）

16 開始、進行中、終了

否定の場合

1)の会話で取り上げた「動作の開始直前」の表現は直前の瞬間を取り上げているので、否定にはなりません。

2．動作の進行中・継続中

話し手が相手に、動作・行為が今進行中・継続中であることを伝えたいときの表現を考えましょう。会話2)では、Aの質問に対してBは、いろいろな形で仕事の「進行中」を表すことができます。

丁寧体

2) A：仕事、終わりましたか。
　B：a　今やって(い)る最中です。
　　　b　今やって(い)る途中です。
　　　c　今やって(い)るところです。
　　　d　今やって(い)ます。
　　　e　今やりつつあります。

普通体

2) A：仕事、終わった？
　B：f　今やって(い)る最中{だよ／よ}。
　　　g　今やって(い)る途中{だよ／よ}。
　　　h　今やって(い)るところ{だよ／よ}。
　　　i　今やって(い)るよ。
　　　j　今やりつつある{んだよ／のよ}。

 説明

丁寧体

動作が進行(継続)していることを表す場合を取り上げます。aでは「最中だ」、bでは「途中だ」、cでは「ところだ」が使われています。三者とも置き換

えが可能ですが、「最中」は時間的に見て「物事が一番盛んなとき（クライマックス）」を指し、「途中」は、物事の完成への道のりを1本の流れと見たとき、流れの中途にいること、「ところ」は「ある広がりを持った位置」を表し、ここでは「そのとき」や「その状況」を指しています。

そのため、aは「今一生懸命やっているから」という気持ち、bは「今仕事は半分ぐらいで、まだ終わっていない」という気持ち、cは「今ちょうど進行中の状況・状態にある」ことを伝えています。

a〜cが状況を細かく説明しているのに対し、dは「〜ている」のみで、やや突き放すように、「あなたは急がせるが、ちゃんとやっている」と説明・主張をしています。

eの「〜つつある」は、単に動作の進行を表すのではなく、「物事に変化が起こって、完成（完了）に向かっている」ことを表します。そのため、完成・完了の意味が含まれていない文脈では使うことができません。

　　？①教室で今ちょうど、子供達は先生の話を聞きつつある。
　　　②入学当初は言うことを聞かなかった子供達も、半年たってだんだん先生の言うことを聞きつつある。

①は単なる動作の進行を表す状況であるため「〜つつある」は不適切になり、②では、「先生の話が聞けること」を完成目的として、現在ちょうどその途上にある状況を描いているので、「〜つつある」が可能になっています。

「〜つつある」は書き言葉的なので、eはやや硬い言い方になります。

> **普通体**

eの「〜つつある」は書き言葉的なので普通体ではあまり使いません。ただし、「〜つつある」は丁寧に進行過程を説明しているという印象を与えます。jのように、書き言葉的表現や古語的表現を普通体の会話で使うと、印象的になったり、強調的になったりします。反対に、古めかしい印象を与え、大げさに聞こえることも多いです。

比較のポイント

動作の進行中・継続中

	物事のクライマックス	まだ終わっていない	進行（継続）中の状況・状態説明	説明・主張	書き言葉的	完成・完了に向かっている
〜ている最中だ	○		○	○		
〜ている途中だ		○	○	○		○
〜ているところだ			○	○		
〜ている			○	○		
〜つつある					○	○

- 進行（継続）中は「〜ている」で表せるが、より細かく表すための表現として「〜ているところだ」がある。また、「ところだ」の代わりに「（〜ている）最中だ」「（〜ている）途中だ」を用いることもある。
- 「〜ているところだ」は全体的な動きを、「〜ている最中だ」は話し手がその真っただ中にいることを、「〜ている途中だ」「〜つつある」は完成・完了までの幅（流れ）に視点を置いて、それがまだ終わっていないことを表す。
- 「開始直前」と同じく、「進行（継続）中」の表現も自分の状況・立場説明、言い訳説明につながることが多い。

まとめ会話

〈家で〉

母親：洋二、ちょっと手伝って。

子供：今勉強してるの。　　　　　　　　　（進行中の説明・主張）

母親：ちょっとだけだから。

子供：今問題解いてる最中なの。　　　　　（クライマックス）

母親：すぐ終わるから。

子供：今方程式を解いているところだよ。（進行中の状況・状態説明）
　　　1番の問題を解いている途中なの。（流れの中での状況・状態説明）

母親：もう……。

> 子供：〈おどけて〉あ、解けつつあります。（描写的説明、書き言葉的）
> 　　　　はい。できました！

 否定の場合

　2)の会話で取り上げた「動作の進行中・継続中」の表現はその最中を取り上げているので、否定にはなりません。

3. 動作の終了・完了

　話し手が相手に、動作・行為の終了を伝えたいときの表現を考えましょう。会話3)では、Aの質問に対してBは、いろいろな形で仕事の「終了・完了」を表すことができます。

【丁寧体】
> 3)A：例の仕事は？
> 　B：a　さっき終わったところです。
> 　　　b　さっき終わったばかりです。
> 　　　c　さっき終わりました。

【普通体】
> 3)A：例の仕事は？
> 　B：d　さっき終わった{ところ／ところだよ／ところよ}。
> 　　　e　さっき終わった{ばかり／ばかりだよ／ばかりよ}。
> 　　　f　さっき終わったよ。

16　開始、進行中、終了

 説明

> 丁寧体

　終了・完了を表す場合には「〜(た)ところだ」が使われます。aはそういう状況・状態にあることを告げています。bの「〜(た)ばかりだ」も「〜(た)ところだ」とほとんど同じ意味を持ちます。ただし、「ばかり」は話し手の気持ちを表す取り立て助詞なので、「〜(た)ところだ」と比べて、「終了・完了してまだ時間がたっていない」という話し手の気持ちが強く入ります。時間がたっていないから、「自分には余裕がない、相手の要求に応じられない」というような意味合いが出てきます。例えば、「ケーキをどうぞ」と勧められて、「今昼ご飯を食べたばかりです」と言えば、「おなかがいっぱいで、ケーキは食べられない」という断りになってきます。

　cの過去を表す「〜た」は、基本的には過去に仕事が終わったという事実を伝えています。

　「〜(た)ところだ」と「〜(た)ばかりだ」の違いとして、過去を表す「時の副詞」の使い分けがあります。「〜(た)ところだ」は「今」「さっき」のように、時間がたっていないことを表す副詞は使えますが、「きのう」「先週」など明らかに過去を表すものといっしょには使いにくくなります。「〜(た)ばかりだ」はどちらにも使うことができます。

> 普通体

　「〜(た)ばかりだ」も「〜(た)ところだ」と同じく、「〜(た)ばかりだよ。」は主に男性(女性も使う)、「〜(た)ばかりよ。」は女性、「〜(た)ばかり。」は男女ともに使います。

比較のポイント

動作の終了・完了

	話し手の気持ちを表す	まだ時間がたっていない	余裕がない	単に動作の終わったことを伝える	過去の副詞（「今」「さっき」以外は使える）
〜(た)ところだ	△	○			
〜(た)ばかりだ	○	○	○		○
〜た				○	○

- 「〜た」は過去に行為・事態が実現したこと（事実）を相手に伝え、「〜(た)ところだ」は実現した瞬間をとらえている。
- 「〜(た)ばかりだ」は行為・事態が実現して、あまり時間がたっていないことを表す。時間がたっていないために、次の行為・事態にスムーズに移れない状況につながることが多い。

まとめ会話

〈会社で〉
上司：いつ戻ったの？
部下：さっき戻ったところです。　　　　　（完了の状況・状態説明）
上司：さっきって？
部下：1時間ほど前に戻りました。　　　　（過去の事実を伝える）
上司：あ、そう。
　　　戻ったばかりで悪いんだけど、これお願いしたいんだが。
　　　　　　　　　　　　　　　　　　　　（まだ時間がたっていない）
部下：……はい、わかりました。

 否定の場合

　3）の会話で取り上げた「動作の終了・完了」の表現は直後の瞬間を問題にしているので、否定にはなりません。

17 変化

　ここでは、物事が変化する状況を、話し手がどうとらえ表現するかの「変化表現」を取り上げます。1では「なる」を中心に「〜てくる・〜ていく・〜つつある」について、2では「自動詞・〜ようになる・〜化（する）・〜まる」、3では「〜一方だ」「〜ばかりだ」「〜だけだ」等の変化を表す表現を見てみます。

1. なる・〜てくる・〜ていく等

　変化の表現1として、「なる」を中心に、「なる」を使った形で「〜てくる」「〜ていく」等の表現を見ていきましょう。会話1）では、Aの質問に対してBは、いろいろな形で「変化」について表すことができます。

丁寧体

　1）A：今、男性の女性化が目立って（い）ますね。
　　B：ええ、a　男性が女性っぽくなりましたね。
　　　　　　b　男性がだんだん女性っぽくなって（い）ますね。
　　　　　　c　男性がだんだん女性っぽくなってきましたね。
　　　　　　d　男性がだんだん女性っぽくなっていきますね。
　　　　　　e　男性がだんだん女性っぽくなってきて（い）ますね。
　　　　　　f　男性がだんだん女性っぽくなっていって（い）ますね。
　　　　　　g　男性が女性っぽくなりつつありますね。

> 普通体
>
> 1）A：今、男性の女性化が目立って（い）るね。
> 　　B：うん、h 男性が女性っぽくなったね。
> 　　　　　i 男性がだんだん女性っぽくなって（い）るね。
> 　　　　　j 男性がだんだん女性っぽくなってきたね。
> 　　　　　k 男性がだんだん女性っぽくなって（い）くね。
> 　　　　　l 男性がだんだん女性っぽくなってきて（い）るね。
> 　　　　　m 男性がだんだん女性っぽくなって（い）って（い）るね。
> 　　　　　n 男性が女性っぽくなりつつあるね。

> 丁寧体

　会話1）ではa～gに、変化動詞の代表である「なる」が使われています。「なる」の代わりに他の変化動詞（増える、減る、変わる、上がる、下がる等）を使うこともできます。

　aは「～ぽい」という接尾辞が「なった」と結び付いたもので、変化がある状態に到達したことを表しています。「～ぽい」は「そういう性質を帯びている」という意味を表します（忘れっぽい、白っぽい、子供っぽい、水っぽい等）。bは「なる＋ている」の形で、変化してそういう状態にあることを表現しています。

　c、dでは「なる」に「てくる」と「ていく」がつながっています。c「～てくる」は、そのような現象が実際に起こり始めたことを、話し手が実感としてとらえていることを表します。d「～ていく」は客観的に、やや他人事的に、そのような現象が将来的にも継続していくことをとらえています。

　e、fは、c「なってくる」d「なっていく」の後ろに「ている」が付いた形で、変化の状態が進行中、継続中であることを表しています。

　変化の表現は、aのように「なる」だけでも表すことができますが、e「なる＋てくる＋ている」（なってきている）、f「なる＋ていく＋ている」（なっていっている）のように複合的に変化の表現が組み合わさったものは、変化の状況をきめ細かく表すことができます。

gは書き言葉的な「〜つつある」を使って、変化そのものが完成・実現の途上にある、完成・実現に向かっているということを表しています。

変化を表す動詞は自動詞に多く、「なる」以外にも次のようなものが見られます。「変わる、つく、消える、こわれる、決まる、治る／直る、止まる、倒れる、折れる、始まる、終わる」等。

普通体

「〜ている」の「い」が、特に話し言葉では落ちやすいことは前に述べましたが、変化を表す「〜ていく」の「い」も会話では落ちやすくなります。kは「なってく」に、また、mは「なってってる」になることが多いです。(ただし、丁寧体dの「〜ていきます」は、「〜てきます」と混乱するため「い」が省略されません。)

nは普通体の会話であるのに書き言葉「〜つつある」をあえて使って、変化の状況を強調的に述べています。

比較のポイント

なる・〜てくる・〜ていく等

	実感としてとらえる	客観的にとらえる	状態を表す	変化が起こる/起こった	変化が進んでいる	書き言葉的	強調的
なる			○				
〜てくる	○		○	○			
〜ていく		○	○	○			
〜てきている	○		○		○		
〜ていっている		○	○		○		
〜つつある				○	○	○	○

● 「変化」は「なる」単独でも表せる。しかし、他の「変化」を表す表現と組み合わせて、より細かく、描写的に、実感的に表現することができる。

● 使用頻度の高い表現は、「〜てきている」(なってきている) である。「なって」と「きて」は変化を、「いる」はその状態が継続していることを表す。

> まとめ会話

〈AとBがカメラの話をしている〉
A：カメラが小さくなりましたね。
B：そうですね。小さく、軽く<u>なってきています</u>ね。
　　　　　　　　　　　　　　　　　（進行中、実感としてとらえる）
A：写真が撮りやすく<u>なっています</u>ね。　　　　　　（状態）
B：そうですね。一方で、高級で大きいカメラも売れてるみたいですよ。
A：ああ、プロとかマニアの人が使う……。
B：性能がどんどんよく<u>なっていってる</u>みたいですよ。
　　　　　　　　　　　　　　　　　（進行中、客観的、将来的）
A：両極化し<u>つつある</u>んでしょうね。　　　（書き言葉的）
B：アマチュアのカメラマンも多く<u>なってきました</u>。（実感）
A：これからも増え<u>ていく</u>んでしょうね。　（客観的、将来的）

 否定の場合

　ここでは、「なる」「なってくる」「なっていく」「なってきている」「なりつつある」等の否定表現を考えてみましょう。会話1）の「男性が女性っぽくなる」を使って考えましょう。（普通体で示します。）

　a'　男性が女性っぽくなった。→男性は女性っぽくなっていない。
　b'　男性が女性っぽくなっている。→男性は女性っぽくなっていない。
　c'　男性が女性っぽくなってきた。→男性は女性っぽくなってきていない。
　d'　男性が女性っぽくなっていく。→男性は女性っぽくなっていかない。
　e'　男性が女性っぽくなってきている。→男性は女性っぽくなってきていない。
　f'　男性が女性っぽくなっていっている。
　　　　　　　　　　　→男性は女性っぽくなっていっていない。
　g'　男性が女性っぽくなりつつある。→？男性は女性っぽくなりつつはない。

a'とb'、c'とe'は否定の形では同じ表現になります。g'「～つつある」は否定にすると、不自然な文になります。

2. 自動詞・～ようになる・～化（する）・～まる

変化の表現2として、「自動詞」「～ようになる」「～化（する）」「～まる」について考えてみましょう。会話2）では、AとBが住んでいる町のことを話しています。

丁寧体

2）A：この町も変わりましたね。
　　B：ええ、a　人口がかなり増えました。
　　　　　　b　会社が増えて、若い人達も働けるようになりました。
　　　　　　c　町全体が近代化して（い）ます。
　　　　　　d　住民の不満が高まって（い）ます。
　　A：本当ですね。

普通体

2）A：この町も変わったね。
　　B：うん、e　人口がかなり増えたね。
　　　　　　f　会社が増えて、若い人達も働けるようになったね。
　　　　　　g　町全体が近代化して（い）るね。
　　　　　　h　住民の不満が高まって（い）るみたい。
　　A：ホントにそう｛だよ／よ｝ね。

 説明

丁寧体

　aは変化の自動詞「増える」を使っています。他動詞が動作や働きかけを表すのに対し、自動詞（特に変化動詞）は変化や、変化による結果の状態を表します。
　bのように、「なる」が動詞と結び付いたときには「～ようになる」（例:行

くようになる、わかるようになる）が使われます。時間をかけて変化が起こってきた様子を表しています。

　cの「〜化」には「形や性質が変わること、変えること」の意味があるので、「近代化」は「近代的に変わること」の意味になります。動詞として用いられるときは「近代化する」「文明化する」のように「する」が付きます。

　池上（2000）は「化」の付いた表現は「抽象的・総合的な変化を表し、一過性の出来事は表しにくい」と述べています。さらに、「化」が付く語には、以下のような傾向があると言っています。

- 原則として名詞に付くが、ナ形容詞（自由だ、複雑だ）が来ることもある。
- 「〜化」は客観的な属性（そのものに備わっている固有の性質・特徴）の変化を表すため、主観的な感情や評価、ニュアンスを伴う語には付きにくい（？不潔化、？無理化）。そのため、「化」の付いた表現も客観的になると言える。

　「〜化」が付く語は限られ、「近代、民主、都市、機械、自由、実用」のような語に付きます。

　dの「〜まる」は、主にイ形容詞に付いて「そのような状態になる」という変化を表します。「形容詞＋なる」より抽象的な意味合いを持ちます。

```
高い→高くなる：背が高くなる、値段が高くなる
    高まる　　：人気が高まる、関心が高まる
広い→広くなる：面積が広くなる
    広まる　　：噂が広まる、仏教が広まる
```

ナ形容詞の例はあまりありませんが、次はその少ないものの1つです。

```
静かだ→静かになる：先生が怒ったので、教室が静かになった。
    静まる　　　：家の中はシーンと静まり返っていた。
```

17
変化

147

比較のポイント

自動詞・〜ようになる・〜化(する)・〜まる

	変化・結果の状態重視	時間をかけて起こる変化	形・性質の変化	客観的	抽象的
自動詞	○				
〜ようになる		○			
〜化(する)			○	○	○
〜まる				○	○

- 変化を表すには自動詞(変化動詞)だけでもいいが、よりきめ細かく表現するために、「〜ようになる」「〜化(する)」「〜まる」等、いくつかの方法がある。
- 「〜化(する)」はよりまとまりのある、客観的な表現を目指し、「〜まる」は柔らかい表現ではあるが、「元となる形容詞+なる」より抽象的な意味合いを持つ。
- 「〜化(する)」「〜まる」は、すべての形容詞や名詞と結び付くのではなく、結び付く語や表現に制限がある。

まとめ会話

〈村人が熊について話している〉

村人A:この村にも熊が下りてくる<u>ようになった</u>。
(時間をかけて起こってきた変化)

村人B:そうだね。山の食べ物が<u>減った</u>らしいよ。 (変化による結果)

村人A:熊は食べ物がなくて、どんどん<u>凶暴化している</u>ようだ。
(形・性質の変化)

村人B:村人の不安が<u>高まっている</u>ね。 (状態の変化)

村人A:そうだね。熊に襲われる危険性も増えてきている。

村人B:猟師に頼めば?

村人A:猟師も<u>高齢化して</u>、人があまりいないようだよ。
(形・性質の変化)

否定の場合

「自動詞・〜ようになる・〜化(する)・〜まる」の否定の形は次のようになります。(普通体で示します。)

a'　人口が増えた。→人口が増えない／増えていない／増えないでいる。
b'　若い人達が働けるようになった。→若い人達が働けないようになった。
c'　町全体が近代化している。→町全体が近代化していない。
d'　住民の不満が高まっている。→住民の不満は高まっていない。

　a'で、肯定の「人口が増えた」は実現・完了を表しますが、否定の形は、1つの現象としてとらえた場合は「増えない」、未実現・未完了としてとらえた場合は「増えていない」または「増えないでいる」を使います。
　b'「〜ないようになる」は「〜なくなる」と言うこともできます。

b"　不景気で社員募集が減って、若い人達が働けなくなった。

「〜ないようになる」は時間をかけて変化の過程に視点を置き、「〜なくなる」は結果を重視した言い方です。

3. 急速な変化・一方的な変化

変化の表現3として、急速な、また、一方的な変化を表す「〜一方だ」「〜ばかりだ」「〜だけだ」「〜しかない」「〜の一途をたどっている」等の表現を見ていきます。Aの質問に対してBは、いろいろな形で「急速な変化」について表すことができます。

丁寧体

3) A：市の人口はどうですか。
　B：ええ、a 減っていく一方です。
　　　　　b 減っていくばかりです。
　　　　　c 減っていくだけです。
　　　　　d 減っていくしかないんです。
　　　　　e 減少の一途をたどって(い)ます。

普通体

3) A：これからの市の人口はどうなっていくの？
　B：うん、f 減っていく一方{だよ／よ}。
　　　　　g 減っていくばかり{だよ／よ}。
　　　　　h 減っていくだけ{だよ／よ}。
　　　　　i 減っていくしかない{んだよ／のよ}。
　　　　　j 減少の一途をたどって(い)るよ。

説明

丁寧体

a〜eとも、その変化がどんどん程度を増していく様子を描いています。a「〜一方だ」は、人の予想や期待に反して、変化が急速に進んでいくことを表します。プラス事態にもマイナス事態にも用いられますが、「人の予想・期待に反する」という意味合いを持つため、マイナス事態を表すことが多いと言えます。

bは、動詞の辞書形の後ろに取り立て助詞「ばかり」が付いて、「それしかない」というマイナスの気持ちを表します。「〜一方だ」も「〜ばかりだ」もマイナス評価の気持ちを表しますが、両者を比べると、「〜一方だ」のほうがより客観的・説明的で、「ばかりだ」は主観的になります。

　「ばかり」と同じく取り立て助詞「だけ」と「しか」を用いて表したものがcとdです。限度・限定を表すcの「だけだ」は「それ以外にない」、ここでは「人口は減る以外にない」ということを客観的、中立的に語っています。一方、d「〜しかない」は他に方法がないという残念な気持ちを滲（にじ）ませています。

　e「〜の一途をたどっている」はa「〜一方だ」と同じ意味を持ちますが、変化する状況を「一筋の道」として描き、それがどんどん進んでいる様子を描写的に伝えています。書き言葉的な表現であるため、前に来る言葉も「減少（する）・増加（する）・発展（する）」のような漢語の名詞が来て、「漢語名詞＋の一途をたどっている」の形になることが多いです。

17
変化

▶ 普通体 ◀

　j「市の人口は減少の一途をたどって（い）る」は、普通体の会話ではもう少し省略して、「市の人口は減少の一途だ（よ）」と言うこともできます。

⚖ 比較のポイント

急速な変化・一方的な変化

	もっぱら一つの方向に	中立的	マイナスの事柄が多い	残念な気持ち	硬い言い方	描写的
〜一方だ	○	△	△	△	△	○
〜ばかりだ			○	○	○	
〜だけだ		△	△			
〜しかない			○	○		
〜の一途をたどっている	○	○			○	○

● 変化がどんどん増していく表現には、中立的な表現とマイナス評価のものがある。前者は「〜の一途をたどっている」、後者は「〜ばかりだ」「〜しかない」。「〜一方だ」は中立的ではあるが、マイナス事態を表すことが多い。

● 「だけ」は、「君だけを愛している」のように、必ずしも否定的な（マイナスの）意味合いを持つとは限らないが、「限度・限定」を表すため、マイナスの意味合いになることが多い。

まとめ会話

〈テレビのニュースを見ながら〉

A：X国とY国の関係は悪化の<u>一途をたどっている</u>ね。

（客観的、書き言葉的）

B：そう。利害が絡んでいるから、関係は悪化する<u>ばかり</u>だね。

（残念な気持ち）

A：輸出や輸入の量も減る<u>一方</u>だし。　　　　　　（客観的）

B：今後どうなるんだろう。

A：国民も互いに疎遠になっていく<u>しかない</u>のだろうか。（残念な気持ち）

B：それは努力次第だよね。

努力をしないと、関係が悪化する<u>だけだ</u>からね。　（限定、客観的）

18 経験

　ここでは、自分自身、または他者の「経験」を表す表現を取り上げます。1では「普通の経験」について、2では「珍しい経験」について表現がどう変わるかを見てみましょう。

1. 普通の経験

　まず、世間一般にある、普通の経験をしたときの表現を考えましょう。会話1）では、Aの質問に対していろいろな形で「普通の経験」について表すことができます。

丁寧体

1）A：すき焼きを食べたことがありますか。
　　B：ええ、a　2、3回食べたことがあります。
　　　　　　 b　2、3回食べました。
　　　　　　 c　2、3回食べて（い）ます。
　　　　　　 d　2、3回食べてみました。
　　　　　　 e　2、3回食べた経験があります。
　　　　　　 f　2、3回あります。

普通体

1）A：すき焼きを食べたこと（が）ある？
　　B：うん、g　2、3回食べたこと（が）あるよ。
　　　　　　　 h　2、3回食べたよ。
　　　　　　　 i　2、3回食べて（い）るよ。
　　　　　　　 j　2、3回食べてみたよ。
　　　　　　　 k　2、3回食べた経験があるよ。
　　　　　　　 l　2、3回あるよ。

 説明

[丁寧体]

　会話1）は、「すき焼きを食べる」という、比較的世間一般にある「経験」を話題にしたものです。「経験」とは、単に物事をしたというだけでなく、その人自身がその事柄を1つの体験として自覚している必要があります。ここでは、「体験」と「経験」を次のように区別します。

　体験：実際に自分の身をもってやってみること。
　経験：単に物事をしたというだけでなく、1つの体験として自覚していること。知識や技術を身に付ける場合が多い。

　「すき焼きを食べたことがあるか」と聞かれて、aのように「～ことがある」で答えているのは、「すき焼きを食べたこと」を何らかの新しい「経験」としてとらえ、「自分は新しい経験をしたんだよ」という「人に伝えたい気持ち」が含まれています。
　一方、bのように単に「食べました」と答えると、過去の事実を述べているだけになります。
　cは「～ている」を使って経験を表しています。「夏目漱石はイギリスに留学している」は「留学したことがある」という意味ですが、「過去にそのような経歴がある」「そういう経歴の持ち主だ」ということを伝えています。「～ことがある」に自分の経験を人に報告したいという意味合いが入るのに対し、「～ている」にはそのような報告の意味合いは薄く、その人はすでにそういう経験・経歴の持ち主だということを述べていると考えられます。
　dは「～てみる」があるので、自分で試してみたというニュアンスが入り、「経験」というより単なる「体験」に近い意味合いを持ちます。
　eは文字通り「経験」という語を使っています。「～ことがある」を使って答えれば済むところを、わざわざ「経験がある」という語で言い直しており、単なる体験ではなく、体験を通して知識や技術として身に付けた貴重な「経験」

を取り立て、問題にしていると考えられます。

fは経験の回数のみ答えています。文脈上混乱のないときは、このような言い方もよく使われます。

> **普通体**

経験を表す「〜ことがある」は、くだけた会話ではg「食べたことある」のように「が」を省くことが多いです。一方、k「〜経験がある」は「〜ことがある」ほどには成句化していないため「が」は省略されにくくなります。

2. 珍しい経験

経験の表現2として、珍しい経験をしたときの表現を考えます。1の「普通の経験」と、表現に違いがあるのでしょうか。会話2）では、Aの質問に対してBは、いろいろな形で「珍しい経験」について表すことができます。

> **丁寧体**
>
> 2）A：バンジージャンプをやったことがありますか。
> 　　B：ええ、a　1回やったことがあります。
> 　　　　　　b　1回やりました。
> 　　　　　　c　1回やって（い）ます。
> 　　　　　　d　1回やってみました。
> 　　　　　　e　1回やった経験があります。
> 　　　　　　f　1回あります。

> **普通体**
>
> 2）A：バンジージャンプをやったこと（が）ある？
> 　　B：うん、g　1回やったこと（が）あるよ。
> 　　　　　　h　1回やったよ。
> 　　　　　　i　1回やって（い）るよ。
> 　　　　　　j　1回やってみたよ。
> 　　　　　　k　1回やった経験があるよ。
> 　　　　　　l　1回あるよ。

18

経験

説明

丁寧体

　会話2）は、バンジージャンプという、あまり多くの人が経験したことのない経験についての会話です。

　a、bは1の「普通の経験」と同じように答えることができます。

　「～ている」を使ったcも使えないことはありませんが、ややしっくりしない表現に感じられます。「～ている」が、その人の経験・経歴に重点を置くため、「珍しい経験」を相手に報告する働きとは結び付きにくいと思われます。

　dの「～てみる」は挑戦したというニュアンスが伝わります。eの「経験がある」という言い方も、忘れられない体験には、よりふさわしい表現になっています。

　fは経験の回数のみ答えています。文脈上混乱のないときは、このような言い方もよく使われます。

比較のポイント

普通の経験、珍しい経験

	相手に経験を伝えたい	過去の事実を述べているだけ	その人の経歴や特徴を表す	ちょっと試す	忘れられない体験にふさわしい
～(た)ことがある	○				○
～た		○			
～ている			○		
～てみた				○	
～(た)経験がある	○				○

- 「～(た)ことがある」は、経験したことを新しい経験としてとらえ、それを相手に伝えたいという気持ちが入る。
- 「～てみた」も体験的という点で「～(た)ことがある」と似ているが、もっと軽く、「試みる」というニュアンスが入る。
- 経験を述べる表現として、取り立てて強調しない場合は、単に「～た」も使われる。
- 「～ている」は経験というよりその人の経歴・特徴を表す。「～(た)ことがある」が持つ、新しい経験の報告というような意味合いは薄い。

まとめ会話

〈友達同士がホテルについて話している〉

A：オットホテルへ行ったことある？　　　　　（経験について質問）
B：うん、人との待ち合わせで2、3度行ってるよ。　（経験・経歴）
A：レストランで食事したことある？　　　　　（経験について質問）
B：うん、そのときランチを食べたよ。　　　　　（過去の事実）
A：どうだった？
B：おいしかったよ。値段もそこそこだし。
A：ふーん、泊まったことは？
B：泊まった経験はないんだ。　　　　　　　　　（貴重な経験）
A：僕も1度泊まってみたいと思っているんだけど。（体験）

 否定の場合

「～ことがある」「～ている」「～経験がある」の丁寧体・普通体の否定表現は次のようになります。

①a'　（まだ）食べたこと｛が／は｝ありません／ない。
　b'　（まだ）食べていません／いない。
　e'　（まだ）食べた経験｛が／は｝ありません／ない。

「～ことがない」と「～ことはない」は、多くの場合、置き換えが可能です。「～ことがない」が積極的に経験のないことを伝えている（訴えている）のに対し、「～ことはない」は何かと比較する、対比的文脈の中で用いられることが多いようです。

②A：バンジージャンプをしたことがありますか。
　B：a　いえ、したことがありません。ぜひやってみたいです。
　　　b　いえ、見たことはありますが、実際にはしたことはありません。

19 受身

「女が男を殴った」「男が女に殴られた」の2文は、意味的には同じことを言っていますが、前者は「女」に、後者は「男」に焦点が当たっていると説明されます。ここでは具体的な状況の中で、「受身文」がどのように使われているのかを見ていきましょう。1では「被害の受身」について3種類の状況を、2では「自動詞の受身」、3では被害の意味合いの入らない「中立受身」を取り上げます。

1-1. 被害の受身1

「被害の受身」について3種類の状況について取り上げます。次の会話1)では、兄弟が母親に何かを訴えています。誰が被害を受けたのでしょうか。

> 普通体
>
> 1)〈子供が訴える〉
> 　洋二：ママ〜、a　お兄ちゃんに殴られた。
> 　　　　　　　　　b　お兄ちゃんが殴った。
> 　母親：まあ、かわいそうに。
> 　　　　〈兄に〉健太、なんで殴ったの？
> 　健太：だって、洋二が邪魔するんだもん。

説明

普通体

　受身は基本的には、「どういう被害を受け」て、「どういう結果が起きたか」を伝えたいときに用いられます。会話1)で、洋二はaの「お兄ちゃんに殴られた」と言うことによって、その結果起こった痛みや理不尽さを母親に訴えています。「お兄ちゃんに殴られた」と言うことで、「痛いよ」「僕、何もして

ないのに」と、自分自身が被害者であることを訴えています。

一方、bの「お兄ちゃんが殴った」は殴ったのがお兄ちゃんであること、お兄ちゃんに罰を与えてほしいことを訴えています。つまり、「誰が殴るという行為をしたか」に焦点が置かれています。

話し手（洋二）が、「痛い」という結果を重視するか、「兄が殴った」という行為を重視するかで、a、bどちらを選ぶかが決まってきます。

1-2. 被害の受身2

被害の受身2は、基本的には1と同じ受身です。状況として、次の会話2）では、被害を与えたのが「蚊」になっています。

> **普通体**
> 2）〈子供の顔を見て〉
> 　母親：あら、ほっぺが赤いよ。どうしたの。
> 　洋二：かゆいよ～。
> 　母親：ああ、a　蚊に刺されたのね。
> 　　　　　　　b　蚊が刺したのね。
> 　　　　お薬塗ってあげるね。

普通体

会話2）では蚊に刺されて頬が赤くなったという結果が問題になっています。会話1）では、「兄が殴った」ということが大きな問題になりますが、会話2）の「蚊に刺された」場合は、「誰が刺した」より「頬が赤くなった」という被害が問題となります。そのため、aがよく使われます。

1-3. 被害の受身3

被害の受身3は基本的には1と同じ受身です。状況として、次の会話3）では、「嫌う」という感情動詞が受身になっています。

> 普通体
>
> 3)〈悠真はいじめられっ子〉
> 　母親：なぜいじめられて黙って（い）るの？
> 　悠真：〈何も言わず、ただ泣いている〉
> 　母親：なぜ殴られて仕返ししないの？
> 　悠真：……だって、みんなに嫌われたくないもん。

 説明

> 普通体

　会話3）は、いじめられている子供とその母親の会話です。「いじめ」の内容は「殴られる」ことのようです。いじめるのは誰か、そして、殴るのは誰かははっきりわかりませんが、たぶん学校の友達でしょう。ここでは、悠真の仕返しをしない理由が重要です。今の子供達は友達に「嫌われたくない、無視されたくない」ために、「いじめられる」ことを我慢するケースが多いようです。ここでは、「嫌う」という感情を表す動詞が受身（嫌われたくない）になって、被害を受け、苦しんでいる悠真の気持ちを表しています。

比較のポイント

被害の受身1～3

	被害者に焦点	結果重視	被害を訴える	行為者重視	行為に焦点	被害の気持ちが入る
受身文	○	○	○		○	
普通文（能動文）			△	○	○	

- 受身文は被害者に焦点が当たり、結果を重視する文である。一方、能動文は行為者に焦点が当たり、行為を重視する文である。
- 結果（ひどい目に遭った、けがをした、痛い、悲しい等）を言いたいときは、受身文が使われやすい。
- 行為者が誰かをはっきり言いたいときには、能動文を用いることが多い。

否定の場合

被害受身の否定表現を考えてみましょう。

「～(ら)れる」の否定の形は「～(ら)れない」になります。会話1)の「(僕は)お兄ちゃんに殴られた」の否定は「(僕は)お兄ちゃんに殴られなかった」になります。また、「殴られないようにしよう」「僕は強いから、絶対殴られない」のように表現することができます。

会話2)の「蚊に刺された」の否定表現は、「ゆうべは蚊に刺されなかった」「蚊に刺されていない」「蚊に刺されないように、気をつけよう」等になります。会話3)の「嫌われる」の否定形「嫌われない」は、「人に嫌われないようにしよう」「大丈夫だ。彼女にはまだ嫌われていない」のように使われます。

2. 自動詞の受身

「自動詞の受身」は「被害」を表すので、「被害の受身」に含まれますが、ここでは区別するために、「2.自動詞の受身」として独立させて取り上げます。次の4)では、きのうAが帰宅したときのことを話しています。Aは傘を持っていなかったようです。

丁寧体

4) A：きのうは大変でした。
   B：どうしたんですか。
   A：a　帰宅途中、雨が降って……。
   　　b　帰宅途中、雨に降られて……。
   B：傘を持って(い)なかったんですか。
   A：そうなんですよ。

> 普通体
>
> 4）A：きのうは大変だった {よ／のよ}。
> 　B：どうしたの？
> 　A：c　帰宅途中、雨が降って……。
> 　　　d　帰宅途中、雨に降られて……。
> 　B：傘を持って(い)なかったの？
> 　A：そう {なんだよ／なのよ}。

 説明

丁寧体

　会話1）で説明したように、受身は「どういう被害を受け」て、「どういう結果が起きたか」を伝えたいときに用いられます。日本語では、ほとんどの動詞を受身にすることができます（例外：ある、いる、要る、他に「開く－開ける」「つく－つける」のように自他がペアになっている相対自他動詞の自動詞（開く、つく、消える、閉まる、決まる、治る／直る、変わる等））。

　会話4）では「(雨が)降る」という自然現象を取り上げていますが、その場合でも、「どういう被害を受け」て、「どういう結果が起きたか」を伝えたい場合は、受身が用いられることがあります。受身使用の場合は結果が重視されるので、bの「雨に降られて」は、「雨が降って洋服がぬれた」といった結果を示唆することが多いです。一方、a「雨が降って」は単に雨が降ったことだけを述べているので、洋服がぬれたかどうかはわかりません。

　自動詞の受身にはこの他に次のような例があります。

　①a　電車の中で子供が泣いて困った。
　　b　電車の中で子供に泣かれて困った。
　②a　夜、友達が来て、宿題ができなかった。
　　b　夜、友達に来られて、宿題ができなかった。

普通体

　丁寧体にも普通体にも、「帰宅途中、雨が降って……」「帰宅途中、雨に降

られて……」という述語の省略が見られます。日本語ではこのように文末を省略することが多く、ここでは「大変だった」ということが省略されています。日本人は自分の事情や気持ちを細々と説明しないのが相手に対する礼儀や配慮と考えるためです。また日本の社会には、相手の状況を察するという文化があり、省略しても、相手に察してもらえると考えているためとも言えます。

⚖ 比較のポイント

自動詞の受身

	被害者に焦点	結果重視	被害を嘆く	簡潔	日本語的な表現
受身文	○	○	○		○
普通文（能動文）				○	

- 自動詞の受身は英語などに翻訳できない場合が多い。日本語独自の表現法とも言える。
- 自動詞を受身にしないで能動文のままでも使える。しかし、能動文では、受身文に込められた困った状況や気持ちは伝わりにくい。

まとめ会話（被害の受身をまとめて）

〈Aが空き巣に入られたことを、友人のBに話している〉

Ａ：きのう空き巣に<u>入られ</u>ちゃった。　　　　　　　　　（被害・迷惑）

Ｂ：えっ。

Ａ：庭から入ってきたみたいで、ガラスが<u>割られて</u>……。（被害・迷惑）

Ｂ：〈驚いて何も言えない様子〉

Ａ：鍵を<u>開けられて</u>……。　　　　　　　　　　　　　　（被害・迷惑）

Ｂ：何か<u>盗られた</u>の？　　　　　　　　　　　　　　　　（被害・迷惑）

Ａ：うん、引き出しに入れていた2万円と、それから……。

Ｂ：それから？

Ａ：タンスの中の下着……。

Ｂ：警察に知らせた？

19
受身

A：うん、でも、何か気持ちが悪くて……。
B：ほんとだね。

 否定の場合

　受身表現は、主に話し手が被害や迷惑を受けて、それを他者に訴えるために用いられます。したがって、受身の否定表現は使われる頻度は低くなると考えられます。「雨に降られた」「電車の中で子供に泣かれて困った」のような自動詞の受身の否定は「雨に降られなかった。ああ、よかった」「子供に泣かれなくてほっとした」のように、被害を受けなくてよかったという意味合いになることが多いと考えられます。

3. 中立受身

　今までは「どういう被害を受け」て、「どういう結果が起きたか」を表す受身について考えてきました。ここでは、「被害」の意味合いが入らない受身（中立受身）について考えます。会話5）は、知人同士のAとBが山の上のマンションについて話しています。

丁寧体

5）A：a　このマンションはいつごろ建てられた{の／ん}ですか。
　　　　b　このマンションはいつごろ建った{の／ん}ですか。
　　B：10年前です。
　　A：c　どうしてこんな山の上に建てられた{の／ん}でしょうか。
　　　　d　どうしてこんな山の上に建った{の／ん}でしょうか。
　　　　e　どうしてこんな山の上に建てた{の／ん}でしょうか。
　　B：やっぱり、見晴らしがいいからじゃないでしょうか。

> 普通体
>
> 5）A：f　このマンションはいつごろ建てられたの？
> 　　　　g　このマンションはいつごろ建ったの？
> 　B：10年前。
> 　A：h　どうしてこんな山の上に建てられたのかな。
> 　　　　i　どうしてこんな山の上に建ったのかな。
> 　　　　j　どうしてこんな山の上に建てたのかな。
> 　B：やっぱり、見晴らしがいいからじゃない？

> 丁寧体

　会話5）では、「マンション」という無生物が主語になって受身が使われています。無生物の受身を使うと、書き言葉的で、より専門的な表現・説明になります。英語でもThey consider that～をIt is considered that～とすると、専門的、解説的な表現になるようです。

　最初のa「～が／は＋受身」とb「～が／は＋自動詞」は、意味的な違いはあまりありません。bの「建つ」は自動詞なので、「建った」は結果の状態として今すでに建っている（存在している）マンションという意識が強いです。一方、a「建てられた」は誰かが建てて、結果として今すでに建造物が存在しているという意味合いを持ちます。「建った」と比べると「建てられた」は、建設会社や不動産会社などの意図的な行為を頭に置いているとも考えられます。

　c～eについては、「どうして山の上に」という建設の目的・理由を問題にしているため、結果の状態を表すd「建った」は間違いではありませんが、少し落ち着きが悪くなります。一方、c「建てられた」は誰かの意図のもとに（建てられた）という意味を含むので、適切になります。また、もう少し押し進めて、建設会社や不動産会社が建てたということを意識として出せば、e「～が／は＋～を＋他動詞」の「建てた」も可能になります。

19 受身

> 普通体

　普通体h〜jでは文末に「かな」が使われています。自信がない、また、はっきり言うのを憚る気持ちを表す終助詞です。「かな」は男性が使うことが多かったのですが、最近では、女性も「どうかな」「来るかな」のように「かな」を使うようになりました。もちろん今も丁寧な表現として「かしら」を使う人もいますが、一般の普通体の会話としては、「かな」の使用のほうが多いようです。

 比較のポイント

中立受身

	結果重視	結果の状態を表す	行為者重視	意図的な行為を表す	書き言葉的	専門的な表現・説明
〜が/は＋受身	○				○	○
〜が/は＋自動詞	○	○				
〜が/は〜を＋他動詞			○	○		

- 中立受身は書き言葉的な表現である。
- 中立受身では無生物も生物も主語になれる。被害という意味合いは入らない。
- 中立受身では結果が重視され、能動文では行為者が重視されることは他の受身と変わらない。
- 中立受身は、無生物（生物もだが）を丁寧に、専門的に説明・解説するのに向いている。

まとめ会話（中立受身）

〈友人同士が選挙の話をしている〉
A：投票日が近づいてきましたね。
B：駅前で候補者が演説していますね。
A：でも、他の候補者をけなしてばかりです。
B：そうですね。政策については全然議論されませんね。

（結果重視、説明）

> Ａ：ええ、何をやりたいのかが見えてきません。
> Ｂ：具体策が語られないんですよね。　　　　　（結果重視、説明）
> Ａ：こんなことでは、有権者に理解されないですよ。（結果重視、説明）
> Ｂ：私達は与えられた選挙権を有効に行使したいのに。（結果重視、説明）
> Ａ：本当ですね。

 否定の場合

　中立受身の否定の形は、「建てられなかった」「そんなことは学校では教えられていない」「彼のスキャンダルはマスコミでは取り上げられなかった」等になります。会話5）に関連させると、「マンションが建つ予定だったが、結局建てられなかった」「自然条件が影響したのか、山の上には建てられなかった」のようになります。

20 とき 1

　ある時点に何をするか、何をしたか、どうであるか、どうであったかを表す場合、話し手がどのように表現するかについて見ていきます。「とき 1」では、1で「〜とき・〜ときに・〜ときには・〜ときは」の使い分けについて、2では「〜とき」と「とき」を表す他の表現「〜たら・〜と・〜てすぐ（に）・〜と同時に」との使い分けについて見てみましょう。

1. 〜とき・〜ときに・〜ときには・〜ときは

　まず、「〜とき・〜ときに・〜ときには・〜ときは」の使い分けについて考えてみましょう。次の会話1）は、山に登ったBに、知人のAが日の出を見たか聞いています。

丁寧体

1）A：日の出、見ましたか。
　　B：a　ええ、頂上に着いたとき、太陽が昇り始めました。
　　　　b　ええ、頂上に着いたときに、太陽が昇り始めました。
　　　　c　いいえ、頂上に着いたときには、まだ真っ暗でした。
　　　　d　いいえ、頂上に着いたときは、まだ真っ暗でした。

普通体

1）A：日の出、見た？
　　B：e　うん、頂上に着いたとき、太陽が昇り始めたよ。
　　　　f　うん、頂上に着いたときに、太陽が昇り始めたよ。
　　　　g　ううん、頂上に着いたときには、まだ真っ暗だったよ。
　　　　h　ううん、頂上に着いたときは、まだ真っ暗だったよ。

168

 説明

丁寧体

「～とき」は、会話の中では、aのように後ろに何も付けずに使われることが多いです。しかし、日本人は、実際には「～ときに」を使ったり、「～ときは」を使ったり、「～ときには」を使ったりします。「～ときに」は何かをした、何かが起こったという、動作や変化の起こった時点を表します。「7月7日に」「10時半に」の「に」が「時間」の一点を表すのと同じ働きです。

「～ときは」は取り立て助詞「は」の働きで「～とき」が取り立てられて、その時のことが主題(トピック)になったり、対比的な意味が含まれたりします。後文には状態性の表現が来やすくなります。

bは、「太陽が昇り始める」という動きを述べているので「～ときに」が使われ、dでは後ろに「真っ暗だった」という状態性の表現が来て「～ときは」が使われています。

cの「～ときには」は「ときに＋は」から成っているので、動作性を表す「～ときに」を取り立て助詞「は」で取り立てています。「～ときには」の後文には動作性表現が来たり、状態性表現が来たりします。次の①は動作性表現、②は状態性表現で用いられている例です。

①もっと急がないと、頂上に着いたときには、太陽が昇り始めますよ。
②残念ながら、頂上に着いたときには、太陽はもう上のほうに昇っていました。

ここで「取り立てる」とはどういうことかを少し考えてみましょう。

「取り立てる」とは「対比的に取り上げる」と言い換えることができます。「～ときは」「～ときには」は「そのとき」を対比的に(他と比べながら)取り上げて説明するもので、例えば、「次に来るとき(に)は、お土産を持って来るよ」と言えば、「今回は何も持って来なかったが」という含みが、また、「今度登るとき(に)はきっと晴れると思う」と言えば、「今日は天気がよくない

が」という含みが入ってきます。この「含み」が「対比」と言われるものです。対比には度合いがあって、比べるものが強く連想される場合と、そうではない場合があります。強く連想される場合を「対比的」と言い、連想される度合いがゼロの場合を「主題的」と言います。「は」が主題を表したり、対比を表したりするのはそのためです。

普通体

　会話では「〜ときには」と言うべきときに、「に」を省略して「〜ときは」ということも多いです。それは、格助詞「に」が会話では落ちやすいためと考えられます。

比較のポイント

〜とき・〜ときに・〜ときには・〜ときは

	厳密な時点を表す	後文に動作性表現が来やすい	後文に状態性表現が来やすい	会話的
〜とき				○
〜ときに	○	○		
〜ときには	△	△	△	
〜ときは		△	○	○

- 「〜とき・〜ときに・〜ときには・〜ときは」の違いには、会話的かそうでないか、時点の表し方に厳密性が必要かどうか、後文に動作性が来るか状態性が来るか等が関係する。
- 会話で使うのは漠然とした時間を表す「〜とき」で問題ない。厳密に時間を表したい場合は、「〜ときに」を使うとよい。
- 「〜ときには」「〜ときは」は取り立て助詞「は」が付いているので、前文が取り立てられて、主題的になったり、対比的になったりする。

> **まとめ会話**
>
> 〈友達同士のAとBが電子辞書について話している〉
> A：いい電子辞書持ってるね。
> B：高校入学のとき、父が買ってくれたんだ。（漠然としたその時点）
> A：便利？
> B：うん、意味がわからないときに、すぐ引けるよ。
> 　　　　　　　　　　　　　　　（その時点に何か動作をする）
> A：漢字は？
> B：読み方がわからないときは、ちょっと不便なんだ。（その時点の状態）
> A：読み方がわからないときには、どうするの？
> 　　　　　　　　　　　　　　　（その時点を主題的に取り上げる）
> B：画数を入力する必要があるね。

 否定の場合

「とき」の前には動詞・形容詞・「名詞＋だ」の否定形が来ることができます（例：わからないとき、値段が高くないとき、町が静かじゃないとき、病気じゃないとき）。

一方、過去否定「〜なかった」が「とき」の前に来る場合は、動作性の動詞（行く、食べる、する等）の場合と、状態性の動詞（わかる、いる、ある等）や形容詞の場合で異なります。

（1）動作性の動詞の場合
　　a　ご飯を食べないときは、事前に知らせてください。
　　b　ご飯を食べなかったときは、お皿はそのまま置いておいてください。
（2）状態性の動詞・形容詞の場合
　　①a　わからないときは、インターネットで調べてください。
　　　b　わからなかったときは、インターネットで調べてください。

②a　値段が高くないときは、買ってきてください。

　　b　値段が高くなかったときは、買ってきてください。

　動作性の動詞の場合は、「〜ないとき」には「その動作・行為をしない」という話し手の意志が入りますが、「〜なかったとき」は、「その動作・行為が完了・実現しなかった場合」という意味合いになります。

　一方、状態性の動詞・形容詞の場合は、「〜なかった」のほうが仮定性が強くなる感じがありますが、「〜ない」と「〜なかった」では意味はほとんど変わりません。

2.　〜とき・〜たら・〜と・〜てすぐ（に）・〜と同時に

　次に「とき」を表す類義表現2として、「〜とき」と「〜たら・〜と・〜てすぐ（に）・〜と同時に」との使い分けについて考えましょう。会話2）では、Aの質問に対して、Bはいろいろな形で「とき」について表すことができます。

丁寧体

2）A：日の出、見ましたか。

　　B：ええ、a　頂上に着いたとき、太陽が昇り始めました。

　　　　　　b　頂上に着いたら、太陽が昇り始めました。

　　　　　　c　頂上に着くと、太陽が昇り始めました。

　　　　　　d　頂上に着いてすぐ（に）、太陽が昇ってきました。

　　　　　　e　頂上に着く／着いたと同時に、太陽が昇ってきました。

普通体

2）A：日の出、見た？

　　B：うん、f　頂上に着いたとき、太陽が昇り始めたよ。

　　　　　　g　頂上に着いたら、太陽が昇り始めたよ。

　　　　　　h　頂上に着くと、太陽が昇り始めたよ。

　　　　　　i　頂上に着いてすぐ（に）、太陽が昇ってきたよ。

　　　　　　j　頂上に着く／着いたと同時に、太陽が昇ってきたよ。

 説明

丁寧体

　aは時間・時点に注目して、太陽が昇り始めたのはいつかということを言っています。「とき」を表す表現には、他にb、cのように条件節が用いられたり、dのようにテ形が用いられるものもあります。

　「〜たら」は一般には仮定条件を表しますが、bのように過去の文の中では、「たまたま／偶然に（物事が起こった）」の意味合いを持ちます。「頂上に着いたとき、たまたま／偶然に、太陽が昇り始めた」という意味合いになります。「きのう道を歩いていたら、小学校時代の友人に会った」というのも同じです。

　「〜たら」と同じく、過去の文で使われるcの「〜と」にも、「たまたま／偶然に」という意味合いが含まれます。

　　①きのう道を歩いていると、小学校時代の友人に会った。

　「たまたま／偶然に」は予想外の意外な気持ちに、そして、「驚き」につながります。「〜たら」と「〜と」を比べると、予想外・意外性の度合い、驚きの度合いは「〜たら」のほうが大きくなります。

　過去の文の「〜と」には、次のような「そのまま／引き続いて」を表す用法もあります。

　　②彼はいすに座ると、すぐ（に）居眠りを始めた。

　d「〜てすぐ（に）」は、前文の事柄に引き続いて、後文の事柄が起こることを表します。eは「〜と同時に」を用いて、時間的に同じときに太陽が昇ったことを説明的に述べています。「と同時に」の前には、動詞の辞書形とタ形の両方が来ることができます。ほぼ同じ意味になりますが、タ形のほうが前文と後文の事柄・事態の同時性が強調されるようです。（d、eでは後文に「昇ってきた」を使っていますが、a〜cの「昇り始めた」と意味は同じです。）

比較のポイント

〜とき・〜たら・〜と・〜てすぐ（に）・〜と同時に

	時間・時点を重視	たまたま・偶然に	意外性の度合い大	驚きの度合い大	そのまま・引き続いて
〜とき	○				
〜たら		○※	○※	○※	
〜と		○※	○※	△※	○※
〜てすぐ（に）	○				○
〜と同時に	○			△	

※過去の文の場合

- 「とき」を表す表現には「〜とき」以外に、条件節「〜たら」「〜と」、テ形を使った「〜てすぐ（に）」等がある。
- 「〜とき」「〜てすぐ（に）」「〜と同時に」は時間・時点を重視する。
- 「〜てすぐ（に）」の「〜て」は時間の継起（引き続き起こること）を重視する。過去の文の「〜と」にも継起の用法がある。
- 過去の文の「〜たら」「〜と」は「たまたま・偶然」という状況を表す。「驚き」を含む場合が多い。
- 過去の文で用いられる「〜と」には、「そのまま・引き続いて」の意味用法もある。

まとめ会話

〈友達同士の会話〉

A：きのう渋谷に行った<u>とき</u>、山田に会ったよ。　（漠然とした時点）

B：へー、山田に。

A：ひょっと横を見た<u>ら</u>、きれいな彼女がいるんだ。（たまたま・偶然）

B：ただの友達じゃないの？

A：その女性と目が合う<u>と同時に</u>、「彼女」だと思ったよ。（同じとき）
　　それに、その女性は僕の顔を見る<u>と</u>、すぐに下を向いたんだよ。

（そのまま・引き続いて）

> B：ふーん、そうか。
> 　それから、どうしたの？
> A：うん、いや、挨拶をしてすぐ別れたんだけど。　　（引き続いて）

 否定の場合

会話2）で取り上げた「とき」の表現のうち、aの否定は次のようになります。

　　a'　頂上にまだ着いていないとき、太陽が昇り始めました。

b、cは否定の形にすると、文の意味が変わってしまいます。bは仮定の意味合いが強くなり、cは「〜ないと」の形で、注意や警告を表します。

　　b'　頂上に着かなかったら、どうしましょう。
　　c'　頂上に着かないと、困りますよ。

d「〜てすぐ（に）」、e「〜と同時に」は否定の形を作るのが難しいです。

21 とき 2

「とき2」では、物事や事態が起こる、時間的な前後関係（前文の事柄が後文の事柄より先に起こること）についての話し手の表現意図を取り上げます。1-1では「〜てから・〜あとで・〜たら・〜次第」を、1-2では「〜てから・〜あとで」を中心に、2では、ある時点をきっかけにして、そのあと事態や行為が続いていく表現「〜をきっかけに・〜以来・〜てからというもの」等を取り上げます。

1-1. 時間の前後関係1「〜てから・〜あとで・〜たら・〜次第」

ここでは、時間の前後関係（前文の事柄が先に起こり、後文の事柄があとで起こること）を表す「〜てから・〜あとで・〜たら・〜次第」の使い分けについて見ていきましょう。

丁寧体

1）A：ちょっとお話があるんですが。
　　B：a　この仕事が終わってから、話しましょう。
　　　　b　この仕事が終わったあとで、話しましょう。
　　　　c　この仕事が終わったら、話しましょう。
　　　　d　この仕事が終わり次第、話しましょう。
　　　　e　この仕事のあとで、話しましょう。

普通体

1）A：ちょっと話があるんだけど。
　　B：f　この仕事が終わってから、話そう。
　　　　g　この仕事が終わったあとで、話そう。
　　　　h　この仕事が終わったら、話そう。
　　　　i　この仕事が終わり次第、話そう。
　　　　j　この仕事のあとで、話そう。

 説明

【丁寧体】

　a〜eは、「時間」の前後関係の中で、「あと」を表す表現です。代表的なものはa「〜てから」とb「〜あとで」です。「〜てから」と「〜あとで」の違いの1つは、「〜てから」が「前文での事柄が終了後、引き続いて後文が起こる」という「引き続き」の意味合いが強いのに対し、「〜あとで」は特に「引き続き」でなくてもいいということがあります。「あとで」の前には、動詞ではタ形が来ますが、「〜た」が来るということは、「〜あとで」が「そのことが完了した」という意識が強いことを表しています。

　c「〜たら」は仮定条件ではなく確定条件を表し、「終わることが確定している、そのあとで」という意味を表します。「〜たら」の持つ本来の条件の意味合いもあり、「終わる」ということが「話す」ことの1つの条件になっています。

　d「動詞マス形の語幹＋次第」は次の①、②のように、「〜したらすぐ（そのことに取りかかる、そのことをする）」の意味を表す、改まった硬い言い方です。仕事関係やビジネス関係で使われることが多いです。

①連絡が入り次第、お知らせします。
②できあがり次第、お持ちします。

　「あとで」が名詞とともに用いられるときは、eのように「名詞＋のあとで」となります。動詞文を使って述べるよりも「名詞＋のあとで」を使ったほうが簡潔な表現になる場合も多いです（例：ご飯を食べたあとで vs ご飯のあとで、仕事が終わったあとで vs 仕事のあとで）。

【普通体】

　d「〜次第」は改まった硬い表現ですが、iのように、また、「これが片付き次第、そっちのほうを手伝うよ」のように、普通体でも使われます。どちらかというと男性が使用します。

> **まとめ会話**

〈職場で。友達の友子さんのことを話す〉

小川：友子さん、結婚し<u>てから</u>付き合いが悪くなったね。

（引き続いて起こる）

田口：うん、結婚した<u>あとで</u>、引っ越しもしたみたいだし。

（時間の前後関係）

小川：結婚し<u>たら</u>、やっぱり生活が変わるのかな。　　　（条件）

田口：そりゃそうよ。今度食事にでも誘ってみようか。

小川：うん、仕事が終わり<u>次第</u>、連絡を取ってみるね。

（すぐそのことをする）

田口：じゃ、仕事<u>のあとで</u>。　　　　　　（時間の前後関係）

1-2. 時間の前後関係2「『～てから』と『～あとで』の違い」

　1で「時間の前後関係」（前文の事柄が先に起こり、後文の事柄があとで起こること）を見ました。ここではその中から「～てから・～あとで」を特に取り上げ、違いを見ていきます。次の2）は母親と子供の会話です。

> **普通体**

2）子供：お菓子、食べてもいい？

母親：a　手を洗ってから、お菓子を食べなさい。

　　　b　手を洗ったあとで、お菓子を食べなさい。

　　　c　手を洗ったら、お菓子を食べてもいいですよ。

　　　d　先に手を洗って、お菓子を食べなさい。

178

説明

普通体

　これはお菓子をほしがる子供と母親の会話です。子供は今すぐにもお菓子を食べたいのですが、母親は手を洗うことを先にして、そのあとなら食べてもいいと言いたいのです。子供の「食べてもいい？」という要求に一番自然でよく使われるのは、a「～てから」です。「～てから」は、前文のほうが後文より先に起こることを表しますが、多くの場合、後文の事柄が起こるためには、まず先に前文の事柄が起こることが必要になります。aでは、「お菓子を食べる」ためには、それより先に「手を洗う」ことが必要だという母親の気持ちが入っています。

　bは、時間的な前後関係を重視した表現で、「手を洗う前」ではなく「手を洗ったあと」だということを明確に示しています。

　cは「手を洗う」ことを条件として、「その条件をクリアしたら（実現したら）食べてもいい」という意味になります。「～たら」の後ろに「～てもいい」のような許可表現が来やすくなります。

　dのように、「～て」を使って、単に物事の時間的な継起（引き続き起こること）を表すこともあります。

まとめ会話

〈友達が勇太を誘う〉
友達：遊べる？
勇太：お母さんに聞いてくる。
　　　　　　　＊＊＊
勇太：「宿題してから」だって。　　（宿題することが先、そのあとで）
友達：宿題したら、遊んでもいいの？　　　（クリアすべき条件）
勇太：うん。
友達：わかった。

21 とき2

勇太：宿題が終わったあとで、何して遊ぼうか。　（時間・時点に注目）
友達：公園行こうよ。
勇太：公園行って、何する？　　　　　　　　　　　（引き続き）

比較のポイント

時間の前後関係1、2

	引き続き起こる	すぐに行う	時間を重視	必ずそのあとで、その前は不可	改まった硬い言い方	簡潔な表現
〜てから	○		△	○		
〜あとで			○			
〜たら			○			
〜次第	○	○		○	○	
〜て	○	○				
名詞＋のあとで			○			○

- 前文の事柄と後文の事柄の時間の関係において、引き続きすぐに起こるか、そうではないかに分けることができる。引き続き起こることを表すのは「〜てから」「〜次第」「〜て」で、そうでないものは「〜あとで」「〜たら」である。
- 前文の事柄と後文の事柄の内容関係において、後文が成り立つために、前文の事柄が必要かどうかで分けることもできる。必要なのは「〜てから」「〜たら」「〜次第」で、必要ではないのは「〜あとで」「〜て」である。
- 時間を重視するのは、「〜あとで」「名詞＋のあとで」である。

否定の場合

1）の会話で取り上げた表現のうち、「てから・（の）あとで・次第」は前の語を否定にはできません。c「〜たら」は次のようになります。

　　c'　この仕事が終わらなかったら、別の日に話しましょう。

2. その時点以降を表す「〜(て)以来・〜てからというもの」等

　ここでは、ある時点以降のことに焦点を当てる「〜てから・〜をきっかけに・〜(て)以来・〜てからというもの」の使い分けについて見てみましょう。次の会話3)は、AがBの起業について尋ねています。

丁寧体

3) A：いつ起業したんですか。
　　B：a　会社を辞めてから、すぐ(に)起業しました。
　　　　b　会社を辞めたのをきっかけに、起業しました。
　　　　c　会社を辞めて以来、何社かを起業して(い)ます。
　　　　d　会社を辞めてからというもの、起業しては失敗ばかりして(い)ます。

普通体

3) A：いつ起業したの？
　　B：e　会社を辞めてから、すぐ(に)起業した{んだよ／のよ}。
　　　　f　会社を辞めたのをきっかけに、起業した{んだよ／のよ}。
　　　　g　会社を辞めて以来、何社かを起業した{んだよ／のよ}。
　　　　h　会社を辞めてからというもの、起業しては失敗ばかりして(い)る{よ／のよ}。

説明

丁寧体

　会話3)は、前文の事柄のあと新しい事態が起こり、その事態が続いていることを表します。

　a「〜てから」は、時間的な前後関係を重視し、前文の前ではなくあとに、後文の内容が起こることを表します。bは「会社を辞めた」ことが「引き金・はずみ」となって、後文の事柄が起こっています。

　c「〜(て)以来」では、話し手の焦点は「その時点以降」のことに置かれ、ど

のような行為・事態が続いているかを述べています。「〜（て）以来」では、後文の「起業している」の代わりに「起業した」と言うこともできますが、「起業している」のほうが事態が続いているという感じが強くなります。

dの「〜てからというもの」は、会社を辞めたことが引き金となって、大きく変化が起こり、「それからずっと続いている」というやや大げさな、強調した言い方になります。

丁寧体のcでは「起業しています」となっていますが、普通体gでは「起業したんだよ／のよ」となっています。丁寧体cでは、自分がそういう経験・経歴の持ち主であると伝え、普通体gでは過去の事実として語っています。どちらも置き換え可能ですが、親しい人には過去の事実を語るのが自然なのかもしれません（18「経験」1参照）。

比較のポイント

その時点以降を表す「〜（て）以来・〜てからというもの」等

	時間の前後関係あり	行為を続けている	引き金・はずみ・機会	やや強調的	大げさに聞こえる
〜てから	○	△			
〜をきっかけに			○		
〜（て）以来	○	○		△	△
〜てからというもの	△	○	○	○	○

- 「ある事柄が起こってから」という意味を表す表現であるが、前文と後文の関係が、単に時間の前後関係を述べているものと、前文の事柄のあと、どの程度継続しているかに重点を置いたものがある。
- 前者は「〜てから」、後者は「〜（て）以来」「〜てからというもの」である。
- 「以来」の前には動詞テ形の他、名詞が来る（「以後／以降」も同じ）。前に来る名詞・副詞は、その事態／出来事のあと、一定時間たっているほうがよい（例：先月以降、結婚以来、？きのう以降、？おととい以来）。

182

まとめ会話

〈Aは画家のBにいろいろな質問をしている〉
A：絵はいつから？
B：大学を卒業してから描き始めました。　　（引き続いて起こる）
A：卒業したあとは、就職はしなかったんですか。
B：ええ。
A：何かきっかけがあったんですか。
B：ええ、大震災があったのをきっかけに、故郷に戻ろうと思ったん
　　です。　　　　　　　　　　　　　　　　　　　　（引き金）
A：故郷に戻って以来、ずっと描いてるんですか。
　　　　　　　　　　　　　　　　　　　（そのときからずっと）
B：ええ、故郷の人々や景色を描いてます。
A：他の絵は？
B：いやあ、故郷に戻ってからというもの、故郷の絵しか描いていな
　　いんですよ。　　　　　　　（そのときからずっと、やや大げさに）

 否定の場合

3)で取り上げた形（表現文型）のうち、a「てから」は前の語句を否定にはできません。それ以外のb「をきっかけに」、c「(て)以来」、d「てからというもの」について考えてみましょう。

　　b'　仕事がうまく行かなかったのをきっかけに、起業しました。
？c'　仕事がうまく行かなくて以来、何社かを起業して(い)ます。
？d'　仕事がうまく行かなくてからというもの、起業しては失敗ばかりして(い)ます。

b「をきっかけに」は前に否定形が来ることができます。c「(て)以来」、d「て

からというもの」は不自然になっています。両方とも「行かなくなって以来」
「行かなくなってからというもの」のように、「なる」が必要になってきます。

22 とき 3

「とき3」では、一定の時間・期間内に状態・行為が終了したり、一定の時間・期間、状態・行為が継続したりする場合の表現を取り上げます。1では「〜あいだに・〜うちに・〜中に・〜前に／までに」、2では「〜あいだは・〜うちは・〜中は・〜前は／までは」等について見ていきましょう。

1. 一定の時間・期間内に状態・行為が終了する

一定の時間・期間で状態・行為が終了する、また、終了させる場合の表現として、「〜とき／ときに・〜あいだに・〜うちに・〜中に・〜前に／までに」等を取り上げます。会話1）では、Aの質問に対してBは、いろいろな形で一定の時間・期間内の状態・行為の終了について表すことができます。

丁寧体

1）A：日本で就職先を探して（い）るんですか。
B：ええ、a 日本にいる〔とき／ときに〕、就職先を見つけたいと思います。
b 日本にいるあいだに、就職先を見つけたいと思います。
c 日本にいるうちに、就職先を見つけるつもりです。
d 日本滞在中に、就職先を見つけるつもりです。
e 帰国する〔前に／までに〕、就職先を見つけようと思います。
f 会社がつぶれてしまわないうちに、新しい就職先を見つけようと思います。

> 普通体

1) A：日本で就職先を探して（い）るの？
   B：うん、g 日本にいる｛とき／ときに｝、就職先を見つけたい｛んだ／の｝。
       h 日本にいるあいだに、就職先を見つけたい｛んだ／の｝。
       i 日本にいるうちに、就職先を見つけるつもり｛だよ／なの｝。
       j 日本に滞在中に、就職先を見つけるつもり｛だよ／なの｝。
       k 帰国する｛前に／までに｝、就職先を見つけようと思う。
       l 会社がつぶれてしまわないうちに、就職先を見つけようと思う。

 説明

> 丁寧体

　時点を表す「とき」は、1つの時点だけでなく、ある一定の長さを表す場合にも使うことができます。会話1）では、ある一定期間（時間）の中で、何かを終了させるという意味合いの表現を取り上げています。a「とき／ときに」は、前に来るのが継続・状態を表す「～（て）いる」であるので、「（日本にいる）その期間中の1つの時点で就職先を見つける」という意味を表しています。

　bは時間的な長さを「あいだ」で表し、その時間・期間内の「そのあいだに」就職先を見つけてしまうということを意味しています。

　cの「～うちに」は「～あいだに」と似ていますが、「～あいだに」が時間内・期間内というように時間・期間を問題にしているのに対し、「～うちに」はもう少し心理的な要素が絡みます。「日本滞在が終わってしまっては、就職先は見つけられなくなるから、日本にいる、この状態が続いているときに」という、状態の変化が起こることを懸念する（心配する）気持ちが入ります。

　d「～中」は、「滞在」という動作・状態を表す名詞の後ろに付いて「～のあいだ」を表し、後ろに時点を表す「に」を付けて時間・期間を限定しています。「名詞＋中」には「外出中、休憩中、食事中、留守中、旅行中、会議中、電話中、勉強中、仕事中」等があります。文にすると長くなるのを「名詞＋中」の形でまとめ、簡潔な表現にしています。

　eの「～前に」は、20課で扱った「～とき」と同じように時間の前後関係を

表します。「帰国する前に」は「帰国するまでに」と言い換えることもできます。「までに」は物事が実現する期限を表します。

①毎晩寝る前に、日記をつける。
②毎晩寝るまでに、日記をつける。

①「～前に」は時間に注目し、「寝るよりも日記をつけるほうが先だ」という意味になります。②「～までに」は時間はいつでもいいが、日記をつけるのは「寝る」時間を限度・限界とすることを表します。

　fは「うちに」の前に否定形の「～ない」が来ています。fの「会社がつぶれてしまわないうちに」は、「会社がつぶれる」という事態を懸念して、「その事態が実現しない時間・期間内で」という気持ちを表しています。

普通体

　最近若者が使っている表現で、次のようなものがあります。

　？③帰国しない前に、就職先を見つけようと思っている。

「前に」の前には、通常、動詞の辞書形を持って来て、「帰国する前に」とするべきですが、「～ないうちに」という言い方に引っ張られたのと、「帰国しない時点で」の「～ない」を意識しすぎて、「～ない前に」になったのだと考えられます。文法的には間違いですが、最近の傾向として紹介しておきます。

22

とき

3

比較のポイント

一定の時間・期間内に状態・行為が終了する

	時間・時点を重視	時間・期間内に終わらせる	心理的な要素（懸念）が入る	簡潔な表現
～とき／ときに	○			
～あいだに	○	○		
～うちに		○	△	
名詞＋中に	○	○		○
～前に／までに	○	○		
～ないうちに		○	○	

- 「その時間・期間内に」という表現は、単に時間だけを問題にする場合（～とき／ときに、～あいだに、名詞＋中に、～前に／までに）と、時間終了を懸念する場合（～うちに、～ないうちに）がある。
- 「懸念」の気持ちが強く入ると、「～ないうちに」が使われる。

まとめ会話

〈Aは知人のBに、ペンキの塗り方や道具について教えてもらっている〉

A：この道具はいつ使うのですか。
B：これはこうやってペンキを塗っている<u>ときに</u>、使います。
　　　　　　　　　　　　　　　　　　　　　　　　（時間・時点）

A：なるほど。
B：だいたい<u>塗れたら</u>、ペンキがぬれている<u>あいだに</u>、上から2回塗りをします。　　　　　　　　　　　　　　（その時間内に）
　ペンキを塗っていると、どんどん乾いてきますから急いでやってください。

A：はい。
B：そして、ペンキが乾く<u>前に</u>、全体の手直しをしてください。
　　　　　　　　　　　　　　　　　　　　　（時間の前後関係）

A：はーい。

　　そのあとでニスも塗るんですね。

B：ええ。ニスが乾かないうちに、手早く全体を整えてください。（懸念）

A：あ〜疲れた。

B：作業中に、そんなことを言ってはいけませんよ。　　（簡潔な表現）

否定の場合

　1）で取り上げた形（表現文型）のうち、f「ないうちに」はc「うちに」の否定の形なので省きます。また、d「中」は動作・状態を表す名詞が前に来るのでこれも省きます。a「とき／ときに」、b「あいだに」、e「前に／までに」について考えてみましょう。

　　a'　本国にいないとき／ときに、就職先を見つけることはできません。

　　b'　本国にいないあいだに、就職先を見つけることはできません。

？ e'　帰国しない前に、就職先を見つけようと思います。

？ e"　帰国しないまでに、就職先を見つけようと思います。

　a'、b'は可能ですが、e'、e"は落ち着かない文になっています。e'については「普通体」の説明を参照してください。e"は不自然な文です。

22

とき

3

2. 一定の時間・期間、状態・行為が続く

　一定の時間・期間、状態・行為が続く表現として、「～ときは・～あいだは・～うちは」等を取り上げます。後文には「（その時間・期間中）状態・行為が続く」という表現が来やすくなります。会話2）で、Aは小さい子供がいる主婦のBに、仕事について質問しています。Aの質問に対してBは、いろいろな形で「一定の時間・期間、状態・行為が続く」表現を述べることができます。

丁寧体

2）A：仕事しないんですか。

　　B：ええ、a　子供が小さいときは、家にいようと思います。

　　　　　　b　子供が小さいあいだは、家にいようと思います。

　　　　　　c　子供が小さいうちは、家にいようと思います。

　　　　　　d　育児中は、家にいようと思います。

　　　　　　e　子供が小学校に入る｛前は／までは｝、家にいようと思います。

　　　　　　f　子供が小学校に入らないうちは、家にいようと思います。

普通体

2）A：仕事しないの？

　　B：うん、g　子供が小さいときは、家にいようと思う。

　　　　　　h　子供が小さいあいだは、家にいようと思う。

　　　　　　i　子供が小さいうちは、家にいてやりたい。

　　　　　　j　育児中は、家にいたほうがいいと思う。

　　　　　　k　子供が小学校に入る｛前は／までは｝、家にいるつもり。

　　　　　　l　子供が小学校に入らないうちは、家にいようと思う。

説明

丁寧体

　会話2）では、ある一定の時間・期間、1つの状態が続く表現を取り上げました。会話2）では、1）に出てきた「〜ときに・〜あいだに・〜うちに・〜前に」の「に」が、「は」に代わって「〜ときは・〜あいだは・〜うちは・〜前は」になっています。格助詞「に」が1つの時点を表すのと対照的に、「は」はその時間・期間全体を取り立てて、時に主題的に（トピックとして）、時に対比的に、それについて述べるという性質を持つことが根底にあります。

　a「〜ときは」、b「〜あいだは」は時間・期間を重視して、「その時間・期間だけは」と言っています。一方、c「〜うちは」は「〜うちに」と同じく、話し手の気持ちが入ります。「その状態が続くあいだはいいが、そうでない場合はよくない」「その期間はその動作・状態を続けるが、その期間が終わればそれをやめる」という気持ちが、「〜ときは」や「〜あいだは」より強くなります。

　dは「名詞＋中は」となって、「育児の期間」であることを限定しています。

　eは時間の前後関係を問題にした表現ですが、「〜前は／までは」のように「は」を伴って、それ以降はどうなるかわからないことを示唆しています。

　fでは「うちは」の前に「〜ない」が来ています。fは「子供が小学校に入らない」という状態が続く期間は「家にいる」けれど、そのあとはどうなるかわからない、たぶん働きに行く（かもしれない）という対比的な意味合いを含んでいます。「〜ないうちは」は次のように、「そうしない」「そうでない」期間に対しての懸念が含まれることが多いようです。

①都会の生活に慣れないうちは、その仕事はやめたほうがいい。
②うちの子は、保育園に通い始めて間もないうちは、1週間に1度は熱を出していました。

普通体

　文法的には正しくありませんが、最近の傾向として次のように「〜ない前は」を使うこともあります。

?③子供が小学校に入らない前は、家にいようと思います。

意味的にはf「〜ないうちは」とほぼ同じ意味合いになりますが、話し手の気持ちとしては、「〜うちは」よりも「前」という時間の前後関係を重視して言っているようです。

 比較のポイント

一定の時間・期間、状態・行為が続く

	時間・時点を重視	一定時間・期間内は	心理的な要素（懸念）が入る	簡潔な表現
〜ときは	○	△		
〜あいだは	○	○		
〜うちは	△	○	△	
名詞＋中は	△	○		○
〜前は/までは	○	○		
〜ないうちは		○	○	

- すべてその時間・期間内を「は」で取り立てる表現である。「は」で取り立てるため、その時間・期間が主題的になったり、他の時間・期間との対比が出てくる。そのため、他の時間・期間ではなく「その時間・期間内は」、という対比的な意味合いが強くなる。
- 「〜うちは」には「その期間に限定して続ける」という話し手の気持ちが込められている。
- 「〜ないうちは」には、前文の「そうしない」「そうでない」期間に対する懸念が含まれることが多い。
- 「〜うちは」（肯定＋うちは）と「〜ないうちは」（否定＋うちは）では、「〜ないうちは」のほうが懸念が強いようである。次の①②を比べると、②のほうが話し手の懸念が強く感じられる。
  ①夫が会社にいるうちは、外出していても大丈夫。
  ②夫が帰らないうちは、外出していても大丈夫。

> **まとめ会話**

〈料理学校で〉
先生：肉をオーブンに入れますよ。だいたい20分かかります。
生徒：20分？
先生：ええ、でも急いでいる<u>とき</u>は、15分でも大丈夫です。
（その時点の状態）

生徒：はい。

＊＊＊

生徒：ああ、いいにおい！
先生：焼いている<u>あいだ</u>は、オーブンのとびらを開けないでください。
（その時間・期間内は）

　　　あ、できてきましたね。
　　　皆さん、ここからのぞいてください。色が茶色になってますね。
生徒：ほんとだ！
先生：オーブンに入れる<u>前</u>はまだ白かったですが。（時間の前後関係）
　　　肉が茶色になら<u>ないうち</u>は、まだ焼けていないので、そのときはもう少し焼いてください。　（その時間・期間内だけは、懸念）
　　　オーブンの使用<u>中</u>は、とびらが熱くなるので、気をつけてください。
（簡潔な表現）

22 とき 3

 否定の場合

　2) で取り上げた形（表現文型）のうち、f「ないうちは」はc「うちは」の否定の形なので省きます。また、d「中」は動作・状態を表す名詞が前に来るのでこれも省きます。a「ときは」、b「あいだは」、e「前は／までは」について考えてみましょう。

　　a'　子供が元気じゃないときは、仕事を休もうと思います。

b'　　子供が元気じゃないあいだは、仕事を休もうと思います。

?e'　　子供が回復しない前は、仕事をするのはやめようと思います。

?e"　　子供が回復しないまでは、仕事をするのはやめようと思います。

　a'、b'は可能ですが、e'、e"は2文とも落ち着かない文になっています。e'
については「普通体」の説明を参照してください。

Ⅰ

23 とき 4

　「とき4」では、1で2つの事柄が同時に起こる表現、2で時間を置かず引き続き起こる表現、3で予想される動作・状態が途切れてしまう「限界・限度」の表現を取り上げます。

　1では「〜ながら・〜かたわら・〜つつ」、2では「〜とたん（に）・〜や否や・〜が早いか・〜なり」、3では「〜きり・〜まま・〜なり・〜たら最後」等について見ていきましょう。

1. 同時の動作・状態

　まず、前文と後文の事柄が「同時に起こる」場合の表現について考えます。会話1）でAの質問に対しBは、いろいろな形で「同時の動作・状態」について述べることができます（36「並列・例示1」4参照）。

丁寧体

> 1）A：Bさんは先生なんですか。
>
> 　　B：ええ、まあ。a　塾で教えながら、家庭教師をして（い）ます。
>
> 　　　　　　　　　b　塾で教えるかたわら、家庭教師をして（い）ます。
>
> 　　　　　　　　　c　塾で教えたり、家庭教師をしたりして（い）ます。
>
> 　　　　　　　　　d　塾でも教えるし、家庭教師もして（い）ます。
>
> 　　　　　　　　　e　塾で教えつつ、家庭教師もして（い）ます。
>
> 　　　　　　　　　f　塾講師でもあり、家庭教師でもあります。

195

> 普通体
>
> 1）A：Bさんは先生なの？
>   B：うん、まあ。g　塾で教えながら、家庭教師をして（い）るよ。
>   h　塾で教えるかたわら、家庭教師をして（い）るよ。
>   i　塾で教えたり、家庭教師をしたりして（い）るよ。
>   j　塾でも教えるし、家庭教師もして（い）るよ。
>   k　塾で教えつつ、家庭教師もして（い）るよ。
>   l　塾講師でもあり、家庭教師でもあるってところかな。

 説明

丁寧体

　　同時性（同時であること）を表す表現がa〜fまで並んでいます。同時性といっても、時間、行為、また、性質や内容のどれに着目するかによって、表現の仕方が変わってきます。また、複数の中からいくつかの事柄や行為を選んで述べるのか、網羅的に述べるのかによっても表現が変わります。

　　a「〜ながら」、b「〜かたわら」、e「〜つつ」は時間的同時性を表します。前文・後文の物事が同時に起こっているという緊密な関係を表しています。a「〜ながら」に比べてb「〜かたわら」e「〜つつ」は書き言葉的な表現になります。

　　a「〜ながら」は「CDを聞きながら、車を運転する」のように2つの動作の同時進行を表しますが、「アルバイトをしながら4年間過ごした」のように、一定期間続く同時動作もあります。

　　「〜ながら」が目に見える短時間の動作を描くのが主であるのに対し、b「〜かたわら」は、生活や仕事といった長期間の活動を表します。「主な活動・仕事があるが、その他に別のこともする」という意味になります。

　　　①店を経営するかたわら、塾でも教えている。

　　e「〜つつ」は「〜ながら」と意味用法が似ていますが、硬い言い方になります。

②子供達に見守られつつ、祖父は死んでいった。

　時間的に同時ということよりも、複数の行為を行っているという意味に着目した言い方として、c「〜たり」、d「〜し」があります。c「〜たり〜たり」は2つの行為（塾で教える・家庭教師をする）を交互に繰り返していることを表し、d「〜し」は類似の行為（塾で教える・家庭教師をする）を、どちらかといえば、ゆるやかに並べ、列挙しています（36「並列・例示1」4参照）。

③彼女はアラビア語を読んだり書いたりできる。
④彼女はアラビア語を読むことができるし、書くこともできる。

　f「〜でもあり〜でもある」は1つのものや人に対して複数（多くの場合は2つ）の性質や内容が同時に成立するときに使います。「名詞＋である」という言い方がベースになっているので、書き言葉的で硬い言い方です。

⑤彼は人に優しい。それが長所でもあり短所でもある。

普通体

　1において、自分のことを「塾講師でもあり、家庭教師でもある」と言い切ると、自慢しているように聞こえます。文末をぼかして「〜ってところかな」、または略して「〜ってとこかな」とすると適当になるようです。

比較のポイント

同時の動作・状態

	話し言葉的	書き言葉的	硬い言い方	時間的同時性	性質・内容の同時性	類似の行為	描写的、解説的
～ながら			○				
～かたわら		○	○	○			
～たり	○				○		
～し	○				○		
～つつ		○	○	○			○
～でもあり ～でもある		○	○		○		

- 書き言葉的な表現には「～かたわら」「～つつ」「～でもあり～でもある」があり、これらは硬い言い方になる。
- 「～たり」「～し」は話し言葉的になる。
- 「同時性」にも時間や性質、内容等があり、何を基準にして「同時」と言うかは異なる。大まかに分けると次のようになる。

    時間的同時性（緊密関係）：～ながら、～かたわら、～つつ
    行為の同時性（ゆるやかな関係・選択的・交互に）：～たり
    行為の同時性（ゆるやかな関係・列挙的）：～し
    性質・内容の同時性：～でもあり～でもある

まとめ会話

〈友人同士のAとBがドッグカフェのことを話している〉
A：近くにドッグカフェができたから、行ってみない？
B：どんな店なの？
A：コーヒーを飲んだり、犬の話をしたり……。
　　　　　　　　　　　　　　　（動作・行為を交互に繰り返す）
B：楽しそうね。
A：ご主人はカフェを経営するかたわら、犬の調教もやるんだ。
　　　　　　　　　　　　　　　（同時行為・活動）

> B：へえー。
> A：大型犬の調教もやるし、警察犬の調教もやるんだよ。
> 　　　　　　　　　　　　　　　　　　　（類似の行為、列挙）
> 　それに獣医の資格も持ってるんだって。
> B：へー、じゃ、犬の調教師でもあり、医師でもあるっていうわけ？
> 　　　　　　　　　　　　　　　　　　　（同じ性質・内容）
> A：うん、彼の話を聞きながら飲むコーヒーはなかなかのものだよ。
> 　　　　　　　　　　　　　　　　　　　（同時動作）
> B：ふーん。
> A：疲れているときは、話を聞きつつ、居眠りしてしまうこともあるけどね。
> 　　　　　　　　　　　　　　　　　　　（解説的）

 否定の場合

　1）で取り上げた形（表現文型）のうち、b「かたわら」、e「つつ」は前に否定形をとることができません。また、a「ながら」は、否定形の語句が来ると、「同時動作」ではなく「逆接表現」になってしまいます。

　　a'　正規の教師としては教えないながら、塾などで教えている。

では、c「たり」、d「し」、f「でもあり」について考えてみましょう。

　　c'　病気のときは、塾へも行かなかったり、家庭教師もしなかったりです。
　　d'　病気のときは、塾へも行かないし、家庭教師もしません。
　　f'　塾講師でもなく、家庭教師でもありません。

c、d、fは表現を工夫すると、否定形でも文として成り立ちます。

2. 1つのことが終わって、すぐ次のことが起こる

　ここでは、1つのことに引き続いて次のことが起こる、または、1つの行為に引き続いて次の行為をするという表現を取り上げます。事態や行為の移り変わりをとらえて描写的に述べるため、話し手自身のことより他者について述べることが多くなります。会話2）も他者が主題になっています。Aに対してBは、いろいろな形で「1つのことが終わって、すぐ次のことが起こる」ことを述べることができます。

丁寧体

2）A：田中さんがすごい勢いで、部屋を飛び出していきましたよ。
　　B：ええ、田中さんに電話がかかってきたんですが、
　　　　a　彼は話を聞いてすぐ（に）、部屋を飛び出しました。
　　　　b　彼は話を聞くとすぐ（に）、部屋を飛び出しました。
　　　　c　彼は話を聞いたらすぐ（に）、部屋を飛び出しました。
　　　　d　彼は話を{聞く／聞いた}と同時に、部屋を飛び出しました。
　　　　e　彼は話を聞いたとたん（に）、部屋を飛び出しました。
　　　　f　彼は話を聞くや否や、部屋を飛び出しました。
　　　　g　彼は話を{聞く／聞いた}が早いか、部屋を飛び出しました。
　　　　h　彼は話を聞くなり、部屋を飛び出しました。

普通体

2）A：田中さんがすごい勢いで、部屋を飛び出していったよ。
　　B：うん、田中さんに電話がかかってきたんだけど、
　　　　i　彼は話を聞いてすぐ（に）、部屋を飛び出した{んだよ／のよ}。
　　　　j　彼は話を聞くとすぐ（に）、部屋を飛び出した{んだよ／のよ}。
　　　　k　彼は話を聞いたらすぐ（に）、部屋を飛び出した{んだよ／のよ}。
　　　　l　彼は話を{聞く／聞いた}と同時に、部屋を飛び出した{んだよ／のよ}。
　　　　m　彼は話を聞いたとたん（に）、部屋を飛び出した{んだよ／のよ}。
　　　　n　彼は話を聞くなり、部屋を飛び出した{んだよ／のよ}。

 **説明**

丁寧体

　a〜cは「すぐ（に）」があったほうが、引き続いて起こるという表現が出やすいので「すぐ（に）」が入っています。

　a「〜てすぐ（に）」、b「〜とすぐ（に）」はここではほぼ同じ意味合いで用いられています。両方とも「彼の行為」に視点が置かれ、時間を置かずに次の行為に移る状況を表します。「〜てすぐ（に）」は時間を置かず「引き続いて」の意味合いが出ます。条件を表す「〜と」が過去の中で使われると、「意外性」の意味合いが入ります（20「とき1」2参照）が、bでは「〜と」に「すぐ（に）」が付いているので、「引き続き」の意味合いが強くなっています。

　c「〜たらすぐ（に）」もa、bとほぼ同じですが、b「〜とすぐ（に）」よりも話し手Bの気持ちが入り、田中さんの動作がBにとって予想外であったことが伺えます。動作主の「田中さん」がその話を聞いたときに、Bがびっくりしたとか急に立ち上がったとか、何らかの反応があったと思われます。

　d「〜と同時に」は時間を重視した客観的な言い方です。ここでは時間的に同時であることを言っています。

　　①地震警報が鳴ったと同時に、家が揺れ始めた。

　e「〜とたん（に）」、f「〜や否や」、g「〜が早いか」は、続いてすぐに行為・事態が起こることを表す慣用的な言い方です。この中でe「〜とたん（に）」は話し言葉的で、f「〜や否や」、g「〜が早いか」は書き言葉的です。

　「〜とたん（に）」「〜や否や」「〜が早いか」は、いずれもその事態が目に浮かんでくるような、描写的な表現です。e「〜とたん（に）」は「ちょうどそのとき」の意味で、話し手の視点は前文の事柄が終わったか終わらない、その瞬間にあります。その瞬間に、何か予想外のこと、事態の変化の大きいことが起こったことを表します。

②ドアを開けたとたん（に）、爆発した。

　f「〜や否や」は行為・動作に用いられることが多いです。前文の行為・動作を待ち構えて、または待ち構えるようにして、後文の行為・動作がすぐに続くことを表します。「〜や否や」には③のように「待ち構え」の意味合いが入ります。

　　③デパートが開くや否や、客がなだれ込んできた。

　g「〜が早いか」は、そのときの動作・様子をスピード感のある表現で描写します。次の④のように、前文の行為・動作が行われたら、すごいスピードで次の行為・動作が行われることを表します。

　　④彼はニュースを聞く／聞いたが早いか、外へ飛び出した。

　h「〜なり」は「動詞の辞書形＋なり」の形をとって、前文の行為・事態の直後に予想外の、そして、突然の行為・事態が起こることを表します。名詞「なり」が「様子、状態、ありさま」を表すところから、「前文で見せていた様子・状態を裏切って、予想外の行為・事態が起きる」という意味を表します。hで田中さんは、話を聞いた直後に、そばにいた人の予想を裏切って、突然、部屋を飛び出すという行為をした、という意味合いになります。「彼女はそのニュースを聞くなり、倒れてしまった」も同じで、彼女がニュースを聞いた直後に、突然、予想外の事態が起きたことを表します。やや硬い表現です。「なり」の前には動作を表す動詞が来ます。
　dとgについては辞書形（聞く）、タ形（聞いた）の両方使うことができます。

普通体
　丁寧体f「〜や否や」、g「〜が早いか」は書き言葉で、普通体の会話にはそぐわないので省略してあります。

比較のポイント

1つのことが終わって、すぐ次のことが起こる

	話し言葉的	書き言葉的	客観的	かなりのスピード	慣用的な言い方	硬い言い方	描写的な表現	突然起きる	予想外の気持ち
〜てすぐ（に）	○								
〜とすぐ（に）	△							△	
〜たらすぐ（に）	○							△	
〜と同時に			○			○			
〜とたん（に）	○			○	○		○	○	○
〜や否や		○		○	○	○	○		
〜が早いか		○		○	○	○	○		
動詞の辞書形＋なり					○		○	○	

● 書き言葉的な表現は「〜や否や」「〜が早いか」、話し言葉的な表現は「〜てすぐ（に）」「〜たらすぐ（に）」「〜とたん（に）」で、他の表現はどちらにも使う。

● 時間的な即時性を表しているのは「〜てすぐ（に）」「〜とすぐ（に）」「〜たらすぐ（に）」「〜と同時に」で、「〜とたん（に）」「〜や否や」「〜が早いか」はそれに加えて行為・動作を描写的に描く。

● 辞書形につながる「なり」も急に事柄・動作が起こることを表す。「突然」「予想外」の意味合いを持つ。

まとめストーリー

〈デパートのエレベーターで〉
エレベーターのドアが開く<u>や否や</u>、大勢の人が乗り込んだ。（待ち構え）
最後の客が乗ろうとした<u>とたんに</u>、ブザーが鳴った。　　　　　（瞬間）
ブザーの音を聞い<u>てすぐに</u>、その客は乗るのをやめた。（引き続いて）
その客が降りる<u>とすぐ</u>、ブザーは鳴り止んでドアは閉まった。
　　　　　　　　　　　　　　　　　　　　　　　　　　　　（引き続いて）

しばらくして別のエレベーターが止まった。
ドアが開いた。中から女性が1人降りてきた。
女性は降りる<u>なり</u>、その場に倒れた。　　　　　　（突然の事態）
それを見る<u>が早いか</u>、1人の男性が駆けつけてきた。　（素早い動き）
そして、大声で「救急車！」と叫んだ。
その声を聞く<u>と同時に</u>、何人かの人がエレベーターから降りた。
　　　　　　　　　　　　　　　　　　　　　　　　（同じときに）
彼らはエレベーターを降り<u>たらすぐに</u>階段のほうに向かった。
　　　　　　　　　　　　　　　　　　　　　　（引き続いて、意外感）

 否定の場合

　2）で取り上げた形（表現文型）は「1つのことが終わって、すぐ次のことが起こる」を表します。瞬時に次のことが起こることを表すため、否定表現の入り込む余裕はありません。いろいろ調べていると、f「や否や」を用いた次のような文がありました。適切かどうか判断がつかないのですが、皆さんはどう思いますか。

　①いつものレストランの予約が取れないや否や、私は実際にお店に行って直談判した。
　②私が何も言い返さないや否や、妻は私を攻撃し始めた。

3. 限界・限度

　ここでは、前文で述べられた行為・事態を限界・限度として、そのあと、予想される行為・事態が途切れてしまうことを表す表現を取り上げます。会話3) は家の中で息子の和夫の様子について話しています。

丁寧体

> 3) A：和夫はどうしたんですか。
> 　B：a　部屋に入ったきり、出てこないんです。
> 　　　b　部屋に入ったまま、出てこないんです。
> 　　　c　部屋に入ったなり、出てこないんです。
> 　　　d　一度部屋に入ったら最後、出てこないんです。

普通体

> 3) A：和夫はどうしたの？
> 　B：e　部屋に入ったっきり、出てこない{んだ／の}。
> 　　　f　部屋に入ったまま、出てこない{んだ／の}。
> 　　　g　部屋に入ったなり、出てこない{んだ／の}。
> 　　　h　一度部屋に入ったら最後、出てこない{んだ／の}。

 説明

丁寧体

　a～dでは、和夫が部屋に入ったのを最後（限界・限度）として、そのまま現れないことを表現しています。この限界・限度の表現では、その表現の前に動詞のタ形が来ているのが特徴です。「た」が物事の完了や過去の事実を表すとともに、そこで物事が途切れたり途絶えたりしてしまう感じも含んでいます。

　a「～(た)きり」は、漢字で書けば「切り」で、それを限度として、そこからは切れてしまうことを表します。「～(た)きり、～ない」のように後文に否定的表現が来やすくなります。時間・期間を重視し、「～(た)きり、時間がたった」という時間の経過を感じさせます。

b「～（た）まま」は前文の状態がそのまま続き、結果的にそれ以降の変化が続かないことを表します。状態の維持・保持の感じが強い表現です。そのときの様子や情景を重視し、変化が途切れた様子を思い浮かばせる描写的な表現になります。

　c「～（た）なり」は2で取り上げた「動詞の辞書形＋なり」とは意味用法が異なります（「2.　1つのことが終わって、すぐ次のことが起こる」参照）。「～（た）なり」は「動詞のタ形＋なり」の形をとって、「事態や動作が起こり、それをきっかけとして次に何かが起こる、またはそれ以後物事が途切れる」ことを表します。「～（た）なり」は、「～（た）きり」が時間・期間の経過を感じさせるのに対して、どちらかというと、（突然の）動作・動きに重点を置いた表現です。やや硬い言い方です。

　「～（た）きり」「～（た）まま」「～（た）なり」は、次のように言い換えが可能な場合が多いです。

　　①彼女とは、前回 {○会ったきり／○会ったまま／○会ったなり}、会っていない。

　①は時間・期間を問題にしていますが、「会った」という動作・事態も重視しています。次の②のように、さらに時間の経過が重視されると、「～（た）なり」は少し落ち着かなくなります。

　　②彼女とは、3年前に {○会ったきり／○会ったまま／？会ったなり}、7年が過ぎた。

　「寝たきり老人」という言葉がありますが、これは「寝たまま／寝たなり老人」とは言いません。「寝たきり」というのは、常時ベッドで寝ている状態で、自力で起き上がれない状態を表します。つまり、「寝たきり」になってしまったら、一定の時間・期間その状態が続くことを表します。

③年をとると、{○寝たきり／？寝たまま／？寝たなり} 老人になることが多い。

一方、④では前文で動作をし、さらに後文でも動作・事態が起こっています。このように、動作・事態に重点が置かれると、「～（た）きり」は少し不自然になります。

④彼は私達に向かって一礼を {？したきり／○したまま／○したなり}、部屋を飛び出していった。

また、「～（た）きり・～（た）まま」は「だ／です」と結び付いて⑤のように言い切ることができます。後ろに動作・事態を期待する「～（た）なり」は少し無理のようです。

⑤朝コーヒーを1杯 {○飲んだきり／○飲んだまま／？飲んだなり} です。

d「～たら最後」は「ある事態・行為が起こると、それをきっかけとして、それ以後は絶対に変えない／変わらない」という強い意味になります。

「～たら最後」は話し言葉で使われますが、「この山は険しくて、迷い込んだが最後、出てこられない」のように、書き言葉として「～が最後」が使われることもあります。

普通体

丁寧体a「～（た）きり」は話し言葉で用いられますが、e「部屋に入ったっきり」「出ていったっきり」のように「～っきり」になることが多いです。

比較のポイント

限界・限度

	話し言葉的	書き言葉的	硬い言い方	途絶える・断絶するという気持ちが入る	その状態が続く	後文に否定表現が多い	後文を省略できる	時間・期間を重視	動作を重視
～(た)きり	○			○		○	○	○	
～(た)まま	○				○		○		
～(た)なり		△	○	○					○
～たら最後	○				○	○			

- 「～(た)きり」「～(た)まま」「～(た)なり」は似ていて、言い換え可能の場合が多いが、微妙な差もある。
- 「～(た)きり」は時間・期間を重視し、それを最後にして、一連の流れが切れてしまうという意味合いが強い。
- 「～(た)まま」はその状態を保持して、その状態で次の動作・状態に入る。その状態の維持・保持の感じが強い。
- 「～(た)なり」は「ある動作・事態が起こったあと、それをきっかけとして何かが起こる、またはそれ以後物事が途切れる」という意味合いを表す。「突然」の意味合いが強い。
- 「～たら最後」(書き言葉で「～たが最後」)は、誰も止められない行為や事態を表す。

まとめ会話

〈Aの祖父が山から帰ってこない。心配して友人のBに相談している〉

A：おじいちゃんが山に入った<u>まま</u>、帰ってこないの。
　　　　　　　　　　　　　　　　　　　　　（状態維持、変化なし）

B：いつ入ったの？

A：おととい。

B：入った<u>きり</u>、連絡もないの？　　　　　　　　（途絶える）

A：携帯は1度通じたんだけど、「山にいる」って一言言った<u>なり</u>、切れちゃったのよ。
　　　　　　　　　　　　　　　　　　　　　　　　（突然）

B：こんなことは前にもあった？

> A：うん、たまに。いつも山に入ったら最後、なかなか下りてこないところはあったけど。　　　　　　　　　　　　（以後変えない）
> B：でも、もう3日たつね。
> 　　あの山は入ったが最後、出られない山だって誰か言ってたよ。
> 　　　　　　　　　　　　　　　　　　　（以後変わらない、書き言葉）

 否定の場合

3) で取り上げた形（表現文型）の前に来る語句を否定の形にできるかどうかは判断が難しいようです。3) は表現を変えて考えてみましょう。

　? a'　あのとき結婚しなかったきり、一生独身です。
　　b'　あのとき結婚しなかったまま、一生独身です。
　? c'　あのとき結婚しなかったなり、ずっと1人です。
　　d'　（親が娘に）今結婚しなかったら最後、結婚できないよ。

b' と d' は自然な文のように思えますが、a' と c' は不自然です。

24 条件 1

　条件を表す表現には様々なものがありますが、ここでは、まず条件を表す代表的な「たら・ば・と」、そして「なら」を中心に取り上げます。1で「仮定性が強い場合」、2で「仮定性が弱い場合」の条件表現について見ていきます。

1. 仮定性が強い場合

　仮定性の強い状況を想定して、どのような言い方ができるかを見てみましょう。仮定性が強いとは、実現性が弱いということになります。会話1）では、Aの質問に対しBは、いろいろな形で「仮定性が強い場合」を表すことができます。

丁寧体

1）A：宝くじ、当たるかもしれませんよ。
　　B：a　当たったら、あなたに半分さしあげます。
　　　　b　当たれば、あなたに半分さしあげます。
　　　　c　当たったなら、あなたに半分さしあげます。
　　　　d　当たった場合（は）、あなたに半分さしあげます。

普通体

1）A：宝くじ、当たるかもしれないよ。
　　B：e　当たったら、（君／あなたに）半分あげるよ。
　　　　f　当たれば、（君／あなたに）半分あげるよ。
　　　　g　当たったなら、（君／あなたに）半分あげるよ。
　　　　h　当たった場合（は）、（君／あなたに）半分あげるよ。
　　　　i　当たるものなら、何枚でも買うよ。

説明

丁寧体

a「〜たら」は仮定性の強い場合によく使われる、会話的な表現です。前文「〜たら」で少しポーズを置き、後文は前文にあまり制約されず、比較的自由な内容や表現が来ます。

bの「〜ば」は話し言葉にも使われますが、やや改まった硬い表現になります。「〜ば」は基本的には、「春になれば、花が咲く」「練習すればできる」のような一般条件（客観的な叙述）を表し、話し手の認識・判断を示します。

「〜ば」は、後文の成立が望まれているという文脈で使われることが多く、後文には望ましい事柄（プラスの事柄）が来やすくなります。次の①の後文にはプラスの事柄が、②にはマイナスの事柄が来ています。マイナスの事柄が来ている②は不自然になっています。

①歩行者は右側を歩けば、安全です。
? ②歩行者は左側を歩けば、危ないです。

cの「〜なら」は仮定性の強い表現で、「当たるはずはないが、仮にその場合は」という意味になります。dの「〜場合（は）」は、もう少し客観的に、宝くじが当たった「とき」をとらえています。「〜場合」の後ろには「は」や「に」が付くことが多いです。「〜場合は」は、他の「とき」（当たらなかったとき）と比べながら、当たったときを取り立てています（「〜場合に」については「2-1. 仮定性が弱い場合1」参照）。

仮定性の強い条件文には、「まっすぐ行くと駅に出る」のような「〜と」はあまり使われません。「〜と」は「必ず起こる」という意味合いを持つためと考えられます。

普通体

普通体には、丁寧体にはなかったi「〜ものなら」が現れています。動詞の可能形や、可能性を表す動詞（当たる、かなう等）が前に来ます。（例：かなう

ものなら、若かったときに戻りたい。）「〜ものなら」は、実現する可能性が低いときに用いられる表現で、ここでは「（宝くじは）当然当たらないけれども」という気持ちを表します。可能性が非常に低い仮定表現であるため、他の仮定文のように、「当たったあとどうする」というような内容の後文は来ません。「〜ものなら」はややぞんざいな感じのする話し言葉であるため、目上の人にはあまり使わないほうがいいでしょう。

　普通体のe〜hでは「あなた」以外に、「君」も示しました。「君」は男性言葉で、相手が対等、または目下の場合に使われます。女性は「君」の代わりに相手の名前か、「あなた」を使うことが多いですが、女子高校生等の若い女子が男子に対して「君」を使うこともあります。

⚖ 比較のポイント

仮定性が強い場合

	会話的	改まった言い方	ややぞんざいな言い方	一般条件に用いられることが多い	実現の可能性が低い	客観的	否定の気持ち	後文に働きかけ表現可能
〜たら	○		○	○				○
〜ば		○		○	△			△
〜なら				○	△			○
〜場合		○				○		○
〜ものなら	○		○				○	

- 仮定性の強い表現には、「〜たら」「〜なら」が使われやすい。
- 「〜たら」は会話的なくだけた言い方だが、「〜ば」はやや改まった、硬い言い方になる。
- 「〜ば」は、恒常的、法則的な関係を表す一般条件も表すとともに仮定条件も表す。
- 「〜ものなら」は表現上は強い仮定性の表現をとりながら、意味的にはまったくその可能性がない、実現性の低いことを表す表現である。言い方としてはややぞんざいな言い方である。

24 条件 1

> **まとめ会話**
>
> 〈卓球の試合会場で。AとBは日本人選手〉
> A：次は中国との対戦だ。
> B：中国は強いからな。
> A：勝て<u>たら</u>うれしいけど、勝てるはずがない。　　　　（仮定性強）
> B：でも、十分作戦を練<u>れば</u>、勝てるかもしれない。　　（前文重視）
> A：1セットでもとれる<u>なら</u>、何とかなるんだが。　　　　（仮定性強）
> B：ラリーが続いた<u>場合</u>は、チャンスはある。　　　　　（客観的）
> A：そうだね。
> B：頑張ろう。
> A：うん、勝てる<u>ものなら</u>、1度は勝ってみたい相手だよ。（可能性小）

 否定の場合

会話1)に出てくる条件表現（a～d）を否定の形にしても、文は成り立ちます。

　　a'　宝くじが当たらなかったら、借金が返せませんよ。
　　b'　宝くじが当たらなければ、借金が返せませんよ。
　　c'　宝くじが当たらない／当たらなかったなら、借金が返せませんよ。
　　d'　宝くじが当たらない／当たらなかった場合（は）、借金が返せませんよ。

c'「なら」とd'「場合（は）」の前には「～ない／なかった」の両方が来ます。「～なかったなら」「～なかった場合（は）」のほうが仮定性が強くなります。

2-1. 仮定性が弱い場合1

　ここでは、「仮定性が弱い場合」を考えましょう。仮定性が弱いということは、実現性が高いということになります。

> **丁寧体**
>
> 2) A：エアコンが作動しないんですが……。
> 　　B：a　室温が上がったら、動き始めます。
> 　　　　b　室温が上がれば、動き始めます。
> 　　　　c　室温が上がると、動き始めます。
> 　　　　d　室温が上がった場合（に）、動き始めます。
> 　　A：ああ、そうですか。

> **普通体**
>
> 2) A：エアコンが動かないんだけど。
> 　　B：e　室温が上がったら、動き始めるよ。
> 　　　　f　室温が上がれば、動き始めるよ。
> 　　　　g　室温が上がると、動き始めるよ。
> 　　　　h　室温が上がった場合（に）、動き始めるよ。
> 　　A：うん、わかった。

丁寧体

　会話2) はほぼ確実に起こる事柄に対する条件表現を取り上げています。（確実に起こる事柄に関する条件は、確定条件とも言われますが、ここでは仮定性の弱い条件文として扱います。）

　a～dの前文には動作動詞（変化動詞）が来ています。

　仮定性の弱い条件文では、a～cのように、「〜たら」「〜ば」「〜と」はほぼ同じような意味を表します。a「〜たら」は会話的表現、b「〜ば」はやや丁寧で、少し改まった言い方になります。c「〜と」は必ず起こるという、事務

的な言い方になります。また、「場合」に「に」の付いた d「場合に」は、「その時点に何が起こったか」という動きに重点を置いた言い方になります。やや硬い表現で、事務的な響きがします。

　このような仮定性の弱い条件文で、条件「〜なら」が使えるかどうかですが、「〜なら」は、やはり「仮に」の意味が強く、確定性の高い文では意味がとりにくい文になってしまいます。

　？①室温が上がる（の）なら、エアコンが動き始めます。
　？②このボタンを押す（の）なら、インスタントラーメンが出てくるよ。

普通体

　Aは最後に「うん、わかった」と言っていますが、「わかった」は親しい間柄で「ああ、そうですか」「了解した」「OKだ」と言う代わりにしばしば使われます。

まとめ会話

〈父が子供に雲のでき方を説明している〉
子：お父さん、雲はどうしてできるの？
父：雲か。そうだね。
　　夏になっ<u>たら</u>、地面が熱くなるね。　　　　　　　　（会話的）
子：うん。
父：地面が熱くなる<u>と</u>、地面近くの空気は暖められて上昇するんだ。
　　　　　　　　　　　　　　　　　　　　　　　　　　　　（必ず起こる）
子：上昇し<u>たら</u>？　　　　　　　　　　　　　　　　　（会話的）
父：うん、上空にも空気があるんだけど、上空の空気は気圧、つまり空気の圧力が低いんだ。
子：ふーん。
父：だから、空気は上昇し<u>たら</u>、低い気圧のために膨張_{ぼうちょう}するんだ。（会話的）

子：ふーん。
父：膨張すれば、空気の温度は下がってくる。（そのときは、前文重視）
子：うん。
父：低い気圧で、空気の温度が下がった場合（に）、上に向かって雲が
　　できてくるんだよ。　　　　　　　　　　　　　　（そのときに）
子：ふーん。

 否定の場合

　会話2）の条件表現の否定は、次のように、それぞれの動詞を否定形にすればできます。

a'　室温が上がらなかったら、補助ヒーターが動き始めます。
b'　室温が上がらなければ、補助ヒーターが動き始めます。
c'　室温が上がらないと、補助ヒーターが動き始めます。
d'　室温が上がらない／上がらなかった場合（に／は）、補助ヒーターが
　　動き始めます。

　d'の「〜場合」は、「〜ない」でも「〜なかった」でも使えます。「〜なかった（場合）」は実現しなかったことを強調気味に伝えています。

2-2. 仮定性が弱い場合2

ここでは、前文に形容詞文が来る場合を取り上げます。会話3）でAは、いろいろな形で「仮定性が弱い場合」を表すことができます。

丁寧体

3）A：暑いですか。　a　暑かったら、エアコンをつけてください。
　　　　　　　　　　b　暑ければ、エアコンをつけてください。
　　　　　　　　　　c　暑いなら、エアコンをつけてください。
　　　　　　　　　　d　暑いのなら、エアコンをつけてください。
　　　　　　　　　　e　暑い場合は、エアコンをつけてください。
　　B：はい、わかりました。

普通体

3）A：暑い？　f　暑かったら、エアコンつけてね。
　　　　　　　g　暑ければ、エアコンつけてね。
　　　　　　　h　暑いなら、エアコンつけてね。
　　　　　　　i　暑いのなら、エアコンつけてね。
　　　　　　　j　暑い場合は、エアコンつけてね。
　　B：うん、わかった。

説明

丁寧体

a～eは前文が形容詞文で、後文に働きかけの「依頼」の表現が来ています。（「働きかけ表現」というのは、誘い、依頼、命令のように、相手に何らかの行為をするように仕向ける表現のことです。）a「～たら」、b「～ば」、c「～なら」、d「～のなら」、e「～場合（は）」は、すべて後文に「依頼表現」が来ることができます。b「～ば」は、「依頼」の文は来ることができますが、「命令」のように働きかけが強すぎる文になると、成り立つか否かは疑問のあるところです。

？①暑ければ、エアコンをつけろ。

？②安ければ、すべて買っておきなさい。

「～ば」が「行け。」「行きなさい。」のような命令表現などと結び付きにくいのは、「～ば」が基本的には後文で話し手の認識や判断を表す表現であるため、直接的な行為やその実行を表しにくいと考えられます（25「条件2」2参照）。

また、ここには条件を表す「～と」はありません。「暑いと、エアコンをつけてください」が不自然なように、「～と」は後文に働きかけの表現をとることができないからです。

c「暑いなら」とd「暑いのなら」の違いですが、「～のだ」は基本的には前提・状況を必要とするため、「相手が暑そうな顔をしている」というような前提・状況があれば、それを見て「暑いのなら」になります。そういう前提・状況がなく、話し手が単に仮定しているだけのときは、cのように「暑いなら」になります。

eでは「場合」に「は」が付いて「場合は」になっています。「～場合は」はそのときを対比的にとらえ、「寒い場合はいいけれど、暑い場合は」という気持ちを含んでいます。

普通体

f～jの後文では、「エアコンを」の「を」と、依頼表現の「ください」が省略されて、会話的な言い方になっています。

24 条件 1

> **まとめ会話**
>
> 〈病院で医者が薬について説明する〉
> 医者：痛みがひどい場合は、薬を飲んでください。　　　　（そのとき）
> A　：はい。
> 医者：強い薬なので、痛みがひどくなければ、飲まないほうがいいでしょう。　　　　　　　　　　　　　　　　　　　　　　　（助言）
> A　：はい、わかりました。
> 〈Aが家に着いて、母親と〉
> A　：痛かったら飲んで、痛くなかったら飲まないほうがいいって。
> 　　　　　　　　　　　　　　　　　　　　　　　（会話的、直接的）
> 母親：ふーん。今痛いの？
> A　：うん。
> 母親：痛いのなら飲んだほうがいいよ。　　　　　　　　　（前提あり）
> 　　　痛くないなら、我慢したほうがいいけど。　　　　　　（仮定）

 否定の場合

会話3）の条件表現の否定は、次のように、形容詞（ここではイ形容詞）を否定形にすればできます。

　　暑くないですか。　a'　暑くなかったら、エアコンを消してください。
　　　　　　　　　　　b'　暑くなければ、エアコンを消してください。
　　　　　　　　　　　c'　暑くないなら、エアコンを消してください。
　　　　　　　　　　　d'　暑くないのなら、エアコンを消してください。
　　　　　　　　　　　e'　暑くない場合は、エアコンを消してください。

比較のポイント

仮定性が弱い場合1、2

	ほぼ確実に起こる事柄	やや硬い言い方	事務的な響き	会話的	後文に働きかけ表現可能	前提や状況が必要
〜たら	○			○	○	
〜ば	○	○			△	
〜と	○		○			
〜なら					○	
〜のなら					○	○
〜場合	○	○	○		○	

- 「仮定性が弱い」状況では、「〜たら」「〜ば」「〜と」「〜場合」は、ほぼ確実に起こることを表す。
- 「〜と」と「〜場合」は、事務的な響きを持つ。
- 「〜たら」は会話的表現として用いられる。
- 後文に依頼表現が来るか否かということでは、「〜と」は不可で、「〜たら」「〜(の)なら」「〜場合」は可能になる。
- 「〜ば」については、働きかけが強すぎる文では成り立ちにくくなる。
- 「〜なら」と「〜のなら」の違いの1つは、そう判断させる前提・状況があるか否かである。ただし、次のように単に感情を強めるときにも「〜のなら」を使うことがある。(例:どうする？ やめたいの？ やめたい<u>のなら</u>、やめたらいいし、続けたい<u>のなら</u>、続ければいいよ。)

25 条件 2

　ここでは「〜たら・〜ば・〜と・〜（の）なら」より仮定性の強い、「〜としたら・〜とすれば・〜とすると・〜とする（の）なら」を、また、それによく似た「〜となったら・〜となれば・〜となると・〜となる（の）なら」を取り上げます。

1. 〜たら・〜としたら・〜となったら

　まず、「〜たら」に関連して、「〜たら」「〜としたら」「〜となったら」を比較しながら見ていきましょう。会話1）で、Aは知人Bにイギリス留学のことを話しています。

丁寧体

1）A：イギリスに留学したいと思って（い）るんですが。
　　B：a　イギリスに留学したら、絶対遊びに行きますね。
　　　　b　イギリスに留学するとしたら、やっぱりロンドンがいいでしょう。
　　　　c　イギリスに留学するとなったら、準備が大変ですね。

普通体

1）A：イギリスに留学したいと思って（い）るんだけど。
　　B：d　イギリスに留学したら、絶対遊びに行くね。
　　　　e　イギリスに留学するとしたら、やっぱりロンドンがいいと思う。
　　　　f　イギリスに留学するとなったら、準備が大変だね。

 説明

> 丁寧体

　会話1）a〜cでは「たら」が使われているため、「〜としたら」「〜となったら」はともに話し言葉で、会話的な言い方になっています。

　a「〜たら」とb「〜としたら」の違いは、「〜としたら」のほうが、より仮定性が強いということです。「〜としたら」は、「実現するかどうかは別にして、そういうことを想定した場合」という意味になります。「〜としたら」は仮定性の強い表現なので、後文には質問文（例：家を建てるとしたら、どんな家がいいですか。）や、やや漠然とした内容（例：明日伺うとしたら、午後になります。）が続くことが多いです。

　b「〜としたら」が「する」から派生しているのに対し、c「〜となったら」は、「なる」から来ています。したがって、前文の内容がまだ仮のことでも、すでに成立しているように扱うことが多いです。c「〜となったら」はイギリス留学をすでに決まっているかのようにとらえており、そのために後文がかなり現実的な内容になっています。（物事を「すでに成立している（既定）」ととらえるか否かは、話し手の心理にも関わります。同じ事柄でも、話し手が「未定」であるととらえれば「〜としたら」になるし、「既定」であるととらえれば「〜となったら」になります。また、「未定」であっても、それが相手の事柄であれば、相手に「既定」のように言ってあげるという配慮が入ることもあります。）

　次に、「〜たら」「〜としたら」「〜となったら」が、後文に働きかけの依頼表現がとれるかどうかを見てみましょう。

　①東京に来たら、ぜひ私の家に泊まってください。
　②東京に来るとしたら、ぜひ私の家に泊まってください。
　③東京に来るとなったら、ぜひ私の家に泊まってください。

三者とも依頼表現はとれると言えます。

前文と後文に時間的な前後関係(前文の事柄が後文の事柄より先に起こること)が必要か否かという点では、a「〜たら」は前文が動詞文の場合、時間の前後関係(「留学」が先で、そのあとで「遊びに行く」)を必要としますが、b「〜としたら」、c「〜となったら」は特に必要としません。

> 普通体

　丁寧体bでは文末は「いいでしょう」になっています。「いいでしょう」の普通体は「いいだろう」ですが、そのまま言い切ると、多くの場合、男性が目下の人に言う言い方になります。「〜だろう」の代わりに、「〜と思います」、または「〜だろうと思います」にすると男女ともに使えます。

 比較のポイント

〜たら・〜としたら・〜となったら

	会話的	時間の前後関係あり	仮定性が強い	既定としてとらえる	他者への配慮	後文に働きかけ表現可能
〜たら	○	○				○
〜としたら	○		○			○
〜となったら	○		○	○	○	○

● 「〜たら」「〜としたら」「〜となったら」は三者とも話し言葉的で会話的である。
● 三者とも仮定を表すが、「〜たら」と「〜としたら／となったら」は性質が異なり、後者は、より仮定性が強い。
● 「〜たら」は前文が動詞文の場合、時間の前後関係を必要とするが、「〜としたら／となったら」は特に必要としない。
● 「〜としたら」と「〜となったら」の違いは、話し手が「〜となったら」のほうを既定のこととしてとらえている点である。

> まとめ会話

〈AとBは友達同士。Bは結婚するらしい〉
A：結婚する<u>としたら</u>、どんな人がいい？　　　　　　　（仮定性強）
B：うん、実は……。
A：えっ。
B：うん、この9月に結婚するんだ。
A：そうなんだ。
　　でも結婚する<u>となったら</u>、家はどうするの？
　　　　　　　　　　　　　　　（既定としてとらえる、具体的）
B：家はもう見つけてあるんだ。
A：へー。おめでとう。
B：結婚し<u>たら</u>、遊びに来てね。　　　　　　（時間の前後関係あり）

 否定の場合

　会話1）で取り上げた「たら／としたら／となったら」の前の動詞を否定にすると、次のようになります。

- a' 今留学しなかったら、もう機会はないかもしれませんね。
- b' 留学しないとしたら、日本で何をするつもりですか。
- c' 留学しないとなったら、大学に早く連絡したほうがいいですよ。

三者とも否定にしても問題はなさそうです。

2. 〜ば・〜とすれば・〜となれば

次に「〜ば」「〜とすれば」「〜となれば」を見ていきましょう。会話2）では、AがBにドイツ留学のことを話しています。

丁寧体

2）A：ドイツに留学したいと思って（い）るんですが。
　　B：a　ドイツに留学すれば、ご家族はさびしくなりますね。
　　　　b　ドイツに留学するとすれば、どのくらいお金がかかるのでしょうね。
　　　　c　ドイツに留学するとなれば、この家は売りに出したほうがいいでしょう。

普通体

2）A：ドイツに留学したいと思って（い）るんだけど。
　　B：d　ドイツに留学すれば、家族はさびしくなるね。
　　　　e　ドイツに留学するとすれば、どのくらいお金がかかるの｛かな／かしら｝。
　　　　f　ドイツに留学するとなれば、この家は売りに出したほうがいいと思う。

 説明

丁寧体

a「〜ば」でBは留学したあとのことを話しています。b「〜とすれば」は、a「〜ば」より仮定性が強く、「実現するかどうかは別にして、そういうことを想定した場合」という意味になります。

c「〜となれば」は、b「〜とすれば」よりドイツ留学を「すでに決まっている」こととしてとらえているために、後文が「家を売りに出す」という現実的な内容になっています。

b、cの「〜とすれば」「〜となれば」は、「〜としたら」「〜となったら」と意味用法はほぼ同じですが、「〜としたら」「〜となったら」に比べ、やや改

まった硬い言い方になります。

　では次に、「〜ば」「〜とすれば」「〜となれば」が後文に働きかけの依頼表現がとれるかを見てみます。前文が形容詞文の場合と動詞文の場合について考えます（24「条件1」2-2参照）。

（1）前文が形容詞文
　　①暑ければ、エアコンのある部屋に移動してください。
　　②暑いとすれば、エアコンのある部屋に移動してください。
　　③暑いとなれば、エアコンのある部屋に移動してください。
（2）前文が動詞文
　　①林さんが来れば、これを渡してください。
　　②林さんが来るとすれば、これを渡してください。
　　③林さんが来るとなれば、これを渡してください。

「〜ば」「〜とすれば」「〜となれば」は、いずれも後文に依頼表現が可能のようです。

　ただし、命令のような強い働きかけの文が来られるか否かは、検討の余地がありそうです。

　次の文では、「渡しなさい」は言えそうですが、「渡せ」は無理があります。

　　①'林さんが来れば、これを渡せ／渡しなさい。
　　②'林さんが来るとすれば、これを渡せ／渡しなさい。
　　③'林さんが来るとなれば、これを渡せ／渡しなさい。

「〜たら」と同じく「〜ば」も前文が動詞文の場合、前文・後文で時間の前後関係を必要としますが、b「〜とすれば」、c「〜となれば」は特に必要としません。

普通体

　丁寧体の会話2）bでは、「どのくらいお金がかかるのでしょうね」になっています。これは男女共通に使える表現ですが、普通体にすればeのように

226

なります。「かな」が男性、「かしら」が女性向けですが、女性でも「かな」を使う人もいますし、男性でも、特に年配者では「かしら」を使う人もいます（19「受身」3参照）。

比較のポイント

～ば・～とすれば・～となれば

	時間の前後関係あり	仮定性が強い	既定としてとらえる	他者への配慮	やや改まった硬い言い方	後文に働きかけ表現可能
～ば	○				○	△
～とすれば		○			○	△
～となれば		○	○	○	○	△

- 「～ば／とすれば／となれば」は「～たら／としたら／となったら」に比べると、やや改まった硬い言い方になる。
- 「～ば／とすれば／となれば」が後文に働きかけの表現をとれるか否かは、一概には言えない。強い命令表現等は不適切になる場合が多い。
- 「～ば」は前文が動詞文の場合、時間の前後関係を必要とするが、「～とすれば／となれば」は特に必要としない。

まとめ会話

〈作家とその友達が小説の構想について話している〉

作家：そろそろ小説を書かなければ。

友達：今度書く<u>とすれば</u>、どんな小説になりそう？　　　　（仮定性強）

作家：冒険小説かな。

友達：あなたのおじいさんのことを書け<u>ば</u>おもしろいと思うよ。

　　　　　　　　　　　　　　　　　　　　　　（判断、望ましい事柄）

作家：うーん。でも、書く<u>となれば</u>、いろいろ問題が出てくるかな。

　　　　　　　　　　　　　　　　（既定としてとらえる、具体的）

友達：そうだね。

 否定の場合

　会話2) で取り上げた「ば／とすれば／となれば」の前の動詞を否定にすると、次のようになります。

　　a' 今留学しなければ、もう機会はないかもしれませんね。
　　b' あなたが留学しないとすれば、大学側が困るんじゃありませんか。
　　c' あなたが留学しないとなれば、大学は再募集をするでしょう。

「〜たら／としたら／となったら」の場合と同じく、否定にしても成り立ちます。

3. 〜と・〜とすると・〜となると

　ここでは「〜と・〜とすると・〜となると」を見てみましょう。会話3) では、Aが知人Bに中国への留学について話しています。

丁寧体

　3) A：中国に留学して、東洋史を研究したいと思って(い)るんですが。
　　 B：a　中国に留学すると、寮に住むことになるんですか。
　　　　 b　中国に留学するとすると、今の学校はどうなりますか。
　　　　 c　中国に留学するとなると、あなたの中国語力が生かされますね。

普通体

　3) A：中国に留学して、東洋史を研究したいと思って(い)るんだけど。
　　 B：d　中国に留学すると、寮に住むことになるの？
　　　　 e　中国に留学するとすると、今の学校はどうなるの？
　　　　 f　中国に留学するとなると、君の中国語力が生かされるね。

 説明

丁寧体

　a「〜と」でBは、留学したあとの住まいのことを話しています。b「〜とすると」は「〜と」より仮定性が強くなります。b「〜とすると」とc「〜となると」の違いは、「〜としたら／となったら」「〜とすれば／となれば」と同じく、話し手は「〜となると」のほうを既定のこととして、より実現度が高いととらえていると言えます。

　「〜と」は後文に働きかけの表現をとれませんが、「〜とすると」「〜となると」でも難しいようです。

　？①林さんが来ると、これを渡してください。
　？②林さんが来るとすると、これを渡してください。
　？③林さんが来るとなると、これを渡してください。

　「〜たら／ば」と同じく「〜と」も前文が動詞文の場合、前文・後文で時間の前後関係を必要としますが、b「〜とすると」、c「〜となると」は特に必要としません。

普通体

　丁寧体のcでは、「あなた（の中国語力）」、普通体ではf「君（の中国語力）」が使われています。「あなた」や「君」は目上の人には使えません。代わりに相手の名前を使って、「Aさん（の中国語力）」と言うと、柔らかい言い方になり、誰にでも使うことができます。

比較のポイント

〜と・〜とすると・〜となると

	時間の前後関係あり	仮定性が強い	既定としてとらえる	他者への配慮	実現度が高い
〜と	○				○
〜とすると		○			
〜となると		○	○	○	○

- 「〜と／とすると／となると」は基本的には、後文に働きかけの表現が来ない。
- 「〜と」は「続いて起こる」「必ず起こる」という意味合いを持つが、「〜とすると」「〜となると」ではその意味合いは弱くなる。
- 「〜となると」も事柄を実現性の高いものととらえているという点で、他者への配慮が入る。
- 「〜と」は前文が動詞文の場合、時間の前後関係を必要とするが、「〜とすると／となると」は特に必要としない。

まとめ会話

〈小学校で、校長が統合の話をしている〉

校長：この学校は2年後に三英小学校と合併するかもしれません。

父兄：えっ。
　　　合併する<u>とすると</u>、子供達はどうなりますか。　　（仮定性強）

校長：合併する<u>と</u>、4年生以下の生徒は三英小学校に移ります。
　　　　　　　　　　　　　　　　　　　　　　　　（必ず起こる）

父兄：〈困惑した様子〉

校長：合併する<u>となると</u>、父兄の皆さんのご協力をいただかなくては
　　　なりません。　　　　　　　（既定としてとらえる、具体的）
　　　よろしくお願いいたします。

否定の場合

会話3)で取り上げた「と／とすると／となると」の前の動詞を否定にすると、次のようになります。

a' 今留学しないと、もう機会はないかもしれませんね。
b' あなたが留学しないとすると、今までにかかったお金がもったいないですね。
c' あなたが留学しないとなると、別の人が留学することになります。

「〜たら／としたら／となったら」「〜ば／とすれば／となれば」の場合と同じく、否定にしても成り立ちます。

4. 〜(の)なら・〜とする(の)なら・〜となる(の)なら

ここでは「〜(の)なら・〜とする(の)なら・〜となる(の)なら」を見ていきましょう。AとBは来年度の大会の実施について話しています。

丁寧体

4) A: 来年も大会を開きたいと思って(い)るんですが。
   B: a 来年も大会を開く(の)なら、もう少し工夫をしたほうがいいですよ。
   ? b 来年も大会を開くとする(の)なら、もう少し工夫をしたほうがいいですよ。
   ? c 来年も開くとなる(の)なら、もう少し工夫をしたほうがいいですよ。

> 普通体
>
> 4）A：来年も大会を開きたいと思って（い）るんだけど。
>   B：d　来年も大会を開く（の）なら、もう少し工夫をしたほうがいいよ。
>   ？e　来年も大会を開くとする（の）なら、もう少し工夫をしたほうがいいよ。
>   ？f　来年も大会を開くとなる（の）なら、もう少し工夫をしたほうがいいよ。

> 丁寧体

「～（の）なら」については、b「～とする（の）なら」、c「～となる（の）なら」はあまり使用されません。a「～（の）なら」がすでに仮定性の強い表現であるため、「～（の）なら」が代わりをすると考えられます。会話4)ではb、cに「？」を付けておきました。

後文で働きかけ表現がとれるか否かについては、a「～（の）なら」は「～たら」と同じく依頼や命令などの表現をとることができます。b「～とする（の）なら」、c「～となる（の）なら」については、前文が不自然になる場合が多いので、判定自体も難しくなります。

　　①林さんが来る（の）なら、これを渡してください。
　？②林さんが来るとする（の）なら、これを渡してください。
　？③林さんが来るとなる（の）なら、これを渡してください。

「～（の）なら」は「～たら／ば／と」と異なり、前文・後文の時間の前後関係（前文の事柄が先に起こり、後文の事柄があとで起こること）は必要としません。

比較のポイント

〜(の)なら・〜とする(の)なら・〜となる(の)なら

	仮定性が強い	使用頻度低い	後文に働きかけ表現可能
〜(の)なら	○		○
?〜とする(の)なら		○	
?〜となる(の)なら		○	

● 「〜とする(の)なら」「〜となる(の)なら」はあまり使われない。(特に、「〜となる(の)なら」は不自然な表現になる。) 使われない理由としては、「〜(の)なら」で仮定性の強い表現が十分できるからだと思われる。

 否定の場合

次は、「(の)なら／とする(の)なら／となる(の)なら」の前の動詞を否定にしたものです。否定の場合も「(の)なら」以外は不自然になります。

　　a'　大会をやらない(の)なら、早めに通知したほうがいいですよ。
?b'　大会をやらないとする(の)なら、早めに通知したほうがいいですよ。
?c'　大会をやらないとなる(の)なら、早めに通知したほうがいいですよ。

26 条件 3

「条件3」では、1つの事柄が成立するための「必要条件」を表す表現、および「誇張した条件表現」を取り上げます。1では「〜ない限り（は）・〜ない以上（は）・〜ないようでは」、2では「〜（た）うえで・〜ないことには・〜ことなしに（は）」、3では「〜でもしたら・〜なんか／なんて〜（よ）うものなら」等について見ていきます。

1-1. 必要条件1「それが必要だ」

ここでは、1つの事柄が成立するための「必要条件」について考えましょう。「〜なければ・〜ないと・〜なくては・〜ない限り（は）・〜ない以上（は）・〜ないようでは」を取り上げます。

次の会話1）では、Aが知人のBに補助金の申請について聞いています。Aの質問に対しBは、いろいろな形で「必要条件（それが必要だ）」を表すことができます。

> **丁寧体**
>
> 1）A：補助金は申請しないともらえないんですか。
>
> 　B：ええ、a　申請しなければ、補助金はもらえません。
>
> 　　　　　b　申請しないと、補助金はもらえませんよ。
>
> 　　　　　c　申請しなくては、補助金はもらえませんよ。
>
> 　　　　　d　申請しない限り（は）、補助金はもらえませんよ。
>
> 　　　　　e　申請しない以上（は）、補助金は出ませんよ。
>
> 　　　　　f　申請しないようでは、絶対補助金はもらえませんよ。

> **普通体**
>
> 1）A：補助金は申請しないともらえないの？
> 　B：うん、g 申請{しなきゃ／しなけりゃ}、補助金はもらえない{んだよ／のよ}。
> 　　　　h 申請しないと、補助金はもらえない{んだよ／のよ}。
> 　　　　i 申請しなくちゃ、補助金はもらえない{んだよ／のよ}。
> 　　　　j 申請しない限り（は）、補助金はもらえないからね。
> 　　　　k 申請しない以上（は）、補助金は出ないよ。
> 　　　　l 申請しないようでは、補助金はもらえないからね。

丁寧体

　後文の事柄が実現するために必要な条件（必要条件）を、前文で述べる表現です。必要条件を表す表現は、「限度・限界」や「注意・警告」を含むことがあるので、強い主張の表現になります。

　a「～なければ」はそれほど強い「注意・警告」は含みませんが、社会的に、また公的に「そうしなければ（だめだ）」という意味を表します。改まった硬い言い方です。bは一般条件を表す「～と」ですが、動詞のナイ形（～ない）と結び付いて、注意や警告を表します。話し言葉的表現になります。

　c「～なくては」は、前文の実現（申請すること）を望み、「それをしないのであれば、希望する事柄の実現は不可能だ」という強い意味を表します。後文に否定的表現が来ます。「～なければ」より柔らかい言い方で、「～なければ」と比較すると、私的な、個人的な場で使われやすいです。

　d「～ない限り（は）」は、「限り（は）」の前に動詞のナイ形を伴い、「その範囲内では」「そういうやらない状態が続くあいだは」と限度・限界を示して、注意・忠告をしています。かなり強い、感情の入った言い方になります。e「～ない以上（は）」は「そういう状況・状態であれば」の意味ですが、ここでは「あなたがそうしない（申請しない）のだから」という「理由説明」の意味合いが入ります。

　d「～ない限り（は）」とe「～ない以上（は）」の「は」は、あってもなくてもほ

とんど変わりません。「は」を入れると、話し手のその事柄を取り上げる気持ちが強くなります。

f「～ないようでは」は、現在の状況を踏まえて「そのようなことさえしない／できないのは、だめだ／困る」という、話し手の主張や非難のこもった強い言い方で、説教がましい意味合いを持ちます。

普通体

丁寧体a「～なければ」、c「～なくては」は話し言葉ではそれぞれ、g「～なきゃ／なけりゃ」、i「～なくちゃ」になることが多いです。

普通体の文末に、「からね」という表現が出ています。文末の「から」は終助詞的な役割を果たし、「そういう理由だから、注意してください（ね）」という念押しの気持ちが入ります。特に明示的な因果関係は表されないのですが、話し手の心理の中に因果関係が隠れています。

比較のポイント

必要条件1「それが必要だ」

	主張が強い	その範囲内では	注意や警告	そういう状況・状態では変わらない	だめだ、困る	非難の気持ち	話し言葉的	硬い言い方
～なければ	△			△		○	○	
～ないと	○		○	○	○		○	
～なくては	△		○	△	○		○	
～ない限り（は）	○	○	○	○				○
～ない以上（は）	○	○		○				○
～ないようでは	○		○	○	○	○	○	

- 「～なければ」「～なくては」を含めて、いずれも強い主張を持つ表現である。
- すべて「そういう状況・状態では（だめだ、できない、変わらない）」という意味合いを持つが、「～ないと」「～ない限り（は）」「～ない以上（は）」「～ないようでは」は、現在すでにそういう状況があり、それに対して注意・警告をしている。
- 中でも「～ないようでは」は、話し手の強い非難の気持ちが含まれる。

I

> まとめ会話

〈紛争地域でジャーナリストと担当官が話している〉

担当官　　　：紛争が終わら<u>ない限り</u>は、この地域には入れません。
　　　　　　　　　　　　　　　　　　　　　　（その範囲内では）

ジャーナリスト1：この地域に入れ<u>ないと</u>、私達は取材ができないんですよ。
　　　　　　　　　　　　　　　　　　　　　　（忠告・警告）

担当官　　　：そう言われてもダメなものはダメなんです。

ジャーナリスト2：実際に何が起こっているか見られ<u>ないようでは</u>、真実は書けないんです。
　　　　　　　　　　　　　　　　　　　　　　（困る、非難）

ジャーナリスト1：現地の人と話ができ<u>なくては</u>、何もわからないんですよ。
　　　　　　　　　　　　　　　　　　　　　　（実現不可能）

担当官　　　：また、出直してください。

ジャーナリスト2：うーん。
　　　　　　　どうしようか。

ジャーナリスト1：現地に入れ<u>ない以上</u>は、引き返すよりしかたがないよ。
　　　　　　　　　　　　　　　　　　　　　　（強い理由説明）

ジャーナリスト2：そうだね。

26 条件 3

 否定の場合

1）で取り上げた表現文型は否定の形になっているので、ここでは取り上げません。

1-2．必要条件2「それなしにはできない」

次に、「それなしにはできない」という意味の「必要条件」について見ていきましょう。「～（た）うえで・～ないことには・～ことなしに（は）・名詞＋なしに／抜きで」を取り上げます。会話2）でBは、何かを決断をするときには両親に相談したいと言っています。Aの質問に対し、Bはいろいろな形で「必

要条件（それなしにはできない）」を表すことができます。

丁寧体

2）A：ご両親に相談しますか。
B：ええ。a　両親の許可をもらったうえで、決めたいと思います。
　　　　　b　両親の許可をもらわないことには、決められません。
　　　　　c　両親の許可をもらうことなしに（は）、仕事は続けられません。
　　　　　d　両親の許可なしに（は）、決められません。
　　　　　e　両親抜きで（は）、何事も決められません。

普通体

2）A：両親に相談する？
B：うん。f　両親の許可をもらったうえで、決めたいと思う。
　　　　　g　両親の許可をもらわないことには、決められない。
　　　　　h　両親の許可をもらうことなしに（は）、仕事は続けられない。
　　　　　i　両親の許可なしに（は）、決められないよ。
　　　　　j　両親抜きで（は）、何事も決められないよ。

 説明

丁寧体

　必要条件1と同じく「これは必要だ」ということを伝えますが、ここでは特に「これは最低限必要だ」「それなしにはできない」という意味合いを持つ表現を取り上げます。

　a「～（た）うえで」は、前文で述べられた行為・行動の結果を見て後文の行為・行動に移るという意味を表します。そのために、前文の行為・行動は必要・必須のものになります。やや改まった硬い表現です。

　b「～ないことには」は「まずそれをしないと始まらない」という意味の感情の入った表現です。「だから最初にそれをする必要がある」ということを、やや回りくどい言い方で言っています。

c「もらうことなしに(は)」は「もらわないで」と同じですが、それがなければ後文のことが成立しないという強い意味を持ちます。硬い、回りくどい言い方です。

cを簡単にしたのがdです。「名詞+なしに(は)」の形をとります。意味はcと同じですが、「文／動詞+ことなしに(は)」を「名詞+なしに(は)」のように短くするため簡潔な文になります(例:地域の人に助けてもらうことなしに(は)→地域の人の助け／援助なしに(は))。

eは「〜を除外して」の意味の「〜抜きで」に「は」が付いたものです。「重大な決定においては両親抜きでは決められない」のように、「〜抜き」は「通常ならいるべき人、あるべきものを除く」という意味になります。多くの場合、後文の否定と結び付いて「〜抜きでは〜ない」という形をとります。「〜抜きでは」は「〜抜きには」となることもあります。

 比較のポイント

必要条件2「それなしにはできない」

	結果を見て	改まった硬い言い方	話し言葉的	響きがやや強い	感情が入る	回りくどい	否定と結び付く
〜(た)うえで	○	○					
〜ないことには		△	○	○	○	○	○
〜ことなしに(は)		○		○		○	○
名詞+なしに(は)		○					○
名詞+抜きで(は)			○		△		○

- 「〜(た)うえで」は直接的には「ない」の意味を持たないが、その結果を見てからでないと決められないという点で必要条件に入る。
- 「〜ないことには」と「〜ことなしに(は)」は代替可能であるが、「〜ないことには」のほうが話し手の必要不可欠であるという気持ちが強い。
- 「なし」と「抜き」の違いは、「なし」はない状態を示し、「抜き」は普通はあるものを除外するという意味を持つ。

> **まとめ会話**
>
> 〈社員が不祥事を起こしたので、会社側がマスコミに説明をする〉
> 会社側　：よく調べた<u>うえで</u>、処分を決めたいと思います。
> 　　　　　　　　　　　　　　　　　　　　（結果を見てから）
> 　　　　　まず、事実関係を調査する<u>ことなしに</u>やれませんので。
> 　　　　　　　　　　　　　　　　　（それがなければ成立しない）
> マスコミ：社内でも検討されるのですか。
> 会社側　：もちろんです。社長にも相談した<u>うえで</u>、結論を出したい
> 　　　　　と思います。　　　　　　　　　　　　（結果を見て）
> マスコミ：本人<u>抜きで</u>話し合いをされるのですか。　（〜を除いて）
> 会社側　：いやいや、本人<u>抜きで</u>は何も決められません。（〜を除いて）
> 　　　　　本人の言い分も聞か<u>ないことには</u>、結論は出せません。
> 　　　　　　　　　　　　　　　　　（感情の入った、話し言葉的）

 否定の場合

　2)で取り上げた形(表現文型)のうち、b「〜ないことに(は)」はすでに否定形が使われているので省きます。d「なしに(は)」、e「抜きで(は)」は名詞に接続するので、これも省きます。a「(た)うえで」とc「ことなしに(は)」の前に否定が来るか考えてみましょう。

　? a'　両親の気持ちは考えないうえで、自分で決心しました。
　　 c'　ご両親のお気持ちを考えないことなしに(は)、自分だけで決心して
　　　　 はいけません。

a'は「うえで」の前に、c'は「ことなしに(は)」の前に「考えない」という否定形が来ています。いずれも、持って回った言い方ですが、a'のほうが許容度が落ちるのに対し、c'は自然に感じられます。

2. 誇張した条件表現

次に「そんなことをすれば、状況が悪くなる。だから、できない」という意味の表現を見てみましょう。便宜的に「誇張した条件表現」と呼んでおきます。「～でもしたら・～（よ）うものなら・～でも／なんか／なんて～（よ）うものなら」を取り上げます。次の会話3）では、子供がいじめに遭っている状況で、子供の親同士が話しています。Aの質問に対しBは、いろいろな形で「誇張した条件」を表すことができます。

丁寧体

3）A：どうして先生に言わないんですか。

B：a　先生に告げ口でもしたら、袋叩きに遭うでしょう。

　　b　先生に告げ口（を）しようものなら、仕返しされるに決まって（い）ます。

　　c　先生に告げ口でもしようものなら、袋叩きに遭うでしょう。

　　d　先生に告げ口 {なんか／なんて} しようものなら、袋叩きに遭うに決まって（い）ます。

A：そうかもしれませんが、それでいいんですか。

普通体

3）A：どうして先生に言わないの？

B：e　先生に告げ口でもしたら、袋叩きに遭うよ。

　　f　先生に告げ口しようものなら、仕返しされるに決まって（い）るよ。

　　g　先生に告げ口でもしようものなら、袋叩きに遭うよ。

　　h　先生に告げ口 {なんか／なんて} しようものなら、袋叩きに遭うに決まって（い）る。

A：そうかもしれないけど、それでいいの？

26

条件

3

241

説明

丁寧体

「万一そんなことをすれば／そんなことが起こったら、大変なことになる。だから何もできない」ということを表す表現を取り上げます。

aは、行為の1つ「告げ口」を取り立て助詞「でも」で取り上げ、「他の方法もあるんだが、例えば『告げ口』をしたら、大変なことになる」と懸念の気持ちを強く表しています。

b「～（よ）うものなら」は、「万一そんなことをすれば、大変なことになる」の意味合いが一段と強くなります。大げさで誇張した言い方になります。

cはaと同じく、取り立て助詞「でも」を用いて「告げ口はだめだ。もちろん他の方法もだめだ」と「告げ口」を否定する言い方をしています。

dはcと同じですが、取り立て助詞「でも」の代わりに「なんか／なんて」が使われています。「なんか／なんて」はある事柄を例示して、それを軽んじる言い方で、「でも」より感情表現がより大きくなります。ここでは「なんか」と「なんて」はほぼ同じ意味合いを持ちます。

普通体

丁寧体のaでは文末に「でしょう」を使っていますが、普通体の会話eでは「でしょう」の普通形「だろう」が省かれています。普通体の親しい間柄の会話では、「だろう」や「でしょう」のない直接的な言い方が好まれることもあります。

比較のポイント

誇張した条件表現

	例示的	より強い言い方	やや大げさ	感情がより強い	軽んじた言い方
〜でもしたら	○	△	△	△	
〜(よ)うものなら		○	○	○	
〜でも〜(よ)うものなら	○	○	○	○	△
〜なんか/なんて〜(よ)うものなら	○	○	○	○	○

- すべて会話的な言い方である。
- 取り上げた4つの表現とも、強く、やや大げさで、感情のこもった表現だが、「〜ものなら」を使うと、より強く、より大げさに、より感情が強くなる。
- 「〜(よ)うものなら」は、取り立て助詞「なんか／なんて」と結び付いて、例を示しながら、その事柄を軽視したり無視したりしている。
- 強い、大げさな言い方をすることで、「だから、何もしないほうがいい」「何もしてはいけない」「何もできない」ということを言っている。

まとめ会話

〈AとBが最近の若者について話している〉

A：このごろの若者はこわいね。
　　ちょっと肩に触れただけなのに、にらみ返してくるんだ。
B：そうだよ。肩に触り<u>でもしたら</u>、ただじゃおかないって感じだよね。　　　　　　　　　　　　　　　　　　　　　　（例示的に）
A：そうだね。ちょっと<u>でも注意しようものなら</u>、殴りかかってくるからね。　　　　　　　　　　　　　　　　　　　　　　　（強調）
B：うん。注意<u>なんかしようものなら</u>、蹴飛ばされるよ。
　　　　　　　　　　　　　　　　　　　　　　（感情的、大げさ）

26 条件 3

否定の場合

　3)で取り上げた形(表現文型)のうち、aは「でもしたら」の前が名詞なので省きます。b「~(よ)うものなら」、c「~でも~(よ)うものなら」、d「~なんか/なんて~(よ)うものなら」について、表現を変えて考えてみましょう。

　　b'　宿題をしないでおこうものなら、怒鳴られるに決まっています。
　　c'　宿題でもしないでおこうものなら、袋叩きに遭うでしょう。
　　d'　宿題なんか/なんてしないでおこうものなら、袋叩きに遭うでしょう。

少し回りくどい言い方になりますが、前が否定の場合も成り立ちそうです。

27 原因・理由 1

この課では、話し手が「原因・理由」をどのように表現するかを見ていきましょう。ここでは、「原因」と「理由」を区別せず、ひと括りにして考えます。1では「〜から・〜ので・〜ため（に）」等の、一般によく使用される表現を、2では「〜おかげで・〜せいで」のような評価の入る表現と、「〜ものだから・〜の／んだから」のような言い訳、説明に使う表現を取り上げます。

1. 一般的な原因・理由表現

まず、使用頻度の高い「〜から・〜ので・〜て・〜ため（に）・〜し・名詞＋で」を取り上げます。次の会話1）では、Aが同じ会社のBに今朝の大雪と高速道路の状態について尋ねています。Aの質問に対しBは、いろいろな形で「原因・理由」を述べることができます。

丁寧体

1）A：大雪でしたが、高速道路は大丈夫ですか。
B：いえ、a　大雪が降ったから、高速道路は不通になって（い）ます。
　　　　b　大雪が降ったので、高速道路は不通になって（い）ます。
　　　　c　大雪が降って、高速道路は不通になって（い）ます。
　　　　d　大雪が降ったため（に）、高速道路は不通になって（い）ます。
　　　　e　大雪が降った／降りましたし、高速道路も不通になって（い）ます。
　　　　f　大雪で、高速道路は不通になって（い）ます。

245

> **普通体**
>
> 1) A：大雪だったけど、高速道路は大丈夫？
>   B：ううん、g 大雪が降ったから、高速道路は不通になって(い)るよ。
>   h 大雪が降ったので、高速道路は不通になって(い)るよ。
>   i 大雪が降って、高速道路は不通になって(い)るよ。
>   j 大雪が降ったため(に)、高速道路は不通になって(い)るよ。
>   k 大雪が降ったし、高速道路も不通になって(い)るよ。
>   l 大雪で、高速道路は不通になって(い)るよ。

 説明

> **丁寧体**

「原因・理由」を表すa「〜から」とb「〜ので」の違いは、次のようです。

- **〜から**：話し言葉。話し手の直接的な主張、見解や感情を表すことができるが、直接的すぎて、ぞんざいに聞こえることがある。後文に働きかけの表現が来ることができる。
- **〜ので**：話し言葉だが、「〜から」よりは丁寧。感情を表すというより、物事の因果関係の叙述・説明に向いている。後文には、強い働きかけの表現（依頼、指示、命令等）は来にくい。

aは大雪と高速道路不通の関係を、話し言葉で直接的に語っています。bはより客観的に、そしてより丁寧な言い方で、因果関係を説明しています。

cでは「〜て」が使われています。「〜て」はそれ自身では意味を持たず、前後関係で意味用法（ここでは「原因・理由」と「結果」）が決まってきます。その点では、他の原因・理由表現より、軽く因果関係をとらえていると言えます。

d「〜ため(に)」は書き言葉的な表現です。話し言葉でも使えますが、硬い言い方になります。「〜から」「〜ので」より原因・理由を明確に示すので、因果関係の明確で論理的説明には必要な表現です。「〜ため(に)」で引き起こされた結果は悪い事態であることが多いです。

e「〜し」は例示・列挙の用法があり、話し手が考えながら例を挙げるような、ゆるやかな言い方で原因・理由を示しています。話し言葉です。

fは名詞の後ろに付いた格助詞「で」が原因・理由を表しています。「火事で家が焼けてしまった」「恩師の一言（ひとこと）で今まで生きてこられた」等のように簡潔に表現することができます。

普通体

普通体の会話には手短に話そうとする傾向がありますが、g〜lで一番手短なのはi「〜て」、l「名詞＋で」でしょう。hは「〜ので」を使うことで、普通体ながら全体が柔らかい感じになっています。jは書き言葉的な「〜ために」があるので、説明・解説的な硬い言い方になっています。kは「〜し」を使うことで原因・理由を列挙し、ここでは、話し手の「しかたがないなあ」というような気持ちが感じられます。

⚖ 比較のポイント

一般的な原因・理由表現

	話し言葉的	書き言葉的	話し手の主張	感情が入る	直接的	ややぞんざいな言い方	後文に働きかけ表現可能	説明的・解説的	軽い言い方	硬い言い方	はっきり示す	ゆるやかに示す	柔らかい言い方	簡潔な表現
〜から	○		○	○	○		○				○			
〜ので	○		△		△		△						○	
〜て	○								○			△		
〜ため（に）		○	○		○			○		△	○			
〜し	○		△				○					○		
名詞＋で	△													○

- 「原因・理由」表現は話し言葉的か書き言葉的かに分かれる。前者には「〜から」「〜ので」「〜て」「〜し」、後者には「〜ため（に）」が挙げられる。
- 「原因・理由」を直接的に（はっきり）示すか、間接的に（ゆるやかに）示すかによっても分けられる。前者は「〜から」「〜ため（に）」、後者は「〜て」「〜し」。「〜ので」は因果関係を示すが、柔らかい言い方になる。
- 後文に意志や依頼・命令等の働きかけ表現がとれるかによっても分けられる。働きかけ表現がとれるのは「〜から」「〜し」、とれないのは「〜て」「〜ため（に）」「名詞＋で」で、「〜ので」はその中間に位置する。

> **まとめ会話**

〈電気会社からの停電の「お知らせ」を見て〉
母親：明日停電がある<u>から</u>、電池買っとかなくちゃ。（会話的、直接的）
息子：僕、行ってくるよ。今からコンビニ行く<u>し</u>、買ってくるよ。
　　　　　　　　　　　　　　　　　　　　　　　　　　（ゆるやか）

母親：ああ、お願い。
息子：停電になって、一番困るのは受験生の僕だ<u>し</u>な。　（ゆるやか）
　　　　　　　　　　　　＊＊＊
〈コンビニで〉
息子：電池、見当たらないんですけど。
店員：すみません。たくさんの人が買いに来た<u>ので</u>、売り切れになっ
　　　ちゃったんですよ。　　　　　　　　　　　　　　　（客観的）
息子：あー、そうなんだ。

 否定の場合

会話1）で取り上げた形（表現文型）a～eを否定にすると、次のようになります。fは「名詞＋で」なので除外します。（普通体で示します。）

　a'　大雪にならなかったから、高速道路は問題ない。
　b'　大雪にならなかったので、高速道路は順調に動いている。
?c'　大雪にならなくて、高速道路は順調に動いている。
?d'　大雪にならなかったため（に）、高速道路は順調に動いている。
　e'　大雪にならなかったし、高速道路も順調に動いている。

a'「から」、b'「ので」、そしてe'「し」は、前に来る述語を否定にすれば否定の原因・理由表現ができます。一方、c'「～なくて」、d'「～（なかった）ために」については、もう少し詳しく見ていく必要があります。

c'「〜なくて」が原因・理由を表すためには、後文が状態性表現である必要があります。

　　①子供が歩かなくて、困った。
　?②子供は歩かなくて、走った。

　①と②では前文に「歩く」という動作動詞を用いています。①は後文が状態性表現「困る」なので、「歩かなくて」は原因・理由を表すことができます。一方、②では後文に「走る」という動作動詞が来ているため、前文の「歩かなくて」は原因・理由を表すことができません。c'でも「動いている」という動作性表現が来ているため不自然な文になっています。後文に「みんなほっとしている」のような状態性表現が来ると、「〜なくて」も自然になります。

　　c"　大雪にならなくて、みんなほっとしている。

　「〜ため（に）」はマイナスの事柄を表します。d'で、「大雪にならなかった」、また「高速道路が順調に動いている」ことはプラスの事柄であるため、d'は不自然な文になっています。次のようにマイナスの事柄にすれば、「否定形＋ため（に）」も可能になります。

　　d"　雪が降らなかったために、スキー場は困っている。

27
原因・理由1

2. 評価や言い訳・説明を表す原因・理由表現

　ここでは、話し手の評価や気持ちの入る原因・理由表現、および言い訳や説明を表す原因・理由表現を取り上げます。次の会話2）では、Aが受験生の子を持つ知人Bに、入学試験の結果について聞いています。Aの質問に対しBは、いろいろな形で、評価や言い訳等を交えた「原因・理由」を述べることができます。

丁寧体

2）A：お子さんの入試はどうでしたか。
　　B：a　上の子は先生の指導がよかったおかげで、志望校に入れました。
　　　　b　下の子は先生の指導が今ひとつだったおかげで、入試に失敗しました。
　　　　c　下の子は先生の指導が今ひとつだったせいで、入試に失敗しました。
　　A：あー、そうですか。
　　B：d　下の子は全然勉強しなかったものですから、失敗してもしかたないです。
　　　　e　下の子は全然勉強しなかったわけですから、失敗してもしかたないです。
　　　　f　下の子は全然勉強しなかった {の／ん} ですから、失敗してもしかたないです。

普通体

2）A：入試の結果、どうだった？
　　B：g　上の子は先生の指導がよかったおかげで、志望校に入れたよ。
　　　　h　下の子は先生の指導が今ひとつだったおかげで、入試に失敗したよ。
　　　　i　下の子は先生の指導が今ひとつだったせいで、入試に失敗したよ。
　　A：あー、そうなんだ。
　　B：j　下の子は全然勉強しなかったものだから、失敗してもしかたないよ。
　　　　k　下の子は全然勉強しなかったわけだから、失敗してもしかたないよ。
　　　　l　下の子は全然勉強しなかった {の／ん} だから、失敗してもしかたないよ。

 説明

丁寧体

　会話2)で、a～cで話し手の評価や気持ちが入る原因・理由表現、d～fで言い訳や説明・解説を表す表現を取り上げています。まず、a～cについて見ていきます。

　「頭が痛いので、今日は仕事を休む」の「～ので」、「用事ができたために、パーティーには行けない」の「～ために」等は、中立的な見方から原因・理由を述べることが多いですが、a、bの「～おかげで」、c「～せいで」には話し手の気持ちや評価が入ります。

　aの「～おかげで」は後文の主語(ここでは話し手)が「恩恵・利益」を受けたことを、また、相手や行為をしてくれた人に対する感謝を表します。

　①あなたが手伝ってくれたおかげで、仕事がうまくいったよ。

　一方、「～おかげで」が利益ではなく、むしろ不利益を被(こうむ)ったことを表す場合もあります。bを見てください。bは「～おかげで」を使っていますが、bの「～おかげで」には話し手の非難や皮肉の気持ちが入ってきます。

　②(あなたが)間違った道を教えてくれたおかげで、倍の時間がかかってしまったよ。
　③君のおかげで、何もかも失敗してしまった。

　cの「～せいで」はaの「～おかげで」とは正反対で、「不利益」を表します。その点ではbの「～おかげで」と似ていますが、「～おかげで」には冗談で言っているような含みが入るのに対し、「～せいで」は非難、批判の度合いが強くなります。

　④(あなたが)間違った道を教えたせいで、倍の時間がかかってしまったよ。

27 原因・理由 1

⑤君のせいで、何もかも失敗してしまった。

次の⑥のように、時には自分に対する批判や反省を表すこともあります。

⑥寝る前にコーヒーを飲んだせいで、ゆうべは眠れなかった。

では、次にd〜fに移りましょう。

d「〜ものだから」の「もの」は、もともとは物体の「物」です。「物」は目に見える具体的、客観的なものです。話し手は、自分の原因・理由の説明を「ものだ」を使って客観化させ、「そういうちゃんとした原因・理由があるのだから、（わかってほしい）」という言い訳・弁解の響きがあります。「〜ものだから」の主語は話し手自身の場合も、第三者の場合もあります。⑦の前文の主語は「子供」、⑧は「私」になります。

⑦〈Aがあくびをしている〉
　　A：あーあ。
　　B：眠そうね。ゆうべ寝なかったの？
　　A：うん、子供が夜泣きをするものだから、何度も起こされて……。
⑧A：あーあ。
　　B：眠そうね。ゆうべ寝なかったの？
　　A：うん、寝る前にコーヒーを飲んだものだから、なかなか寝付けなくて……。

「〜わけだ」は根拠に基づいて論理的に引き出される結論を述べます。ある事実を根拠にして、当然の成り行きとして後文が起こるということを表します（6「推量・推定2」1参照）。e「〜わけだから」は、「〜わけだから、〜（する／なる）のは当然だ」という形で使われることが多く、論理的に説明や解説、理由を述べるときに使われます。「〜わけだから」の主語は多くの場合、話し手以外の人や事柄になります。

⑨あなたはみんなから選ばれたわけだから、頑張るのは当然だ。

「〜わけだから」の主語が話し手自身（私）になる場合は、自分を少し突き放して客観的に、または他人事のように見ている言い方になります。

⑩私も皆から選ばれたわけだから、頑張らなければならない。

f「〜の／んだから」は、「〜ものだから」「〜わけだから」より主観的な表現になります。やや感情的に理由を主張して、後文で「だからこのようにしてほしい／したほうがいい／してください」と働きかけることが多いです。「〜の／んだから」の主語は話し手自身の場合も、第三者の場合もあります。

⑪私は知らないの／んだから、聞かないでください。
⑫彼が知っているの／んだから、彼に聞いてください。

普通体

「〜の／んだから」は、普通体では1のように「〜んだから」になることが多いですが、理由をはっきり明確に言いたいときには、普通体でも「〜のだから」が使われることもあります。

27

原因・理由 1

比較のポイント

評価や言い訳・説明を表す原因・理由表現

	プラス評価（利益、感謝）	マイナス評価（不利益、非難）	皮肉の気持ち、冗談っぽい	客観的	主観的	論理的帰結、理屈っぽい	説明・解説、理由述べ	後文に働きかけの強い表現可能
〜おかげで❶※	○				△			
〜おかげで❷※		○	○		○			
〜せいで		○			○			
〜ものだから				○		△	△	
〜わけだから				○		○	○	△
〜の／んだから					○	△		○

※利益を受ける「〜おかげで」を「〜おかげで❶」、不利益を受けるほうを「〜おかげで❷」で示す。

- 話し手の評価・気持ちが入る表現のうち、プラス評価は「〜おかげで❶」、マイナス評価は「〜おかげで❷」と「〜せいで」である。
- 「〜ものだから」「〜わけだから」「〜の／んだから」は、評価というよりは話し手の説明・理由付け・言い訳を表すことが多い。
- すべて話し言葉的表現である。

まとめ会話

〈地震のニュースを聞いたAが、友達のBに電話をしている〉

A：家は大丈夫だった？
B：地震の<u>せいで</u>、屋根が崩れ落ちて……。　　　　（マイナス評価）
A：大変だったね。
　　でも、ボランティアの人達が手伝ってくれたんだろ？
B：うん、彼らの<u>おかげで</u>、後片付けは何とか……。　（プラス評価）
A：家にはいつ戻れるの？
B：まだ水と電気が来ない<u>ものだから</u>、しばらくはだめだね。（客観化）
A：それは大変だね。

> B：みんな困っているんだから、どんどん復旧工事を進めてほしいよ。
> 　　　　　　　　　　　　　　　　　　　　　　　　　　（主観的）
> A：うん、でも市のほうも一生懸命やっているわけだから……。
> 　　　　　　　　　　　　　　　　　　　　　　　　　（論理的説明）

 否定の場合

　会話2）のa、bの「おかげで」とc「せいで」の前に否定形が来た場合を考えてみましょう。（普通体で示します。）

　　a'b'　先生の指導がよくなかったおかげで、入試に失敗した。
　　c'　　先生の指導がよくなかったせいで、入試に失敗した。

a'とb'は「否定表現＋おかげで」は話し手の皮肉な気持ちを表すことになります。c「せいで」はもともと不利益を受けたことを表す表現なので、否定表現とは結び付きやすくなります。
　d「ものだから」、e「わけだから」、f「の／んだから」については、会話2）にも示されているように、否定表現をとることができます。

28 原因・理由 2

　「原因・理由2」では、「原因・理由1」で取り上げなかった表現を見ていきましょう。1では、その表現の中に「〜から」を含む「〜からか・〜からこそ・〜からには」、2では「〜ばかりに・〜ばこそ・〜だけあって・〜だけに・〜ゆえに」、そして3では「それで・だから・なぜなら・というのは」のような2文をつなぐ接続詞を取り上げます。

1.「から」を含む原因・理由表現

　「原因・理由」を表す表現には、「から」という語を含むものがいくつかあります。ここではそれらの表現について考えましょう。次の会話1）のAとB（女）は知人同士で、体重のことについて話しています。Aに対しBは、いろいろな「〜から＋α」の形で「原因・理由」を表すことができます（「〜からといって」については32「逆接3」1参照）。

> **丁寧体**
>
> 1）A：やせましたね。
> 　B：ええ、a　5キロやせたから、動きやすくなりました。
> 　　　　b　5キロやせたからか、体が軽いです。
> 　　　　c　5キロやせたからこそ、彼が私を好きになってくれたのです。
> 　　　　d　5キロやせたからには、あと3キロやせてみせます。

256

> 普通体

1）A：やせたね。
　B：うん、e　5キロやせたから、動きやすくなったのよ。
　　　　　f　5キロやせたからか、体が軽いのよ。
　　　　　g　5キロやせたからこそ、彼が私を好きになってくれたのよ。
　　　　　h　5キロやせたからには、あと3キロやせてみせる。

> 丁寧体

　b「～からか」は、aの理由「～から」に不確かな気持ちを表す「か」が付いた形で、「はっきりわからないが、～からだろうか」と曖昧に原因・理由を示しています。「ゆうべよく眠ったからか、今日は頭がすっきりしている」のように、原因・理由をぼかした言い方になります。

　c「～からこそ」は、理由「～から」に「特立」（特に抜きんでていること、特に取り立てること）を表す取り立て助詞「こそ」が付いたもので、「その理由のために（こうなのだ／こうすべきだ）」という話し手の判断を表します。判断の基準は社会的な通念や常識に基づくことが多いです。前文の強調した気持ちを受けて、後文の文末には「～のだ／んだ」「～べきだ」「～なければならない」等の、強い判断の表現が来やすくなります。

　d「～からには」は、「ある状況になった以上は」の意味で、後文には「絶対やる」という決意・決心や義務、願望、あるいは実行や対処の表現が来ることが多いです。また、働きかけを表す依頼・命令等の表現も来やすくなります。

　「～からこそ」と「～からには」の比較を表にしてみましょう。

	重視	文末表現（例）	意味機能
～からこそ	前文を重視 前文を特立	～のだ／んだ、 ～なければならない、 ～（する）べきだ	社会通念・常識に基づく判断・理念を表す
～からには	後文を重視 必要条件に対する 対処方法を示す	～なければならない、 ～（する）べきだ、 ～たい、 依頼・命令表現	社会通念・常識に基づいて実行・対処する

①大企業であるからこそ、社会貢献も考えなくてはならない。

②大企業であるからには、社会貢献も考えなくてはならない。

①②は意味的にほぼ同じで、置き換えが可能です。しかし、次のような状況では「からこそ」と「からには」の使い分けが必要になってきます。

③重役A：わが社も世界有数のIT企業になった。

　重役B：そうですね。規模も収益もトップクラスですね。

　重役A：トップ企業である {？からこそ／○からには}、そろそろ社会
　　　　　貢献も考えなくてはならない。

　重役B：ええ、しかし、まだそこまで考えなくてもいいでしょう。

　重役A：いや、トップ企業になりつつある {○からこそ／？からに
　　　　　は}、社会貢献を考えなくてはならないんだ。

「～からには」では、重役AとBの共通認識として「わが社がトップ企業である」があり、トップであり続けるための必要条件として、実際的に「社会貢献をすること」が必要であるとAが述べています。

　一方「～からこそ」では、前文の「トップ企業になりつつある」を取り上げ、「それだから」「その理由のために」社会貢献が必要だと判断・理念を主張しています。

比較のポイント

「から」を含む原因・理由表現

	直接的	曖昧な言い方	主観的	強調的	その理由のために・前文を重視	ある状況である以上は・必要条件として	社会通念・常識に基づく	後文を重視・対処方法	後文末に「のだ/んだ」が来やすい	後文に決意・働きかけ表現可能
～から	○		○						○	
～からか		○	△							
～からこそ	○		○	○	○		○	○		
～からには	○		○	○		○	○	○	○	

- 話し言葉的表現の「～から」から派生しているので、すべて話し言葉的で会話的である。
- 「～から」「～からこそ」「～からには」は積極的、かつ肯定的な意味合いを持つ。
- 「～からか」は直接的な「～から」を弱めた表現である。
- 「～からこそ」と「～からには」は両者とも主観的、強調的で、「その理由のために」という意識が強い点でよく似ている。両者の違いは、「からこそ」が前に来る事柄を重視するのに対し、「からには」は後ろ（後文）の事柄（多くは決意・実行・対処）を重視する。

まとめ会話

〈AとBは同じ団地に住んでいる〉

A：この団地はペットを飼っている人が多いですね。

B：そうですね。
　　ペットを飼っている<u>からか</u>、皆さんお元気ですよ。　　（不確か）

A：ペットといっしょだ<u>から</u>、元気なんでしょうね。　　（直接的）

B：そうですね。

A：でも、ペットを飼う<u>からには</u>、ルールを守る必要がありますね。
　　　　　　　　　　　　　　　　　　　　　　　　　　　　（対処方法）

B：もちろんです。
　　ルールを守る<u>からこそ</u>、人もペットも幸せになるんです。
　　　　　　　　　　　　　　　　　　　　　　　（その理由のために）

28 原因・理由 2

 否定の場合

会話1)で取り上げたa「から」、b「からか」、c「からこそ」、d「からには」の前に、否定の形が来た場合を考えてみましょう。(普通体で示します。)

  a' 甘い物を食べない／食べなかったから、2キロやせた。
  b' 甘い物を食べない／食べなかったからか、2キロやせた。
  c' 甘い物を食べない／食べなかったからこそ、2キロやせたんだ。
 ?d' 甘い物を食べない／食べなかったからには、2キロやせた。

a'～c'は否定の形はできていますが、d'「～からには」は不適切になっています。「～からには」と否定の関係についてもう少し見てみましょう。

「～ないからには」
 ①あいつがやらないからには、私がやってみせる。
 ②飛べないからには、走るのだ！
 ③販売成績が伸びないからには、この商品は生産中止にするしかない。
 ④それがまず決まらないからには何も決められません。

①②は「～からには」の本来の意味機能「決意・決心」を表しています。一方、③④は「そういうなら／そうであれば～、こうするよりしかたがない」という「しかたがない」という「諦め」の気持ちを表しています。

「～なかったからには」にも同じことが言えそうです。①②は次の⑤⑥に、③④は⑦⑧に意味機能が対応しています。

「～なかったからには」
 ⑤推薦をもらえなかったからには、意地でももっといい大学に入ってやろう。

⑥目標を達成できなかったからには、達成できるまでやってみる。

⑦試験がうまくいかなかったからには研究開発は中止になるかもしれない。

⑧契約を守らなかったからには、多額の違約金を払わなければならないだろう。

以上をまとめると、「から」「からか」「からこそ」は、前に自由に否定の形が来ることができますが、「からには」は否定の形が来ると意味合いが変わり、「決意・決心」を表す場合と、「しかたがない」という気持ちを表す場合が出てくると言えます。

2. その他の原因・理由表現

次に、これまで取り上げなかった原因・理由表現について見ていきましょう。会話2）は、知人のAとBが会社の給料について話しています。Aの質問に対しBは、いろいろな形で「原因・理由」を表すことができます。

丁寧体

2）A：今の会社はどうですか。

B：a　給料が上がらなくて／上がらないで、困って（い）ます。

　　b　給料が上がらないせいか、仕事にも熱意がわきません。

　　c　給料が上がらないばかりに、家では肩身が狭いです。

　　d　高い給料が保証されていればこそ、従業員も頑張れるのです。

　　e　業績が伸びている企業だけあって、今年も給料が上がるそうですよ。

　　f　業績が伸びている企業だけに、給料を上げないわけにはいかないようです。

　　g　安月給のゆえに苦しんでいる従業員が大勢います。

> 普通体

2）A：会社はどう？
　　B：h　給料が上がらなくて／上がらないで、困って（い）る {よ／の}。
　　　　i　給料が上がらないせいか、仕事にも熱意がわかない {んだよ／のよ}。
　　　　j　給料が上がらないばかりに、家では肩身が狭いよ。
　　　　k　高い給料が保証されていればこそ、従業員も頑張れる {んだよ／のよ}。
　　　　l　業績が伸びている企業だけあって、今年も給料が上がるそう {だよ／よ}。
　　　　m　業績が伸びている企業だけに、給料を上げないわけにはいかないよう {だよ／よ}。

 説明

> 丁寧体

　a〜gまでいろいろな原因・理由表現が並んでいます。

　aは動詞「〜ない」のテ形に関係した問題を抱えています。動詞「〜ない」のテ形は「〜ないで」と「〜なくて」の2種類があります。「〜ないで」は「朝ご飯を食べないで会社に行く」のように、その動作をすることなしに次の行動をする意味を表します。一方、「〜なくて」は「うちの子供は朝ご飯を食べなくて困る」のように原因・理由を表します（27「原因・理由1」1「否定の場合」参照）。

　動詞の場合、通常「〜なくて」が原因・理由を表しますが、話し言葉では「〜ないで」も原因・理由として使われることがあります。「子供が朝ご飯を食べないで困る」のように、後文が状態性の表現（困る、うれしい、悲しい等）である場合です。

　b「〜せいか」は「はっきりとは言えないが」として、曖昧に原因・理由を挙げる表現です。「あなたのせいで失敗した」の「〜せいで」（27「原因・理由1」2参照）が、不利益を被った原因・理由を取り立てて非難するマイナス表現であるのに対し、「〜せいか」は次のようにプラス・マイナス両方に使えます。（使い方のポイント1,2）参照）

①着ているドレスのせいか、今日の彼女は一段と美しい。(プラス評価)

②着ているドレスのせいか、今日の彼女は老けて見える。(マイナス評価)

c「〜ばかりに」は「まさにそのことが原因・理由で」と原因・理由を特定して、後文でマイナス評価をします。「そのことのために、こうなってしまった」という後悔や反省の意味合いが含まれます。話し手自身のことだけでなく、他者に対しても使われます。他者に対して使うときは批判の気持ちと同時に同情の気持ちが入ることが多いです。

③彼は友人の保証人になったばかりに、ひどい目に遭ってしまった。

c「〜ばかりに」に対し、「他でもないそのことが原因・理由で」と述べてプラスの事柄につながっていくのがd「〜ばこそ」です。dでは「高い給料が保証されているので／おかげで、後文の事柄が可能である」と述べています。④としてもう1つ例を挙げておきます。

④失敗すればこそ、敗者の気持ちがよくわかる。

「子供がいればこそ、苦しいときも頑張れる」のように、感謝の気持ちが含まれることもあります。「〜ばこそ」は書き言葉的な表現です。

「だけあって」は前に来る人やもの・事柄が、その評判や期待通りであることを表します。「業績が伸びている企業」は、社員にその利益を還元することが期待されているはずで、e「〜だけあって」は、その期待にふさわしく、「そこでは今年も給料が上がる」という意味になります。

f「〜だけに」は「〜だけあって」と似ていますが、「〜だけあって」が「その評判や期待通りである」「その評判や期待にふさわしい」とプラス評価を述べることが多いのに対し、「〜だけに」はプラス評価を述べるだけでなく、「そうであるから、そうなのであろう／そうであるべきである」等の推量や判断をする文が後ろに続きます。

「〜だけあって」と「〜だけに」を比較してみましょう。

	前に来る語	重視	文末表現（例）	意味機能
だけあって	プラス評価・定評のある人・もの・事柄	前文を重視	〜だ／である	プラス評価を述べる ありのままを認める
だけに	プラス評価の事柄が多いがマイナスの場合もある	どちらかというと後文を重視 推量・必要性	〜だろう、〜にちがいない、〜べきだ	評価をしたうえで話し手の推量・判断を述べる

⑤A：あの会社は信頼されている {(1)○だけあって／○だけに}、不況にも強いね。

B：うん、そうだね。リストラをせずに頑張っているね。

A：信頼されている {(2)？だけあって／○だけに}、簡単にはリストラできないんだろう。

B：そうだね。

A：大企業 {(3)？だけあって／○だけに}、本当はもっと多くの従業員を採用すべきなんだけど。

(1)は後文に「ありのままを認める」表現が来ていて「〜だけに」「〜だけあって」どちらも可能です。(2)は「〜だけあって」も可能とすることができそうですが、後文に「できないんだろう」という否定的な評価が来ているので、「〜だけあって」は不自然だと考えられます。(3)は後文に「採用すべきだ」という助言の表現が来ているため、「〜だけあって」は不自然になっています。

g「〜ゆえに」は書き言葉で、古語的な原因・理由を表す言い方です。名詞に付く場合は「〜のゆえに」になりますが、「の」が省略されることもあります。

普通体

g「～ゆえに」は古語的な表現なので、普通体の会話には出てきにくいと思われます。

 比較のポイント

その他の原因・理由表現

	話し言葉的	書き言葉的	硬い言い方	中立的、客観的	曖昧な言い方	まさにそのことが原因・理由で	マイナス評価	プラス評価・評判	それにふさわしい当然の成り行きとして
～なくて/ないで	○			○					
～せいか	○				○				
～ばかりに		○				○	○		
～ばこそ		○	○			○		○	○
～だけあって		○						○	○
～だけに		○					△	△	○
～ゆえに		○	○	○					

- 話し言葉的な「～なくて／ないで」「～せいか」以外は、書き言葉的、または硬い言い方である。
- 後文にプラス評価の内容が来るのは、「～ばこそ」「～だけあって」である。「～ばかりに」は否定的な内容が来る。
- 「ばこそ」「だけあって」は前に来る事柄を評価し、「だからこうだ」とプラスに評価する。「～だけに」もよく似ているが、「そうであるから、当然の成り行きとしてこうなる」ということを説明するときに用いる。

まとめ会話

〈AとBは同じ団地に住んでいる〉

A：きのう歩きすぎた<u>せいか</u>、足が痛いです。　　　　　　　　（曖昧）
　　無理して歩いた<u>ばかりに</u>、足を痛めてしまったようです。
　　　　　　　　　　　　　　　　　　　　　　　　　（マイナス評価）
B：大変ですね。
A：でも、こうやって運動すれ<u>ばこそ</u>、病気もしないでいられるんですよ。　　　　　　　　　　　　　　　　　　　　　　（プラス評価）

28 原因・理由 2

> B：やっぱり、元ソフトボールの選手だけあって、強いですね。
> 　　　　　　　　　　　　　　　　　（プラス評価、それにふさわしい）
> A：そうですかね。
> B：選手だっただけに、足腰の筋肉が強いんでしょうね。
> 　　　　　　　　　　　　　　　　　（当然の成り行きとして）
> A：いや、あまり長距離は歩けなくて……。　（否定の原因・理由）
> B：そうですか。
> A：まあ、年寄りゆえの喜びもありますがね。　（古語的な表現）

 否定の場合

　会話2）で取り上げた形（表現文型）について否定の形を考えてみましょう。
　a～cの原因・理由表現の前にはすでに否定形が来ているので、d～gについて否定の場合を考えてみましょう。
　d「～ばこそ」は原因・理由と願望を交えて、プラスの事柄につながっていくことを表すので、「ばこそ」の前に否定形は来にくくなります。

　? d'　高い給料が保証されなければこそ、誰も頑張らない。

　一方、e「だけあって」は内容がプラスであれば前に否定形も来ることができます。

　e'　この山は人に知られていないだけあって、自然がそのまま残っている。

f「だけに」、g「ゆえに」では否定表現が来ることができます。

　f'　この企業はまだ名が知られていないだけに、投資先としておもしろい。
　g'　昇進ができないゆえに悩んでいる人々が大勢いる。

3. 2文をつなぐ接続詞

　今までは1文の中での「原因・理由」表現を見てきました。ここでは2文をつなぐ接続詞としての「原因・理由」表現を取り上げます。会話3）の状況は、27「原因・理由1」の会話1）と同じです。Aの質問に対しBは、いろいろな接続詞で「原因・理由」を表すことができます。

丁寧体

3）A：雪の予報が出て（い）ましたが、高速道路は大丈夫ですか。

　　B：ええ、a　大雪が降りました。そのため（に）、高速道路は不通になって（い）ます。

　　　　　　b　大雪が降りました。それで、高速道路は不通になって（い）ます。

　　　　　　c　大雪が降りました。ですから、高速道路は不通になって（い）ます。

　　　　　　d　高速道路は不通になって（い）ます。なぜなら、大雪が降った{から／ため}です。

　　　　　　e　高速道路は不通になって（い）ます。というのは、大雪が降った{から／ため}です。

普通体

3）A：雪の予報が出て（い）たけど、高速道路は大丈夫？

　　B：うん、f　大雪が降って、そのため（に）、高速道路は不通になって（い）るよ。

　　　　　　g　大雪が降って、それで／で、高速道路は不通になって（い）るよ。

　　　　　　h　大雪が降って、だから、高速道路は不通になって（い）るよ。

　　　　　　i　高速道路は不通になって（い）る。というのは、大雪が降った{から／ため}だよ。

28
原因・理由2

267

 説明

丁寧体

　a〜cは、原因・理由を表す前文のあとに原因・理由を表す接続詞が続き、後文に結果を表す文が続くという「前文。接続詞、後文。」という構造を持った表現です。

　a「そのため（に）」は明確に原因・理由を表しています。やや硬い言い方になります。b「それで」は話し言葉で、柔らかい響きを持ちます。

　「それで」は大きく分けて2つの意味用法を持ち、1つは原因・理由、もう1つは「そのようにして」「そして」等と同じく、事態・物事の経緯・流れを表すときに用いられます。したがって、bの「それで」が明確に原因・理由を表すのか、事態の流れを表しているのか、どちらにもとれる場合があります。原因・理由を表している場合でも、c「ですから」、h「だから」と比べると、もっとゆるやかに前文を受け、次の文につないでいると言えます。

　d「なぜなら」は、結果を表す前文を受けて、「その理由を説明すると」と言いながら次文の原因・理由へとつないでいきます。書き言葉的で、翻訳調の硬い印象を与えます。

　①今は公表できない。なぜなら、まだ検討の段階であるから。

　「なぜなら」の代わりに、話し言葉として用いられることが多いのは、eの「というのは」です。「というのは」は「なぜなら」が原因・理由を鋭く、明確に説明しようとするのに対し、次の例のように、柔らかく、やや曖昧に付け足すように原因・理由を述べることが多いです。

　②今日は欠席します。というのは、用事もあるし、何となく気が進みませんので。

「なぜなら」も「というのは」も、文末には「〜からだ」「〜ためだ」「〜のだ／んだ」「〜ので」等の表現が来ます。

（最近若者の間で、「それで」や「だから」の代わりに「なので」を使っているのをしばしば耳にします。理由説明をするのに「だから」では強すぎるし、「それで」では弱すぎるので、柔らかい言い方として「なので」を使うようです。）

普通体

f〜hは2文ではなく、「〜て」で前後文をつなぎました。「大雨が降った。」で切るよりも「〜て」でつないだほうが、会話としてつながりがよくなるからです。

g「それで」は会話体では「で」のみで使われる場合もあります。

h「だから」は「ですから」の普通体ですが、響き（主張）が強く聞こえることがあり、理屈がましく聞こえるので、あまり強調しないなどの注意が必要です。

d「なぜなら」は会話では使いにくいので、iでは「というのは」という接続詞を使っています。柔らかい言い方になります。

比較のポイント

2文をつなぐ接続詞

	話し言葉的	書き言葉的	硬い言い方	柔らかい言い方	丁寧	理屈を強調	明確な言い方	響きが強い
そのため（に）		○	○		○	△	○	
それで	○			○	○			
ですから	○			○	○	△		△
だから	○					○	○	○
なぜなら		○	○			○		○
というのは	○			○	△			

- 話し言葉的か書き言葉的かという点では、「そのため（に）」「なぜなら」が書き言葉的で、それ以外は話し言葉的表現になる。
- 書き言葉的な「そのため（に）」「なぜなら」は硬い言い方であるが、一方、「それで」「ですから」「というのは」は柔らかい言い方になる、
- 「だから」は話し言葉で多用されるが、言い方によってはぞんざいな感じを与える。

> **まとめ会話**

〈Aが前日の研究会に来られなかった事情を説明をしている〉
A：きのうは来られなくてすみませんでした。
B：どうしたんですか。
A：車が故障してしまい、そのためにいろいろ……。（硬い原因・理由説明）
B：電車で来ればいいでしょう？
A：アパートが駅から遠いもので、それで……。
　　　　　　　　　　　　　　（付け加え的、柔らかい言い方）
B：車はどうしたんですか。
A：すぐ修理を頼んだんですが、なかなか取りに来てくれなくて。
　というのは、修理工場も手一杯だったようで。
　　　　　　　　　　　　　　（柔らかい原因・理由説明）
B：こっちもあなたの来るのを待ってたんですよ。
A：ですから、さっき言ったように、車が……。（丁寧な原因・理由説明）
B：こっちも大変だったんですよ。スピーカーの1人が急病で出られなくて、あなたに代わりをしてもらおうと思ったのに……。

 否定の場合

　接続詞は独立した文（時には語）をつなぐものなので、前に来る文も後ろに来る文も、肯定でも否定でも可能になります。

Ⓘ

29　目的

　ここでは表現意図のうち「目的」を取り上げます。「ロボット技術の研究に日本へ来た」「日本料理をマスターするために日本へ来た」「日本料理をマスターするのにかなりの費用がかかる」「日本料理をマスターするには10年はかかる」の、「～に・～ため（に）・～のに・～には」等を取り上げます。

1.　～に・～ため（に）・～ように

　まず、よく使われる「～に・～ため（に）・～ように」を見てみましょう。次の会話1）で、Aは就職試験を受ける知人のBに試験のことを尋ねています。Aに対しBは、いろいろな形で自分の「目的」を表すことができます。

▶ 丁寧体

```
1）A：一流企業への就職は大変ですね。
　　B：ええ、a　明日、試験を受けに九州へ行きます。
　　　　　　 b　明日、試験を受けるため（に）九州へ行きます。
　　　　　　 c　明日、試験のため（に）九州へ行きます。
　　　　　　 d　一流企業に入れるように、毎日頑張って（い）ます。
　　　　　　 e　入社試験に失敗しないように、毎日頑張って（い）ます。
```

▶ 普通体

```
1）A：一流企業への就職は大変 {だね／ね}。
　　B：うん、f　明日、試験を受けに九州へ行く。
　　　　　　 g　明日、試験を受けるため（に）九州へ行く。
　　　　　　 h　明日、試験のため（に）九州へ行く。
　　　　　　 i　一流企業に入れるように、毎日頑張って（い）るよ。
　　　　　　 j　入社試験に失敗しないように、毎日頑張って（い）るよ。
```

29

目的

271

 説明

丁寧体

　aは「動詞マス形の語幹＋格助詞『に』＋行く／来る／帰る（移動動詞）」の形で、「に」の前の行為・動作をする目的で移動することを表します。（例：図書館へ本を借りに行く。食堂へランチを食べに来た。）

　「目的」はbのように、「〜ため（に）」を使って表すこともできます。「〜ため（に）」を使うと、後文で「移動」だけでなくいろいろな行為・動作を表すことができます。（例：食べるために働く。働くために食べる。）

　cは「試験を受ける」を「試験」という1語で表し、「のため（に）」で受けています。意味はbと同じです。dは「ように」を用いた目的表現で、「ように」の前には動詞の可能形や自動詞、状態性の動詞（ある、いる）、また、eのような動詞のナイ形等が来ます。一方で、動作動詞（食べる、働く、行く等）は来にくくなります。動作動詞は辞書形の形で、「生きるため（に）」「バイオを研究するため（に）」のように、「ため（に）」と結び付いて目的を表します。

　b「〜ため（に）」とd「〜よう（に）」の違いは次のようです。

〜ため（に）：目的を明確に示す。それに向かって意志的に行為を行うことを表す。意志を表す動詞（意志形「〜（よ）う」の作れる動詞）が来る。
　　　例：成績を上げるために、全力を尽くします。

〜ように　：結果を重視し、ある結果が得られることを目指して、行為を行うことを表す。「ように」の前には自動詞、動詞の可能形・ナイ形、状態性の動詞等が来る。
　　　例：成績が上がるように、全力を尽くします。

　「目的」は、話し手の意志の側面から見るか、物事の結果の側面から見るかで異なり、前者は「〜ため（に）」、後者は「〜ように」が使われます。自分の意志や行為を主張したいときは前者を、どうあってほしいかという結果を重視

するときは後者を選びます。

e「〜ないように」は否定の結果を思い浮かべ、そうならないことを目標とする表現で、話し手自身や相手に向かって注意や留意を促しています。

普通体

最近の傾向として「ように」を使うべきときに、「ため（に）」を使う現象が見られます。i、jで適切なのは「ように」ですが、「動詞の可能形＋ため（に）」（入れるために）、「動詞のナイ形＋ため（に）」（失敗しないために）という人達も増えてきています。話し言葉に多く見られ、親しい間柄の会話では「ため（に）」「ように」の使い分けがゆるやかになってきていると言えるかもしれません。若者だけでなく、年配者にも浸透しつつあるようです。

比較のポイント

〜に・〜ため（に）・〜ように

	前に動作動詞	前に可能形・状態表現	目的を明確に示す	意志的に行為をする	結果を重視	否定の結果を求める
名詞／動詞のマス形の語幹＋に＋移動動詞	○*					
〜ため（に）	○		○	○		
名詞＋のため（に）			○	○		
〜ように		○			○	
〜ないように		○			○	○

※動詞の場合

- 話し手の意志や目的を明確に表したいときは「〜ため（に）」、結果を重視する場合は「〜ように」を使う。
- 「ように」の前には動詞ナイ形を含めて、可能形や状態動詞（いる、ある等）、自動詞が来やすい。
- 「本を借りるために図書館へ行く」は「図書館へ本を借りに行く」、「ロボット工学を勉強するためにこの大学へ来た」は「ロボット工学を勉強しにこの大学へ来た」「この大学へロボット工学の勉強に来た」と言うことができる。

> **まとめ会話**

〈1人の外国人が日本料理の専門家に会いに来た〉
受付　：日本へいらっしゃった目的は？
外国人：日本料理を研究する<u>ために</u>来ました。　　　　　　（意志的）
　　　　そして、今日は、日本料理研究家の高井先生に会い<u>に</u>来ました。　　　　　　　　　　　　　　　　　　　　　　　（移動の目的）
高井　：ああ、私が高井です。
外国人：高井先生は外国人にわかる<u>ように</u>、丁寧に説明してくださることで有名です。　　　　　　　　　　　　　　　　　（結果重視）
高井　：説明の前に、2つ言っておきたいことがあります。
　　　　1つは習ったことは忘れ<u>ないように</u>、必ずメモしてください。
　　　　　　　　　　　　　　　　　　　　　　　　　　　　（結果重視）
　　　　それから、料理教室は休ま<u>ないように</u>、頑張って毎日来てください。　　　　　　　　　　　　　　　　　　　　　（結果重視）
外国人：はい、わかりました。

 否定の場合

　会話1)で取り上げた形（表現文型）について否定の形を考えてみましょう。「目的表現」は通常、肯定的な事柄を表すため、否定表現とは結び付きにくくなります。ただし、会話1)e「入社試験に失敗しないように、毎日頑張っています」にあるように、「ように」は前に否定の形をとることができます。否定の結果を思い浮かべ、そうならないことを目標とする場合に用いられます。

2. ～に向けて・～を目指して・～に・～のに・～には

次に、「～に向けて・～を目指して・～に・～のに・～には」を取り上げます。会話2)は会話1)と同じく、Aが知人のBに就職活動（就活）のことを尋ねています。Aに対しBは、いろいろな形で「目的」を表すことができます。

丁寧体

2) A：就職活動は大変ですね。
　B：ええ、a　内定に向けて、毎日頑張って（い）ます。
　　　　　b　内定を目指して、毎日頑張って（い）ます。
　　　　　c　就職活動にお金がかかります。
　　　　　d　就職活動するのにお金がかかります。
　　　　　e　就職活動するには企業や大学、友人、知人からの情報が必要です。

普通体

2) A：就職活動は大変｛だね／ね｝。
　B：うん、f　内定に向けて、毎日頑張って（い）るよ。
　　　　　g　内定を目指して、毎日頑張って（い）るよ。
　　　　　h　就職活動にお金がかかるね。
　　　　　i　就職活動するのにお金がかかるね。
　　　　　j　就職活動するには企業や大学、友人、知人からの情報が必要｛だね／（よ）ね｝。

 説明

丁寧体

　a、bは「名詞＋に向けて」「名詞＋を目指して」の形で、目的「～のために」と同じ意味になります。「に向けて」は前に目標とする事柄が来て、「その事柄の実現に向かって」という意味になります。「を目指して」は目標とする事柄の「実現を目的として」という意味になります。「～に向けて／～を目指し

て、その目的のために何かをする／している」という形で用いられます。

　c〜eは目的を表しますが、c、dは目的を達成するために何が必要か、お金や時間がどのくらいかかるかなどを説明する文が多く続き、後文（「〜に／のに」（就職活動に／就職活動するのに）の後ろ）は短い表現になります。

　①九州旅行に10万円かかりました。
　②九州へ行くのに新幹線が便利です。
　③部屋を借りるのに保証人が必要だ。

　eの「〜には」はd「〜のに」と違って、話を展開させることができる表現で、後ろに長い説明文が来ることができます。「に」の後ろに来る「は」が主題としての働きをしているためと考えられます。eでは次のように、後文が長くなることが多いです。

　④長期間借りるには、家賃2か月分の他に保証金が要ります。
　⑤子供を育てるには、お金と体力と、そして何より、愛情と思いやりと
　　我慢が必要です。

比較のポイント

～に向けて・～を目指して・～に・～のに・～には

	目的「～のために」と同じ意味用法	目的のために何かをする	目的を達成するために何が必要か	お金・時間がどのくらいかかるか	後文は短いことが多い	後文で話を展開させることができる
名詞＋に向けて	○	○			△	
名詞＋を目指して	○	○			△	
名詞＋に			○	○	○	
～のに			○	○	○	
～には			○			○

- 「に向けて」「を目指して」は、前に目的・目標とする事柄が来て、「そのために」努力をするという表現になる。
- 「～のに」と「～には」は同じように使えるが、「～のに」は後ろに「金・時間・人手がかかる」「使う」「必要だ」「便利だ／不便だ」等の比較的短い表現が来る。「～には」は長い説明の文が来ることができる。

まとめ会話

〈インタビュアーＡと震災の復興地の人Ｂの会話〉

Ａ：震災の復興は進んでいますか。
Ｂ：ええ、私達は１日も早い復興を目指して頑張ってきました。
　　　　　　　　　　　　　　　　　　　　　　（実現を目的として）
Ａ：大変でしたね。
　　復興するのに何が一番必要ですか。　　　　　（手段・方法）
Ｂ：そうですね。復興には、お金と人の力と、そして何よりも、諦めないという気持ちが必要です。　　　　　　　　　　（目的説明）
Ａ：そして？
Ｂ：そして、やはり時間が必要です。
Ａ：時間ですか。

29 目的

> B：ええ、私達は時間をかけて、更なる復興に向けて頑張っていきたいと思っています。　　　　　　　　（実現を目的として）

 否定の場合

　何かを実現するために用いられるのが「目的表現」なので、通常は否定表現はとりません。

30 逆接 1

　逆接というのは、前文と後文の内容が反対の関係にあったり、食い違いがあったりする接続の関係を言います。1では「〜が・〜けれども・〜のに」等を、2では書き言葉的な「〜ながら（も）・〜にもかかわらず・〜ものの」等を取り上げます。

1. 一般的な逆接表現

　まず、逆接表現としてよく使われる「〜が・〜けれども・〜ても・〜のに」、そして「〜くせに」を取り上げます。次の会話1) は隣人同士のAさんとBさんの会話です。2人は若菜さんという女性のことを噂しています。Aに対しBは、いろいろな形で「逆接」を表すことができます。

丁寧体

1)A : 若菜さんって、40歳ぐらいでしょうか。
　B : a　彼女は若く見えますが、もう50近いです。
　　　b　彼女は若く見えます {けど／けれど}、もう50近いです。
　　　c　彼女は若くても、一家の家計を支えて（い）ます。
　　　d　彼女は若いのに、一家の家計を支えて（い）ます。
　　　e　彼女は若いくせに、いつも地味な格好をして（い）ます。

普通体

1)A : 若菜さんって、40歳ぐらい？
　B : f　彼女は若く見えるが、もう50近いよ。
　　　g　彼女は若く見えるけど、もう50近いよ。
　　　h　彼女は若くても、一家の家計を支えて（い）る。
　　　i　彼女は若いのに、一家の家計を支えて（い）る {んだよ／のよ}。
　　　j　彼女は若いくせに、いつも地味な格好をして（い）るね。

279

 説明

> 丁寧体

　a「〜が」、b「〜けど／けれど」はほぼ同じ意味合いを持ちます。「〜が」のほうがフォーマル度が高く、書き言葉的です。「けれども」は「けど／けれど」になることが多く、柔らかい話し言葉的表現として多用されます。(「〜けど」と短縮されても、丁寧体で用いることができます。)「〜が」は丁寧体や書き言葉では、逆接・反対を示す、より簡潔で明確な表現になります。

　「〜が」「〜けれども」は、前文と後文がかなりの自由度で結び付くことができます。①、②において、前文と後文は必ずしも反対関係、逆接関係にはありません。

　　①両親は離婚しましたが／けれど、母親は作家と再婚しました。
　　②両親は離婚しましたが／けれども、私は両親の気持ちを理解しているつもりです。

①は前文・後文が対比的、②は前文が前置き表現的な関係になります。「〜が」「〜けれども」は、後文には意志表現や働きかけ表現が来ることができます。
　c「〜ても」は短く端的に、③のように順接の条件関係を否定したり、④のように但し書きで使ったりします。

　　③順接:失敗をしたら、辞める。→逆接:失敗をしても、辞めない。
　　④頑張ってください。ただし、あなたが失敗しても、私は知りません。

話し手の気持ちはあまり入らず、前文・後文が逆接関係にあることを明確に打ち出す役割を担っています。後文には意志表現や働きかけ表現が来ることができます。
　一方、d「〜のに」は、前文の事柄に対する、話し手の予想外な気持ち、不満、疑念、非難などが入ります。「〜のに」に続く後文には、マイナス評価の事柄

が現れることが多く、また、意志表現や働きかけ表現は来ません。

　e「〜くせに」は、話し言葉で、相手(聞き手)や第三者に対する強い批判・非難(マイナス評価)の気持ちを表します。話し手自身は主語にならず、もっぱら他者を批判・非難する形をとります。「〜のに」と異なり、「〜くせに」は自分のことには使えません。「〜のに」は残念な気持ちも表しますが、「〜くせに」にはそれはありません。

　　⑤あんなに頑張ったのに、失敗して残念だ。
　?⑥あんなに頑張ったくせに、失敗して残念だ。

普通体

　f「〜が」は硬い、書き言葉的な言い方なので、普通体の会話では、男女ともgのように「〜けど」を使います。普通体の会話での「〜が」は男性言葉で、やや年配の人が威厳を持って、改まって言っている感じがあります。

 比較のポイント

一般的な逆接表現

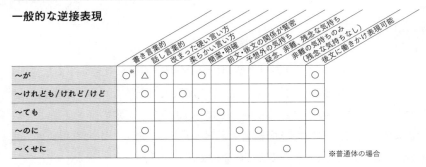

	書き言葉的	話し言葉的	改まった硬い言い方	柔らかい言い方	簡潔・明確	前文・後文の関係が緊密	予想外の気持ち	疑念、非難、残念な気持ち (残念な気持ちのみ)	非難の気持ちのみ	後文に働きかけ表現可能
〜が	○*	△	○		○					○
〜けれども/けれど/けど		○		○						
〜ても				○	○					○
〜のに		○				○	○			
〜くせに		○				○		○		

※普通体の場合

- 「〜が・〜けれども・〜ても・〜のに・〜くせに」の5つの表現のうち、前二者は前文・後文の関係がややゆるやかで、逆接的、また反対の関係がなくても、結び付く場合がある。
- 「〜ても」は動詞・形容詞等の「テ形＋も」という形で、そのまま後文に直結していく。
- 「〜のに」は後文に意志表現や働きかけ表現が来ない、非難や意外な気持ちを表しやすいという特徴がある。前文・後文に異主語が来ることが多い。
- 「〜くせに」も後文に意志表現や働きかけ表現が来ない。前文・後文に同一主語が来る。もっぱら相手や第三者に対する批判・非難を表す。

まとめ会話

〈同じ会社に勤めるＡ（男）とＢ（女）が同僚を批判している〉

Ａ：彼は知らない<u>くせに</u>、知っているような顔をするね。

（強い批判・非難）

Ｂ：そうですね。知らないのなら、知らないって言えばいい<u>のに</u>……。

（不満・非難）

Ａ：でも、知っている<u>のに</u>黙っている人も困るね。　（不満・非難）

Ｂ：そうですね。
　　知ってい<u>ても</u>、知らなく<u>ても</u>正直に言ってほしいですね。（逆接条件）

Ａ：彼にそう言ってやったらどう？

Ｂ：前に１度言ったことがあるんです<u>けど</u>、無視されちゃった……。

（柔らかい言い方）

Ａ：彼もわかっているんだろう<u>が</u>、プライドの高い人だからね。

（硬い言い方、男性言葉）

 否定の場合

会話1）で取り上げた形（表現文型）について否定の形を考えてみましょう。
ａ「が」、ｂ「けれども」、ｄ「のに」、ｅ「くせに」は、「若くないが／若くないけれども／若くないのに／若くないくせに」のように、否定の形をとることができます。ｃ「ても」は動詞・形容詞・「名詞＋だ」のテ形の否定形を用いて、否定表現を表します。（内容を変え、普通体で示します。）

　　ｃ′　彼は努力しなくても、成績がいい。
　　ｃ″　おいしくなくても、黙って食べなさい。
　　ｃ‴　彼は正社員じゃなくても、毎日頑張っている。

2. 書き言葉的な逆接表現

次に、書き言葉的な逆接表現「〜ながら(も)・〜にもかかわらず・〜ものの・〜にかかわらず・〜によらず」を取り上げます。次の会話2)も会話1)と同じく、隣人同士のAさんとBさんが「若菜さん」のことを噂しています。Aに対しBは、いろいろな形で「逆接」を表すことができます。

丁寧体

2) A：若菜(わかな)さんはどんな人ですか。
　　B：a　彼女は若いながら(も)、しっかりした女性です。
　　　　b　彼女は若いにもかかわらず、自分の力で家を建てました。
　　　　c　彼女は若く見えるものの、やはり体力的には弱いところがあります。
　　　　d　彼女は外見にかかわらず、しっかりした女性です。
　　　　e　彼女は見かけによらず、しっかりした女性です。

普通体

2) A：若菜さんはどんな人？
　　B：f　彼女は見かけによらず、しっかりした女性｛だね／ね｝。

説明

丁寧体

　a〜eは書き言葉的な逆接表現で、後文には意志表現や働きかけ表現は来ません。

　a「ながら(も)」は、前に状態性の表現が来て、「そうではあるけれど、しかし〜」という逆接的な意味を表します。「も」の入った「〜ながらも」はより書き言葉的になりますが、逆接の意味合いがより強くなります。「若いながら(も)」や「子供ながら」「貧しいながら」「残念ながら」「知りながら」等、慣用表現として使われることが多いです。

b「～にもかかわらず」は、「～のに」と同じく、前文からの予測と食い違った事態を後文で表します。しかし、「～のに」と異なり、非難や批判の気持ちは入りません。通常は、単に逆接的関係を示す客観的な言い方になりますが、「～にもかかわらず」のように、取り立て助詞「も」が入っていることもあって、話し手の気持ちが入ることがあります。「忙しいにもかかわらず、友達が見舞いに来てくれた」では、友達に対する感謝の気持ちが表れています。

「～にもかかわらず」は多くの場合、すでに起こったか「今」起こっている事柄について使われます。①は過去の事柄なので適切な文になっていますが、②は将来のことについて話しているので、不自然な文になっています。

　　①彼は、私が反対しているにもかかわらず、会社を辞めてしまった。
　？②彼は、私が反対しているにもかかわらず、会社を辞めてしまうだろう。

c「～ものの」も書き言葉的な表現で、「～ものの」で述べられた事柄に対して、それを一応認めながら、それに対立する、またはそぐわない事柄や状態に言及する場合に用います。多くの場合、①のように客観的な説明に用いられますが、②のように話し手の反省や残念な気持ちが含まれることもあります。

　　①去年に比べ鈍化したものの、輸出量は依然増加を続けている。
　　②私はそう言ったものの、心のどこかで胸が痛むような気がした。

「～ものの」について次のような新しい見解が発表されています。

松下（2017）は、「直前の文・節が『PもののQ』のQと関連すること」、また、「PもののQにおいて、Pの主題はQの主題と同じものか、Qの主題に従属するもの」と述べています。

では、「彼女は工場長をしている。若く見えるものの、なかなかしっかりした女性だ」を例に考えてみましょう。PとQの関係は次のようになります。

直前の文：彼女は工場長をしている。

　P ：（彼女は）若く見える

　Q：なかなかしっかりした女性だ

　PもののQ：（彼女は）若く見えるものの、なかなかしっかりした女性だ

　松下（2017）に沿ってこの例を解釈すると、直前の文「彼女は工場長をしている」は本文のP「（彼女は）若く見える」ではなく、Q「なかなかしっかりした女性だ」と関連し、Pの主題もQの主題も同じ「彼女」であるということになります。そして、これも松下（2017）で言及されているように、「Pものの」は直前の文・節とQが表す事態について、「その文脈の流れには沿わないPという事態も存在する（ここでは「彼女が若く見える」）ことを注釈として表す」という役割を果たしています。

　d「～にかかわらず」は形の上でb「～にもかかわらず」と似ていますが、両者は意味用法が異なります。「～にかかわらず」は「それとは関係なく」の意味を表します。「この会社には、年齢・性別・経験にかかわらず、応募できる。」「父は、晴雨にかかわらず毎日散歩に出かける。」というような使い方をします。前に来る語は「晴雨、大小」「あるなし」「良し悪し」「成功するしない」のような対立的な意味合いを持つ語や表現が来ることが多いです。

　e「～によらず」はd「～にかかわらず」と似て、「それらに関係なく、それらを問題とせず」の意味になります。やや硬い言い方ですが、話し言葉としても用いられます。「によらず」の前には、「見かけ、年齢、性別、人種、理由、結果、方法」のような語のほかに、「何事、何（なに）」等の疑問詞も来ます。前に来るのは名詞がほとんどですが、「～か否か」のような表現が来ることもあります。

　　①彼は見かけによらず繊細なハートの持ち主だ。

　　②父は何によらず新しいことには反対する。

30

逆接1

> 普通体

丁寧体で出てきたa「〜ながら（も）」、b「〜にもかかわらず」、c「〜ものの」、d「〜にかかわらず」はいずれも書き言葉的で、普通体の会話ではあまり使われません。普通体の会話で使うと、改まった、やや強調的な響きが出てきます。

丁寧体a〜dのような表現は普通体では、aとbは「若いけど」、cは「若く見えるけど」、dでは「見ただけではわからないけど」「外見と違って」を使うでしょう。

 比較のポイント

書き言葉的な逆接表現

	硬い言い方	強調的	客観的	話し手の気持ちが入る	予測と食い違う	前文の事柄を注釈として述べる	それらに関係なく
〜ながら（も）	○	○		○	○		
〜にもかかわらず	○	△	○	△	○		
〜ものの	○		△	△		○	
〜にかかわらず	○		○				○
〜によらず	△		○				○

- いずれも書き言葉的で硬い言い方である。
- 程度の差はあるが、話し手の気持ちが入るのは「〜ながら（も）」「〜にもかかわらず」「〜ものの」で、それ以外は基本的には客観的な表現である。
- 「にもかかわらず」と「にかかわらず」は、前に来る語の性質（対立した語かそうでないか）や、その事柄が既定の（すでに起こった／起こっている）事柄か等によって決まる。

> **まとめストーリー**
>
> 　息子の健一は大学の4年生で、今就活の真っただ中である。4年生は卒論の準備に時間をとられ<u>ながら</u>も、就職試験に挑戦しなければならない。
> 　　　　　　　　　　　　　　　　　　（そうではあるけれども）

健一も何度か就職試験を受けたようだ。前回は最終選考まで残ったものの、最後の面接で落ちてしまったらしい。（前文の事柄を認めるが）健一は理工系にもかかわらず、理工系とは関係ない会社ばかり受けている。　　　　　　　　　　　　　　　　　　　　　（そうであるのに）
　私は、通る通らないにかかわらず、〇〇研究所を受けてみたらと勧めてみた。　　　　　　　　　　　　　　　　　　　　　　（関係なく）
　彼が最終的にどうするかはわからないが、彼に合った就職先が見つかればいいと思う。見かけによらず気の弱いところがあるが、それを乗り越えていってほしい。　　　　　　　　　　（関係なく、慣用的）

 否定の場合

　会話2)で取り上げた形（表現文型）について否定の形を考えてみましょう。
　a「ながら（も）」、b「にもかかわらず」、c「ものの」の前に否定の形が来るかどうかを考えてみましょう。（普通体で示します。）

　　a'　彼女は経験がないながら（も）、その仕事をやり遂げた。
　　b'　彼女は経験がないにもかかわらず、その仕事をやり遂げた。
　　c'　彼女は経験がないものの、強い精神力でその仕事をやり遂げた。

それぞれが持つ意味合いによって、前文と後文の内容を変える必要がありますが、否定の形もとれると考えられます。
　会話2)dの「にかかわらず」は、前に肯定・否定の対語（あるなし、あるかないか、あるかどうか、あるか否か等）をとりますが、否定形単独では現れません。

　　? d'　行かないにかかわらず、お金だけ払わされた。

30 逆接 1

31 逆接 2

　「逆接2」の1では、逆接条件を表す「〜としても・〜にしても・〜にせよ・〜にしろ」を取り上げます。また、2では、「仮にそうしても、無駄だ」という意味用法を持つ「〜（た）ところで」等を見ていきます。

1.「仮にそうであっても」を表す逆接表現

　ここでは、「仮にそうであっても」を表す逆接表現として「〜としても・〜にしても・〜にせよ・〜にしろ」を取り上げます。次の会話1）では、AはBにアメリカ留学の相談をしています。Aに対しBは、いろいろな形で「逆接条件」を表すことができます。

丁寧体

> 1）A：アメリカへの留学を考えて（い）るんですけど。
>
> 　B：a　アメリカに留学｛する／した｝としても、来年の秋あたりでないと無理ではないですか。
>
> 　　　b　アメリカに留学するにしても、まず両親の許可をもらわなくてはなりませんよ。
>
> 　　　c　アメリカに留学するにせよ、今の仕事先との関係をきちんとしておきなさい。
>
> 　　　d　アメリカに留学するにしろ、今の仕事先はどうするのですか。

288

> **普通体**
>
> 1) A：アメリカへの留学を考えて（い）るんだけど。
>   B：e アメリカに留学｛する／した｝としても、来年の秋あたりじゃないと無理じゃない？
>   f アメリカに留学するにしても、まず両親の許可をもらわなくちゃいけないよ。
>   g アメリカに留学するにせよ、今の仕事先との関係をきちんとしておきなさい。
>   h アメリカに留学するにしろ、今の仕事先はどうするの？

 説明

> **丁寧体**

a「～としても」は仮定性が強く、「仮にそうであっても」の意味になります。「～ても」が前文の仮定の内容を否定して、「それでも行う／起こる」（例：雨が降っても練習をする。）という意味を表すのに対して、「～としても」は「現実的には起こりにくいが、仮にそれが起こっても（それでも行う／起こる）という意味になります。「としても」の前には辞書形、タ形のどちらも来ることができます。タ形を用いたもののほうが、話し手の「仮に」という気持ちが強くなります。

　①それが本当｛だ／だった｝としても、もっと調べてみる必要がある。

b「～にしても」は前文で述べられていることを「仮の話だから認めたくないが、仮に認めた場合でも」という消極的なとらえ方をします。a「～としても」が仮定性の強いこととらえているのに対し、より現実的にとらえようとします。

　次の②、③において、②は仮のこととして、③はやや現実のこととしてとらえていると考えられます。

②それが本当 {だ／だった} としても、このような対処方法は適切ではない。
③それが本当 {だ／だった} にしても、このような対処方法は適切ではない。

c「〜にせよ」、d「〜にしろ」は両方とも「する」の命令形で、「前文の事柄に左右されずに（後文の事柄が起こる／行われる）」という意味を表します。後文には前文の事柄については「かまわない、任せる」等の話し手の意図を表す表現が来ます。

「〜にせよ」「〜にしろ」は「〜にしても」より書き言葉的で、硬い言い方になります。「〜にせよ」のほうが「〜にしろ」より古語的と言えます。一方で、「せよ」「しろ」という命令形を使っているので、少し強く、言い捨てたような響きがあります。

普通体

c「〜にせよ」、d「〜にしろ」は書き言葉的な言い方ですが、普通体の会話の中でも使われます。使うのは年配者が多く、男女ともに使います。

 比較のポイント

「仮にそうであっても」を表す逆接表現

	「仮に」の気持ちが強い	より現実的にとらえる	やや否定的に	書き言葉的	硬い言い方	古語的	強調的
〜としても	○						
〜にしても		○	○				
〜にせよ		△	○	○	○	○	○
〜にしろ		△	○	○	○		○

● いずれも前文をある程度認めながら、後文で否定したり修正したりする表現である。
● 「〜としても」と「〜にしても」の違いは、「〜としても」が仮定性が強いというとらえ方をするのに対し、「〜にしても」は仮定であることを認めた上で、より現実的にとらえようとする点である。
● 「〜にせよ」「〜にしろ」は書き言葉的表現であるが、意味用法は「〜にしても」と似ている。

まとめ会話

〈AとBは同じ部に入っている。Bは部活動を辞めたいと思っている〉
A：部活、辞めるの？
B：うん。
　　でも、辞める<u>としても</u>、今学期が終わってから。　（仮にそうでも）
A：残念ね。
　　でも、辞める<u>にしても</u>、先輩に相談したほうがいいよ。
　　　　　　　　　　　　　　　　　　　　　　　（仮に認めても）
B：うん、先輩に相談する<u>にしろ</u>、もうちょっと考えてから。
　　　　　　　　　　　　　　　　　　　　　　　（仮に認めても）
A：先生には相談しないの？
B：うん、でも、先生に相談する<u>にせよ</u>、もう少し考えてから。
　　　　　　　　　　　　　　　　　　　　　　　（仮に認めても）

 否定の場合

会話1)で取り上げた形（表現文型）a～dについて否定の形を考えてみましょう。

a'　アメリカに留学 {しない／しなかった} としても、外国へは行きたいのでしょう？
b'　アメリカに留学しないにしても、パスポートは取っておいたほうがいいですよ。
c'　アメリカに留学しないにせよ、パスポートは取っておいたほうがいいですよ。
d'　アメリカに留学しないにしろ、パスポートは取っておいたほうがいいですよ。

「としても・にしても・にせよ・にしろ」のいずれも前に否定の形をとることができます。a'「としても」は、肯定のときと同じく、「しない／しなかった」の両方で表せます。「しなかった」のほうが、話し手の「仮に」という気持ちが強くなります。

2.「仮にそうしても、無駄だ」を表す逆接表現

ここでは、「仮にそうしても、無駄だ」を表す表現を取り上げます。これらの表現はかなり強いマイナスの評価を表します。

会話2)では何かトラブルがあったようです。AとBは会社の同僚です。Bに対しAは、いろいろな形で「仮にそうしても、取り返しがつかない」ということを表すことができます。

丁寧体

2)A：社長怒って（い）ましたよ。

B：そうですか。社長に謝りたいんですが。

A：a　今さら謝っても、遅すぎますよ。

　　b　いくら謝っても、許してくれませんよ。

　　c　謝ったところで、許してくれませんよ。

　　d　どんなに謝ったところで、無駄ですよ。

普通体

2)A：社長怒って（い）たよ。

B：うーん、社長に謝りたいんだけど。

A：e　今さら謝っても、遅すぎるよ。

　　f　いくら謝ったって、許してくれないよ。

　　g　謝ったところで、許してくれないよ。

　　h　どんなに謝ったって、無駄だよ。

説明

丁寧体

「今さら、今ごろ、今になって」のような語を伴って、仮に何かをしても、もう無駄だ、取り返しがつかないことを表す表現です。

a「〜ても」は逆接条件を表し、前文で予想・期待されたことに反する内容が後文に来ます。bは前文に「いくら／どんなに」等の副詞が来て、前文の行為・状態の仮定性を強調しています。

cは「動詞のタ形＋ところで」の形で、「仮にそのような行為をしても、期待する結果が得られない」、だから、それをしても「無駄だ・無意味だ」という否定的な表現が後文に来ます。「そんなことを言っても／しても、無意味だから、しないほうがいい」という、話し手の主張の強い、決めつけた言い方になります。「〜たところで」の「た」は「仮にそれをしたとして」という仮定を表し、常にタ形をとります。

dはcの強調した形で、bと同じく「いくら／どんなに」等の副詞が前に来ています。

普通体

fの「〜たって」は「〜ても」の会話的な表現です。親しい間柄で使用します。g「〜(た)ところで」の代わりに、hのように「〜たって」を使うこともあります。

31 逆接 2

比較のポイント

「仮にそうしても、無駄だ」を表す逆接表現

	無駄だ、無意味だ	強い・決めつけた言い方	話し言葉的、くだけた表現	気持ちの入った表現	客観的
～ても					○
いくら/どんなに～ても		△		○	
～(た)ところで	○	○	○	○	
いくら/どんなに～(た)ところで	○	○		○	
～たって			○	○	

- 5つの表現のうち、客観的なのは「～ても」である。他は話し手の気持ち・感情が入る。
- 「～(た)ところで」は、「そのことをした」と仮定して、それが無駄であることを強調する表現である。
- 「～たって」はごく親しい間柄で使用する。

まとめ会話

〈病室で〉

患者　：私の病気は手術しても、治りませんよ。　　　　　（客観的）

医者　：そんなことはありません。

患者　：いやいや、手術したところで治らないし、痛いだけですよ。
　　　　　　　　　　　　　　　　　　　　　　　　　　（無駄だ）

医者　：何度も言っているように、治る可能性はあります。

患者　：先生がいくら言っても、私は手術はしません。　（強調的）

医者　：私がいくら大丈夫だと言ったところで、あなたは信じないんですね。　　　　　　　　　　　　　　　　　（主観的、無駄だ）

奥さん：そうなんですよ。家族がどんなに言ったって、首を縦に振らないんですから。　　　　　　　　　　　　　（主観的、無駄だ）

否定の場合

会話2)で取り上げた形(表現文型)について否定の形を考えてみましょう。まず、「ても」「(た)ところで」の前に否定の形の表現を置いてみましょう。(普通体で示します。)

a'　彼と仲直りができなくても、痛くもかゆくもない。
b'　{○いくら／?どんなに} 彼と仲直りできなくても、痛くもかゆくもない。
c'　彼と仲直りできなかったところで、痛くもかゆくもない。
d'　{○いくら／?どんなに} 彼と仲直りできなかったところで、痛くもかゆくもない。

「ても」と「(た)ところで」は前に否定形が来ても文が成り立ちます。ただし、b'、d'のように前に「いくら」「どんなに」が付くと、自然さが微妙になってきます。「いくら」はどうにか成り立つようですが、「どんなに」が付くと文は不自然になります。

このことは、「～たって」についても同じことが言えます。

①　彼が謝らなくたって、私は大丈夫。
②　{○いくら／?どんなに} 彼が謝らなくたって、私は大丈夫。

32 逆接 3

「逆接3」では、1で「部分的に認めて言い直す表現」として、「～といっても・～とはいえ・～からといって・～といえども」等を、2では文と文をつなぐ接続詞について見ていきましょう。

1. 部分的に認めて言い直す表現

ここでは、「という」を使った逆接表現「～といっても・～とはいえ・～からといって・～といえども・～とはいうもの」等を取り上げます。

次の会話1）は会社の中での社員同士の会話です。Aに対しBは、いろいろな形で「逆接」を表すことができます。

丁寧体

1）A：問題が解決したんですね。
   B：いやあ、a　解決したといっても、まだまだ不十分です。
   　　　　　　b　解決したとはいえ、まだまだ不十分です。
   　　　　　　c　解決した {からといって／からって}、安心してはいられません。
   　　　　　　d　解決したといえども、安心してはいられません。
   　　　　　　e　解決 {する／した} ことはしたんですが、まだまだ不十分です。
   　　　　　　f　解決したとはいうものの、まだまだ不十分です。

> **普通体**
>
> 1）A：問題が解決したんだね。
>   B：いやあ、g 解決したといっても、まだまだ不十分｛だよ／よ｝。
>   h 解決したとはいえ、まだまだ不十分｛だよ／よ｝。
>   i 解決した｛からといって／からって｝、安心してはいられない。
>   j 解決｛する／した｝ことはしたんだけど、まだまだ不十分｛だよ／よ｝。
>   k 解決したとはいうものの、まだまだ不十分｛だよ／よ｝。

 説明

> **丁寧体**

　a「～といっても」は、前文で述べた事柄について、「それはそうなんだが、実はそれで十分なのではない」と後文で付け加え、部分的な言い直しをする表現です。後文には「～ない」や否定的な表現が来ることが多いです。なお、「いっても」は「言う／言った」から派生していますが、必ずしも「言う／言った」とは関係なく、慣用的な言い方として使われます。説明的・解説的な表現です。話し手の判断を強める場合は、「は」を入れて「～とはいっても」となることもあります。

　「～といっても」をさらに硬い言い方にしたのがb「～とはいえ」です。書き言葉的な表現です。意味はほぼ同じです。「春とはいえ、（まだまだ寒い）」「仕事とはいえ、（やりたくないときもある）」のように、慣用的に使われることが多いです。

　cは「といって」の前に理由「から」が来ています。後文に「～ない」等の否定表現を伴って、「そういう理由は認めるが、しかし、その理由だけで（結論付けてはいけない）」という意味を表します。その理由だけでは十分ではなく、他にも考えなければならないことを示唆する表現です。

　①彼女とデートするからといって、そんなにおしゃれをしなくてもいい。

「からって」は「からといって」の短縮形です。短縮形は丁寧度が落ちること が多いですが、「からって」も目上の人に使うと主張が強く響きます。

　d「〜といえども」は硬い書き言葉で、話し言葉では「〜ても／でも」「〜 (だ)けど／けれども」に置き換えられます。「といえども」の前には「社会通 念として認められる事柄・人・もの」が来ることが多く、後文で「(そうした事 柄・人・ものから期待される予想とは異なって、)実際はそうではない、〜す べきだ／すべきではない」ということを表します。

　　②父親といえども、子供に暴力を振るうべきではない。

　dでは「といえども」の前に動詞が来ていて、「一応(社会通念として)解決 した」という形にはなったが、まだ安心できないという意味になります。

　eは「一応はする／したんだが／けれども、完全ではない」という部分否定 の表現で、話し言葉です。同じ動詞が繰り返され、過去の事柄であっても、最 初の動詞を非過去(辞書形)にする場合もあります。断定するのを避けたり、注 釈を付けたりすることによって、自分の自信のなさや相手への配慮を表します。

　　③A：息子さんはお手伝いをしますか。
　　　B：ええ、やることはやるんですが、どうもいい加減なんです。
　　④行くことは行ったんですが。
　　⑤文句を言うことは言ったんだけど。

繰り返しの形をとっているため、わかりやすく丁寧な言い方になります。

　fは「〜とはいうものの」という連語になっています。「そのように見える し、人はそう言うが、実際はそうとは言えない、そうではない」ということを 表します。

　　⑥中学生になったとはいうものの、子供の一人旅は親として心配だ。
　　⑦男女平等だというものの、企業によっては不平等なところもある。

298

⑥は、「中学生になったらもう大人だと言う。世間の人はそう言うけれども、子供の一人旅は親にとっては心配だ」という意味を表します。

普通体

　丁寧体b「～とはいえ」は書き言葉ですが、hのように普通体の会話で用いられることもあります。使用するのは年配者に限られるようです。一方、丁寧体dの「～といえども」は普通体の会話では使われません。

　gは「～といっても」のままですが、「と」が「って」（例：解決したっていっても）になる場合もあります。そして次に「い」が落ち、「ってって」になり、「解決したってっても」「書いたってっても」になることもあります。

比較のポイント

部分的に認めて言い直す表現

	話し言葉的	書き言葉的	客観的	説明的・解説的	硬い言い方	そういう理由・要因はあるが、しかし	一応は～したが、完全ではない
～といっても	○			○			
～とはいえ		○		○	○		
～からといって/からって	○					○	
～といえども		○	○	○	○		
～することはする/したが・～したことはしたが	○						○
～とはいうものの		○					

- 前文の事柄を後文で部分修正したり、言い直したりする表現である。
- 「～といっても」「～とはいえ」は前文で部分的に認めながら、後文で部分的に修正する意味用法を持つ。
- 「～といえども」は書き言葉的で客観的であるが、その他の表現は話し手の気持ちが入る主観性の強い表現である。
- ほとんどの表現に「いう」が含まれている。「人や世間はそう言うが……」と一応認めて、後文で自分なりに言い直したり、主張したりしていると考えられる。

32

逆接

3

まとめストーリー

先週100円ショップでコーヒーカップを買った。
安い<u>とはいえ</u>、形もよくて十分使える。　　　　（言い直し、硬い）
友達が言っていたが、安い<u>からといって</u>馬鹿にできない。
　　　　　　　　　　　　　　　　　　　（その理由だけでは不十分）
大手食器メーカー<u>といえども</u>、100円でこんな物は作れないだろう。
　　　　　　　　　　　　　　　　（あの有名な人・ものでも不十分）
100円ショップ<u>といっても</u>、物が悪いわけじゃないと思う。
　　　　　　　　　　　　　　　　　　　　　　（説明的・解説的）
もちろん、安くて便利だ<u>とはいうものの</u>、100円の物はやっぱりそれなりの物なのかもしれないが。　　（それは認めるが完全ではない）

 否定の場合

　会話1）で取り上げた形（表現文型）について否定の形を考えてみましょう。肯定表現と同じく、否定表現も可能であることがわかります。（普通体で示します。）

　　a'　解決しなかったといっても、かなりのところまで話し合えた。
　　b'　解決しなかったとはいえ、かなりのところまで話し合えた。
　　c'　解決しなかったからといって／からって、がっかりすることはない。
　　d'　解決しなかったといえども、かなりのところまで話し合えた。
　　e'　解決しなかったことはしなかったが、がっかりすることはない。
　　f'　解決しなかったとはいうものの、かなりのところまで話し合えた。

2. 2文をつなぐ接続詞

今までは1文の中での「逆接表現」を見てきました。ここでは2文をつなぐ、接続詞としての「逆接表現」を取り上げます。次の会話2)では、会話の形をとっているため、接続詞が文頭に来ている形になります。ここでは社員同士が自分達が関わったプロジェクトのことを話しています。Aに対しBは、いろいろな接続詞で「逆接」を表すことができます。

丁寧体

2)A：プロジェクトは軌道に乗りましたね。
　B：ええ。a　しかし、まだ注意が必要ですね。
　　　　　　b　けれども、まだ注意が必要ですね。
　　　　　　c　ですが、まだ注意が必要ですね。
　　　　　　d　でも、まだ注意が必要ですね。
　　　　　　e　もっとも、これからが大変ですが……。
　　　　　　f　ただし、今後も万全を期すことが必要ですね。

普通体

2)A：プロジェクトは軌道に乗ったね。
　B：ええ。g　しかし、まだ注意が必要だね。
　　　　　　h　けど、まだ注意が必要だね。
　　　　　　i　だが、まだ注意が必要だね。
　　　　　　j　でも、まだ注意が必要だね。
　　　　　　k　もっとも、これからが大変だが……。
　　　　　　l　ただし、今後も万全を期すことが必要だね。

 説明

丁寧体

「しかし」は、基本的には前文の内容を受けて、それと反対、または一部違うことを述べるときに使われます。aでは、Aが「プロジェクトが軌道に乗っ

た」と言うのに反対、または補足して「まだ注意が必要ですね」と言っています。書き言葉にも話し言葉にも使いますが、改まった硬い表現になります。

b「けれども」は、意味用法は「しかし」とほぼ同じですが、「けれども」のほうが話し言葉的で、柔らかい響きになります。「けれども」を短縮して、「だけど／けど」になることが多いです。

c「ですが」は「だが」の丁寧体になります。前文の内容に対して相反する事柄や反対の判断を述べるときに使います。「ですが」は丁寧ですが、「だが」になると、強く反対する言い方になります。話し言葉では「だが」は男性が使います。

「ですが／だが」を、より柔らかくしたのがd「でも」です。「でも」は論理的な逆接関係を示すというより、心情的な展開を示す接続詞で、言い訳や弁解をする場合や感想を述べる場合、また、疑問を述べる場合等に使われることが多いです。

e「もっとも」とf「ただし」は、両方とも、前文の内容について後文で情報を付け加えたり、一部修正をしたりする働きを持ちます。「もっとも」は「ただし」より心情的表現なので個人的に意見を述べる場合に、一方、「ただし」はもう少し客観的に情報を付け加え、公的、事務的に事実を伝える場合に使われます。「もっとも」は話し言葉にも書き言葉にも用いられますが、硬い表現なので年配者が使うことが多いです。「ただし」はフォーマルな硬い言い方で、お知らせや通知などに使われることが多いです。

普通体

普通体では、b「けれども」は話し言葉では、hのように「けど／だけど」になることが多いです。「けど」は逆接的な意味合いを弱めて、前文や相手の発言を軽く受け止める意味合いが強くなります。また、c「ですが」もi「だが」になります。ただし、接続詞「だが」は男性言葉で、女性は使いません。女性は「でも」を使うことが多いです。

比較のポイント

2文をつなぐ接続詞

	書き言葉的	話し言葉的	硬い言い方	柔らかい言い方	会話的	解説的	男性言葉
しかし	○		○			△	△
けれども/だけど/けど		○		○	○		
ですが		○		○			
だが		○	○			△	○
でも		○		○	○		
もっとも	○	△	○			○	
ただし	○		○			○	

- 話し言葉的な接続詞と書き言葉的な接続詞に分かれる。「けれども／だけど／けど」「ですが／だが」「でも」は話し言葉的で、「ただし」は書き言葉的である。「しかし」は書き言葉的であるが、話し言葉でもよく用いる。しかし、改まった硬い言い方になるので、どちらかというと男性が使うことが多い。
- 普通体の「だが」は話し言葉では男性言葉である。「でも」は男女どちらも使う。
- 「もっとも」と「ただし」は前文の内容に情報を付け加えるという点では類似である。「もっとも」は個人的な事柄、「ただし」は公的な事柄に使われる傾向がある。

まとめ会話

〈工場長が従業員の北野さんに話している〉
工場長：北野さんは、今日から溶接ラインに入ってください。
北野　：えっ、<u>ですが</u>、私は溶接の経験はあまり……。　　　（丁寧）
工場長：<u>しかし</u>、溶接のほうが忙しくて、手が足りないんですよ。
　　　　　　　　　　　　　　　　　　　　　　　　　（硬い言い方）
北野　：そう言われましても……。
工場長：わかってます。<u>だが</u>、今回はしかたないんですよ。
　　　　　　　　　　　　　　（強く反対する言い方、男性言葉）

> 北野　：でも、……。　　　　　　　　　　　　　（会話的・心情的）
> 工場長：溶接に回ってくださいよ。もっとも、人手の足りない1か月
> 　　　　だけだから。　　　　　　　（一部修正・補足、硬い言い方）
> 北野　：……はい、1か月だけなら、わかりました。
> 工場長：〈皆に〉はい、じゃ、皆さん。
> 　　　　北野さんには今日から溶接ラインに入ってもらいます。
> 　　　　ただし、今日から1か月間だけです。
> 　　　　　　　　　　　　　　　（一部修正・補足、硬い言い方）

 否定の場合

　接続詞は独立した文（時には語）をつなぐものなので、前に来る文も後ろに来る文も肯定でも否定でも可能になります。

33 対比

「対比」は、2つのものを突き合わせて比較する表現です。こういった「対比」は人の表現の至るところに見られます。指示語の「これ・それ・あれ」もそうです。「これは・これが・これを・これで」などと指示や指摘をするとき、話し手はすでに他との比較や、他からの選択をしているのです。ここでは、そうした「対比表現」のいくつかを見ていきましょう。

1.「〜は」を用いた対比

対比表現の1つとして取り立て助詞「は」を取り上げ、どのように対比を表すかを見てみましょう。次の会話1）では、友人同士のAとBが買ってきたパンについて話しています。Aに対しBは、いろいろな形で「『〜は』による対比」を表すことができます。

丁寧体

1）A：おいしそうなパンですね。
　　B：ええ、a　外は硬くて、中はふわふわなんです。
　　　　　　b　外は硬いですが、中はふわふわなんです。
　　　　　　c　外は硬いですけれども／けど、中はふわふわです。
　　　　　　d　外は硬いのに、中はふわふわです。

普通体

1）A：おいしそうなパン{だね／ね}。
　　B：ええ、e　外は硬くて、中はふわふわ{なんだよ／なのよ}。
　　　　　　f　外は硬いが、中はふわふわなんだよ。
　　　　　　g　外は硬いけど、中はふわふわ{だよ／よ}。
　　　　　　h　外は硬いのに、中はふわふわ{だよ／よ}。

305

説明

丁寧体

「〜は〜が／けれども、〜は〜」の形で、前文と後文の事柄（多くの場合、「は」の前の事柄）が比較されます。

aは「〜て」で前文と後文を並列させています。「〜て」は話し言葉的で、軽く後文につないでいきます。

b〜dは「逆接」の接続表現で前文と後文を対比させています。b「〜が」は改まった硬い言い方で書き言葉的、一方c「〜けれども」は、「けど／けれど」とともに、柔らかい話し言葉的な表現です。

d「〜のに」は逆接表現の代表的なものの1つで、前文に対する予想外の気持ち、非難などを表すことが多いですが、dのように対比を表す場合もあります。dではパンの外の硬さと中の柔らかさを比較しています。対比「〜のに」の中にも、逆接の場合ほどではありませんが、話し手の意外に思う気持ちが入ります（30「逆接1」1参照）。

比較のポイント

「〜は」を用いた対比

	前文・後文並列的	前文・後文逆接的	改まった硬い言い方	書き言葉的	話し言葉的	柔らかい言い方	意外に思う気持ち
〜は〜て、〜は〜	○				○	○	
〜は〜が、〜は〜		○	○	○※			
〜は〜けれども／けど、〜は〜		○			○	○	
〜は〜のに、〜は〜		○			○		○

※普通体の場合

- 「は」を用いた対比では、前文の「名詞＋は」と後文の「名詞＋は」が対立的に明示されているので、何が対比されているかがわかりやすい。
- 「〜は〜て、〜は〜」は前文と後文が並列的に、その他の「〜が・〜けれども／けど・〜のに」を用いた表現では前文と後文が逆接的・対比的な関係にある。
- 対比を表す「〜のに、〜」には逆接の場合同様、話し手の意外な気持ちが入る。

> **まとめ会話**

〈自転車売り場で〉
客　：この自転車は前輪<u>は</u>小さく<u>て</u>、後輪<u>は</u>大きいんですね。
　　　　　　　　　　　　　　　　　　　　　　　　（並列的対比）
店員：ええ、最新式モデルになっています。
　　　車輪<u>は</u>大きいです<u>が</u>、自転車自体<u>は</u>とても軽いです。
　　　　　　　　　　　　　　　　　（逆接的対比、改まった硬い言い方）
客　：これはどこ製ですか。
店員：自転車そのもの<u>は</u>日本製です<u>けど</u>、車輪<u>は</u>ドイツ製です。
　　　　　　　　　　　　　　　　　　　　　　　　（逆接的対比）
客　：そうですか。
店員：いかがですか。
客　：ハンドル<u>は</u>高い<u>のに</u>、サドルの位置<u>は</u>低いんですね。
　　　　　　　　　　　　　　　　　　　　　　（逆接的対比、意外性）
店員：ええ、このほうが乗っていて安定感があります。
　　　若者にも人気がありますよ。

 否定の場合

会話1）で取り上げた形（表現文型）について否定の形を考えてみましょう。前文を否定の形にすると、次のようになります。（普通体で示します。）

a'　この小説は、前半はこわくなくて、後半はこわくなる。
b'　この小説は、前半はこわくないが、後半はこわくなる。
c'　この小説は、前半はこわくないけれども／けど、後半はこわくなる。
d'　この小説は、前半はこわくないのに、後半はこわくなる。

b'「が」、c'「けれども／けど」は前が否定の形でも、対比を表しています。

a'「～なくて」も対比を表していますが、「が」「けれども／けど」に比べて、対比を表す働きが弱いと言えます。「この小説は、前半はこわくなくて、後半がこわくなる」のように、後半に特立（特に抜きんでていること、特に取り立てること）を表す「が」を持って来ると対比の度合いが強くなります。

d'「～のに」では、肯定の場合と同じく、話し手の意外な気持ちが入ります。

2. 取り立て助詞「だけ・しか・ほど・も・は等」による対比

「は」以外の取り立て助詞も「対比」を表します。取り立て助詞は「名詞だけでなく、文中のいろいろな語に付いて、他の事柄との関係を暗示しながら、ある事柄を取り立てる助詞」で、「も・だけ・しか・さえ・こそ・ほど・くらい／ぐらい・なんて・なんか・でも」等があります。この中からいくつかを取り出し、対比の働きを見てみましょう。会話2）では、Aが外国人のBに、日本語の勉強について尋ねています。Aの質問に対しBは、いろいろな取り立て助詞で「対比」を表すことができます。

丁寧体

2）A：ゆうべ日本語を勉強しましたか。
 B：はい、a　2時間勉強しました。
 　　　　b　2時間だけ勉強しました。
 　　　　c　2時間しか勉強しませんでした。
 　　　　d　2時間ほど／くらい／ぐらい勉強しました。
 　　　　e　2時間も勉強しました。
 　　　　f　2時間は勉強しました。

> **普通体**
>
> 2）A：ゆうべ日本語を勉強した？
> 　B：うん、g　2時間勉強したよ。
> 　　　　　 h　2時間だけ勉強したよ。
> 　　　　　 i　2時間しか勉強しなかった。
> 　　　　　 j　2時間ほど／くらい／ぐらい勉強したかな。
> 　　　　　 k　2時間も勉強したよ。
> 　　　　　 l　2時間は勉強した。

 説明

> **丁寧体**

　「ゆうべ日本語を勉強したか」という質問に、aは取り立て助詞を使わずに、b〜fは取り立て助詞（b「だけ」、c「しか」、d「ほど／くらい／ぐらい」、e「も」、f「は」）を使って答えています。

　取り立て助詞を使わないaは、2時間勉強したという事実をありのまま伝えています。b「2時間だけ」は、「2時間」を肯定的に取り立げ、限定して、それ以上でもそれ以下でもないことを伝えています。c「しか」は文末は否定と結び付いて、「2時間しか〜ない」の形で、「少ない」という話し手の気持ちが入ります。

　d「2時間ほど／くらい／ぐらい」の「ほど／くらい／ぐらい」は「だいたい」というおおよその量や程度・時間を表します。「くらい／ぐらい」より「ほど」のほうが硬い、改まった言い方になります。

　e「2時間も」では、話し手は2時間を長い時間ととらえ、「2時間という長い時間、勉強したのだ」と言っています。一方のf「2時間は」は、「少なくとも2時間」を表します。「もっと勉強したほうがいいのかもしれないが、最低でも2時間勉強した」と述べています。

比較のポイント

取り立て助詞「だけ・しか・ほど・も・は等」による対比

	限定の意味を持つ	少ないという気持ち	「だいたい」の意味を持つ	長い、多いととらえる	少なくとも、最低限
だけ	○				
しか	○	○			
ほど/くらい/ぐらい			○		
も				○	
は					○

- 取り立て助詞は話し手がそのものを特に取り上げ、他と区別しようとする気持ちを表す。
- 「だけ」と「しか」は限定を表すが、「だけ」が肯定的な限定を表すのに対し、「しか」は否定と結び付いて「少ない」という気持ちを表す。
- 「ほど」は「彼女ほど美しい人はいない」「見れば見るほど美しい」「それほどのことはない」等、程度表現を通じて話し手の気持ちを表すが、「2時間ほど」では、分量や数量の後ろに付いて、単におおよその量を表している。

まとめ会話

〈AとBは友人同士。睡眠時間について話している〉

A：あーあ、眠い……。
B：どうしたの、あくびばかりして。
A：ゆうべはあまり眠れなかったんだ。
B：何時間ぐらい寝たの？　　　　　　　　　　　　（だいたい）
A：うーん、5時間しか寝ていない。　　　　　　　（少ないと感じる）
B：なーんだ、5時間も寝ていれば大丈夫よ。　　（長い、多いと感じる）
A：いや、僕は7時間は寝ないと。　　　　　　　　（最低限、少なくとも）
　　Bさんはきのう何時間寝た？
B：私も5時間ほど。　　　　　　　　　　　　　　　（だいたい）

$$\boxed{\begin{array}{l}\qquad \text{あなたより少しだけ多いぐらいよ。}\qquad\qquad （限定）（だいたい）\\[4pt] \text{A：なーんだ。おんなじぐらいか。}\end{array}}$$

3. ～一方（で）・～反面・～に対して・～にひきかえ

ここでは、対比を表す「～一方（で）・～反面・～に対して・～にひきかえ」を取り上げます。次の会話3）では、AとBは知人同士で、頑固な「健二君」のことを噂しています。Aの質問に対しBは、いろいろな形で「対比」を表すことができます。

丁寧体

> 3）A：健二君ってどんな子供ですか。
>
> 　B：a　非常に活発である一方（で）、頑固なところがあります。
>
> 　　　b　非常に活発である反面、頑固なところがあります。
>
> 　　　c　内向的な健一君に対して、弟の健二君は非常に活発です。
>
> 　　　d　内向的な健一君にひきかえ、弟の健二君は非常に活発です。

普通体

> 3）A：健二君ってどんな子供？
>
> 　B：e　非常に活発である一方（で）、頑固なところがあるね。
>
> 　　　f　非常に活発である反面、頑固なところがあるね。
>
> 　　　g　内向的な健一君に対して、弟の健二君は非常に活発〔だね／ね〕。
>
> 　　　h　内向的な健一君にひきかえ、弟の健二君は非常に活発〔だね／ね〕。

33

対比

説明

丁寧体

　a〜dは前文の事柄と後文の事柄を同列に並べたり、反対の（対照的・対比的な）意味合いでとらえたりする表現です。a「〜一方（で）」とb「〜反面」は通常、前文・後文の同じ主語（主体）が持つ、異なった2つの側面について比較し、c「〜に対して」、d「〜にひきかえ」は、異なった主語・主体を比較します。

　a「〜一方（で）」は、「別の方向からとらえると」、または「それと並行して」という意味を持ち、同一の主語・主体（ここでは健二君）が複数の側面を持つことを表します。客観的な表現ですが、話し手の評価が入ることもあります。マイナス評価の場合が多いです。（例：彼は平等を主張する一方で、上司にうまく取り入っている。）

　b「〜反面」は1つの見方を受け止めて、それに対して「別の見方、逆の見方からすれば、こういう一面を持っている」というとらえ方になります。通常は前文にはプラス評価の事柄が来て、後文でそれを否定、または修正するマイナス評価の事柄が来ることが多いです。

　c「〜に対して」、d「〜にひきかえ」は同一の人・ものではなく、ここでは2人の人（兄の健一・弟の健二）というように、前文と後文には対照的・対立的な事柄が来やすくなります。

　d「〜にひきかえ」はやや古めかしい、硬い言い方ですが、話し言葉としても使います。「〜に比べて」の意味を持ちます。前文がプラス評価の内容のときは、後文はマイナス評価に、前文がマイナス評価のときは後文はプラス評価の文になります。

普通体

　「〜にひきかえ」は古めかしい表現で、通常は年配者が使うことが多いです。

比較のポイント

〜一方（で）・〜反面・〜に対して・〜にひきかえ

	別の面から見ると	前文・後文に反対の事柄が来る	対比が明確になる	逆（裏）の見方からすれば	客観的	評価が入る
〜一方（で）	○		△		△	△
〜反面	○	○	△	○	△	○
〜に対して		○	○		○	
〜にひきかえ		○	○			○

- 「〜一方（で）」は同一の主語・主体に関して、複数ある側面を取り上げて比べている。
- 「〜反面」は、前文の事柄の見方を変えて、逆に、または裏から見たときにどうであるかをとらえようとしている。
- 客観的か否かの順で並べると、4表現は次のようになる。

客観的 ←　　　　　　　　　　　　　　　　　　　　　　　　　　　→ 主観的
　　　　　〜に対して　　〜一方（で）　　〜反面　　〜にひきかえ

まとめ会話

〈AとBは友人同士。スマホについて話している〉

A ： スマホは便利な<u>反面</u>、使いにくいところもあるね。　　（別の面）
B ： そうだね。
　　　いろんなことができる<u>一方で</u>、機能が複雑でなかなか使いこなせないね。　　　　　　　　　　　　　　　　　　　　　　（別方向から）
A ： 機能満載のスマホ<u>にひきかえ</u>ガラケーは単純で使いやすいよ。
　　　　　　　　　　　　　　　　　　　　　　　　　　　　　　（比べて）
B ： うん。スマホ<u>に対して</u>ガラケーは通信料金も安いしね。（比べて）
A ： うん、でも、今さらガラケーには戻れないよね。

33 対比

 否定の場合

　会話3）で取り上げた形（表現文型）について否定の形を考えてみましょう。（普通体で示します。）

　　a'　健二君は活発でない一方（で）、時々乱暴になることがある。
　　b'　健二君は活発でない反面、非常に優しい一面がある。
　　c'　弟の健二君が活発でないのに対して、兄の健一君は非常に活発だ。
　　d'　弟の健二君が活発でないのにひきかえ、兄の健一君は非常に活発だ。

a'〜d'とも前文が否定の形になっても、前文・後文を対比的・対照的にすれば、文は成り立つようです。否定文では文を受けるために、c'「に対して」、d'「にひきかえ」の前に「の」が入ります。

34 比較

私達はいくつかのものを比べたり、比較したりするのにどのような表現を使用するのでしょうか。この課では、二者の比較、三者の比較を中心に質問の形、答えの形を考えていきましょう。

1-1. 二者比較1（質問と答え）

二者の中から1つを選ぶ比較形式を取り上げます。質問の形と、答えの形に分けて見ていきましょう。会話1）でBは、知人Aの家でお茶をご馳走になるようです。

丁寧体

1）A：a　コーヒーと紅茶と、どちらがいいですか。

　　　 b　コーヒーと紅茶では、どちらがいいですか。

　　　 c　コーヒーと紅茶は、どちらがいいですか。

　　　 d　コーヒーと紅茶なら、どちらがいいですか。

　　B：e　コーヒーのほうがいいですね。

　　　 f　コーヒーがいいです。

　　　 g　コーヒーでいいです。

普通体

1）A：h　コーヒーと紅茶と、どっちがいい？

　　　 i　コーヒーと紅茶では、どっちがいい？

　　　 j　コーヒーと紅茶は、どっちがいい？

　　　 k　コーヒーと紅茶なら、どっちがいい？

　　B：l　コーヒーのほうがいい。

　　　 m　コーヒーがいい。

　　　 n　コーヒーで。

　　　 o　コーヒー。

315

説明

丁寧体

　aは並列助詞「と」で選択するものを並べて提示しています。厳密には選択肢を2つに限らないような、ゆるやかな質問の仕方です。bは「では」で限定しているので、2つに限っているという意味合いがあります。その「では」を「は」で置き換えたのがcです。二者を取り上げていますが、bより選択肢の限定が漠然としています。

　d「なら」は「は」とほぼ同じで、主題を表します。cでは、今から飲み物を準備するという気配がありますが、dは「なら」の持つ「仮に」という意味合いのため、実際に今から準備するというより、単に話題として提出しているという感じがあります。

　Bの答えのうち、eは二者のうち一方を選ぶ「～(の)ほうが」を用いています。Aの質問に対して選択を明確にした答え方です。fは「(の)ほうが」を省略して、直接的に1つを選択しています。明確ですが、はっきりしすぎる感じがあります。

　g「～でいい」は、f「～がいい」のように積極的に1つを選んでいるのではなく、「どちらでもいい」という曖昧さが出てきます。gは相手に対する配慮が入る場合もありますが、自分はどちらも積極的には気に入ってはいないという印象も与えます。「～でいい」を使うと失礼になることがあるので気をつけたほうがいいでしょう。飲み物をお願いする場合は、「コーヒーでいいです」ではなく、「コーヒーでお願いします」と言えば失礼になりません。

普通体

　普通体では「どちら」が「どっち」になります。n「コーヒーで。」は「お願いします」が省略されていると考えられます。お茶を飲むという状況がはっきりしているときは、「コーヒーで。」で済ますことも多いです。それをより直接的にしたのがoの名詞止めです。日常会話ではn「～で。」とo「名詞止め」が多く使われるようです。

比較のポイント

34
比較

二者比較1（質問）

	ゆるやかな質問	2つに限っている	やや漠然とした質問	「仮に」の意味合い強い
～と～と、どちらが	○		○	
～と～では、どちらが		○		
～と～は、どちらが	△	○	○	
～と～なら、どちらが		○		○

二者比較1（答え）

	選択が明確	短く端的な応答	はっきりしすぎる・直接的	曖昧・間接的	失礼になることがある
～（の）ほうが	○				
～が	○	○	○		○
～で				○	○
名詞止め	○	○	○		○

- 質問の4形式は、意味用法としてはほぼ同じである。「～と～と」は列挙したままの形で選ばせ、「～と～では」「～と～は」「～と～なら」は範囲を限る意識が働く。
- 「～と～なら」の「～なら」は本来仮定を表す語であるため、ここでも「仮に提示した場合」という意味合いが入る。
- 答えの形としては、「～（の）ほうが」が一番よく使われる。「のほう」を省略した「～が」は、間違いではないが、話し手の主張が強くなる。「名詞止め」は親しい間柄で使われる。
- 「～でいい」は積極的な選択ではなく、「それでも大丈夫だ」という消極的選択になる。状況によっては、遠慮しているとも受け取れるが、「どうでもいい」という、投げやりで失礼な言い方になることもある。

まとめ会話

〈原田さんが業者と壁の色について相談している〉

原田：この壁にはブルー<u>と</u>グリーン<u>と</u>、<u>どっちが</u>合いますかね。（並列的）

業者：そうですね……。
原田：ブルーとグレーでは、どっちがいいですかね。　　（2つに限定）
業者：そうですね……。
原田：ああ、グレーじゃなくて、ブルーとダークブルーは？（2つに限定）
業者：うーん。
原田：じゃ、ブルーと白なら？　　　　　　　　　　（「仮に」の気持ち）
業者：そうですね……。
原田：決めました。やっぱりブルーでいいです。　　　　　（消極的選択）

 否定の場合

　二者比較は通常、肯定の形で質問されますが、否定の質問、否定の答えはできるでしょうか。質問も答えも後文の述語が否定の形になる場合を考えます。

　　Q：薬αと薬βと／では／は／なら、どちらが苦くないですか。
　　A：薬αのほうが苦くないですね。

述語が否定になる形では、質問、答えとも問題がないようです。

1-2. 二者比較2（1文レベル）

　「二者比較1」では質問と応答の比較表現を取り上げましたが、ここでは、応答ではない、1文レベルでの二者比較について見てみましょう。
　次の会話2）では、AとBは知人同士です。結婚しない男性が増えていることを話題にしています。Aに対しBは、いろいろな形で「二者比較」を表すことができます。

34

比較

> 丁寧体
>
> 2）A：非婚の男性が増えて（い）るようですね。
>   B：a　独身のほうが快適ですよ。
>   b　結婚するより独身のほうが（ずっと）快適ですよ。
>   c　結婚するよりむしろ独身のほうが快適ですよ。
>   d　結婚は苦労するわりに（は）、楽しみが少ないですよ。
>   e　結婚より独身のほうがましですよ。

> 普通体
>
> 2）A：非婚の男性が増えて（い）るよう｛だね／ね｝。
>   B：f　独身のほうが快適｛だよ／よ｝。
>   g　結婚するより独身のほうが（ずっと）快適｛だよ／よ｝。
>   h　結婚するよりむしろ独身のほうが快適｛だよ／よ｝。
>   i　結婚は苦労するわりに（は）、楽しみが少ないよ。
>   j　結婚より独身のほうがまし｛だよ／よ｝。

 説明

丁寧体

　a〜eは二者を比較する表現です。aは選択した事柄に「〜（の）ほうが」を付けて答えています。「〜ほう」を付けるとそちらを選ぶということを明確に示すので、「〜は〜より〜だ」（例：独身は結婚より快適だ。）に比べて選択が明確になります。

　bはaに「〜より」を付けて、独身のほうがよりよいことを、詳しく解説的に説明しています。そして、「ずっと」を付けて「〜ほうが」を強調しています。

　cはbに「むしろ」を付け加えたものです。「むしろ」には話し手の価値判断が入り、「自分はそれよりこちらのほうを選ぶ」という主張が入ります。「むしろ」は副詞で、次に来る事柄が選ばれるだろうという示唆が含まれます。硬く解説的な表現です。

　dの「わりに（は）」は「割合に」の意味で、「予想された程度をやや超えてい

る」という意味を表します。後文に来る内容は多くの場合はマイナスの事柄ですが、「予想したわりには、給料は高かった」のように、プラス評価の場合もあります。dでは、「苦労する度合い・割合と比べれば、もっと楽しみがあってもいいのに、そうではなく楽しみが少ない」という「やや期待外れ」の気持ちが入ります。話し言葉的です。

　e「ましだ」は「αよりβのほうがましだ」の形で、「α、βどちらもそれほどいいとは思わないが、どちらかを選ぶのであれば、「βのほうがいい」という消極的な選択になります。

⚖ 比較のポイント

二者比較2（1文レベル）

	選択が明確	詳しく、解説的に	強調的	強い主張	硬い言い方	評価が入る	話し言葉的	消極的な選択
～(の)ほうが	○							
～より～(の)ほうが(ずっと)	○	○	○※			△		
～よりむしろ～(の)ほうが	△	○	○	○	○	○		
～わりに(は)						○	○	
～より～(の)ほうがましだ						○	○	○

※「ずっと」がある場合

- 二者比較の基本の文は「～(の)ほうが（～より）＋述語」「～より～(の)ほうが＋述語」の形をとる。
- そこに加わる「ずっと」「よほど（よっぽど）」は次に続く形容詞等の程度を強め、「αよりむしろβ」は後者βのほうを選択する。「わりには」は「前に来る事柄から予想されるよりは」という話し手の評価が入る。
- 「～ほうがましだ」は消極的な気持ちで、しかたないから選ぶという意味合いを持つ。

34 比較

まとめ会話

〈AとBは友人同士。冬のスポーツについて話している〉

A：スキーとスノボと、どっちが好き？
B：スノボ<u>のほう</u>がおもしろいよ。　　　　　　　　（二者比較）
A：そうかな。私はスノボ<u>よりむしろ</u>スキーのほうが好きだな。
　　　　　　　　　　　　　　　　　　　　　　　（二者比較、主張）
　　スノボは遊びに近いし。
B：ちがうよ。そう見える<u>わりには</u>、ずっと大変なスポーツなんだよ。
　　　　　　　　　　　　　　　　　　　　　　　（予想と比べて）
A：そうかな。
B：そうだよ。スキーやるくらいなら、スケートのほうがましだよ。
　　　　　　　　　　　　　　　　　　　　　　　（消極的選択）
A：スケートと比べたら、スノボ<u>のほうがずっと</u>いいとは思うけど……。
　　　　　　　　　　　　　　　　　　　　　　　（二者比較、強調的）

 否定の場合

会話2）に出てくる二者比較の文について、否定の形が可能かどうか考えてみましょう。（普通体で示します。）

a'　独身じゃないほうが快適だ。
b'　結婚するより結婚しないほうが（ずっと）快適だ。
c'　結婚するよりむしろ結婚しないほうが快適だ。
d'　彼女は結婚していないわりには、所帯じみた感じがする。
e'　結婚するより結婚しないほうがましだ。

d'は内容的にあまりよい文とは言えませんが、否定を伴った「わりには」の他の例としては、「勉強していなかったわりには、いい成績がとれた」「このジュースは、果汁が1％しか入っていないわりには、味がいい」等があります。

2-1. 三者以上の比較1（質問と答え）

ここでは三者以上の中から1つを選ぶ比較形式を取り上げます。質問の形と、答えの形に分けて考えます。会話3)で、Bは知人Aの家で飲み物をご馳走になるようです。Aの質問やBの応答では、いろいろな形で「三者以上の比較」を表すことができます。

丁寧体

3) A：a　コーヒーと紅茶とコーラと、どれが一番いいですか。
　　　 b　コーヒーと紅茶とコーラでは、どれが一番いいですか。
　　　 c　コーヒーと紅茶とコーラの中で、どれが一番いいですか。
　　　 d　飲み物の中で（は）、何が一番いいですか。
　　B：e　コーラがいいですね。
　　　 f　コーラが一番いいです。
　　　 g　コーラでいいです。

普通体

3) A：h　コーヒーと紅茶とコーラと、どれが一番いい？
　　　 i　コーヒーと紅茶とコーラでは、どれが一番いい？
　　　 j　コーヒーと紅茶とコーラの中で、どれが一番いい？
　　　 k　飲み物の中で、何が一番いい？
　　B：l　コーラがいい。
　　　 m　コーラが一番いい。
　　　 n　コーラで。
　　　 o　コーラ。

説明

丁寧体

三者の比較です。aは並列助詞「と」で選択するものを並べて、ゆるやかに質問しています。bは「では」で限定しているので、3つに限っているという

意味合いがあります。cは「では」の代わりに「中で」を用いています。「中」を使って3つを明確に限定しています。

dは飲み物の種類（コーヒー、紅茶、コーラ等）を列挙する代わりに、上位概念の「飲み物」を使って質問しています。飲み物には種類がたくさんあるので、疑問詞には「何」が使われます。「どれ」でもいいですが、「どれ」は「これ・それ・あれ」に対応し、目の前にいくつかの飲み物があるとか、絵に描かれているのように、選択するものが限定されている場合に使います。「飲み物」というような漠然とした範囲の中では「何」がいいでしょう。

eは短く端的に答えています。fも適切です。答えに必ずしも「一番」を入れる必要はありませんが、聞き手の質問に沿って「一番」を入れる場合もあるし、また「一番」と言うことによって強調する場合もあります。

gは「で」を使っています。会話1）の二者比較のときに見られた「しかたがないから1つを選ぶ」という意味合いもありますが、話し手が謙虚に1つを選んでいるという場合もあります。

普通体

n「コーラで。」は「コーラでお願いします」の「お願いします」が省略されていると考えられます。「コーラで一番いいです」という形はありません。

⚖ 比較のポイント

三者以上の比較1（質問）

	ゆるやかな質問	3つに限っている	明確に限定	上位概念で代表	選択肢が多い
～と～と～と、どれが一番～	○				
～と～と～では、どれが一番～	△	○	△		
～と～と～の中で（は）、どれが一番～		○	○		
～の中で、何／どれが一番～				○	○

三者以上の比較1（答え）

	短く端的な応答	標準的な答え方	曖昧・間接的	はっきりすぎる・直接的	失礼になることがある
～が	○			○	○
～が一番～		○		△	
～で			○		○
名詞止め	○			○	○

- 「～と～と」を使った質問の3形式は、意味用法としてはほぼ同じである。「～と～と～と」は列挙しっぱなしの形で選ばせ、「～と～と～では」「～と～と～の中で（は）」は範囲を限る意識が働く。特に「～と～と～の中で（は）」はその意識が強い。
- 「～の中で、何／どれが一番～」は具体的なものを複数列挙するのではなく、上位概念にある名詞を使って、その中での比較を促す形である。疑問詞は通常は「何」を使う。
- 答えの形としては、「～が一番～」がよく使われる。「一番」を省略した「～が」もよく使われる。わざわざ「一番」を言わないほうが簡潔である場合もある。
- 「～で」は二者比較のときと同じく、積極的な選択ではなく、「それでも大丈夫だ」という消極的選択になる。状況によっては遠慮しているとも受け取れるが、「どうでもいい」という、投げやり的な響きを持つことがある点も二者比較と同じである。
- 名詞止めは親しい間柄で使われる。

まとめ会話

〈AとBがスポーツについて話している〉

A：ラグビーとサッカーとバスケットボールと、どれが一番おもしろい？　　　　　　　　　　　　　　　　　　　　　　　　　（並列的）

B：うーん、難しい。

A：じゃ、テニスとバドミントンとスカッシュでは？　（範囲の中で）

B：うーん、それも難しい。

A：じゃ、柔道と空手とテコンドーの中で、どれが好き？（範囲の中で）

B：うーん、どれもあまり……。

A：じゃ、スポーツの中で、何が一番好きなの？　　　（類別の選択）

B：野球だよ。

否定の場合

　三者比較は通常、肯定の形で質問されますが、否定の質問、否定の答えはできるでしょうか。二者比較と同じく、質問も答えも後文の述語が否定の形になる場合を考えます。

　①Q：薬αと薬βと薬γと／では／の中で、どれが一番苦くないですか。
　　A：薬αが一番苦くないですね。
　②Q：薬の中で、どれが一番苦くないですか。
　　A：薬αが一番苦くないですね。

述語が否定になる形では、質問、答えとも問題がないようです。

2-2. 三者以上の比較2（1文レベル）

　2-1では質問と応答の比較表現を考えましたが、2-2では応答レベルではない、1文レベルでの三者以上の比較（最上級の比較）について考えます。会話4)では学生のBが知人のAに自分の将来について相談しています。AはBに対し、いろいろな形で「三者以上の比較（肯定文）」を表すことができます。

丁寧体

　4)A：進路はもう決まりましたか。
　　B：ええ、公務員がいいかなと思って（い）るんですが。
　　A：ああ、a　公務員が一番いいですよ。
　　　　　　　b　公務員より安定した仕事はありませんよ。
　　　　　　　c　公務員ほど安定した仕事はありませんよ。
　　　　　　　d　公務員くらい／ぐらい安定した仕事はありませんよ。
　　　　　　　e　将来リストラにおびえるくらい／ぐらいなら、公務員のほうがいいですよ。

> 普通体

4) A：進路はもう決まった？
　 B：うん、公務員がいいかなと思って（い）るんだけど。
　 A：ああ、f　公務員が一番いいよ。
　　　　　　 g　公務員より安定した仕事はないよ。
　　　　　　 h　公務員ほど安定した仕事はないよ。
　　　　　　 i　公務員くらい／ぐらい安定した仕事はないよ。
　　　　　　 j　将来リストラにおびえるくらい／ぐらいなら、公務員のほうがましだよ。

 説明

> 丁寧体

　a～eは最上級の言い方で答えています。aは一番標準的な答え方です。

　b～dは「～もの（ここでは仕事）はない」という形を使っています。いずれも「それ以上のもの（仕事）はない」、つまり「それが一番だ」ということを、文末に否定の形を使って表しています。bの「～より」は単に比較しているだけで、特に話し手の気持ちは入っていません。「より」が格助詞だからかもしれません。c「ほど」、d「くらい／ぐらい」は取り立て助詞です。話し手の「公務員」を取り立てる気持ちが強く、文末の「～ない」と結び付いて、それを超えるものはないことを強く主張します。「ほど」は「くらい／ぐらい」に比べて、やや改まった硬い言い方になります。

　e「くらい／ぐらいなら」は前に極端な例を挙げて、「それをするのはいやだ。それをするよりは～するほうがましだ」という、「くらい／ぐらいなら」の前に来る事柄への忌避の気持ちが入ります。

　　結婚するのはいやだ。結婚をするくらい／ぐらいなら一生独身のほうがいい。

> 普通体

　丁寧体eでは文末に「～ほうがいい」を使っていますが、jではもっと忌避の気持ちの強い「～ほうがましだ」を使っています。普通体の会話ではそのほうが話し手の率直な気持ちを表していると思われます。

⚖ 比較のポイント

三者以上の比較2（1文レベル）

	標準的な答え方、明確	否定の形を使って	強い言い方	改まった言い方	消極的な選択
～が一番～	○				
～より～ものはない		○	○		
～ほど～ものはない		○	○	○	
～くらい／ぐらい～ものはない		○	○		
～くらい／ぐらいなら、 ～ほうがいい／ましだ			○		○

- よく使われる形は「～が一番＋述語」である。
- 「～より／ほど／くらい／ぐらい～ものはない」は否定の形を使って、前に来る事柄以上のものはないこと、それが一番であることを強調的に述べている。
- 「～くらい／ぐらいなら、～ほうがいい／ましだ」は、「くらい／ぐらいなら」の前に来る事柄への強い忌避が入る。

まとめ会話

〈春、公園で〉

Ａ：桜が咲いてますね。

Ｂ：今が桜の<u>一番</u>きれいなときですね。　　（肯定を使って、「一番」）

Ａ：そうですね。桜<u>ほど</u>日本人に合っている花は<u>ありません</u>ね。

（否定を使って、「一番」）

Ｂ：でも、桜<u>ぐらい</u>はかない花<u>もありません</u>ね。（否定を使って、「一番」）

A：そうですね。
B：すぐ散ってしまいますからね。
A：でも、散るときの花吹雪ぐらい幻想的なものはありませんよ。
　　　　　　　　　　　　　　　　　　（否定を使って、「一番」）
B：そうですか。
　　すぐ散るくらいなら、植えないほうがましじゃありませんか。
　　　　　　　　　　　　　　　　　　　　（忌避の気持ち）
A：とんでもない。
　　日本に住んでいれば、桜の本当のよさがわかりますよ。

 否定の場合

　会話4）で取り上げている三者比較の文について、否定の形が可能かどうかを考えてみましょう。（普通体で示します。）

　　　a'　リストラにおびえないのが一番いい。
　? b'　リストラにおびえないことより幸せなことはない。
　　　c'　リストラにおびえないことほど幸せなことはない。
　　　d'　リストラにおびえないことくらい／ぐらい幸せなことはない。

　b'は間違いではありませんが、少し回りくどい言い方になっています。c'「ほど」、d'「くらい／ぐらい」を使ったほうが自然になるようです。

35 比例

一方の量や程度の変化に応じて、もう一方の量や程度が変化する関係を「比例」と呼びます。ここでは「比例」を表す表現を見ていきましょう。比例を表す表現としては、「～につれて・～にしたがって・～とともに・～（の）にともなって」等があります。

1. 一般的な比例表現

まず、よく使われる「～につれて・～にしたがって・～とともに・～（の）にともなって・～ば～ほど」について見ていきましょう。次の会話1）では、新しい職場で仕事を始めたBに知人のAが質問しています。Aの質問に対してBは、いろいろな形で「比例」を表すことができます。

丁寧体

1）A：新しい職場には慣れましたか。
　　B：ええ、a　時間がたつにつれて、楽しくなってきました。
　　　　　　b　時間がたつにしたがって、自分のやるべきことがわかってきました。
　　　　　　c　時間がたつとともに、楽しさもわかってきました。
　　　　　　d　時間がたつのにともなって、楽しさもわかってきました。
　　　　　　e　時間がたてばたつほど、楽しくなってきました。

普通体

1）A：新しい職場には慣れた？
　　B：うん、f　時間がたつにつれて、楽しくなってきたよ。
　　　　　　g　時間がたつにしたがって、自分のやるべきことがわかってきた。
　　　　　　h　時間がたつとともに、楽しさもわかってきたところ {だ／よ}。
　　　　　　i　時間がたてばたつほど、楽しくなってきた。

329

 説明

丁寧体

　a「〜につれて」は前文に重点が置かれ、①のように、前文の事柄の変化に比例して、後文の変化・推移も程度を増すという意味合いを表します。

　　①場内の歓声が高まるにつれて、実況アナウンサーの声も大きくなっていった。

比例的に変化の程度が増すことを表す「〜につれて」は、後文に意志や依頼・命令等の働きかけの表現は来にくくなります。
　b「〜にしたがって」も「〜につれて」と同じく、「ある事態の変化・推移に合わせて」という意味を持ちますが、「〜につれて」と異なり、後文に重点が置かれ、変化・推移に合わせてどうするか、どうなったか、が問題になることが多くなります。

　　②乗客が増えるにしたがって、バス会社はバスの本数を増やした。

　次の③のように後文に意志や働きかけの表現が来ることができます。

　　③気温の変化にしたがって、ケース内の温度を変えてください。

「〜にしたがって」は書き言葉的表現になります。
　c「とともに」は前に変化の動詞が付いて、「ある事態の変化・推移に合わせて」の意味を持ちます。前文の変化がきっかけとなって後文の変化が起こることを表します。

　　④秋風が立ち始めるとともに、公園の樹々も色づき始めた。

「〜にしたがって」と同じく後文に働きかけの表現が来ることができます。

⑤成長するとともに、子供さんの学習環境を変えてあげてください。

cは「名詞＋とともに」という形を用いて、「時間（の経過）とともに、楽しさもわかってきました」とすることもできます。

d「〜（の）にともなって」はcとほぼ同じ意味用法を持ちます。c、dとも書き言葉的ですが、d「〜（の）にともなって」のほうがより硬い表現になります。「社会が変化する・社会の変化」「生活が多様化する・生活の多様化」「人数が増える・人数の増加」「新システムを取り入れる・新システムの導入」等、前に来る語や表現は個人的な事柄ではなく、より社会的、制度的、したがって、客観的な事柄になります。「（の）にともなって」は前に動詞が来ますが、名詞が来る場合は「名詞＋にともなって」となります。

⑥社会の変化にともなって、人々の働き方も変わってくる。

e「〜ば〜ほど」は、「知れば知るほど、彼女が魅力のある人に思えてくる」のように、変化というより「ある事柄の程度が増していくのにつれて」後文の事柄の量・程度も増すことを表します。「〜につれて」や「〜にしたがって」が比例的な変化を客観的に述べるのに対し、変化の状態を実感する形で描いています。プラス評価のことだけでなく、マイナス評価の表現も表すことができます。

⑦時間がたてばたつほど、彼女のことが嫌いになっていく。

普通体

c「〜とともに」は書き言葉的ですが、hのように普通体の会話でも使わないことはありません。年長者が話している感じになります。d「〜（の）にともなって」も同じですが、少し不自然さがあるので、普通体の会話では省きました。

「～につれて」「～にしたがって」等の変化を表す表現は、同時に後文の文末にも変化を表す表現が来ています。例えば、「～く／になる」「～なってくる」「～ていく」等です（17「変化」1参照）。

普通体のhは、ちょうどその状態にあることを「～ところだ」を使って表しています。

 比較のポイント

一般的な比例表現

	前文の事柄の変化と比例的に変化	書き言葉的	より硬い言い方	程度を重視	変化を描写的に描く	後文に働きかけ表現可能
～につれて	○			△	○	
～にしたがって	△	○	△			○
～とともに	△	○	△			○
～(の)にともなって	△	○	○			
～ば～ほど	○			○	○	

- 比例的に変化が起こる表現のうち、「～につれて」「～ば～ほど」は、目に見える、耳に聞こえる現象の、連動的な変化を表すのに適している。
- 他の3つ「～にしたがって」「～とともに」「～(の)にともなって」は、書き言葉的で、説明的・解説的な表現と言える。
- 「～にしたがって」には「私の指示にしたがって、やりなさい」のように「～の通りに」という意味もあるが、ここでは比例的、連動的な変化を表す場合を取り上げた。

まとめ会話

〈AとBが社会について話している〉

A：時代が変わる<u>につれて</u>、いろいろなことが変わってきましたね。

（前文重視）

B：やはりコンピューターの普及が一番でしょうね。

> A：そうですね、世の中、コンピューターの普及とともに進んできましたね。　　　　　　　　　　　　　　　　（きっかけ、いっしょに）
> B：それから、女性の社会進出も大きいですね。
> A：女性の社会進出にともなって、家庭や企業も変わりましたね。
> 　　　　　　　　　　　　　　　　　　　　　（きっかけ、いっしょに）
> B：女性が進出するにしたがって、男性も意識を変えていったと言えます。　　　　　　　　　　　　　　　　　　　　　（後文重視）
> A：働く女性が増えれば増えるほど、もっと元気な世の中になりますよ。　　　　　　　　　　　　　　　　　　　　　（程度の増加）

 否定の場合

　会話1)で取り上げた比例表現「につれて・にしたがって・とともに・(の)にともなって」の前には通常否定「～ない」は来ないようです。しかし、次のような文を使う人もいるようです。

　　論文の執筆が進まないにつれて、私は焦りを感じ始めた。

この文を参考にして、会話1)の「否定の場合」を考えてみましょう。(普通体で示します。)

> a'　仕事が進まないにつれて、私は焦りを感じ始めた。
> b'　仕事が進まないにしたがって、私は焦りを感じ始めた。
> c'　仕事が進まないとともに、私は焦りを感じ始めた。
> d'　仕事が進まないのにともなって、私は焦りを感じ始めた。
> e'　仕事が進まなければ進まないほど、私の焦りは大きくなっていった。

　a'～e'を適切と見るか否かは意見のあるところでしょうが、それほど不適

切とは思われません。したがって、結論としては、比例表現「につれて・にしたがって・とともに・(の)にともなって」の否定表現は、あまり使わないが内容によっては可能となると言えるでしょう。

e'は後文を「焦りを感じ始めた」ではなく、「私の焦りは大きくなっていった」にしたほうが自然になります。これは「〜ば〜ほど」が物事の開始ではなく、すでに始まっている事柄の程度が増すことを表すためだと考えられます。

2. 書き言葉的な比例表現

1で取り上げた表現をより書き言葉的にしたものです。「〜につれて」「〜にしたがって」等は連用中止の形をとっています。書き言葉的な表現として、「〜に応じて」を加えました。

丁寧体

2)A：新しい職場には慣れましたか。
B：a 時間がたつにつれ、慣れてきました。
　　b 時間がたつにしたがい、慣れてきました。
　　c 時間がたつ（の）にともない、慣れてきました。
　　d 時間がたつのに応じて、慣れてきました。

普通体

2)A：新しい職場には慣れた？
B：e 時間がたつにつれ、慣れてきたよ。
　　f 時間がたつにしたがい、慣れてきたよ。
　　g 時間がたつのに応じて、慣れてきたよ。

説明

丁寧体

a「～につれ」、b「～にしたがい」、c「～(の)にともない」は、それぞれ「～につれて・～にしたがって・～(の)にともなって」のテ形が連用形（マス形の語幹）になった形で、より硬い書き言葉として、文書などで用いられます。テ形の場合と、意味用法には違いはありません。c「～(の)にともない」は通常は「の」を入れますが、より硬い報告文や説明文では、「の」が落ちる場合があります。

①一連のプロセスが電子化されるにともない、研究の形も変化している。

dの「～(の)に応じて」は「変化に合わせて、それなりの対応をする」という意味を表します。書き言葉です。前に名詞が来る場合は「名詞＋に応じて」、文が来る場合は「文＋のに応じて」となります。「～(の)に応じ」も使われますが、「～(の)に応じ」は、「子供の人数に応じ、補助金の額が決まる」のように、「～に対応して」という意味用法に用いられることが多いので、ここでは変化を表す「～(の)に応じて」を取り上げます。変化の例を挙げておきます。

②このマテリアルは刺激の強さに応じて、色が変化する。

普通体

普通体のe～gの比例表現は書き言葉的なので、それが普通体の会話で用いられるかどうかという点ですが、いずれも硬い説明文以外ではあまり使われないようです。

比較のポイント

書き言葉的な比例表現

	より硬い言い方	普通体の会話で使うことができる	後文に働きかけ表現可能
〜につれ	○	△	
〜にしたがい	○	△	○
〜(の)にともない	○		
〜(の)に応じて	△	○	○

- 「〜につれ」「〜にしたがい」「〜(の)にともない」は書き言葉的な表現だが、意味的には「〜につれて」「〜にしたがって」「〜(の)にともなって」と変わらない。
- 「〜につれ」「〜にしたがい」は普通体の会話で、説明的・解説的な内容の中で使われることもある。
- 「〜に応じて」は他に「〜に対応して」の意味用法も持つ。ここでは変化を表す「〜(の)に応じて」を取り上げている。

まとめストーリー

時代が進む<u>につれ</u>、いろいろなことが変わってきた。（比例、前文重視）
世の中はコンピューターとともに進んできた。また、女性の社会進出<u>にともない</u>、家庭や企業も変わった。　　　　（きっかけ、いっしょに）
女性が社会へ進出する<u>にしたがい</u>、男性も意識を変えていったと言える。
　　　　　　　　　　　　　　　　　　　　　　　　（比例、後文重視）
各企業は女性の従業員の増加<u>に応じて</u>、より快適な職場を提供する必要に迫られている。　　　　　　　　　　　　　　（程度に合わせて）

否定の場合

「2.書き言葉的な比例表現」についても、「1.一般的な比例表現」と同じように考えてみましょう。

- a'　仕事が進まないにつれ、私は焦りを感じ始めた。
- b'　仕事が進まないにしたがい、私は焦りを感じ始めた。
- c'　仕事が進まないのにともない、私は焦りを感じ始めた。
- ?d'　仕事が進まないのに応じて、私は焦りを感じ始めた。

「にともない」は前に否定「～ない」が来るときは、「～のにともない」と「の」が入るほうが自然になるようです。a'～c'は適切か否かで意見が分かれるかもしれませんが、ここでは成り立つとしておきます。ただし、d'「～ないのに応じて」は比例表現としては不自然と思われます。

36 並列・例示 1

　ものや事柄を並べたり、また、並べて説明することを「並列」と言います。一方、例示は「例を示すこと」ですが、例としてものや事柄を並べて説明します。「日曜日には、買い物に行ったり、部屋を掃除したりする」という文は、行為を並べているという点で並列ですが、例を示しているという点で例示とも言えます。本書では、両者を切り離さずに、「並列・例示」として取り扱います。

　また、1つ1つを並べ立てるという意味で、「列挙」という言葉を使うこともあります。

1. 名詞の並列・例示

　まず、名詞の「並列・例示」表現を取り上げます。会話1)は会社の中での会話です。行事に参加する人についてA、Bが話しています。Aの質問に対してBは、いろいろな形で名詞の「並列・例示」ができます。

丁寧体

1)A：誰が参加しますか。
　B：a　社長と専務が参加します。
　　　b　社長や専務（など）が参加します。
　　　c　社長、専務、そして、部長が参加します。
　　　d　社長をはじめ、専務や部長が参加します。
　　　e　社長とか専務とかが参加します。
　　　f　社長か専務（か）が参加します。

> **普通体**
>
> 1）A：誰が参加するの？
>   B：g　社長と専務が参加するよ。
>   　　h　社長や専務（など）が参加するよ。
>   　　i　社長、専務、それから、部長が参加するよ。
>   　　j　社長をはじめ、専務や部長が参加するよ。
>   　　k　社長とか専務とかが参加するよ。
>   　　l　社長か専務（か）が参加するよ。

 説明

> **丁寧体**

　aは語と語をつなぐ並列助詞（「並立助詞」とも言う）の「と」を使っています。「と」は全部列挙と言って、そこにある（ここでは会社から参加する人）をすべて挙げます。

　一方bは、並列助詞「や」を用いて並列・例示をしています。「や」は一部列挙と言って、そこに挙げられたものは全体の一部で、それ以外にも存在することを暗示します。eの「とか」も「や」と同じく一部列挙を表します。「と」「や」は書き言葉・話し言葉両方に用いますが、「とか」は会話で用いられます。

　cは例示や列挙をするとき、「と」や「や」を用いずに「、」で表す言い方です。「と」「や」がない分、すっきりした、しかし事務的で書き言葉的な言い方になります。通常は「〜、〜、〜、そして／それから／それに、〜」という形をとり、説明に適した言い方です。比較的多くのものを列挙することができます。

　dは最初の列挙項目に「〜をはじめ」が付いています。まず、「〜をはじめ」で代表的なものを挙げ、そのあとでそれに準ずるものを挙げていきます。

　　①会議にはアメリカをはじめ、イギリス、フランス、中国、ドイツが参加した。

　fは助詞「か」を用いて、いくつかのものを列挙して、そのうちの1つを選ば

せたり、どれともはっきりしない状態を述べたりします。fでは「社長」と「専務」のうち、どちらが参加するかがまだはっきりしていないことを表します。

②A：先週貸したCD返してくれない？
　B：ああ、明日かあさって持って来るよ。

普通体

丁寧体ではcで「そして」を使っていますが、普通体iでは「そして」を「それから」に変えました。両方話し言葉で使いますが、「それから」のほうがより会話的になります。

比較のポイント

名詞の並列・例示

	全部列挙	一部列挙	書き言葉的	会話的	まず代表的なものを出す（順次に列挙する）	事務的な言い方	慣用的な言い方	選択的、曖昧
～と～	○							
～や～		○						
～、～、そして/それから～	△	△	△		△	○		
～をはじめ、～や～		○	○		○		○	
～とか～とか		○		○				
～か～								○

- 並列助詞「と」「や」「とか」は名詞を並列、列挙する代表的なものである。
- 列挙には全部列挙と一部列挙があり、「と」は前者、「や」「とか」は後者になる。
- 代表的なものをまず挙げて、次に続けていく形として「～、～、そして／それから～」「～をはじめ、～や～」がある。
- 会話的な言い方は「～とか」である。
- 「名詞1＋か＋名詞2（か）」は名詞1、2の「どちらか」という意味で、選択的かつ曖昧な意味合いを持つ。

340

まとめ会話

〈駅のプラットホームで。外国人と日本人は知人同士〉

駅弁屋：お弁当<u>と</u>お茶いかがですか。　　　　　　　　　　（全部列挙）

外国人：あの人は？

日本人：ああ、あの人はお弁当<u>と</u>お茶を売ってるんです。　（全部列挙）

外国人：そうですか。

　　　　売店にもお弁当がありますね。

日本人：ええ、売店では、お土産品<u>をはじめ、</u>お弁当<u>や</u>つまみ<u>など</u>、い
　　　　ろんな物を売っていますよ。　　　　　　　　　　　　（順次列挙）

外国人：「つまみ」って？

日本人：ビール<u>や</u>日本酒を飲むときのスナックですね。　　（一部列挙）
　　　　するめ<u>、</u>ソーセージ<u>、それから</u>ピーナツ……。　（順次列挙）

外国人：ああ、わかりました。

日本人：売店では、新聞<u>や</u>雑誌も売ってるんですよ。　　　（一部列挙）

外国人：そうですか。何でもあるんですね。

日本人：ちょっと待ってください。コーヒー<u>か</u>お茶買ってきます。

　　　　　　　　　　　　　　　　　　　　　　　　　　　　（選択、曖昧）

36

並列・例示 1

2. イ形容詞の並列・例示

　ここでは、イ形容詞が「〜て・〜し・〜たり」等で列挙される表現を取り上げ、考えます。会話2)では、AとBがグアム産のマンゴーについて話しています。Aの質問に対してBは、いろいろな形でイ形容詞を用いた「並列・例示」ができます。

> 丁寧体
>
> 2) A：グアムのマンゴーはどうですか。
> 　 B：a　甘くて、すっぱいです。
> 　　　 b　甘く、(かつ)すっぱいです。
> 　　　 c　甘いし、すっぱいです。
> 　　　 d　甘かったり、すっぱかったりします。
> 　　　 e　甘くもあり、すっぱくもあります。

> 普通体
>
> 2) A：グアムのマンゴーはどう？
> 　 B：f　甘くて、すっぱいよ。
> 　　　 g　甘〜く、すっぱいマンゴーよ。
> 　　　 h　甘いし、すっぱいし……。
> 　　　 i　甘かったり、すっぱかったり{だね／ね}。
> 　　　 j　甘くもあり、すっぱくもあるってところかな。

 説明

丁寧体

　イ形容詞の並列・例示です。aは「〜くて」で、bは連用中止の形で「甘い」と「すっぱい」を並べています。「甘い」と「すっぱい」は反対の、対比的な意味になりますが、ここでは、グアムのマンゴーは「甘い」と「すっぱい」を両方兼ね備えているという並列関係として取り上げます。bの連用中止(形)はそこで文の流れが切れてしまいがちなので、「そして」などの接続詞があっ

たほうが自然になります。ここでは、書き言葉でよく使われる「かつ（＝そして）」を入れました。連用中止（形）の持つ書き言葉的な意味合いが「かつ」にふさわしいようです。

「～て」や連用中止（形）での並列は、並列されるもの（語）が同じカテゴリー（グループ、種類）にある必要があります。ここではマンゴーの味のことを言っているので、味に関係のある語を並べる必要があります。「（グアムのマンゴーは）甘くて、高い」や「甘くて、硬い」は不釣り合いになります。

また、並列する形容詞の並び順については、色や形状等の外観を表すものを先に、後ろに話し手の評価・判断を表す語「おいしい、いい、楽しい、つまらない」等が来るほうが文が自然になります。

　　①グアムのマンゴーは甘くて、すっぱくて、おいしい。
　　②この小説は長くて、難しくて、つまらない。

c「～し」は話し言葉で、そのことに関係した事柄、また、話し手がそのことに関連して思い付くことを列挙します。話し手の気持ちが入るので、時に強調的になる場合があります。

dは「～たり～たり」を使用していますが、形容詞で用いられる「～たり～たり」は、「時によって」または「それが交互に繰り返される」の意味になるため、dは「甘いときもあるし、すっぱいときもある」の意味になります。その点ではa～cとは意味が異なります。

eは「～もあり、～もある」は、そのものが両面（または複数面）を持っていることを表します。やや硬い、書き言葉的表現です。

普通体

丁寧体のb「連用中止（形）」は書き言葉的で普通体の会話ではあまり使われませんが、gのように音を伸ばす等、強調して使うこともあります（「まとめ会話」参照）。

h「～し」は、話し手が思い付くまま並べるという性質があり、思い付くのが滞ると、hのように「～し……。」という「し」止めになることが多いです。

iは普通体でも「時によっては」の意味を有したままです。「～たり～たりする」の「する」がiでは「だ」になっています。省略された、会話的な言い方です。jは話し言葉にするために、「そう表すのが適している」という意味の「ってところかな」を入れました。文末を自然な日本語にするためです。

⚖ 比較のポイント

イ形容詞の並列・例示

	文が切れる感じ	書き言葉的	話し言葉的	ゆるやかに列挙	「時によって」の意味	やや硬い言い方
～くて			○			
～く、（かつ）～ （連用中止（形））	○	○				○
～し			○	○		
～たり～たりする			○	△	○	
～くもあり、～くもある		○		△	△	○

- 並列・例示の仕方には、すべてを並べる表現「～て・連用中止（形）」と、同じグループという範囲で選択しながら並べるもの「～し・～たり・～もあり」がある。
- 並べ方には順序的な規則のあるもの「～て・連用中止（形）」と、比較的ゆるやかなもの「～し・～たり・～もあり」がある。
- イ形容詞の「～たり～たり」の形は、「暑かったり、寒かったり」「おいしかったり、まずかったり」のように、「時によって」「それが交互に繰り返される」の意味になる。

まとめ会話

〈家の台所で〉

娘：お母さん、オムレツを作って。

母：オムレツ？

　　どんなオムレツがいいの？

娘：甘<u>くて</u>、柔らかいの。　　　　　　　　　　　　　　（テ形並列）

母：甘〜く、柔らかいオムレツね。　　　（連用中止（形）による並列）

＊＊＊

母：はい、できました！
娘：お母さんはオムレツが上手ね。
母：ううん、時々軟らかかったり、硬かったりするのよ。（交互に起こる）
　　今日のはどうかな？
娘：軟らかくもあり、硬くもありで、ちょうどいい。　　（両面持つ）
母：それはよかった。
娘：色もいいし、味もいいし、最高！　　　　　（ゆるやかな列挙）

 否定の場合

会話2）で取り上げた形（表現文型）について否定の形を考えてみましょう。並列表現を否定の形にすると、次のようになります。（普通体で示します。）

　a'b' グアムのマンゴーは甘くもなく、すっぱくもない。
　c'　 グアムのマンゴーは甘く（も）ないし、すっぱくもない。
　d'　 グアムのマンゴーは甘くなかったり、おいしくなかったりする。
? e'　 グアムのマンゴーは甘くなくもあり、すっぱくなくもある。

肯定の「〜くて」（甘くて）は否定の並列では、「〜なくて」（甘くなくて）ではなく、a'のように「〜なく」（甘くなく）と表現したほうが切れた感じがして、文が自然になります。

「〜もあり〜もある」の否定表現は、e'のように話し手が何を言いたいのか、意味がつかみにくい文になります。

3. ナ形容詞・「名詞＋だ」の並列・例示

次にナ形容詞、および「名詞＋だ」の並列・例示表現を取り上げます。会話3）でAの質問に対してBは、いろいろな形でナ形容詞と「名詞＋だ」を用いた並列・例示ができます。

丁寧体

3）A：ご主人はどんな方ですか。
　　B：a　まじめで、誠実な人です。
　　　　b　まじめな、誠実な人です。
　　　　c　まじめだし、誠実な人です。
　　　　d　まじめだったり、ときにふまじめだったりします。
　　　　e　まじめでもあり、ふまじめでもあります。
　　　　f　まじめな人間で、誠実な人です。

普通体

3）A：ご主人はどんな人？
　　B：g　まじめで、誠実な人だよ。
　　　　h　まじめな、誠実な人だよ。
　　　　i　まじめだし、誠実な人だよ。
　　　　j　まじめだったり、ふまじめだったりする。
　　　　k　まじめでもあり、ふまじめでもあるってところかな。
　　　　l　まじめな人間で、誠実な人だよ。

 説明

丁寧体

　aはナ形容詞のテ形で「まじめだ」と「誠実だ」を並べています。bは「まじめだ」が人を修飾する形「まじめな」になって、そこで待機し、後ろの「人」にかかっていきます。「まじめで」と「まじめな」は同じ意味ですが、「まじめな」は後ろに名詞の来ることを先触れしている形になります。やや改まった言い方です。

イ形容詞のときに見られた語の並べ方については、ナ形容詞でも同じことが言えます。「彼は素直で親切で、とてもすてきな人だ」のように、評価を表す語は後ろに来るようです。

　cは「普通形＋し」の形で、「まじめだ」と「誠実だ」を並べています。「〜し」はゆるやかな列挙ですが、話し手の気持ちが入ると、強調的に聞こえることがあります。

　dはイ形容詞のときと同じく「時によって」、また「それが交互に繰り返される」という意味になります。eもイ形容詞の場合と同じく、主語（主体）が両面（または複数面）を持っていることを表します。

　a〜eはナ形容詞の並列・例示ですが、fは「人間だ」という「名詞＋だ」の並列・例示になります。並列・例示の仕方は「名詞＋で」になります。fでは、主語・主題について叙述部分（まじめな人間だ、誠実な人だ）を並べて説明しています。

> 普通体

　kは文末をイ形容詞の場合と同じく、「ってところかな」にしてあります。

比較のポイント

ナ形容詞・「名詞＋だ」の並列・例示

	途中で待機	名詞にかかることを先触れする	話し言葉的	ゆるやかに列挙	「時によって」の意味	やや硬い言い方
〜で			△			
〜な	○	○	△			○
〜し			○	○		
〜たり〜たりする			○	△	○	
〜でもあり、〜でもある				△	△	○

- 並列の仕方や意味用法はイ形容詞の場合とほぼ同じである。
- 「まじめな、優しい人だ」という名詞修飾は「マンゴーは甘い、すっぱい果物だ」のようにイ形容詞でも可能である。しかし、イ形容詞の場合は「甘い」で切れてしまう感じがあり、「〜な」のように後ろへつながっていきにくい。

> **まとめ会話**
>
> 〈Aが自分の家の周りのことを話している〉
> A：家が小学校の前なんですよ。
> B：じゃ、うるさいでしょう？
> A：いや、むしろおもしろいですよ。
> 　　子供達は元気だ<u>し</u>、活発だ<u>し</u>……。　　　（ゆるやかな列挙）
> B：でも、うるさいでしょう？
> A：まあ、学校はにぎやかだっ<u>たり</u>、静かだっ<u>たり</u>ですね。
> 　　　　　　　　　　　　　　　　　　　　　　　（交互に起こる）
> B：住み心地はどうですか。
> A：そうですね。便利<u>でもあり</u>、不便<u>でもあり</u>ってところですかね。
> 　　　　　　　　　　　　　　　　　　　　　　　　　　（両面持つ）

否定の場合

　会話3)で取り上げた形（表現文型）a～dを否定にすると、次のようになります。（普通体で示します。）

　　a'　彼はまじめでもなく、誠実でもない（人だ）。
　　b'　彼はまじめでも、誠実でもない（人だ）。
　　c'　彼はまじめでもないし、誠実（な人）でもない。
　　d'　彼はまじめじゃなかったり、ふまじめじゃなかったりする。

　e「～でもあり、～でもある」の否定表現は、「彼はまじめでもなく、ふまじめでもない」になります。fの「名詞＋で」の否定の形も、eと同じく「彼はまじめな人間でも（なく）、誠実な人間でもない」になります。

4. 動詞の並列・例示

最後に動詞の並列・例示表現を取り上げます。会話4）でAの質問に対してBは、いろいろな形で動詞の「並列・例示」ができます。

丁寧体

4）A：お出かけは楽しかったですか。
　　B：a　ショッピングに行って、（それから）映画も見ました。
　　　　b　ショッピングに行き、そして、映画も見ました。
　　　　c　ショッピングに行ったり、映画を見たりしました。
　　　　d　ショッピングにも行ったし、映画も見ました。
　　A：それはよかったですね。

普通体

4）A：楽しかった？
　　B：うん、e　ショッピングに行って、（それから）映画も見たよ。
　　　　　　 f　ショッピングに行き、そして、映画も見たよ。
　　　　　　 g　ショッピングに行ったり、映画を見たりした。
　　　　　　 h　ショッピングにも行ったし、映画も見たよ。
　　A：ふーん。

説明

丁寧体

aは「〜て」が使われていますが、Bはショッピングと映画を見たという2つのことをしただけで、他のことをしたとは言っていません。

一方、c「〜たり〜たり」は映画とショッピング以外にも何か他のことをしたことを示唆しています。基本的には、「〜て」は全部列挙で用いられ、「〜たり」は一部列挙で用いられます。

「〜たり」については、「イ形容詞・ナ形容詞・名詞＋だ」では、「甘かったりすっぱかったり」「雨だったり晴れだったり」のように物事が交互に起こるこ

とを表しますが、「動詞＋たり」は次のように2つの意味を表します。

（1）動作・事態が交互に起こる。

例：トラックが家の前を行ったり来たりする。

（2）動作・事態を一部列挙する。

例：きのうは銀行へ行ったり、役所へ行ったりして忙しかった。

bは連用中止（形）と呼ばれるもので、マス形の語幹を用いて、動詞「〜て」と同じ働きをします。「〜て」と異なる点は、連用中止（形）は書き言葉的表現であること、「〜て」は動作・行為が次につながっていく性質が強いのに対し、連用中止（形）はそこで切れる感じがあることです。

d「〜し」は話し言葉で、話し手が出かけたことに関連して、思い付くことを付け加えながら、ゆるやかに列挙している感じがあります。

普通体

丁寧体では冒頭、「お出かけは楽しかったですか」と尋ねていますが、普通体では「お出かけ」が省略されて、「楽しかった？」だけになっています。AとBが親しい間柄であるので、特に「お出かけ」と言わなくても通じ合っているためです。

比較のポイント

動詞の並列・例示

	書き言葉的	話し言葉的	全部列挙	一部列挙	動作・行為が次につながっていく	文が切れる感じ	ゆるやかに列挙
〜て		○	○		○		
連用中止（形）/マス形の語幹	○		○			○	
〜たり〜たりする		○		○			△
〜し		○		○			○

- 4つを比べると、全部列挙と一部列挙に分かれる。「〜て」および「連用中止（形）」は全部列挙、「〜たり」「〜し」は一部列挙になる。
- 「〜て」と「連用中止（形）」の違いは、後者が書き言葉的で、切れる感じがあるところである。
- 「〜し」（そして、「〜たり」も）は話し言葉的表現で、話し手が思い付くままに、ゆるやかに付け加えていくという感じがある。

350

> **まとめ会話**
>
> 〈キャンプの話〉
> A：先週はキャンプに行ってきました。
> B：へー、いいですね。
> A：両親や子供も連れて行ってきました。
> B：それはよかったですね。
> A：バーベキューをして、そのあと、キャンプファイヤーをしました。
> 　　　　　　　　　　　　　　　　　　　　　　　　　　　（全部列挙）
> B：そうですか。
> A：翌日は釣りをしたり、山に登ったり……。　　（一部列挙）
> 　その次の日は魚を釣って、料理を作りました。　（全部列挙）
> B：どんな料理ですか。
> A：いやあ、簡単なバーベキュー料理ですよ。

 否定の場合

会話4)の並列表現を否定の形にすると、次のようになります。（普通体で示します。）

?a'　買い物にも行かないで、映画も見なかった。
　b'　買い物にも行かず、映画も見なかった。
?c'　買い物に行かなかったり、映画を見なかったりしました。
　d'　買い物にも行かなかったし、映画も見なかった。

a'の「〜ないで」は、「朝ご飯を食べないで学校に行く」のように、後文がどのような状況で起こるかを説明する場合は使われますが、否定の並列表現を表すことはできないようです。c'においても一部列挙の「買い物に行ったり、映画を見たりした」の否定の形は不自然になります。ただし、「〜なかったり、

〜なかったりする」という形が絶対に使えないというのではなく、次のように時によって「〜することもある」というような状況では使うことができます。

　　c''　日曜日、面倒なときは、ひげを剃らなかったり、洋服に着替えなかったりすることもある。

　なお、a'の代わりにb'、c'の代わりにd'を使うことができます。

37 並列・例示 2

　ここでは、「並列・例示1」で取り上げたもの以外の並列・例示表現を取り上げます。1では「～といい～といい・～といわず～といわず・～であれ～であれ」等、2では「～なり～なり」等、3ではいくつかの並列助詞を取り上げます。

1. 例を挙げて、評価的な結論を導く

　例を複数（通常は2つ）挙げて、それらがすべてそうであるということを表す表現を取り上げます。表現としては「～といい～といい・～といわず～といわず・～にしても～にしても・～であれ～であれ・～にしろ～にしろ・～にせよ～にせよ」があります。次の会話1）では、日本人のAが外国人のBに、日本のテレビ番組について尋ねています。

丁寧体

1）A：日本のテレビ番組はどうですか。

　　B：ええ、a　お笑いもクイズ番組も、とてもおもしろい／退屈です。

　　　　b　お笑いといいクイズ番組といい、つまらない物ばかりです。

　　　　c　お笑いといわずクイズ番組といわず、よく似た内容ですね。

　　　　d　お笑いにしてもクイズ番組にしても、つまらない物ばかりです。

　　　　e　お笑いであれクイズ番組であれ、多くの人が見ているようですね。

　　　　f　お笑いにしろクイズ番組にしろ、もっと工夫したほうがいいですね。

　　　　g　お笑いにせよクイズ番組にせよ、もう一工夫ほしいですね。

353

普通体

1) A：日本のテレビ番組はどう？
   B：うん、h お笑いもクイズ番組も、すごくおもしろい／退屈だ。
         i お笑いといいクイズ番組といい、つまらない物ばかり。
         j お笑いといわずクイズ番組といわず、よく似た内容｛だね／ね｝。
         k お笑いにしてもクイズ番組にしても、つまらない物ばかり｛だね／ね｝。
         l お笑いであれクイズ番組であれ、多くの人が見ているよう｛だね／ね｝。
         m お笑いにしろクイズ番組にしろ、もっと工夫したほうがいい。
         n お笑いにせよクイズ番組にせよ、もう一工夫ほしいね。

 説明

丁寧体

　a〜gは、同じ表現で複数回（多くの場合2度）並列・例示をしながら、後文で判断・評価をする文です。

　a「〜も〜も」は「あれもこれも」と同種のものを列挙し、後文で評価します。評価はプラス・マイナスどちらにも使えます。

　b「〜といい〜といい」の後文は、「この車は色といい形といい、申し分ない」のようにプラス評価を表すこともありますが、bのようにマイナス評価になり、呆れた気持ちを表すことが多いようです。硬い話し言葉です。

　cはbの「〜といい」の否定の形「〜といわず」を用いています。「〜といい」は多くの中から特徴的なものをいくつか選んで列挙しますが、「〜といわず〜といわず」はすべてをすくい上げて、「何もかも」「誰もかも」と網羅的、強調的に例示しています。

①彼女の家は、小さい子供が3人もいるためか、壁といい柱といい、至る所に落書きがしてあった。
②彼女の家は、小さい子供が3人もいるためか、壁といわず柱といわず、至る所に落書きがしてあった。

①と②は代替が可能ですが、①の「〜といい〜といい」が壁と柱を取り上げて状況を説明しているのに対し、②「〜といわず〜といわず」は落書きがそこら中にしてあることを強調しています。

d「〜にしても」は、本来の意味が「そのことを仮に認めた場合でも」という消極的な認めを表します（31「逆接2」1参照）。「〜にしても〜にしても」では列挙された事柄を認めたうえで、「そのどちらの場合でも同じだ、あまり変わらない」という意味を表します。「にしても」の前には、③のように対照的、または類似の事柄が来たり、④のように肯定・否定が来たりする場合もあります。

　③部長にしても課長にしても、自分の地位が大切なだけだ。
　④参加するにしても参加しないにしても、連絡だけは早くしたほうがいい。

e「〜であれ〜であれ」はd「〜にしても〜にしても」と似ていますが、より客観的な列挙になります。前文には個別の事柄ではなく、「男・女、大人・子供、大企業・中小企業」（例：男であれ女であれ、大人であれ子供であれ、大企業であれ中小企業であれ）のような、一般的、社会的な事柄が来やすくなります。前文で「どちらの場合であっても」「どんな場合であっても」と示し、後文には「事態に変わりがない」ことを示す表現が続きます。書き言葉的で説明・解説的な表現です。

f「〜にしろ〜にしろ」とg「〜にせよ〜にせよ」は、d「〜にしても〜にしても」とほぼ同じ意味用法を持ちます。両方書き言葉的ですが、「〜にせよ」のほうが古語的で、「〜にしろ」より改まった感じになります。「にしろ」「にせよ」の前には個別的な事柄も、一般的な事柄も来ます。次の⑤は個別、⑥は一般的な例です。

　⑤この会社には、田中にしろ／せよ山田にしろ／せよ信頼できる者はいない。
　⑥大企業にしろ／せよ中小企業にしろ／せよ、毎年安定した業績を上げるのは容易なことではない。

f「〜にしろ」、g「〜にせよ」はb、cの並列・例示表現と異なり、⑦のように後

37

並列・例示2

文に意志表現や働きかけ表現が来ることができます。b、cと違って、話し手の気持ちをはっきり表し、時に主張の強い言い方になります。

⑦引き受けるにしろ／せよ引き受けないにしろ／せよ、今日中に返事をください。

普通体

c「〜といわず」、e「〜であれ」は両者とも書き言葉的なので、普通体の会話にはそぐわない感じがしますが、年長者で説明・解説をする場合に、会話でも使うことがあります。

比較のポイント

例を挙げて、評価的な結論を導く

	話し言葉的	書き言葉的	客観的	後文にマイナス評価	網羅的に列挙	強い言い方	硬い言い方	説明的・解説的・一般的説明	古語的
～も～も	△		△		○	△			
～といい～といい	○			△	△	△	○		
～といわず～といわず		○		△	○	○			○
～にしても～にしても	○			△	△				
～であれ～であれ		○	○		○		○	○	○
～にしろ～にしろ		○			△	○			
～にせよ～にせよ		○			△	○	○		

- これらの並列・列示の表現は、話し言葉的なものと書き言葉的なものとに分かれる。話し言葉的なものは「～といい～といい」「～にしても～にしても」で、「～も～も」は両方に使う。
- 書き言葉的表現として「～といわず～といわず」「～であれ～であれ」「～にしろ～にしろ」「～にせよ～にせよ」が使われる。
- 例の挙げ方が網羅的な表現は「～も～も」「～といわず～といわず」「～であれ～であれ」、いくつかを選択的に取り上げる表現は「～といい～といい」「～にしても～にしても」「～にしろ～にしろ」「～にせよ～にせよ」である。
- 網羅的表現も選択的表現も意味するところは同じであるが、網羅的表現のほうが強い言い方になる。「～であれ～であれ」は網羅的ながら、強いというより客観的・説明的に列挙する。

> まとめ会話

〈会社で〉
社員1：あ〜あ、去年も今年も同じ仕事で、やる気が出ないよ。
　　　　　　　　　　　　　　　　　　　　（同種の物事の列挙）
社員2：社長といい部長といい、上層部は頭が古いんだから。
　　　　　　　　　　　　　　　　　　　　　　（呆れた気持ち）
社員1：女子社員といわず男子社員といわず、やる気をなくしてるね。
　　　　　　　　　　　　　　　　　　　　　　　　　（網羅的）
社員2：そうだね。
社員1：女子社員であれ男子社員であれ、みんないい仕事をやりたい
　　　と思ってるんだよ。　　　　　　　　　　　　（客観的）
社員2：僕にしても君にしても何かやらなければと思ってはいるんだ
　　　けど。　　　　　　　　　　　　　　　　　　（消極的）
社員1：社長にしろ部長にしろ、もっと社員の意見を聞くべきだよ。
　　　　　　　　　　　　　　　　　　　　　　　（強い言い方）
社員2：そうだよ。
　　　　人数削減にせよロボットの導入にせよ、もっと現場の意見を
　　　　聞いてほしいよ。　　　　　　　　（強い、硬い言い方）

 否定の場合

　1）で取り上げた形（表現文型）はすべて前に名詞が来ているので、否定の形の考察は省略します。

2. 例を挙げて、「やり方」を助言する

　ここでは、相手に対し、例を挙げてやり方を助言する表現を取り上げます。次の会話2)では、高校生のAがBから助言を受けています。

丁寧体

2) A：どうやって調べればいいですか。
　　B：a　先生に聞くとか自分で調べるとかしたらどうですか。
　　　　b　先生に聞いたり自分で調べたりしたらどうですか。
　　　　c　先生に聞くなり自分で調べるなりしたらどうですか。

普通体

2) A：どうやって調べればいい？
　　B：d　先生に聞くとか自分で調べるとかしたら（どう）？
　　　　e　先生に聞いたり自分で調べたりしたら（どう）？
　　　　f　先生に聞くなり自分で調べるなりしたら（どう）？

 説明

丁寧体

　同じグループに属するものの中から選んで、「こうする」「こうすればよい」というように提示するのがc「～なり～なり」です。「～なり」1つでも使えますが、例を2つ程度挙げて「～なり～なり」とすることが多いです。後文には助言表現だけでなく、指示・命令表現、また、義務表現や意志表現も来ることができる、働きかけの強い表現です。

　a「～とか～とか」、b「～たり～たり」は、c「～なり～なり」のような特殊な意味用法は持たず、並列的に事柄を提示するだけです。「インターネットを調べるとかしたらどうですか」「辞書を調べたりしたらどう？」のように「～とか／たり」1つでも使います。

　c「～なり～なり」は、何もしようとしない相手に、話し手が業を煮やして

（イライラして）、働きかけをするようなときに用いられます。やや丁寧さを欠く表現です。硬い言い方で、年配者が用いることが多いようです。

> 普通体

普通体d～fでは最後の「どう」を省略することが多いです（9「助言」1参照）。

 比較のポイント

例を挙げて、「やり方」を助言する

	並列的に事柄を提示	働きかけが強い	後文に助言・指示・命令等が来やすい	やや硬い言い方
～とか～とか（したらどうか）	○			
～たり～たり（したらどうか）	○			
～なり～なり（したらどうか）		○	○	○

- 「～とか～とか」「～たり～たり」は単に例を挙げる働きをするだけだが、「～なり～なり」は相手に実行させようという、働きかけの強い表現である。
- 「～とか～とか」「～たり～たり」は会話的な言い方ではあるが、「～なり～なり」はやや硬い言い方になる。

> まとめ会話

〈家で、母親が息子に文句を言っている〉
母親：今日は休みなんだから、公園へ行く<u>とか</u>、映画見に行く<u>とか</u>したらどう？　　　　　　　　　　　　　　　　　　　　（会話的）
息子：1人じゃつまんないよ。
母親：だったら、友達を誘っ<u>たり</u>、電話をかけ<u>たり</u>したらいいでしょ？　　　　　　　　　　　　　　　　　　　　　　　　（例示的助言）
息子：友達は用事があるんだって。
母親：しょうがないわね。
　　　だったら、部屋を掃除する<u>なり</u>、布団を干す<u>なり</u>しなさいよ。
　　　　　　　　　　　　　　　　　　　　　　　　　　　　（強い言い方）

37 並列・例示 2

否定の場合

　会話2) で取り上げた形（表現文型）について、「助言」としての否定の列挙が可能かどうかを見てみましょう。次は先生に叱られないための助言です。（普通体で示します。）

　　　a'　授業中はしゃべらないとか、よそ見をしないとかしたらどう？
　? b'　授業中はしゃべらなかったり、よそ見をしなかったりしたらどう？
　　　c'　授業中はしゃべらないなり、よそ見をしないなりしたらどう？

a'「〜ないとか、〜ないとか」は使うことができますが、b'「〜なかったり、〜なかったり」は不自然になります。c'「〜ないなり、〜ないなり」は使用頻度は低いかもしれませんが、状況によっては使うことができるようです。

　　　c"　あの人が苦手だったら、話しかけないなり、顔を見ないなりしたらどう？

3. 並列助詞「の・だの・やら等」を使った並列・例示

　ここでは、並列助詞（並立助詞）「の・だの・わ・やら」等を使った並列・例示を取り上げます。次の会話3) では、Aが大家さんであるBに下宿人のことを尋ねています。Aの質問に対してBは、並列助詞を使って「並列・例示」ができます。

丁寧体

3) A：下宿人はうるさいですか。
　　B：ええ、a　暑いとか寒いとか、とてもうるさいです。
　　　　　　 b　暑いの寒いのと、文句ばかり言って（い）ます。
　　　　　　 c　暑いだの寒いだのと、文句ばかり言って（い）ます。
　　　　　　 d　暑いわ寒いわと、とてもうるさいです。
　　　　　　 e　暑いやら寒いやらと言って、とてもうるさいです。

> 普通体
>
> 3) A：下宿人はうるさい？
>   B：うん、f 暑いとか寒いとか、すごくうるさい{んだ／のよ}。
>   g 暑いの寒いのって、文句ばかり言って(い)るよ。
>   h 暑いだの寒いだのって、文句ばかり言って(い)るよ。
>   i 暑いわ寒いわって、すごくうるさい。
>   j 暑いやら寒いやらって、すごくうるさいよ。

 説明

丁寧体

　英語では物事を並列・例示する方法は、andやコンマ「,」を使用する等、比較的数が少ないように思われますが、日本語では今まで挙げた表現以外にも、会話3)のように並列助詞（並立助詞）で並列・例示を示すことができます。

　a「～とか～とか」は例示し、列挙する話し言葉です。くだけた言い方で、若者は「とか」をことさら強調して発音することがありますが、時に不快感を与えることがあります。

　b「～の～の」は、「物事を並べ挙げて、問題にする」という意味合いを持ち、ここでは下宿人が「暑い、寒い」と言って問題にしている、「うるさい様子」が描かれています。「～の～の」には形容詞・動詞の対立語や肯定・否定の形、類似の語が来ることが多いです。

　　①選手達は、料理がおいしいのまずいのって、いつも文句ばかり言っている。
　　②娘はアイドルのコンサートに、行くの行かないのって大騒ぎしていた。

「～の～の」は「名詞＋の　名詞＋の」の形はありません。

　　？③ダイエットしている娘は、野菜の果物のって、食べる物にうるさい。

　c「～だの～だの」は断定を表す「だ」に「の」が付いたもので、b「～の～の」

とよく似ています。ただし、「～だの」は「話し手が事態を望ましくないもの、または心理的に距離のあるものととらえる」(鈴木,2004)意味合いが加わります。b「～の～の」と比べると、c「～だの～だの」のほうが突き放した言い方になっています。

dの「わ」は本来は話し手の詠嘆や感動を表す終助詞ですが、「～わ～わ」と連なってマイナスの事態を表します。物事が一度に重なり、それを問題として騒いでいる様子を表しています。「わ」は動詞・形容詞にはそのまま付きます(例:食べるわ飲むわ、辛いわすっぱいわ)が、名詞には付きません(例:？野菜わ果物わ)。

eの「やら」は不確かな気持ちを表す助詞で、前文で「明確ではないが、あれやこれやと並べ立て」、後文で「うるさい」「大変だ」「尋常ではない」という様子や気持ちを表します。

> 普通体

g～jは引用を表す格助詞「と」の代わりに「って」を使って、一層ざっくばらんな会話になっています。

 比較のポイント

並列助詞「の・だの・やら等」を使った並列・例示

	マイナスの感情を表す	並べ挙げて、問題にする	うるさい様子	望ましくない、突き放した言い方	同時に問題にして騒ぐ	不確かな気持ち、あれやこれや
～とか～とか		△				
～の～の	○	○	○			
～だの～だの	○	○	○	○		
～わ～わ	○	○			○	
～やら～やら	○	○				○

- 挙げられた5つの並列助詞(並立助詞)はすべて話し言葉に用いる。
- 「～とか～とか」以外はすべて、マイナス評価の気持ちを表す。
- 「～だの～だの」は話し手が少し突き放した感じがあり、「～やら～やら」は少し不確かな気持ちを表す。

まとめ会話

〈AとBは友達同士。Bは民宿を手伝っている〉
A：民宿って大変でしょう？
B：ほんと。
　お客さんからは、部屋が狭い<u>だの</u>、海が見えない<u>だの</u>、文句が来るし。　　　　　　　　　　　　　　　　　　　（望ましくない事態）
A：料理も大変でしょ。
B：そう、刺身が食べられない<u>とか</u>、卵アレルギーだ<u>とか</u>いろいろあるね。　　　　　　　　　　　　　　　　　　　　　　　　（会話的）
A：そうでしょうね。
B：そのたびに私達は、料理を作り直す<u>やら</u>、取り替える<u>やら</u>……。
　　　　　　　　　　　　　　　　　　　　　　　（不確かな気持ち）
A：大変ね。
B：子供さんはスープをひっくり返す<u>わ</u>、コップを割る<u>わ</u>……。
　　　　　　　　　　　　　　　　　　　　　　　　（一度に重なる）
A：へー。
B：ゆかたも、長い<u>の</u>短い<u>の</u>って、大騒ぎよ。　　（うるさい様子）
A：ふーん。
B：でも大丈夫、それが仕事だから。

37 並列・例示 2

 否定の場合

並列助詞による並列・例示表現を否定の形にしてみましょう。会話3) で取り上げた形（表現文型）を使い、文頭に「下宿人は料理について」を置いて、考えてみましょう。（普通体で示します。）

　　下宿人は料理について、
　　a'　おいしくないとか味がないとか、とてもうるさい。
　　b'　おいしくないの味がないのと、文句ばかり言っている。

c'　おいしくないだの味がないだのと、文句ばかり言っている。

d'　おいしくないわ味がないわと、とてもうるさい。

e'　おいしくないやら味がないやらと、いろいろ言っているようだ。

ここで取り上げた5つの並列助詞は否定形を受けることができるようです。

38 無関係

　どのような条件があっても、「結局はそれには関係ない」ことを表す表現です。意味的には「逆接」とも理解できますが、ここでは、「無関係」を表す表現としてまとめます。

　1で「〜ても〜ても」等を、2で「どんなに〜ても」等、3で「〜によらず・〜を問わず・〜にかかわらず」等を取り上げます。

1. 〜ても〜ても・〜（よ）うと〜まいと 等

　主に肯定・否定を並列させ、後文には「そうであっても関係はない」という評価・判断が来る表現を取り上げます。次の会話1）は知人同士の会話で、お金のことについて話しています。Aに対してBは、いろいろな形で「無関係であること」が表現できます。

丁寧体

> 1）A：お金のある人がうらやましいですね。
> 　　B：a　お金があってもなくても、人の価値に変わりはありません。
> 　　　　b　お金があろうとなかろうと、人の価値は同じです。
> 　　　　c　お金があろうとあるまいと、人の価値に変わりはありません。
> 　　　　d　お金があろうがなかろうが、人の価値は同じです。
> 　　　　e　お金があろうがあるまいが、人の価値に変わりはありません。

> 普通体
>
> 1) A：お金のある人がうらやましいね。
>   B：f　お金があってもなくても、人の価値に変わりはないよ。
>   g　お金があろうとなかろうと、人の価値は同じ｛だよ／よ｝。
>   h　お金があろうとあるまいと、人の価値に変わりはないよ。
>   i　お金があろうがなかろうが、人の価値は同じ｛だよ／よ｝。
>   j　お金があろうがあるまいが、人の価値に変わりはないよ。

 説明

丁寧体

　a～eは「お金がある、お金がない」のように肯定・否定、または対照的、類似的な内容を並べて、後文で「そのことは無関係だ」「そんなに違いはない」「同じだ」という意味合いを表しています。

　aの「～ても～ても」は話し言葉的ですが、b～eは書き言葉的表現で、硬い言い方になります。書き言葉的表現であるだけに、重みを伴った、やや強調的な響きを持ちます。

　bは書き言葉的表現「あろうとなかろうと」を使っていますが、意味は「～ても～ても」と同じです。cは否定の推量を表す「まい」を使っています。「あるまい」は書き言葉で「なかろう」と同じ意味ですが、より引き締まった主張の強い言い方になります。(五段動詞では「行くまい」のように辞書形に、一段動詞では「見るまい／見まい」のように辞書形、およびマス形の語幹に接続します。「する」「来る」は不規則で、「するまい／すまい／しまい」、「来るまい／来まい」になります。)

　b、cをより古語的にしたのがd「あろうがなかろうが」、e「あろうがあるまいが」です。意味はそれぞれb、cと同じですが、古語的な表現を使うことで、文としての重みが出てきます。年配者に使われることが多いです。

普通体

　g～jは書き言葉的で、特にi、jは普通体の会話ではあまり使いませんが、年配者が慣用的な言い方として使うことがあります。

Ⓘ

⚖ 比較のポイント

〜ても〜ても・〜（よ）うと〜まいと等

	話し言葉的	書き言葉的	短く端的	強い言い方	古語的	慣用的な言い方
〜ても〜ても	○		○			
〜（よ）うと〜（よ）うと		○		○	△	○
〜（よ）うと〜まいと		○		○	△	○
〜（よ）うが〜（よ）うが		○		○	○	○
〜（よ）うが〜まいが		○		○	○	○

- 「〜ても〜ても」以外はすべて書き言葉的な表現である。
- 「〜（よ）うと〜（よ）うと」「〜（よ）うと〜まいと」は主張の強い言い方であるが、「まい」を使うと否定性が強調され、より強い言い方になる。
- 「〜（よ）うが〜（よ）うが」「〜（よ）うが〜まいが」は、「〜（よ）うと〜（よ）うと」「〜（よ）うと〜まいと」より、より古語的で、より慣用的な表現である。

38

無関係

まとめ会話

〈年配の女性ＡとＢが最近の若い母親について話している〉

Ａ：このごろの若いお母さんってしようがないね。

Ｂ：どうしたの？

Ａ：電車の中で、子供が走り回ろ<u>うが</u>暴れよ<u>うが</u>、注意しないのよ。
（古語的、強調的）

Ｂ：へー。乗客も注意しないの？

Ａ：うん。子供が泣こ<u>うと</u>泣く<u>まいと</u>、皆知らん顔をしてる。
（書き言葉的、強調的）

Ｂ：それもよくないよね。

子供が聞い<u>ても</u>聞かなく<u>ても</u>、注意すればいいのに。
（話し言葉的、一般的表現）

Ａ：若いママさんも大変なんだろうけど。

367

否定の場合

　会話1)で取り上げた形（表現文型）はすべて肯定・否定の対立でできているので、否定の形の考察は省略します。ここでは肯定・否定の順序を逆にし、否定・肯定でも可能であるかを見てみましょう。

　　　a'　お金がなくてもあっても、人の価値には変わりはありません。
　　　b'　お金がなかろうとあろうと、人の価値は同じです。
　？c'　お金があるまいとあろうと、人の価値には変わりはありません。
　　　d'　お金がなかろうがあろうが、人の価値は同じです。
　？e'　お金があるまいがあろうが、人の価値には変わりはありません。

　c'、e'のように「〜まい」が先に来るのは不自然になります。b'、d'は可能ですが、少し落ち着きません。やはり慣用的表現なので肯定・否定の順がいいようです。a'は否定が先に来てもほとんど違和感はありません。

2. いくら／どんなに／いかに〜ても／〜（よ）うと等

　1では主に肯定・否定が並列する場合を取り上げましたが、2では、副詞の「いくら／どんなに／いかに」等の語が先に立って、後文には「そうであっても関係はない」という評価・判断が来る表現を取り上げます。次の会話2)で、AとBは優秀な人とはどんな人であるかを話しています。

> **丁寧体**
>
> 2) A：優秀な人がうらやましいですね。
> 　　B：a　いくら優秀でも、性格が悪ければだめです。
> 　　　　b　どんなに優秀｛だろう／であろう｝と、性格が悪ければだめです。
> 　　　　c　いかに優秀｛だろう／であろう｝が、性格が悪ければだめです。

> **普通体**
>
> 2) A: 優秀な人がうらやましいね。
>   B: d いくら優秀でも、性格が悪かったらだめ｛だね／ね｝。
>   e どんなに優秀｛だろう／であろう｝と、性格が悪ければだめ｛だね／ね｝。
>   f いかに優秀｛だろう／であろう｝が、性格が悪ければだめ｛だね／ね｝。

説明

丁寧体

　会話2)の無関係表現は会話1)と異なり、文頭に「いくら・どんなに・いかに」等の副詞が来て、「〜ても・〜だろうと／であろうと・〜だろうが／であろうが」が続いています。会話1)の二者を並列させる表現に比べると、冒頭に「いくら」「どんなに」等を置いたほうが、短く、的確に表現できる利点があります。「いくら」「どんなに」に比べて、「いかに」は古語的な表現ですが、現代語でも慣用的に使用されることがあります。

　後文で「そのことは無関係だ、そんなに違いはない、同じだ」という意味合いを表します。多くの場合、前文だけを聞いて(読んで)、後ろに「そのことは無関係だ」という内容が来ることが予測できます。

　会話2)では、ナ形容詞(「名詞＋だ」も同じ)を使って「無関係」を表しています。aは「ナ形容詞のテ形＋も」の形、bは「だ」の推量の形に「と」が付いて「だろうと」または「であろうと」に、cは「が」が付いて「だろうが」「であろうが」になっています。「だろう」と「であろう」では、「であろう」のほうが書き言葉的で、より硬く説明的な言い方になります。

普通体

　dでは「悪ければ」の代わりに、より会話的な「悪かったら」を使いました。e、fでも使用可能です。

　丁寧体b、cは書き言葉的ですが、年配者などが説明・解説する場合は、e、fのように会話でも使用可能です。

比較のポイント

いくら／どんなに／いかに〜ても／〜（よ）うと等

	話し言葉的	書き言葉的	短く端的	古語的	慣用的な言い方
いくら/どんなに/いかに〜ても	○		○		
いくら/どんなに/いかに〜（よ）うと		○	△	△	○
いくら/どんなに/いかに〜（よ）うが		○	△	○	○

- 「いくら／どんなに／いかに」が前に来る形は、「〜ても〜ても」「〜（よ）うと〜（よ）うと」のように並列に列挙する形と意味はほぼ同じになる。「いくら／どんなに／いかに」を使った形のほうがより短く端的になるが、やや強い言い方になる。
- 「いくら／どんなに／いかに〜（よ）うが」はより古語的な言い方で、慣用的に用いられることが多い。
- 「いくら」「どんなに」に比べ「いかに」は書き言葉的であるが、会話の中でも用いられることがある。強調的な言い方になる。

まとめ会話

〈夫が妻に謝っている〉
妻：<u>いくら</u>あなたが謝っ<u>ても</u>、許さない。　　　　（強い言い方）
夫：ごめんごめん。
妻：だめ、<u>どんなに</u>謝ろ<u>うと</u>許さない。　　　　（硬い、強い言い方）
夫：すみません。
妻：だめです。
　　<u>いかに</u>謝ろ<u>うが</u>、私は許しません。　　（古語的、より強い言い方）

否定の場合

会話2）で取り上げた形（表現文型）を否定にすると、次のようになります。表現は変えてあります。（内容を変え、普通体で示します。）

　　a'　いくらおもしろくなくても、我慢したほうがいい。
　　b'　どんなにおもしろくなかろうと、我慢したほうがいい。
　　c'　いかにおもしろくなかろうが、我慢したほうがいい。

会話2）では「優秀だ」というナ形容詞でしたが、ここでは「おもしろい」というイ形容詞を用いています。では動詞の場合はどうなのかを考えてみましょう。まず、肯定の場合です。

　　a"　いくら頑張っても、給料は上がらない。
　　b"　どんなに頑張ろうと、給料は上がらない。
　　c"　いかに頑張ろうが、給料は上がらない。

次は動詞の否定の場合です。

　　a'''　いくら給料が上がらなくても、仕事は続けたい。
　？b'''　どんなに給料が上がらなかろうと、仕事は続けたい。
　？c'''　いかに給料が上がらなかろうが、仕事は続けたい。

b'''、c'''は少し落ち着かない感じがします。動詞を用いた「上がらなかろうと」「上がらなかろうが」が不自然に感じられるためと思われます。

3. ～によらず・～を問わず・～にかかわらず等

次に、「～によらず・～を問わず・～にかかわらず」等の「無関係」を表す表現を取り上げます。会話3)では、知人のAとBが税金のことを話し合っています。Aに対してBは、「～によらず」「～を問わず」等を使って「無関係」を表すことができます。

丁寧体

3) A：毎年税金が大変ですね。
　　B：ええ、a　財産の多少によらず、税金はかかってきますね。
　　　　　　　b　財産の多少を問わず、税金はかかってきますね。
　　　　　　　c　財産の多少にかかわらず、税金はかかってきますね。
　　　　　　　d　財産と関係｛なく／なしに｝、税金はかかってきますね。
　　　　　　　e　国民の苦しみをよそに、税金はかかってきますね。

普通体

3) A：毎年税金が大変ね。
　　B：そう｛だね／ね｝、f　財産の多少によらず、税金はかかってくるし。
　　　　　　　　　　　　g　財産の多少を問わず、税金はかかってくるし。
　　　　　　　　　　　　h　財産の多少にかかわらず、税金はかかってくるし。
　　　　　　　　　　　　i　財産と関係｛なく／なしに｝、税金はかかってくるし。
　　　　　　　　　　　　j　国民の苦しみをよそに、税金はかかってくるし。

 説明

丁寧体

a〜eは名詞等の後ろに「無関係を表す表現」が付いて、「前に述べられたことを考えず、関係なく、無視して」という意味を表します。a「～によらず」、b「～を問わず」、c「～にかかわらず」はほぼ同じ意味ですが、「～によらず」は「根拠・基準としない」、「～を問わず」は「問題にしない」、「～にかかわらず」は「関係しない」という意味を表します。三者とも改まった、硬い表現で、

書類や注意書き等で使われることが多いです。小林（2005）は、それぞれの前に来る名詞について調査・検討しています。次は小林（2005）の説明に基づいて、例（筆者による）を加えながらまとめたものです。

- 「にかかわらず」「を問わず」「によらず」は、単に物事の名称を表す名詞（地震、人間、会社等）には付かないで、内容を包括する（その名詞の属性や性質を表す）名詞に付く。例えば、地震の強さ・程度、人間の質、会社の従業員数・方針等。
- 対の名詞（大小、男女、昼夜、晴雨等）が付くのは、「を問わず」が一番多いが、「にかかわらず」「によらず」にも付くことがある。

後文について見ると、3表現とも事実を伝える叙述表現に用いることが多いですが、「〜にかかわらず」と「〜を問わず」は働きかけ表現も可能になります。

①この庭園は四季それぞれに美しい花が咲きますので、季節｛○にかかわらず／○を問わず／？によらず｝おいでください。

d「〜と関係なく／なしに」はa〜cより話し言葉的で、説明的な表現です。
e「をよそに」は前に「心配・懸念・期待・不満・緊張」等の語が来て、「あえてそれを無視して」「それとは無関係に」という意味になります。人の心配や期待を知らずに、または無視して行動するため、②のようにマイナス評価の文になることが多いですが、③のようにそうでない場合にも使います。

②人々の期待をよそに、彼は｛？優勝した／○最下位になってしまった｝。
③親の心配をよそに、彼は独立独歩の人生を歩んでいる。

また、「〜をよそに」は、次のように既定（すでに起きた、起きている）のことに用いられることが多いです。

38
無関係

④彼は周囲の期待をよそに、大学を中退して{○しまった／?しまうだろう}。

「～をよそに」は書き言葉的な表現で、少し硬い言い方になります。

普通体

　f～hは硬い表現なので、普通体の会話で使うのは年配者が多いようです。文末に「し」が付いていますが、理由「から」よりは曖昧に、また、ゆるやかに理由の意味合いを添えています。話し手の気持ちとして、「税金が大変だということ」の理由を言い添えている感じがあります。

 比較のポイント

〜によらず・〜を問わず・〜にかかわらず等

	話し言葉的	書き言葉的	硬い言い方	内容を包括する名詞が前に来る	対の名詞が前に来る	マイナス評価	あえて無視して	書類・注意書きに使用	後文に働きかけ表現可能
〜によらず		○	○	○	○			○	
〜を問わず		○	○	○	○			○	○
〜にかかわらず		○	○	○	○			○	○
〜と関係なく/なしに	○								○
〜をよそに		○	△			○	○		

- 「〜によらず」「〜を問わず」「〜にかかわらず」は、書き言葉的で、硬い表現である。前接する語に対の名詞等（大小、晴雨等）が来やすく、書類や注意書き等で用いられる点で共通である。
- 取り上げた5表現は主に物事の叙述に使われる。また、「〜によらず」「〜をよそに」以外の表現は後文に働きかけ表現をとることができる。
- 「をよそに」は前に来る事柄を「無視して〜する」の意味を持ち、マイナス評価の文になることが多い。また、既定の事柄を表すことが多い。

> **まとめストーリー**
>
> 〈求人広告〉
> 当社で働いていただける社員を募集しております。
> 　経験のあるなしを問わず、熱意のある人を求めています。
> 　　　　　　　　　　　　　　　　　　　　　　（問題にしない）
> 　給料は、経験によらず厚遇対応します。　　　（根拠としない）
> 　既婚、独身と関係なく、社員寮を提供します。（関係しない）
> 　年齢、性別にかかわらず、ご応募ください。　（関係しない）
> 　詳細については、電話でお問い合わせください。
> 　　☎0120-123-1××

 否定の場合

　会話3）で取り上げた形（表現文型）は前に「財産の多少」「財産」「国民の苦しみ」という名詞が来ていますが、動詞も使えるかどうか考えてみましょう。まず、肯定形です。（内容を変え、普通体で示します。）

　　a' 　国民が受け入れるかによらず、その政策は進めたほうがいい。
　　b' 　国民が受け入れるかを問わず、その政策は進めたほうがいい。
　　c' 　国民が受け入れるかにかかわらず、その政策は進めたほうがいい。
　　d' 　国民が受け入れるかと関係なく／なしに、その政策は進めたほうがいい。
　　e' 　国民が受け入れるかをよそに、その政策を進めている。

実際は「によらず」や「を問わず」等の前には「～か～か／～か～ないか／～か否か～」、また、疑問詞をともなって「誰が／どう／どちらに／いつ～か」が来ることが多く、「動詞＋か」が単独で来るのは少なくなります。しかし、まったくないというのではなく、次のような文も成り立ちます。

38 無関係

①気に入った学校が見つかったら、実際に通うかによらず、資料請求するといい。

②当会館は、会員であるかを問わず、どなたでもご利用いただけます。

では、次に否定の形でも可能か見てみましょう。

? a" 国民が受け入れないかによらず、その政策は進めたほうがいい。

? b" 国民が受け入れないかを問わず、その政策は進めたほうがいい。

? c" 国民が受け入れないかにかかわらず、その政策は進めたほうがいい。

? d" 国民が受け入れないかと関係なく／なしに、その政策は進めたほうがいい。

? e" 国民が受け入れないかをよそに、その政策を進めている。

否定の形は、すべて文として落ち着かない感じがします。

39 付加

ものや事柄、また説明を付け加えることを「付加」と言います。話し手は、付け加えることによってより多くの情報を伝えようとします。1では付加されるもの、付加するものに特に軽重のない「～だけで（は）なく（て）・～ばかりで（は）なく（て）」等、2では軽重のある「～はもちろん・～はおろか」等を取り上げます。また3では、2文をつなぐ接続詞「それに・しかも・そのうえ」等について取り上げます。

1. ～し・～だけで（は）なく（て）・～ばかりで（は）なく（て）・～うえに 等

ここでは「付加」表現の1つ目として、前文・後文の中身に比較的軽重のない「付け加え」について考えます。次の会話1）では、サラリーマンのAとBが第三者の「彼」のことを話題にしています。Aに対してBは、いろいろな形で「付加」の表現を使うことができます。

丁寧体

1）A：彼は言うことが大げさですね。
　 B：ええ、a　大げさに言うし、それに／しかも時々嘘もつくんです。
　　　　 b　大げさに言うだけで（は）なく（て）、時々嘘もつくんです。
　　　　 c　大げさに言うばかりで（は）なく（て）、時々嘘もつくんです。
　　　　 d　大げさに言うのみならず、時々嘘もつくんです。
　　　　 e　大げさに言ううえに、時々嘘もつくんです。

> 普通体
> 1) A：彼は言うことが大げさ｛だね／ね｝。
>   B：うん、f 大げさに言うし、それに／しかも時々嘘もつく｛んだよ／のよ｝。
>   g 大げさに言うだけで(は)なくて、時々嘘もつく｛んだよ／のよ｝。
>   h 大げさに言うばかりで(は)なくて、時々嘘もつく｛んだよ／のよ｝。
>   i 大げさに言ううえに、時々嘘もつく｛んだよ／のよ｝。

 説明

> 丁寧体

aは並列・例示を表す「〜し」に接続詞「それに／しかも」、また取り立て助詞「も」が付くことによって、「付加」の文になっています。「〜し」そのものにも付け加えの気持ちがあり、「し」を強く発音すると、主張が強く聞こえることがあります。

b〜dは文の形が似ていて、共通して「前文の事柄にとどまらず、それ以外にも」という意味を表します。前文・後文を並列的、追加的に取り上げ、前文・後文に特に事柄の軽重はないと思われます。aと同じく、b〜dとも後文に同類を表す取り立て助詞「も」が付いています。

b〜dの中では、bが一番標準的で使われる頻度も高く、c「〜ばかりで(は)なく(て)」はやや硬い、改まった印象を与えます。「〜だけで(は)なく(て)」がはっきりと述べるのに対し、「〜ばかりで(は)なく(て)」は婉曲に、丁寧に述べている感じがあります。

　　①彼はITに詳しいだけではなくて、企画力もあります。
　　②彼はITに詳しいばかりではなくて、企画力もあります。

b、cは、「〜だけで／ばかりで(は)なく」のような連用中止の形でも、「〜だけで／ばかりで(は)なくて」のようにテ形を使うこともできます。連用中止形のほうが硬い感じを与えます。「は」は付いたり付かなかったりしますが、後ろに「ない」が来ているので、否定の判断を示すには「は」が付くほう

が自然になります。

d「〜のみならず」は書き言葉で、話し言葉ではほとんど出てきません。意味は「〜だけで(は)なく(て)」と同じです。

e「〜うえに」は前文で取り上げられた内容以上のことが、後文に追加されることを表します。やや硬い表現です。b〜dが「他にも別のことがある」と並列的に説明するのに対し、「〜うえに」は前文の内容に加えて、事柄が「まだあるんだよ」という話し手の追加の気持ちが出てきます。

③彼はITに詳しいうえに、企画力もあります。

普通体

普通体の会話では連用中止(形)よりテ形のほうが使われやすいので、g、hはテ形で表してあります。丁寧体dの「〜のみならず」は書き言葉なのでここでは省略しました。

⚖ 比較のポイント

〜し・〜だけで(は)なく(て)・〜ばかりで(は)なく(て)・〜うえに等

	話し言葉的	書き言葉的	硬い言い方	改まった言い方	「それに限定しないで」の意味	追加の意味合いが強い
〜し、それに/しかも	○					○
〜だけで(は)なく(て)	○				○	
〜ばかりで(は)なく(て)	○		○	○	○	
〜のみならず		○	○	○	○	
〜うえに		△	○	○		○

- 5つの表現のうち、「〜し、それに/しかも」「〜うえに」は前文の事柄に、話し手が重要と考える事柄を後文で付け加えていく働きを持つ。
- 「〜だけで(は)なく(て)」「〜ばかりで(は)なく(て)」「〜のみならず」は、「それ以外にも(それに限定しないで)こんな面もある」ことを並列・例示的に付け加えていく。
- 「〜だけで(は)なく(て)」「〜ばかりで(は)なく(て)」はほぼ同じように使われる。「〜ばかりで(は)なく(て)」のほうがより硬く、改まった言い方である。

> まとめ会話

〈デパートで販売員がフライパンを売っている〉
販売員：このフライパンは、軽くて持ちやすいです<u>し</u>、それに、取っ手が取り外しできます。　　　　　（「加えて」の意味）
客　　：取り外しできるんですか。
販売員：取り外しできる<u>だけではなくて</u>、取っ手が熱くならない仕組みになっています。　　　　　　　　　（限定しない）
客　　：それは便利ですね。
販売員：このフライパンは、炒め物<u>ばかりでなく</u>、蒸すこともできます。　　　　　　　　　（限定しない、やや硬い言い方）
客　　：へー、便利ですね。
販売員：私達は、タンパク質、脂肪、炭水化物<u>のみならず</u>、ビタミンもとる必要があります。　　　（限定しない、硬い言い方）
客　　：ええ。
販売員：このフライパンは、熱を加えてもビタミンがこわれないように工夫されています。
客　　：ほおー。

 否定の場合

会話1）で取り上げた「付加表現」の前に否定形が来るかどうか見てみましょう。（普通体で示します。）

a'　今朝は食欲もないし、それに／しかも好きなコーヒーも飲みたくない。
b'　今朝は食欲がないだけで（は）なく（て）、好きなコーヒーも飲みたくない。
c'　今朝は食欲がないばかりで（は）なく（て）、好きなコーヒーも飲みたくない。

d' 今朝は食欲がないのみならず、好きなコーヒーも飲みたくない。

e' 今朝は食欲がないうえに、好きなコーヒーも飲みたくない。

いずれも否定の形が来ることができるようです。

2. ～はもちろん・～はもとより・～はおろか・～どころか等

「付加」表現の2つ目として、付加に軽重のある場合を取り上げます。もとのもののほうか、あとから付加されるもののほうか、どちらが重要かは判断の難しい場合が多いですが、話し手は「付加」をすることによって、「それほどに程度の高い状態にある」ことを伝えています。ここでは、「～はもちろん・～はもとより・～はおろか・～どころか・～に限らず」を見ていきましょう。会話2)ではレスリング選手Bが試合前の減量について話しています。Aに対してBはいろいろな「付加」表現で伝えることができます。

丁寧体

2)A：もうすぐ試合ですね。減量は大丈夫ですか。

B：いや、今はa　スイーツはもちろん、ジュースさえ飲めないんですよ。

b　スイーツはもとより、ジュースさえ飲めないんですよ。

c　スイーツはおろか、ジュースさえ飲めないんですよ。

d　スイーツどころか、ジュースさえ飲めないんですよ。

e　スイーツに限らず、ジュースさえ飲めないんですよ。

普通体

2)A：もうすぐ試合だね。減量は大丈夫？

B：うーん、今はf　スイーツはもちろん、ジュースさえ飲めない {んだよ／のよ}。

g　スイーツはもとより、ジュースさえ飲めない {んだよ／のよ}。

h　スイーツはおろか、ジュースさえ飲めない {んだよ／のよ}。

i　スイーツどころか、ジュースさえ飲めない {んだよ／のよ}。

j　スイーツに限らず、ジュースさえ飲めない {んだよ／のよ}。

 説明

丁寧体

　a～eは、前文の事柄に後文で類似のことを付け加え、全体を否定している表現です。前文には種々の付加表現が、後文には「名詞＋さえ～ない」が付いています。「さえ」の代わりに「も」も使えますが、付加されたことを強調的に否定するために「さえ」を用いました。a～dは慣用的表現になります。
　aの意味するところは「スイーツ（＝甘い物）は当然だが、飲み物であるジュースまでも」になります。「～はもちろん」は否定文だけでなく、「彼は英語はもちろん中国語も話せる」のように、肯定文でも用いられます。
　bは「もちろん」の代わりに「もとより」を使っています。「～はもとより」は「はじめから」「言うまでもなく」の意味で、「そうであることに疑いをはさむ余地のない」ことを意味します。aの「～はもちろん」に比べて、「～はもとより」は書き言葉的で、硬い言い方です。「～はもちろん」と同じく「～はもとより」も、肯定文でも用いられます。

　　①アニメは、子供はもとより大人も楽しめる。

　c「～はおろか」は「～はおろか、～ない」の形で否定文、または否定的な内容で用いられることが多いです。「彼は漢字はおろか、ひらがなも十分に読めない」のように、前文に実現しにくい事柄が、そして、後文に実現しやすい事柄が来て、「前文の事柄（漢字を読むこと）はハードルが高く難しいが、それに加えて、もっと基本的で簡単である後文の事柄（ひらがなを読む）までも、できない」という意味になります。
　cでは「スイーツは甘い物の代表であるから、減量をしている選手にとってそれは食べられないとしても、飲み物であるジュースまでも飲めない」という意味になります。「～はおろか」は書き言葉で、古めかしい感じがあります。
　「～はおろか」は否定文で使われることが多いですが、肯定文で使われる場合もあります。肯定文で使われるときは、次のように「実現しやすい事柄」が

前文に来て、「実現しにくい事柄」が後文に来ます。

　②彼は英語はおろか、スペイン語、中国語、ドイツ語まで話すことができる。
　③この製品は、アジアはおろかアフリカ諸国にまで売られている。

　②では、多くの人が話せる英語だけでなく、他のいくつかの言語まで話せるという意味に、③では近隣のアジアだけでなく、遠くて、販売の実現が難しいアフリカにまで出回っているという意味になります。

　d「〜どころか」は話し言葉的な表現で、やや大げさな言い方になります。「それだけでなく、こんなものまでも」という驚きや、予想外の、また「呆れた」という気持ちが入ります。次の④のように、前文で述べられた以上の事柄が後文に続き、聞き手を驚かしたり、呆れさせたりする表現になります。

　④忙しくて、休憩するどころかトイレへ行く時間もありません。

　e「〜に限らず」は付加というより限定・範囲を示す表現で、「スイーツだけでなく／スイーツに加えて（ジュースさえ飲めない）」という意味を表します。

普通体

　g「〜はもとより」、h「〜はおろか」は書き言葉で、普通体の会話には合いませんが、年配の人なら使うこともあるので出しておきます。

39

付加

比較のポイント

〜はもちろん・〜はもとより・〜はおろか・〜どころか等

	話し言葉的	書き言葉的	強調的	慣用的な言い方	古めかしい	やや大げさ	驚きや呆れた意味合い	「それに限定しないで」の意味
〜はもちろん	○		△	○				
〜はもとより		○	△	○	○			
〜はおろか		○	○					
〜どころか	○		○			○	○	
〜に限らず		○						○

- 「〜はもちろん」「〜はもとより」「〜はおろか」「〜どころか」は話し手の強い「それだけではない」という追加・付加の気持ちを表している。慣用的に使われることが多い。
- 「〜はもとより」「〜はおろか」は書き言葉的で、「〜はもちろん」「〜どころか」は話し言葉的表現である。
- 「〜に限らず」は「それだけに限定するのではない」という言い方で、追加・付加を表している。

まとめ会話

〈サラリーマンのAとBとCがコンビニについて話している〉

A：コンビニの「コーダ」の進出はすごいですね。

B：そうですね。本社のある名古屋<u>はもとより</u>、北は札幌、南は沖縄にまで出店しています。　　　　　　　　（当然のこと、慣用的）

A：そうですか。若者<u>に限らず</u>、年寄りにも受けているみたいですね。
　　　　　　　　　　　　　　　　　　　　　　（範囲を超えて）

B：今では、日本<u>はもちろん</u>アジア地域にまで進出してますよ。
　　　　　　　　　　　　　　　　　　　　　（当然のこと、慣用的）

A：アメリカは？

B：北米<u>どころか</u>、南米にまで広がっています。　（大げさな言い方）

> A：ヨーロッパは？
> B：ヨーロッパはまだまだです。遠い北欧はおろか近い国にも出していません。　　　　　　　　　　　　　　　（強調的、慣用的）

 否定の場合

　会話2）で取り上げた形（表現文型）は前に「スイーツ」という名詞が来ていますが、動詞の場合も可能かどうか考えてみましょう。まず、肯定形です。（内容を変え、普通体で示します。）

　　a'　漢字を読むのはもちろん、ひらがなさえ読めないんですよ。
　　b'　漢字を読むのはもとより、ひらがなさえ読めないんですよ。
　　c'　漢字を読むのはおろか、ひらがなさえ読めないんですよ。
　　d'　漢字を読むどころか、ひらがなさえ読めないんですよ。
　　e'　漢字を読むのに限らず、ひらがなさえ読めないんですよ。

動詞の肯定形は大丈夫です。では、次は否定形です。

　　a"　漢字が読めないのはもちろん、ひらがなさえ読めないんですよ。
　　b"　漢字が読めないのはもとより、ひらがなさえ読めないんですよ。
？c"　漢字が読めないのはおろか、ひらがなさえ読めないんですよ。
　　d"　漢字が読めないどころか、ひらがなさえ読めないんですよ。
？e"　漢字が読めないのに限らず、ひらがなさえ読めないんですよ。

c"「〜ないのはおろか」は不自然な感じがしますが、次の文では成り立つと思う人もいるかもしれません。

①彼の話は意味が通じないのはおろか、内容も全然理解できない。

②そうした「いじめ」はやめさせられないのはおろか、事前に封じることさえできない。

e"の「〜ないのに限らず」は不自然になります。

3. 2文をつなぐ接続詞

今までは1文の中での「付加」表現を見てきました。ここでは2文をつなぐ、接続詞としての「付加」の表現を取り上げます。また、「並列」の意味合いを持つ接続詞も含めて考えます。会話3）では、Aに対してBは、いろいろな接続詞で「付加」を表すことができます。

丁寧体

3）A：彼は言うことが大げさですね。
　　B：ええ、a　いつも大げさです。それに、時々嘘もつくんです。
　　　　　　b　いつも大げさです。しかも、時々嘘もつくんです。
　　　　　　c　いつも大げさです。そして、時々嘘もつくんです。
　　　　　　d　いつも大げさです。それから、時々嘘もつくんです。
　　　　　　e　いつも大げさです。そのうえ、時々嘘もつくんです。
　　　　　　f　いつも大げさです。また、時々嘘もつくんですよ。

普通体

3）A：彼は言うことが大げさ {だね／ね}。
　　B：そう、g　いつも大げさ。それに、時々嘘もつく {んだ／のよ}。
　　　　　　h　いつも大げさ。しかも、時々嘘もつく {んだ／のよ}。
　　　　　　i　いつも大げさ。そして、時々嘘もつく {んだ／のよ}。
　　　　　　j　いつも大げさ。それから、時々嘘もつく {んだ／のよ}。
　　　　　　k　いつも大げさ。そのうえ、時々嘘もつく {んだ／のよ}。
　　　　　　l　いつも大げさ。また、時々嘘もつく {んだ／のよ}。

説明

丁寧体

　a「それに」、b「しかも」、e「そのうえ」は、文（時には語）をつなぐ接続詞として、前文の事柄に別のことを付け加える形で後文に続きます。a「それに」は会話的な話し言葉的表現で、気軽に付け加えを行います。付け加え方は、前文での事柄のほうが本質的で、後文のそれは付け足しの感じを与えることが多いようです。

　　①彼女はなかなか有能だ。それに美人だ。

　b「しかも」は、前文の事柄を後文でとらえ直して、新しい視点を与える働きがあります。「それに」と違って、後文のほうに重要な事柄が来ます。

　　②高品質で、しかも、無料！
　　③この店は落ち着いた雰囲気がいい。しかも清潔だ。

「しかも」は話し言葉にも書き言葉にも用いられますが、やや硬い言い方になります。
　c「そして」、d「それから」、f「また」は、「それに・しかも・そのうえ」よりは付け加えの意味合いは弱く、むしろ並列的に事柄を並べています。d「それから」は、c「そして」より話し言葉的になります。
　e「そのうえ」は「それに」と似ていますが、「そのうえ」のほうが「付加」の気持ちがより強調的になります。「それに」に比べて、後文の事柄が強調されます。
　f「また」は、同一の事柄に対して、並列的、対照的に、また、付加的に述べるときに使います。

　　④自分の理想を実現するため、また、世界の平和のために、私は頑張る
　　　つもりだ。

普通体

g〜lは「(彼は)いつも大げさです」を省略して、「(彼は)いつも大げさ。」と言っています。「だ/です」を省略した形ですが、会話ではよく使われます。

⚖ 比較のポイント

2文をつなぐ接続詞

	話し言葉的	気軽に付け加え	硬い言い方	前文重要	後文重要	強調的	並列的	事柄の付け加え	時間の前後関係あり
それに	○	○		△				○	
しかも	△		○		○	○		○	
そして			△				○		○
それから	○	○					○		○
そのうえ			△		○	○		○	
また			△				○	△	

- 「それに」は主に前文を、「しかも」「そのうえ」は後文を重視する。「しかも」は前文をとらえ直して、新しい見方を付け加える働きがある。
- 「そして」「それから」「また」は、前文・後文の内容を並列的に取り上げている。
- 「そして」「それから」は並列や付加の働きがあるが、時間的な前後関係も表すことができる。（例：買い物した。そして／それから映画を見た。）
- 「それに」「それから」は話し言葉的で、「しかも」「そして」「そのうえ」「また」は話し言葉にも使うが、やや硬い言い方である。

まとめ会話

〈夏祭りの準備で〉
A：佐藤さん達が踊りに参加してくれるって。
B：え、佐藤さん達が？
C：それに太鼓も演奏してくれるって。　　　　　（気軽に付け加え）
B：へー。
A：それから、田中先生も何かしてくれるそうよ。（気軽に付け加え）
B：え、田中先生が？
C：そして、教頭先生も。　　　　　　　　　　　（並列的）
B：え、教頭先生も？
A：そのうえ、校長先生も来てくれるって。　　　（強調的）
C：しかも、校長先生はみんなに差し入れをしてくれるそうよ。
　　　　　　　　　　　　　　　　　　　　　　（新しい視点の付加）
B：へー。豪華で、また、にぎやかなお祭りになるね。（並列的）

 否定の場合

　接続詞は独立した文（時には語）をつなぐものなので、前に来る文も後ろに来る文も、肯定でも否定でも可能になります。

40 類似、比喩・比況

　あるものとあるものが互いに似ていることを「類似」と言います。また、「彼は宇宙人だ」のように、相手のよく知っている事柄になぞらえて表現することを「比喩」、また、「今日は温かくて春のようだ」のように「ようだ」「みたいだ」等を用いて似ていることを表現するものを「比況」と言います。ここでは類似・比喩・比況は厳密に区別せず、「似ていること」をどのように表すかについて見ていきます。

1-1. 類似1「〜に／と似ている・〜に／とそっくりだ等」

　まず、お互いが似ていることを表す表現を取り上げます。会話1）で、隣人同士のAとBが、Bの赤ん坊について話しています。Aは、いろいろな形で「類似」を表現することができます。

丁寧体

```
1）A：赤ちゃん、かわいいですね。
　　B：ありがとうございます。
　　A：a　お兄ちゃん {に／と} 似て（い）ますね。
　　　　b　お兄ちゃん似ですね。
　　　　c　お兄ちゃん {に／と} そっくりですね。
　　　　d　お兄ちゃんと瓜二つですね。
　　　　e　赤ちゃんとお兄ちゃんはよく似て（い）ますね。
```

390

> 普通体
>
> 1）A：赤ちゃん、かわいいね。
>   B：そう？
>   A：f　お兄ちゃん{に／と}似て(い)るね。
>   g　お兄ちゃん似{だね／ね}。
>   h　お兄ちゃん{に／と}そっくり{だね／ね}。
>   i　お兄ちゃんと瓜二つ{だね／ね}。
>   j　赤ちゃんとお兄ちゃんはよく似て(い)るね。

説明

> 丁寧体

　日本では、親子や兄弟姉妹が似ていることはよいことと考えられてきました。現代社会では、個性を重んじる風潮があってそれほどでもなくなりましたが、家族の誰かに似ているということは、今でも赤ちゃんに対するほめ言葉の1つです。

　類似を表す一般的な語はaの「似ている」です。助詞には「に」または「と」を使います。「と」のほうが話し言葉的です。

　aを名詞「～似」でまとめたのがbです。家族や親族に似ていることを表す、「父(親)似、母(親)似、祖父似、祖母似」などがあります。短縮された、簡潔な響きがあります。

　c「～に／とそっくりだ」は非常によく似ていることを表します。これも助詞として「に／と」をとります。「と」のほうが話し言葉的です。

　d「～と瓜二つだ」は慣用的な言い方で、俗に瓜を2つに割ると切り口がそっくりなところから、「非常によく似ている」ことを言います。瓜というのは比較的大きな実を付ける植物（ここでは、その実）のことです。

　a～dでは主語・主題が「赤ちゃん」なのに対して、eは「赤ちゃんとお兄ちゃん」が主語・主題になっています。前者が1つの主題を取り上げるのに対し、後者は二者（もっと多い場合もある）をまとめて取り上げています。二者を平等に扱ったり、結論としてまとめたりする場合に使うことが多いようです。

 比較のポイント

類似1「〜に／と似ている・〜に／とそっくりだ等」

	一般的な表現	短縮された表現	簡潔な響き	非常によく似ている	慣用的な言い方
〜に/と似ている	○				
名詞＋似だ		○	○		
〜に/とそっくりだ				○	○
〜と瓜二つだ				○	○
〜と〜は似ている	○				

- 「似ている」と「〜似だ」は単に似ていることを伝えているが、「そっくりだ」「瓜二つだ」は本当によく似ていることを表す。
- 「に」と「と」(「AがBに(似ている)」と「AがBと(似ている)」)の違いは、「に」は「AのほうがBに似る」という1つの方向性を感じさせ、「と」は「お互いに似ている」という「双方向性」を感じさせる。しかし、その違いは微妙である。「と」のほうが話し言葉的と言える。

まとめ会話

〈B(男)が父親の知人のA(男)に自分の似顔絵を見せる〉
A：これは君？
B：ええ、そうです。
A：よく<u>似ている</u>ね。　　　　　　　　　　　　　　　（類似）
　　<u>そっくりだ</u>よ。　　　　　　　　　　　　　　　（慣用的表現）
B：そうですか。上野で描いてもらったんです。
A：これを描いた人は腕がいいんだね。
B：僕、こんな鼻してないですよ。
A：いや、君はお父さん<u>似</u>だね。　　　　　　　　　　（簡潔な響き）
　　同じ鼻だよ。
　　お父さんと君は本当に<u>瓜二つ</u>だよ。　　　　　　　（慣用的表現）

否定の場合

会話1)で取り上げた形(表現文型)について否定の形を考えてみましょう。似ていない場合は次のように表現します。(普通体で示します。)

　　a'　彼は父親には／とはあまり／そんなに似ていない。
　　b'　彼は父親似じゃない。
　　e'　彼とお父さんはあまり／そんなに似ていない。

会話1)のc「〜に／とそっくりだ」、d「〜と瓜二つだ」は似ていることを積極的に表す表現で、否定ではあまり使いません。

1-2. 類似2「評価の入る類似表現」

ここでは話し手の、特にマイナス評価の入る類似表現を中心に取り上げます。次の会話2)のAとBは、デザイン会社で働いていて、自分達の会社が募集したデザインについて話しています。Aの質問に対してBは、評価を交えた「類似」をいろいろな形で表現することができます。

丁寧体

2)A：いいデザインが集まりましたか。
　B：いやあ、a　どれもこれも似たり寄ったりですね。
　　　　　　　b　どれもこれも似たようなものですね。
　　　　　　　c　どれもこれも似通って(い)ますね。
　　　　　　　d　どれもこれも同じですね。
　　　　　　　e　どれもこれも代わり映えしませんね。

> **普通体**
>
> 2）A：いいデザインが集まった？
>   B：いやあ、f　どれもこれも似たり寄ったり｛だね／ね｝。
>   g　どれもこれも似たようなもん｛だね／ね｝。
>   h　どれもこれも似通って(い)るね。
>   i　どれもこれも同じ｛だね／ね｝。
>   j　どれもこれも代わり映えしないね。

 説明

丁寧体

　家族関係ではなくて、創意と個性を尊重するデザインの世界では、似ていることが逆にマイナスの評価を受けます。これはそうしたデザイン業界での会話です。

　aの「似たり寄ったり」は慣用的表現で、あまり差異のないこと、大同小異であることを指します。b「似たようなものだ」の「似たようなもの」は、単に似ているもの（例：これと似たようなものがあったら、ください。）という意味ですが、「だ」の付いた「似たようなものだ」になると、「似たり寄ったりだ」同様、マイナスの意味合いを持ちます。

　c「似通っている」は「互いに似ているとともに、共通性がある」ことを表します。「意味・性質・思想・考え方・目指すところ」のような「内容」のある事柄に使うことが多いです。「この民族の顔かたちは現代人のそれに似通ったところがある」のように、外面的な事柄にも用いますが、個別の事柄（例：？この赤ちゃんはお兄ちゃんに似通っている。）ではなく、社会的、心理的にとらえた場合に使うことが多いようです。「似通っている」には特にプラス評価・マイナス評価はありませんが、個性の尊重されるデザインの世界ではマイナス評価になる可能性もあります。

　dの「同じ」は語としては、プラス・マイナス評価のない表現ですが、ここでは独自性がないというマイナス評価になっています。

　e「代わり映えしない」は人や物が代わっても、別によくなっていない、変

化がないことを言います。マイナス評価の表現になります。

>[!普通体]

会話2）で取り上げた表現は話し言葉的表現なので、普通体の会話でよく使われます。デザインの世界でいうと、反対のプラス評価の表現は「個性がある、個性的だ、独自性がある、ユニークだ」等になります。

比較のポイント

類似2「評価の入る類似表現」

	慣用的な言い方	話し言葉的	プラス・マイナス評価なし	マイナス評価	変化がない
似たり寄ったりだ	○	○		○	○
似たようなものだ	○	○		○	○
似通っている		△	○		
同じだ		△	○		○
代わり映えしない		○		○	○

- 「同じだ」「似通っている」は、本来は特にプラス評価・マイナス評価を持たない表現である。
- それ以外の「似たり寄ったりだ」「代わり映えしない」はマイナス評価の表現である。「似たようなものだ」については、「似たようなもの」自体にはプラス・マイナスの評価は入らないが、「似たようなものだ」はマイナス評価の表現になる。
- 「似通っている」は解説的な、やや硬い言い方である。

> **まとめ会話**
>
> 〈部長と課長が社員から募集した企画案を見ている〉
> 部長：どの企画も<u>似たり寄ったり</u>だね。　　（マイナス評価、慣用的）
> 課長：ええ、<u>似たようなもの</u>ですね。　　（マイナス評価、慣用的）
> 部長：若い社員の企画は<u>似通っている</u>感じがするんだが。
> 　　　　　　　　　　　　　　　　　　　　　　（共通性がある）
> 課長：そうですね。相談して作ったんでしょうか。
> 部長：そうかもしれない。この部分はほとんど<u>同じ</u>だ。　　（同一）
> 課長：そうですね。
> 部長：今までの企画と比べても<u>代わり映えしない</u>な。（変化がない）
> 課長：そうですね。どうしましょうか。

 否定の場合

　a「似たり寄ったりだ」、b「似たようなものだ」、e「代わり映えしない」はすでに否定の意味合いを含んでいたり、否定形であったりするため省きます。c「似通っている」、d「同じだ」について否定の形ができるか否か考えてみましょう。

　　c'　似ているところもあるが、他の部分は似通って（は）いない。
　　d'　似ているところもあるが、同じではない。

c「似通っている」、d「同じだ」は否定にできるようです。

2-1. 比喩・比況1

「比喩・比況1」として、「たとえ方」の表現を取り上げます。会話3)のAとBは知人同士で、「玉川さん」を「宇宙人」にたとえて話をしています。Aの質問に対してBは、いろいろな形で「比喩・比況」を表現することができます。

丁寧体

3) A：玉川さんはどんな人ですか。
   B：a 玉川さんは宇宙人です。
   　　b 玉川さんはいわば宇宙人です。
   　　c 玉川さんは宇宙人 {のよう／みたい} です。
   　　d 玉川さんは宇宙人のように見えます。

普通体

3) A：玉川さんってどんな人？
   B：e 玉川さんは宇宙人 {だよ／よ}。
   　　f 玉川さんはいわば宇宙人 {だよ／よ}。
   　　g 玉川さんは宇宙人 {のよう／みたい} {だね／ね}。
   　　h 玉川さんは宇宙人のように見えるね。

説明

丁寧体

　a、bは「玉川さん＝宇宙人」という形で、玉川さんを宇宙人にたとえています。c、dは「宇宙人」というたとえを使っていますが、「ようだ／みたいだ／(よう)に見える」の形で、「そのようなものだ」という表現をしています。

　bは「いわば」を名詞「宇宙人」の前に置いていますが、「いわば」は「たとえてみれば、他の言葉で言ってみれば」という意味になります。

　a、b(特にa)は、そのものずばりのたとえ方なので、簡潔でユニークな感じがありますが、あまりに直接的で、決めつけすぎる危険性が残ります。

c、dは「宇宙人に似ている」と言っているので、a、bよりは間接的で、温和な言い方になります。cの「(の)ようだ」「みたいだ」はほぼ同じ意味合いですが、「みたいだ」のほうが話し言葉的になります。

　dは「(の)ようだ／みたいだ」と言い切らずに、「そのように見える」と表現しているので、cより柔らかい言い方になります。

比較のポイント

比喩・比況1

	そのものずばりのたとえ方	簡潔でユニークな感じ	直接的	間接的	温和な柔らかい言い方
～だ	○	○	○		
いわば～だ	○	○	○		
～(の)ようだ/みたいだ				○	○
～(の)ように見える				○	○

●「～だ」「いわば～だ」は、そのものずばりのたとえ方をする。「～だ」だけでは直接的すぎるので、「いわば」や「言ってみれば」等の語が前に来ることが多い。

●「～(の)ようだ」「～みたいだ」「～(の)ように見える」は、たとえ方が間接的で、状況を見ながら言っている感じがある。

まとめ会話

〈ホームステイ先の生田家で。アイダは留学生、洋子と道子は生田家の姉妹〉

アイダ　：生田さんは本当に親切で、私のお母さんのようです。（間接的）

母親　　：……。〈照れている〉

洋子　　：2人並ぶと、本当の親子のように見えるよ。　　　　（間接的）

道子　　：ほんと。

アイダ　：そうでしょう。生田さんは、いわば、私の日本のお母さん。

　　　　　　　　　　　　　　　　　　　　　　　　　　　　　（直接的）

洋子　　：そうね。じゃ、私達はアイダさんの家族。　　　　（直接的）

> アイダ：ありがとう。じゃ、洋子さんは<u>1番上のお姉さん</u>、道子さんは<u>2番目のお姉さん</u>。　　　　　　　　　　　　　　（直接的）

 否定の場合

　会話3）の形（表現文型）を用いて、否定の比喩・比況表現ができるかを考えてみましょう。「宇宙人じゃない」を使います。（普通体で示します。）

　　　a'　彼は宇宙人じゃない。
　?b'　彼はいわば宇宙人じゃない。
　　　c'　彼は宇宙人のよう／みたいじゃない。
　　　d'　彼は宇宙人のようには見えない。

a'は次のような会話で成立するようです。

　　　a"　A：彼は宇宙人だ。考えていることがあまりにも普通の人からかけ
　　　　　　　離れている。
　　　　　B：いや、彼は宇宙人じゃない。考え方が普通の人と少し違うだけだ。

b'「いわば」は肯定表現で使われるので、否定表現では不自然になります。
c'は落ち着きの悪い文ですが、次のような会話では成り立ちます。

　　　c"　A：彼は宇宙人だよ。
　　　　　B：いや、彼の考え方を聞いていると、宇宙人のよう／みたいじゃ
　　　　　　　ないよ。むしろ、僕らと同じ人間だよ。

これはAの「たとえ」に対して、それを引き合いとして出しながら述べているからと考えられます。d'は次のような文脈で使うことができます。

d" A：彼は宇宙人だよ。
　　　　 B：でも、話を聞いていると宇宙人のようには見えないよ。

2-2. 比喩・比況2

　ここでは、実際には起こっていないが、まるで実際に起こりそうな状況の描写表現について考えます。次の会話4）のAとBは会社の同僚（女性同士）ですが、Bがきのう帰宅するのが遅くなってしまったために、息子が家でどんなふうに待っていたかを話しています。Aの質問に対してBは、いろいろな形で「比喩・比況」を表現することができます。

丁寧体

4) A：息子さんはどうして（い）たんですか。
　 B：a 息子は今にも泣き出さんばかりの顔をして、私を待って（い）ました。
　　　 b 息子は今にも泣き出しそうな顔をして、私を待って（い）ました。
　　　 c 息子は今にも泣き出すかのごとき顔をして、私を待って（い）ました。
　　　 d 息子は今にも泣き出すかと思うような顔をして、私を待って（い）ました。

普通体

4) A：息子さんはどうして（い）たの？
　 B：e 息子は今にも泣き出さんばかりの顔をして、私を待って（い）たの。
　　　 f 息子は今にも泣き出しそうな顔をして、私を待って（い）たの。
　　　 g 息子は今にも泣き出すかと思うような顔をして、私を待って（い）たの。

説明

丁寧体

　aは慣用的な「～んばかりの～」を用いた文です。息子が今にも泣き出しそ

うな様子が伺えます。実際には泣き出したのではなく、「そのように見えた」という比喩的な表現です。

　aは、古語的な言い回しがそのまま現代にも使われている表現ですが、それを現代語風に表したのがbです。外観の兆候・様態を表す「〜そうだ」を使っています。aに比べて話し言葉的になります。

　cは「〜ような」の古語である「〜ごとき」を用いています。「〜かのごとき」の後ろには名詞が来ますが、慣用的な表現になります。慣用的表現を使ったcとaは、やや大げさに、その場面を描いている感じになります。

　dもa、cをやさしく言い表したものです。「そのように思える」という意味を表します。もちろん、思えるだけで、実際に泣き出しているのではありません。

普通体

　丁寧体のcは古語的すぎて、普通体の会話では使いません。aもあまり使いませんが、大げさに言うために使うこともあるので、eとして載せておきます。

⚖ 比較のポイント

比喩・比況2

	書き言葉的	話し言葉的	古語的	慣用的な言い方	臨場感がある
〜んばかり（の）	○		○	○	○
〜そうな		○			△
〜かのごとき	○		○	○	○
〜かと思うような		○			△

● 比喩表現には古語を使用した慣用的表現が多く見られる。慣用的表現を使用することで、臨場感はあるが、やや大げさな表現になる。

● 「〜んばかり」は「泣き出す－泣き出さん」「飛び出す－飛び出さん」「飛びかかる－飛びかからん」「倒れる－倒れん」のように、今にも動作が開始されることを表す動詞と結び付きやすい。

> **まとめ会話**
>
> 〈AとBが会社の同僚の原田さんのことを心配している〉
> A：原田さん、悲しそうな顔してたね。
> B：うん、部長に怒鳴られて、今にも泣き出さんばかりだった。
> 　　　　　　　　　　　　　　　　　　　　　　　（古語的、臨場感）
> A：ほんとに。
> 　　泣き出すかと思うような、悲しそうな顔をしていたね。（話し言葉的）
> B：うん。あのときの部長も目が飛び出すかのごとき形相だったね。
> 　　　　　　　　　　　　　　　　　　　　　　　（古語的、臨場感）
> A：原田さん、大丈夫かな。

 否定の場合

　会話4）で取り上げた形（表現文型）は、まるで実際に起こるかのような臨場感のある比喩・比況表現でした。これらは肯定表現で表され、否定表現では不可能になります。ただし、否定表現は、次のように「～ないとでもいう（ような）顔／格好／形相」という形では表すことができます。実際に起こるかのような臨場感はなく、単にそのような様相を呈していたという意味合いになります。

　①息子は絶対に泣かないとでもいう（ような）顔をして、いすに座っていた。
　②彼女はまるで自分は知らないとでもいう（ような）顔をして、黙って立っていた。

Ⅰ

41 根拠、立場・観点

　私達は人やもの・ことについて述べるとき、また、何らかの判断をするとき、その外見・外観や、他から得られた情報を根拠とすることが多いです。ここでは、それらの根拠をどのように表現するかについて見てみましょう。1-1、1-2で「外見・外観」、1-3で「言語情報」、2で話し手の「立場・観点」からの判断表現を取り上げます。

1-1. 根拠1「外見・外観1」

　ここでは、外見から得た情報をどう伝えるかを取り上げます。会話1)は知人同士の会話です。A、Bが北野さんの態度を話題にしています。Aの質問に対してBは、いろいろな形で「外見・外観」からの判断を表現することができます。

丁寧体

> 1)A：北野さんは私達の決定に不満なんでしょうか。
>
> 　B：ええ、a　あの態度から言って、不満なようですね。
>
> 　　　　b　あの態度からして、不満なように見えますね。
>
> 　　　　c　あの態度からすると、不満にちがいありません。
>
> 　　　　d　あの態度から見て、不満にちがいありません。
>
> 　　　　e　見るからに、不満そうですね。

41

根拠、立場・観点

403

> 普通体
>
> 1）A：北野さんは私達の決定に不満なのかな？
>   B：うん、f　あの態度から言って、不満なよう{だね／ね}。
>   g　あの態度からして、不満なように見えるね。
>   h　あの態度からすると、不満にちがいない。
>   i　あの態度から見て、不満にちがいない。
>   j　見るからに、不満そう{だね／ね}。

> 丁寧体

　会話1）では、いくつかの表現を用いて、「北野さん」のことを外見・外観から判断して述べています。a～eはすべて慣用的な表現と言うことができます。
　aでは「言う」、b、cでは「する」、dでは「見る」が用いられています。b、cの「する」は「判断する」の意味と考えられます。d「見る」は文字通り目で見て判断する場合もありますが、「言う」「する」と同じく、もう少し抽象的に判断する場合もあります。
　b、cの「～からして」と「～からすると」では、前者は発話が切れずに続けて話している感じがあり、後者は「すると」で発話の流れが切れて、ちょっとポーズを置いて、少し考えて、次に続けるような感じがあります。
　e「見るからに」は「ちょっと見ただけですぐわかるように」という、外見からすぐ判断できる、そして、「まさにそうだ」という意味になります。

　　①上司からほめられて、彼は見るからにうれしそうだった。
　　②手術が長引いて、執刀医は見るからに疲れた様子だった。

　a～dの後文で、「ようだ」「見える」「にちがいない」のような推量の表現、また「そうだ」のような様態の表現が使われています。

比較のポイント

根拠1「外見・外観1」

	切れずに結論を出す	ちょっとポーズを置いて考える	まさにそうだと言い切る
～から言って	○		△
～からして	○		△
～からすると		○	△
～から見て	○		△
見るからに	○		○

- 外見・外観から得た情報の表し方は慣用的な表現が多く、取り上げた5つはすべてそうである。
- 「～から言って／して／すると／見て」は、いくつかの動詞を使っているが、いずれも判断の根拠を表している。
- 「見るからに」は文字通り、「見てすぐわかる」という意味を持つ。

まとめ会話

〈寿司屋の水槽の前で客同士が話している〉

A：この魚は<u>見るからに</u>新鮮で、おいしそうですね。 （まさにそうだ）

B：カツオですかね。

A：うーん、大きさ<u>から言って</u>、カツオではないですね。（外見を判断）

B：この青い色<u>から見て</u>、サバかな。 （外見を判断）

A：いや、形<u>からすると</u>、アジの一種かな。 （少し考えてから判断）

B：そうですね。しっぽの形<u>からして</u>、アジの仲間かもしれないですね。 （外見を判断）

41

根拠、立場・観点

 否定の場合

「外見・外観」に基づいた判断には否定の事柄もあります。

a' あの態度から言って、彼にはおもしろくないようです。

b'～e'も同様に作れますが、ここでは省略します。しかし、「から言って」「からして」等の前には否定の形は来ることはできません。

1-2. 根拠2「外見・外観2」

ここでは、外見・外観から得た情報をどう表すかを考えます。会話2)は高層ビルの上層階にあるオフィスでの会話です。Bは窓から下を眺めています。Aの質問に対してBは、いろいろな形で「外見・外観」を表現することができます。

丁寧体

2)〈ビルの上層階の1室で〉
A：外は雨ですか。
B：a 傘をさして（い）る人がいますから、雨が降り出したみたいですね。
　　b 傘をさして（い）る人がいる{の／ところ}を見ると、雨が降り出したみたいですね。
　　c 傘をさして（い）る人がいるくらい／ぐらいですから、雨が降って（い）るんですよ。

普通体

2) A：外は雨？
B：d 傘をさして（い）る人がいるから、雨が降り出したみたい{だね／ね}。
　　e 傘をさして（い）る人がいる{の／ところ}を見ると、雨が降り出したみたい{だね／ね}。
　　f 傘をさして（い）る人がいるくらい／ぐらいだから、雨が降って（い）る{んだよ／のよ}。

説明

丁寧体

　会話2）では、ビルの上層階の窓から下を見て、その外観から判断をしています。

　aは、実際に傘をさしている人を見たので、それを理由に「〜から」を使って、結論に結び付けています。b「〜の／ところを見ると」は、aのように理由付けをするのではなく、状況を客観的に判断してそう思われると述べています。

　bにおいて、「の」と「ところ」は、全体の状況を見ているという点ではほぼ同じで、置き換えが可能ですが、「ところ」のほうが1つの動きや事象としてとらえているのに対し、「の」はその状況や動きをより全体としてとらえている感じがあります。また「の」のほうが話し言葉的になります。

　c「〜くらい／ぐらいだから」で「そういう（高い）程度・状態だから」と一般的な、また、経験的な判断・理由の根拠を出して、「だから、きっと／当然（後文のことは）起こる／起こっているだろう」という結論を出す表現になります。

比較のポイント

根拠2「外見・外観2」

	理由から結論へ	全体的にとらえる	動き・事象としてとらえる	そういう程度・状態だから（一般的・経験的判断）	きっと／当然〜だ／だろう
〜から	○				
〜の／ところを見ると		○	○※		
〜くらい／ぐらいだから				○	○

※「ところ」を使う場合

- 「〜から」は理由付けをして、「〜の／ところを見ると」は全体の状況を見て、「〜くらい／ぐらいだから」は常識や経験に基づいて、それぞれ判断をしている。
- 「〜くらい／ぐらいだから」は後文に「きっと／当然〜だ／だろう」という話し手の結論付けの内容が来やすい。

41 根拠、立場・観点

> **まとめ会話**
>
> 〈人が集まっているのを見て。Bは男性〉
> A：何かあったのかしら。
> B：人が集まっている<u>から</u>、何かあったにちがいない。
> 　　　　　　　　　　　　　　　　　　　（原因・理由、直接的）
> A：救急車が今行った<u>ところを見ると</u>、けが人が出てるのかもしれない。　　　　　　　　　　　　　　　　（1つの動きとして判断）
> B：煙が出てるよ。
> A：ほんと。煙が出てる<u>のを見ると</u>、火事かな。　　（全体的判断）
> B：消防車が何台か来てる。
> A：消防車が来ている<u>くらいだから</u>、きっと火事ね。
> 　　　　　　　　　　　　　　　　　（一般的、経験的な結論付け）

 否定の場合

　会話2）で取り上げた根拠「外見・外観2」の形（表現文型）を否定の形にすると、次のようになります。（内容を変え、普通体で示します。）

　　a'　誰も来ないから、今日のイベントは中止みたいだね。
　　b'　誰も来ないの／ところを見ると、今日のイベントは中止みたいだね。
　　c'　誰も来ないくらい／ぐらいだから、今日のイベントは中止だね。

「から」「の／ところを見ると」「くらい／ぐらいだから」の前が否定の形であっても、文は成立することがわかります。

1-3. 根拠3「言語情報」

ここでは言語情報をどのように得たかを示す表現を扱います。言語情報の情報源については、7「伝聞」のところでも少し触れてあります。会話3）で、Aの質問に対してBは、いろいろな形で「言語情報」を表現することができます。

丁寧体

3）A：山田さんはどうしたのですか。
　　B：a　田中さんによると、（山田さんは）食中毒にかかったそうです。
　　　　b　田中さんの話では、（山田さんは）食中毒にかかったそうです。
　　　　c　田中さんが言って（い）たんですが／だけど、（山田さんは）食中毒にかかったそうです。
　　　　d　田中さんが言うには、（山田さんは）食中毒にかかったそうです。
　　　　e　噂では、（山田さんは）食中毒にかかったそうです。

普通体

3）A：山田さんはどうしたの？
　　B：f　田中さんによると、食中毒にかかったそう｛だよ／よ｝。
　　　　g　田中さんの話では、食中毒にかかったんだって。
　　　　h　田中さんが言って（い）たんだけど、（山田さんは）食中毒にかかったんだって。
　　　　i　田中さんが言うには、食中毒にかかったそう｛だよ／よ｝。
　　　　j　噂では、食中毒にかかったそう｛だよ／よ｝。

説明

丁寧体

aは情報源表現の代表的なもので、「〜によると」によって導かれた後文が伝聞表現の「〜そうだ」でまとめられる形をとります。改まった、硬い言い方です。

b「〜の話では」は特定の人が話したという状況が伝わってくるので、a「〜

によると」より言い方としては親しい感じがあります。bの他に「田中さんが言う」という文を使って、c、dのように表すことができます。

　cは前置きのように「〇〇さんが言って（い）たんですが／だけど」という形で、柔らかく聞こえます。dの「～が言うには」には、話し手がその情報を言った人をよく知っている、家族や親しい友達であるというニュアンスが感じられます。

　eは誰が言ったと限定しないで、「噂では」と情報源をぼかして言っています。誰が言ったかということより、噂の内容が重要になっています。

普通体

　会話3）は、情報源が「田中さん」で、話題の人（主題）が「山田さん」です。主題（山田さん）の省略は、話の流れの上で混乱がなければ、しばしば起こります。省略は丁寧度とも関係するので、会話3）の丁寧体では、括弧に入れておきました。普通体では、h以外の文で主題を省略してあります。hのように前文が長くなった場合は、混乱を避けるために主題（山田さん）を入れたほうがいいと思われます。

比較のポイント

根拠3「言語情報」

	改まった硬い言い方	慣用的な言い方	親しい感じ	前置きのように	情報源は親しい人・友人、家族の場合が多い	曖昧・ぼかして言う	情報源より内容が重要
～によると	○	○					
～の話では	△		△				
～が言っていたんですが／だけど			○	○			
～が言うには		○			○		
噂では		○				○	○

- 「～によると」はやや形式的な硬い言い方であるが、他の4つは話し言葉的な柔らかい言い方である。
- 「噂では」は、情報源を知らせたくないとき、また、知らせる必要のないとき、知らせないほうがいいと判断したときにも使う。

> **まとめ会話**
>
> 〈スーパーの閉店について話している〉
> A：噂によると、スーパーJが9月に閉店するんだって。
> 　　　　　　　　　　　　　　　　　　（曖昧・ぼかした言い方）
> B：店長の話では、閉店しないってことだったけど。（特定の人が情報源）
> A：Jで働いている友人が言ってたんだけど、重役会議で決まったんだって。
> 　　　　　　　　　　　　　　　　　　（前置きのように）
> B：ふーん。
> A：友人が言うには、去年から閉店は決まってたらしいよ。
> 　　　　　　　　　　　　　　　　　　（親しい人からの情報）
> B：そんな前から……。
> A：業績報告によると、ずっと赤字が続いてたみたいよ。
> 　　　　　　　　　　　　　　　　　　（改まった硬い言い方）
> B：そうなんだ……。

 否定の場合

情報源を表すa「によると」、b「の話では」の前には否定の形は来ることができません。c「言っていた」、d「言うには」についても否定にしないのが普通ですが、あえて否定にすると、このようになるでしょう。

　　c'　田中さんが言っていたわけではないんですが／だけど、～
　　d'　田中さんが直接言っているんじゃないんですが／だけど、～

c'、d'の形をとって、遠回しに情報源を聞き手に伝えています。

2. 立場・観点

　ここでは、根拠・判断の1つである話し手の「立場・観点」を取り上げます。次の会話4）は会議でのやりとりです。Aの質問に対してBは、いろいろな形で自分の「立場・観点」を表現することができます。

> 丁寧体
>
> 4）A：直井さんはこの案についてどう思いますか。
> 　B：a　私は、その案には反対です。
> 　　　b　私としては、その案には反対です。
> 　　　c　私としても、その案には賛成できません。
> 　　　d　私から言うと、その案には問題点がありますね。
> 　　　e　私から見て、その案はあまりいいとは言えません。

> 普通体
>
> 4）A：直井さんはこの案についてどう思う？
> 　B：f　私は、その案には反対｛だよ／よ｝。
> 　　　g　私としては、その案には反対｛だよ／よ｝。
> 　　　h　私としても、その案には賛成できない。
> 　　　i　私から言うと、その案には問題点があるよ。
> 　　　j　私から見て、その案はあまりいいとは言えないね。

 説明

丁寧体

　日本の社会では、話し手が自分の意見を言ったり、立場を話すとき、通常は「私は」や「私としては」等は言わないほうが、押し付けがましくなくてよいと考えられてきました。そして、現在でもその考え方が残っています。しかし、会議など正式に意見を言ったり主張したりしなければならない場では、自分の立場表明は必要なことです。ただし、どこまで自分の立場を表現するかは、迷うところがあります。

aは「私は」で始めて、自分の立場・意見を簡潔に述べています。文末には通常、「賛成／反対です」「～と思います」のような表現が来ます。「私は～」を使えば、他の特別な表現を使わなくても、自分の立場を表すことはできます。ただし、「私は」は主張が強いので、何度も使うと押しつけがましく、時に幼稚に聞こえます。説明的・解説的に意見を述べようとする場合は、今からそれを述べるという、自分の立場表明のマーク（b「としては」、c「としても」、d「から言うと」、e「から見て」等）のようなものがあったほうが、聞く側にもわかりやすくなります。

b「～としては」は立場を表明する代表的な言い方です。改まった、硬い言い方になります。「は」の代わりに「も」を用いたc「～としても」は、やや柔らかい言い方になります。同類を表す「も」を用いていますが、必ずしも誰かの意見に賛成するということではなく、「も」を使って表現を柔らかくしています。

d「～から言うと」は話の流れや他の意見に対する、話し手の積極的な意見表明になり、多くの場合、反対や修正の意見が後ろに続きます。丁寧な言い方としては、「（私から）言わせていただく／言わせていただきますと……」がありますが、積極的に話しているようで、慇懃無礼（表面は丁寧なようで、実は尊大であること）になることがあります。

e「～から見て」はd「～から言うと」とほぼ同じですが、「～から言うと」よりやや客観的、間接的な言い方になります。

41

根拠、立場・観点

比較のポイント

立場・観点

	簡潔	よく使う立場表現	柔らかい言い方	積極的な意見表明	客観的	幼稚な言い方になりやすい
私は	○	○				○
私としては		○				
私としても			○			
私から言うと				○		
私から見て					△	

- 立場表明は、会議や正式な意見発表の場では必要であるが、押しつけがましく聞こえるので、使いすぎに注意する。特に「私は」の使用には気をつける。
- 「私から言うと」「私から見て」は、1つの話の流れがあるとき、また、他の意見が出ているとき、自分の意見を差しはさむ言い方である。

まとめ会話

〈先輩が新人の指導をしている後輩に注意をしている〉

先輩：新人指導はもっと厳しくやってください。
後輩：<u>私としては</u>厳しくやっているつもりです。
　　　　　　　　　　　　　　　　（立場表明、改まった言い方）
先輩：<u>私から見て</u>、そうは思えません。　　　　　（客観的）
後輩：そうでしょうか。
先輩：<u>私としても</u>こんなことは言いたくないんだけど。
　　　　　　　　　　　　　　　　　　　　（柔らかい言い方）
後輩：<u>私は</u>一生懸命やっているつもりです。　（主張が強い）
先輩：……。
後輩：<u>私から言わせていただくと</u>、先輩も甘いんじゃありませんか。
　　　　　　　　　（他の意見に対する積極的表明、慇懃無礼）
先輩：ええっ！

Ⅰ

42 前置き

　私達は話をするとき、本題に入る前に一言二言関連する言葉を発し、それを導入として話を始めることが多いです。その一言二言を「前置き」と呼びます。ここでは、話や会話をスムーズに始める働きを持つ「前置き表現」について見ていきましょう。

1. 声をかける

　「前置き」1として、相手に声をかけて話に入ろうとする前置き表現を取り上げます。会話1) では、Aが知人のBに声をかけて話に入ろうとしています。Aはいろいろな形の「前置き」で声をかけることができます。

丁寧体

1) A：あのう、a　ちょっとすみません{が／けど}……。

　　　　　　b　申し訳ありません{が／けど}……。

　　　　　　c　ちょっとお話があるんです{が／けど}……。

　　　　　　d　ちょっとご相談したいことがあるんです{が／けど}……。

　　　　　　e　この間のことでちょっと……。

　　B：はい、何ですか。

　　A：実は……。

42

前置き

> **普通体**
>
> 1) A：あのう、f　ちょっと{すまない／すまないんだ}けど……。
> 　　　　　　　g　{申し訳ない／申し訳ないんだ}けど……。
> 　　　　　　　h　ちょっと話があるんだけど……。
> 　　　　　　　i　ちょっと相談したいことがあるんだけど……。
> 　　　　　　　j　この間のことでちょっと……。
> 　　　　　　　k　ちょっと{悪い／悪いんだ}けど……。
> 　　B：うん、なあに？
> 　　A：実は……。

説明

丁寧体

　a〜eは相手に呼びかけて相手を話に引き入れる、前置き表現の代表的なものです。

　日本語では、a「すみませんが／けど」やb「申し訳ありませんが／けど」のように謝りの表現を呼びかけに使います。相手を呼び止めるなど、自分の用件で相手の行動を中断させることへの謝罪が含まれていると考えることができるでしょう。

　aとbを比べると、bのほうがより丁寧になりますが、日常ではa「すみませんが／けど」が丁寧な表現として一般的に使われます。b「申し訳ありません」は改まった、やや硬い言い方になります。

　c、dも相手を呼び止めるときに、よく使います。「ちょっと」を用いて、相手の反応を見ることになります。d「ちょっとご相談したいことがあるんですが／けど」には「こと」が入っていますが、「こと」のない「ご相談したいんですが／けど」より間接的になり、丁寧になります。

　eは以前に話に触れたことがあり、その話を続けたいと言って声をかける前置き表現です。そのときどの程度話に触れたかは重要ではなく、以前とのつながりを持って来ることで、声がかけやすくなります。

普通体

　普通体では文末に「〜が」を使うと、男性言葉になります。「〜けど」は話し言葉的で柔らかい響きがあり、男女とも使うことができます。

　f, gでは「すみません」「申し訳ありません」の普通体「すまない」「申し訳ない」を使っていますが、普通体の「すまない」「申し訳ない」は男性言葉、または年配者の言葉として使われることが多いです。親しい間柄では男女ともkの「悪い」を使うことが多いです。「悪い」は「良いgood、悪いbad」の「悪い」ではなく、「申し訳ない」という気持ちを表します。カジュアルな表現なので、「〜けど」と結び付くことが多いです。

比較のポイント

声をかける

	謝りの表現	間接的	やや硬い言い方	丁寧	会話的
ちょっとすみませんが/けど	○			○	
申し訳ありませんが/けど	○		○	○	
ちょっと（お）話があるんですが/けど				○	
ちょっと（ご）相談したいことがあるんですが/けど		○	○	○	
この間のことでちょっと		○		△	○
ちょっと悪いけど/悪いんだけど	○				○

- 謝りの表現を前置きとして使っているのが、「すみません／すまないが／けど」「申し訳ありません／申し訳ないが／けど」「悪い／悪いんだが／けど」である。恐縮する気持ちを持ちながら、声かけをしている。
- 他の前置き表現は、「話がある」「相談がある」という形で声をかける方法である。
- もう1つの言い方は、以前との関わりを持たせる、「この間お話ししたんですが」「この間△△さんにお会いしたんですが」等の形である。
- 「悪いけど／悪いんだけど」は、丁寧形「悪いです／悪いんですが／けど」になっても丁寧度が低いので、あまりフォーマルな場では使えない。普通体では男女ともに、「悪いけど／悪いんだけど」を使うことが多い。

> **まとめ会話**
>
> 〈オフィスで〉
> 山下：課長、ちょっとすみませんが……。　　　　　　（声かけ）
> 課長：はい。
> 山下：ちょっとご相談したいことがあるんですが……。（導入、丁寧）
> 課長：はい。
> 山下：この間のことでちょっと……。実は、打ち合わせの日を変えて
> 　　　いただけないかと……。　　　　　　（以前とのつながり）
> 〈電話のベルが鳴る〉
> 課長：もしもし……。〈電話で話している。山下のほうを振り返って〉
> 　　　山下君、ちょっと悪いんだけど、あとでもう一度来てくれないか。
> 　　　　　　　　　　　　　　　　　　　　（会話的、カジュアル）
> 山下：はい、わかりました。

 否定の場合

「声をかけて前置きをする」表現は定型の形をとることが多いので、会話1)のa〜eをそのまま使用するのが普通です。あえて否定の形を考えると、次のような例が考えられます。

　①あのう、大したことじゃないんですが、〜
　②あのう、お時間とらせたくないんですが、〜
　③あのう、今じゃなくていいんですが、〜

躊躇しながら言うことが多いので、まず「あのう」から始めるのが自然のようです。「大したことじゃない」、「時間をとらせたくない」、「今じゃなくてもいい」のなら、言う必要がないように思われますが、これも日本人の婉曲表現であると思われます。

2.「すでに話したことである」と言って考えを述べる

　私達は自分の考えや意見を述べる前に、「以前にすでに話したことがある」「誰でも知っていることである」と、過去のことを引き合いに出して話をすることがあります。これによって話し手は話がしやすくなり、聞き手の興味も引くことができます。会話2)でインタビューされたサッカー選手Bは、そのような表現を用いて質問に答えています。

丁寧体

2)〈サッカーの試合の前に。Aはインタビュアー〉
　A：今年も優勝をねらって（い）ますね。
　B：a　前にも言いましたように、今年も日本一をねらいます。
　　　b　前にも言いました｛が／けど｝、今年も日本一をねらいます。
　　　c　前にも言った（か）と思います｛が／けど｝、今年も日本一をねらいます。
　　　d　（今さら）言う必要はないと思います｛が／けど｝、今年も日本一をねらいます。

普通体

2) A：今年も優勝をねらって（い）るね。
　B：e　前にも言ったように、今年も日本一をねらうよ。
　　　f　前にも言ったけど、今年も日本一をねらうよ。
　　　g　前にも言った（か）と思うけど、今年も日本一をねらうよ。
　　　h　（今さら）言う必要はないと思うけど、今年も日本一をねらうよ。

 説明

丁寧体

　会話2)では、話し手が優勝をねらう決意を述べていますが、自分の考えや見解・意見を述べる前に、どのような前置きをするかをa～dを使って考えてみましょう。

質問は「ねらって（い）ますね」ですが、答えは、決意を表すために「ねらいます」になっています。

aは「〜言いましたように」、bは「〜言いましたが／けど」で前置き表現をしています。このa、bのような表現は、前置き表現としてよく使われます。aと比べると、bの「〜が／けど」を使った表現のほうが柔らかく丁寧な感じがします。

cは「と思います」が入っていますが、相手に「あなたは覚えていますか」と尋ね返すような響きが入ることもあります。「言ったかと思います」のように「か」を入れるともっと柔らかい言い方になります。

dの「（今さら）言う必要はない」は、相手は知っているだろうが、「念のために言う」という意味合いを含んでいます。言い方は丁寧ですが、主張が強くなっています。

普通体

丁寧体では「ねらいます」のように、動詞のマス形を使うことで決意を宣言することができますが、普通体の会話では、辞書形（今年も日本一をねらう。）だけでは落ち着かないように感じられます。終助詞の「よ」を付けて、相手に話しかけるようにする必要があります。また、普通体で「〜が」を使うと硬い男性言葉になるので、「〜けど」を用いています。

比較のポイント

「すでに話したことである」と言って考えを述べる

	よく使う前置き表現	柔らかい言い方	丁寧	尋ね返す響き	主張が強い	念のため
前にも言いましたように	○	△	○		△	△
前にも言いましたが/けど	○	○	○		△	△
前にも言った（か）と思いますが/けど		○	△	○	△	△
（今さら）言う必要はないと思いますが/けど					○	○

- 前置きのねらいは、話の「本題に入りやすくすること」である。過去との関わりを持たせることは、手頃で、理にかなった前置きの方法の1つである。
- 「前にも言った／言いました」は、相手に前のことを思い出させようとするため、文脈によっては強調的になる場合がある。
- 取り上げた4表現のうち前2つは、「前にも言った」ということを持ち出し、後ろ2つは「あなたも知っているはずだ」という言い方をしている。特に後ろ2つは、言い方によっては、「あなたは知らないのか」という意味合いを相手に感じさせ、失礼になる場合がある。後ろ2つをより丁寧にするためには、「前にも言ったかと思いますが／けど」のように「か」を入れる、また、「（今さら）言う必要はないかもしれませんが／けど」のように、強い言い方の「今さら」を省いて、曖昧さを加える「かもしれません」を用いるとよい。

まとめ会話

〈AがBに、貸したお金の返済を求めている〉
A：お貸ししたお金を返していただきたいのですが。
B：あ、すみません。
A：前にも言いましたように、私のほうも物入りなので。（以前とのつながり）
B：はい、わかっています。
A：前にも言ったと思いますが、期限には必ず返すということでお貸ししたのです。　　　　　　　　　　　　（以前とのつながり）

42 前置き

```
B：はい。
A：私のほうもお金が余ってるというわけではありませんので。
B：はい。明日必ずお返しします。
A：言う必要はないと思いますが、あなたにはもう二度とお貸しする
  ことはありません。                    （主張が強い）
```

 否定の場合

「前にも言いましたように」のような前置き表現は、多くの場合肯定の形で使われます。会話2）からは離れますが、否定の形には次のような言い方があります。

①この前お話しできなかったんですが、～
②この前お話しできなかったことなんですが、～
③この前お話ししなかったんですが、～

3. 慣用的な前置き表現

ここでは、世間で習慣的に使用されている前置き表現を取り上げます。会話3）で国会議員選挙の候補者Aが、多数の人に向かって話をしています。いろいろな形で多数の人向けの「前置き」を表現することができます。

丁寧体

```
3）A：皆さん、こんにちは。
    a ご存じのように、4月には国会議員の総選挙があります。
    b ご周知のように、4月には国会議員の総選挙があります。
    c ご案内のように、4月には国会議員の総選挙があります。
    d ご承知のように、4月には国会議員の総選挙があります。
    e 言うまでもありません｛が／けど｝、4月には国会議員の総選挙
      があります。
```

> **普通体**
> 3) A: f 皆さんが知っているように、4月には国会議員の総選挙がある。
>   g 周知のように、4月には国会議員の総選挙がある。
>   h 皆さんご承知のように、4月には国会議員の総選挙がある。
>   i 言うまでもない{が／けど}、4月には国会議員の総選挙がある。

丁寧体

「皆さんが知っているあの話ですが」と言って、相手を話に引き込んでおいて、話し始める前置き表現です。a～eは公の場で(特に選挙演説や政治の場で使われることが多い)、スピーチをしたり、説明や意見を述べる場合に使うことが多いです。ほとんどが慣用的な表現です。

a「ご存じのように」は「知る」の敬語を使っているので、慣用表現とは言えませんが、よく使われる丁寧な表現です。b「ご周知のように」、c「ご案内のように」は決まり文句になっています。硬く改まった表現で、「ご周知」は「よく知られている、知れ渡っている」、「ご案内」は相手に向かって、「もう事情を知っていらっしゃる」という意味合いがあります。実際は相手が知らなくても、形式的な前置きとして使われることも多いです。

dの「ご承知」はaの「ご存じ」とほぼ同じ意味を表しますが、単に知っているだけではなく、内容を理解しているという意味合いを含みます。

a～dは、「のように」の代わりに「のとおり」(ご存じ／(ご)周知／ご案内／ご承知のとおり)が使われることもあります。「のように」より硬い言い方になります。

e「言うまでもありませんが／けど」は説明的ですが、「皆さんもすでにご存じのように」「ここで改めて言う必要はないのですが」という意味を表します。「言うまでもありませんが／けど」の代わりに、「言うには及びませんが／けど」を使うこともできます。

> 普通体

3)の前置き表現は、フォーマルな場で使用される硬い表現であるため、基本的には、普通体の会話では用いられません。年配の男性が一方的に報告するような場面であれば可能になります。それでも丁寧体cの「ご案内のように」は形式的すぎて用いることができないので、省いてあります。丁寧体bで「ご周知」であったものが、gでは単に「周知」として使われています。

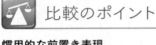
比較のポイント

慣用的な前置き表現

	決まり文句	改まった言い方	硬い言い方	形式的	説明的
ご存じのように		○		△	
(ご)周知のように	○	○	○		
ご案内のように	○	○	○	○	
ご承知のように	○	○	○		
言うまでもありませんが/けど				○	○

- 取り上げた表現のうち、前の4つは決まり文句で、形式的な前置き表現である。「(ご)周知のように」「ご案内のように」は多くの場合、多数の人に向かってなされる演説や、また、挨拶の文書等で使われる。「(ご)周知の通り」「ご案内の通り」とも言う。
- 「言うまでもないが」「言うには及ばないが」が丁寧体「言うまでもありませんが」「言うには及びませんが」で発話されると、失礼な感じはなくなる。

まとめ会話

〈図書館長がスピーチをしている〉

　当図書館では、現在、今年度購入する図書の選定作業を行っております。

　ご周知のように、図書の選定におきましても予算的に大変厳しい状況にあります。　　　　　　　　　　（皆様が知っている、慣用的）

　言うまでもありませんが、近年、図書単価の高騰に加えて補助金の削減があり、当図書館は苦しい状況にあります。（念のため、説明的）

　このような状況の中で、当図書館では、すでにご案内のように、皆様から寄付金を募ることになりました。　　　　（知っている、慣用的）

　今さら言うには及びませんが、図書は子供の成長の糧でございます。
　　　　　　　　　　　　　　　　　　　　　　　　　　　（念のため）

　どうか以上の趣旨にご賛同いただきますとともに、ご協力よろしくお願い申し上げます。

 否定の場合

　会話3）で取り上げた前置き表現は、ほとんど慣用的表現なので、そのまま使います。否定の形としては「ご存じないかもしれませんが、～」のような言い方もあります。

43 敬語 1（尊敬語）

　敬語は、話し手が相手（聞き手）、あるいは「話題の人物」に敬意を表す表現
です。日本語では相手、または「話題の人物」の社会的地位、年齢、相手との
親疎関係等で敬語の使い方が変わります。また、フォーマルな場面かカジュ
アルな場面かによっても変わります。同じ相手でも、話しているうちに、敬
語の使用が変わってくる場合もあります。

　近年、敬語を相手への「配慮」からとらえる考え方もあります。「配慮」とは
「心を配ること」「心遣い」のことで、相手への配慮、まわりへの配慮は、目上、
目下関係を含んだ大きな視点からのとらえ方と考えられます。相手に、また
周囲に、状況に、時間等に配慮した言動は敬語をも含んでいると考えられま
す。

　敬語は大きく3つに分かれます。

　尊敬語：相手、または「話題の人物」の動作・状態等に対して使う。
　謙譲語：話し手（その家族、仲間等を含む）の動作・状態等に対して使う。
　　　　　相手との関係のある場合にのみ使う。
　丁重語：相手と関係なく、話し手が丁寧に表現したい場合に使う。

　敬語1では「尊敬語」を、2では「謙譲語」（「丁重語」を含む）を取り上げます。
また、敬意の対象者（以下、「相手」、または「話題の人物」を、「敬意の対象者」
と呼ぶ）が目の前にいて、その人と話す場合と、敬意の対象者が目の前には
いないが、その人のことに言及する場合の敬語表現の使い方についても取り
上げます。

426

1-1. 敬意の対象者が相手1「先生と学生の会話」

「尊敬語」は、話し手が、敬意の対象者の動作・状態等に言及する場合に用いる敬意表現です。ここでは学生が先生と直接話をするという状況で、どのように敬意（尊敬）を表すかを見ていきましょう。次の会話1）は学生とマスクをした先生との会話です。あなたなら、a～c、d～hの中でどの表現を選びますか。

丁寧体

1）〈マスクをした先生を見て〉
　学生：先生、a　どうなさったんですか。
　　　　　　　　b　どうされたんですか。
　　　　　　　　c　どうしたんですか。
　先生：いや、ちょっと。
　学生：d　風邪をお召しになったんですか。
　　　　e　風邪をお引きになったんですか。
　　　　f　風邪を引かれたんですか。
　　　　g　お風邪ですか。
　　　　h　風邪ですか。
　先生：そうなんだよ。

 説明

　次頁にある表1では、尊敬語を、敬意の度合いに応じてA、B、C3段階に分けました。Aが敬意の度合いが一番高く、B、Cの順に敬意の度合いが下がります。AとBには明確な区切りは付けていません。各表現の位置（左寄りか右寄りか真ん中か）によって敬意の度合いの高さを示しています。AとBの枠内で、左寄りであればあるほど敬意の度合いが高いことを表しています。

　左端は基本動詞で、Aは尊敬動詞（「いらっしゃる」「なさる」等の、尊敬を表すための特別の動詞を指す）を中心に、Bは「お＋マス形の語幹＋になる」

の形が中心です。例えば、「来る」では「おいでになります」が一番敬意が高く、「いらっしゃいます」「お見えになります」はそれより敬意の度合いが下がります。(「お＋マス形の語幹＋になる」は、「ご出発になる」「ご注文になる」のように「ご＋名詞＋になる」も含む。名詞には、漢語動詞「出発する」「注文する」のように「する」と結び付く名詞が来る。)Cは受身形を使った敬語(ここでは「尊敬受身」と呼ぶ)で、AとBよりは敬意の度合いが下がります。(空白は適切な表現がないことを表します。表はおおよその目安を示したものです。)

表1

	A ← → B	C（尊敬受身）
行く	おいでになります いらっしゃいます	行かれます
来る	おいでになります いらっしゃいます お見えになります	来られます 見えます[※]
いる	おいでになります いらっしゃいます	
食べる	お召し上がりになります 召し上がります	食べられます
飲む	召し上がります お飲みになります	飲まれます
言う	おっしゃいます	言われます
見る	ご覧になります	見られます
する	なさいます	されます
着る	お召しになります	着られます
死ぬ	お亡くなりになります	亡くなられます
帰る	お帰りになります	帰られます
使う	お使いになります	使われます

		A ← → B	C（尊敬受身）
授受	あげる		
	もらう		
	くれる	くださいます	

※尊敬受身ではないが、ほぼ同程度の敬意を表す。

　授受を表す「あげる」については、目上の人が目下の人に何かをあげるときは「渡す・授与する・与える」等の語を使います。また、「くれる」の尊敬語「(〜が)くださる」を使う場合もあります。「もらう」については、「おもらいになる」「もらわれる」の形はありますが、「贈呈される」とか「お受け取りになる」「受け取られる」等を使うことが多いでしょう。

　会話1)は先生と学生の会話です。先生はもちろん上位者ですが、先生と学生の関係は微妙で、時間とともにどんどん親しくなっていく場合もあります。会話1)のa〜cでは、aの敬語動詞（なさる）を使ったほうがbの尊敬受身（される）より丁寧になります。ただし、親しい先生であればbを使ってもいいでしょう。

　cは基本動詞（する）をそのまま使っているので、直接先生に対して使う表現としては失礼になります。

　dは非常に丁寧です。eも丁寧ですが、dよりは丁寧度が落ちます。学生であればその下のf、gで十分敬意が表されています。fの尊敬受身は、現在、若者だけでなく広く使用されていて、どんな尊敬表現を使うべきかがわからないときは、尊敬受身を使えばいいとさえ言われています。

　gは「お〜です」の形で丁寧になります。短い表現ですが、柔らかく優しい言い方になります。

　hは敬意が含まれていないので、先生に対しては失礼になります。

1-2. 敬意の対象者が相手2「社員と上司の会話」

ここでは会社という組織の中で、社員が上司に対してどのように敬意（尊敬）を表すかを見ていきましょう。あなたなら、a〜c、d〜hの中でどの表現を選びますか。

丁寧体

> 2)〈マスクをした部長を見て〉
> 社員：部長、a　どうなさったんですか。
> 　　　　　　 b　どうされたんですか。
> 　　　　　　 c　どうしたんですか。
> 部長：いや、ちょっと。
> 社員：d　風邪をお召しになったんですか。
> 　　　 e　風邪をお引きになったんですか。
> 　　　 f　風邪を引かれたんですか。
> 　　　 g　お風邪ですか。
> 　　　 h　風邪ですか。
> 部長：そうなんだよ。

 説明

丁寧体

　会話2）は上司と部下の会話で、会話の内容は会話1）と同じです。社員は会社という組織に所属する人間なので、上司とよほど親しい間柄でない限り、あまりざっくばらんな話し方はできません。相手が部長であれば、a、bを使うのが無難でしょう。cは直接的すぎるので使わないほうがいいと思われます。

　d〜gについては、最初の声かけで敬語を使っていれば、d、eのような尊敬度の高い表現を使わなくてもfの尊敬受身で十分だと思われます。「お」の付いたgも適切になります。hは部長との関係がよほど親しい場合は使えますが、一般には使わないほうがいいでしょう。

2-1. 敬意の対象者がその場にいない1「学生同士の会話」

　敬意の対象者がその場にいないが、その敬意対象のことを話題にする場合、敬語表現はどう変わるのでしょうか。敬意対象の先生がいない状況で、学生同士が先生について話している場合を見てみましょう。会話3）は学生同士の会話です。あなたなら、a～f、g～lの中でどの表現を選びますか。

普通体

3）〈休講の掲示を見て〉
　学生A：午後の石原先生の授業、休みだね。
　学生B：うん、石原先生、a　風邪をお召しになったんだって。
　　　　　　　　　　　　 b　風邪をお引きになったんだって。
　　　　　　　　　　　　 c　風邪を引かれたんだって。
　　　　　　　　　　　　 d　風邪を引いたんだって。
　　　　　　　　　　　　 e　お風邪だって。
　　　　　　　　　　　　 f　風邪だって。
　学生A：来週も休みかな。
　学生B：g　来週はおいでになると思うよ。
　　　　　h　来週はいらっしゃると思うよ。
　　　　　i　来週はお見えになると思うよ。
　　　　　j　来週は来られると思うよ。
　　　　　k　来週は見えると思うよ。
　　　　　l　来週は来ると思うよ。

 説明

普通体

　先生という敬意の対象者が近くにいない状況で、学生達がどの程度先生に敬語を使うかという問題です。

　敬意の対象者がいない場合の敬語の使い方には個人差があり、男女によっても異なります。まず、会話3）のa～fについて考えてみましょう。a、bは先生がいなくても最上級の敬語を使い、cでは敬意の度合いの少し落ちる尊敬受身を使っています。dはまったく敬語なしで話しています。

現代の若者であれば、cかd、fを使うのが普通のようです。敬意の対象者がいないのですから、敬意の度合いを落としても失礼に当たらないと考えるためと思われます。丁寧な言い方を好む女性はc、eが多く、男性はd、fが多いでしょう。

　次にg～lを見ていきましょう。

　gは改まった言い方で、この状況では丁寧すぎるかもしれません。一方、h「いらっしゃる」は使用頻度も高く、なじみのある敬語表現なので、jの尊敬受身と同レベルで用いることができます。i、kの「見える」は「来る」の尊敬語で日常よく使われます。「お見えになる」は単なる「見える」よりは丁寧な言い方になります。lはまったく敬意が含まれていません。しかし、先生のいない状況では、特に男性には、普通に用いられているようです。

2-2. 敬意の対象者がその場にいない2「社員同士の会話」

　会社の中で、敬意の対象である上司がいないときに社員達が上司について話す場合を見てみましょう。会話4）は社員同士の会話です。あなたなら、a～f、g～lの中でどの表現を選びますか。

普通体

```
4）社員A：川上部長、今日は休みだよ。
　　社員B：川上部長、a　風邪をお召しになったんだって。
　　　　　　　　　　　　b　風邪をお引きになったんだって。
　　　　　　　　　　　　c　風邪を引かれたんだって。
　　　　　　　　　　　　d　風邪を引いたんだって。
　　　　　　　　　　　　e　お風邪だって。
　　　　　　　　　　　　f　風邪だって。
　　社員A：しばらく休みかな。
　　社員B：g　来週はおいでになると思うよ。
　　　　　　h　来週は出ていらっしゃると思うよ。
　　　　　　i　来週はお見えになると思うよ。
　　　　　　j　来週は出てこられると思うよ。
　　　　　　k　来週は見えると思うよ。
　　　　　　l　来週は出てくると思うよ。
```

432

普通体

　会話3)の学生同士の会話と比べると、社員同士は会社という組織に生きているため、部長がいなくても多少の敬意を示したほうがいいようです。まず、a〜fについて見てみましょう。

　a、bは丁寧すぎるので、特に女性はc、eを使うことが多いと思われます。まったく敬意の入らないd、fは、特に男性が仲間内では使うことが多いでしょう。

　h、j、lでは、「来る」の代わりに「出てくる」を使っています。単に会社へ来るという表現でなく、休んで会社にいなかった人が現れるという意味で、「出てくる」のほうが現れる人への親しみが感じられます。

　ここでは、g〜iはやや丁寧すぎる感じがしますが、部長に特に敬意を表したい人や女性は使うかもしれません。一番無難なのは、やはり尊敬受身のj、またはk「見える」でしょう。lは敬意が全然ないので、ざっくばらんに使う場合以外は、使わないほうがいいでしょう。

比較のポイント

尊敬語

	丁寧すぎる場合がある	失礼になる場合がある	大体いつでも使える	失礼なので使わないほうがいい
尊敬動詞（いらっしゃる、なさる等）	○			
お＋動詞マス形の語幹＋になる	○			
尊敬受身			○	
お／ご～です			○	
デス・マス形		△	△	
動詞・形容詞・「名詞＋だ」の普通形		○		○

- どの尊敬表現を使うべきか迷うときは、尊敬受身「～れる／られる」を使うとよい。また、尊敬動詞の「いらっしゃる」も頻繁に使用される表現である。
- 会社等の組織では尊敬表現には注意する必要がある。相手が社会的地位の高い場合、尊敬受身「～れる／られる」ではなく、敬語動詞や「お＋動詞マス形の語幹＋になる」を使う必要がある場合が出てくる。
- 学習者（特に日本語学習歴の浅い学習者）が尊敬語に戸惑った場合は、尊敬受身「～れる／られる」か、デス・マス形を使用すれば大丈夫な場合が多い。
- 「お～です」は、短く敬意を表すことができるので便利である。ただし、すべての動詞・形容詞・名詞と結び付くわけではない（よく使われる例：お出かけです（か）、お泊まりです（か）、お急ぎです（か）、お済みです（か）、お忙しいです（か）、お風邪です（か）等）。

まとめ会話

〈学生主催のお別れ会の会場で〉

女子学生：三角(みすみ)先生、送別会に<u>おいでいただいて</u>、ありがとうございます。　　　　　　　　　　　　　　　　　　（尊敬動詞）

三角先生：ああ、いやいや。

女子学生：先生は何を<u>飲まれます</u>か。ビールですか。　　（尊敬受身）

三角先生：あ、車の運転があるので、ジュースで。

女子学生：あ、ジュースですね。
　　　　　はい、どうぞ。
　　　　　先生はどちらにお住まいですか。
　　　　　　　　　　　　　　（「お〜です」、柔らかい言い方）
三角先生：八王子だよ。
　　　　　　　　　＊＊＊
〈会のあとで〉
女子学生：三角先生は、八王子に住んでいらっしゃるんだって。
　　　　　　　　　　　　　　　　　　　　（尊敬動詞）
男子学生：ふーん。八王子か。
　　　　　先生、ビール飲んだ？　　　　　　　（普通体）
女子学生：ううん、車の運転があるからって、ジュースだけ。（普通体）
男子学生：先生は車で通ってるんだ。　　　　　（普通体）
女子学生：そうみたい。
男子学生：先生は途中で帰ったの？　　　　　　（普通体）
女子学生：うん、7時ごろ帰られた。　　　　　（尊敬受身）
　　　　　このあと会議があるんだって。　　　（普通体）
男子学生：ふーん、忙しいんだね。
女子学生：うん、お忙しいみたい。　（「お〜です」、柔らかい言い方）

 否定の場合

尊敬語の否定の形は次のようになります。（例を示します。）

尊敬動詞：いらっしゃいません／いらっしゃらない
　　　　　発表なさいません／発表なさらない
お＋マス形の語幹＋になる：
　　　　　お話しになりません／お話しにならない
　　　　　ご覧になりません／ご覧にならない

尊敬受身：話されません／話されない、来られません／来られない

お〜です：お風邪じゃありません／お風邪じゃない

　　　　お忙しくありません／お忙しくない

肯定の場合と同様、否定の形も敬意の対象者の行動や状態に合わせて使うことができます。

44 敬語 2（謙譲語・丁重語）

　「敬語1」の続きです。ここでは謙譲語を中心に、丁重語についても取り上げます。

1-1. 敬意の対象者が相手1「先生と学生の会話」

　ここでは「謙譲語」（丁重語を含む）を取り上げます。会話1）のような学生が先生と大学の研究室で直接話をしているという状況で、話し手自身が行為・状態をどのように表すかを考えましょう。あなたなら、aとb、c〜e、f〜iの中でどの表現を選びますか。

丁寧体

　1）〈大学の研究室で〉
　先生：明日のフィールドワークは行きますか。
　学生：はい、a　まいります。
　　　　　　b　行きます。
　先生：じゃ、ちょっと早めに研究室に来てください。
　学生：はい、c　伺います。
　　　　　　d　まいります。
　　　　　　e　来ます。
　先生：ちょっと準備を手伝ってほしいんですよ。
　学生：はい、f　お手伝いさせていただきます。
　　　　　　g　お手伝いいたします。
　　　　　　h　お手伝いします。
　　　　　　i　手伝います。

説明

丁寧体

　「謙譲語」とは、「敬意の対象者」に敬意を表すために、話し手が自分自身の動作・状態等の叙述・描写に対して用いる表現です。「謙譲」という語は、「へりくだって譲る」という意味で、出しゃばらずに後ろに下がっているという、控えめで慎み深い、日本人の本来あるべき精神を表しています。決して自分自身を低めるという意味ではありません。「謙譲」は「謙遜」とも言います。

　謙譲語と丁重語の違いは、関係する事柄が「敬意の対象者」と関わりがあるか否かによります。関わりがある場合は「謙譲語」を、関わりがなくても丁寧に表現したい場合は「丁重語」を使います。

　謙譲語は次の表2のように、敬意の度合いによって大きくA、Bの2段階に分けることができます。Aは謙譲動詞（「伺う」「まいる」等の謙譲を表す特別の動詞を指す）が中心、Bは「お＋マス形の語幹＋する／いたす」の形が中心です。（「お＋マス形の語幹＋する／いたす」は、「ご説明する／いたす」「ご案内する／いたす」「ご紹介する／いたす」のように「ご＋名詞＋する／いたす」も含む。漢語動詞「説明する」「案内する」「紹介する」のように「する」と結び付く名詞が来る。）A、Bともに敬意の度合いが高いですが、A寄りの語ほど敬意の度合いが高くなります。また、表2でCは丁重語になります。

表2

	謙譲語		C　丁重語
	A　←　　　　→　B		
行く	伺います　　　　　まいります		まいります
来る	伺います　　　　　まいります		まいります

		謙譲語		C　丁重語
		A　←　　　　　→　B		
訪ねる		お伺いいたします 　お伺いします 　　伺います 　　　まいります		まいります
いる				おります
食べる		いただきます		いただきます
飲む		いただきます		いただきます
言う		申し上げます 申します		申します
見る		拝見します		
する		いたします		いたします
手伝う		お手伝いいたします 　　お手伝いします		
話す		お話しいたします 　　お話しします		
待つ		お待ちいたします 　　お待ちします		
授受	あげる	さしあげます		
	もらう	いただきます		
	くれる			
ある				ございます※
である				でございます※

※デス・マス形は丁寧語に属するが、ここでは便宜上、丁重語に並べておく。

　授受を表す「くれる」には、特に謙譲語や丁重語はありません。目下からもらうことになるので、単に「くれる」を使うと考えられます。

　会話1）で主題になっている「フィールドワーク」は先生と関係のない事柄とも、また、先生が主催した事柄ともとらえられます。関係のない場合はb「行きます」で十分ですが、丁寧に言いたければ「丁重語」として「まいります」も使えます。また、「フィールドワーク」が先生主催の場合は、先生に対する

敬意として謙譲語の「まいります」を使うこともできます。

　c〜eについては、場面が「先生の研究室」なので、謙譲語のc、dのどちらも適切です。c「伺います」は丁寧すぎる場合もあるので、もう少し丁寧度を下げて「まいります」がいいかもしれません。eは敬意が入っていませんが、丁寧を表すマス形を使っていますし、敬語の運用にまだ慣れていない若い学生が使うのであれば、それほど失礼にはならないと思われます。

　f〜iについては、「手伝い」は先生に関係することなので、g、hの謙譲語を使ったほうがいいでしょう。「いたします」を用いたgは、やや丁寧すぎるかもしれません。fの「使役形＋ていただく」は、先生と学生の関係では丁寧すぎるので、この場合は使う必要はないでしょう。

1-2. 敬意の対象者が相手2「社員と上司の会話」

　次の会話2）は社員が上司と直接話をするという状況で、話し手が自分の行為・状態をどのように表すかを考えましょう。あなたなら、aとb、c〜e、f〜iの中でどの表現を選びますか。

丁寧体

　2）〈会社の上司の部屋で〉

　　部長：明日のT社との打ち合わせだが、君も行ってください。

　　社員：はい、a　まいります。

　　　　　　　b　行きます。

　　部長：じゃ、明日はちょっと早めにここに来られますか。

　　社員：はい、c　伺います。

　　　　　　　d　まいります。

　　　　　　　e　来ます。

　　部長：ちょっと準備を手伝ってほしいんですよ。

　　社員：わかりました。f　お手伝いさせていただきます。

　　　　　　　　　　　g　お手伝いいたします。

　　　　　　　　　　　h　お手伝いします。

　　　　　　　　　　　i　手伝います。

説明

丁寧体

　会話2)は上司と部下の会話で、内容は会話1)と同じです。1)は先生と学生の関係ですが、2)は会社という組織の中での会話なので、1)に比べて敬語表現の使用がより厳しく求められます。まず、aとbについて見てみましょう。

　bの「行きます」でも問題はないようですが、上司からの指示ですから、謙譲語のa「まいります」を使ったほうがいいでしょう。c〜eについても、d「まいります」を使うといいと思われます。cの「伺います」はこの場面では丁寧すぎます。

　f〜iについては、gかhが適切でしょう。fは少し丁寧すぎ、iは部下としては丁寧さに欠けると思われます。

2-1. 敬意の対象者がその場にいない1「学生同士の会話」

　敬意の対象の先生がいないという状況で、自分の行為・状態をどのように表すかを考えましょう。あなたなら、aとb、c〜eの中でどの表現を選びますか。

普通体

```
3) 学生A：明日のフィールドワーク、君も行くの？
   学生B：うん、？a　まいるよ。
              b　行くよ。
   学生A：何時ごろ行くの？
   学生B：ちょっと早めに行くんだ。
         ？c　出発前に準備をお手伝いいたすことになって(い)る。
          d　出発前に準備をお手伝いすることになって(い)る。
          e　出発前に準備を手伝うことになって(い)る。
```

説明

　敬意の対象の先生がその場にいないので、普通体のb「行くよ」が可能になります。aでは「まいる」を使っていますが、丁寧形の「まいります」と違って普通形の「まいる」は使いません。
　c～eでは、一般的には謙譲語のないeを使いますが、丁寧に表現したい人や女性はdを使うかもしれません。cは丁寧すぎて不自然な言い方になります。

2-2. 敬意の対象者がその場にいない2「社員同士の会話」

　敬意の対象者の上司がいないという状況で上司について言及する場合、どのように敬意を表すかを考えましょう。あなたなら、a～c、d～fの中でどの表現を選びますか。

普通体

4) 社員A：部長、明日出張だって。
　　社員B：君も行くの？
　　社員A：うん、？a　お供いたすよ。
　　　　　　　　　　b　お供するよ。
　　　　　　　　　　c　行くよ。
　　社員B：じゃ、今日は忙しいんだね。
　　社員A：うん。
　　　　　　？d　出張の準備をお手伝いいたすことになって（い）る。
　　　　　　　e　出張の準備をお手伝いすることになって（い）る。
　　　　　　　f　出張の準備を手伝うことになって（い）る。

説明

普通体

　その場に部長がいないので、基本的には謙譲語を使う必要はありません。a～cではb、cを使うでしょう。b「お供する」は「いっしょに行く」の謙譲語で、慣用的な言い方です。aは丁寧すぎる「いたす」を使っていて不自然になっています。

d～fでは、eかfが使われます。eはその場にいない人について使うにはやや丁寧すぎるので、どちらかといえば女性が使うでしょう。dはaと同じく、不自然になっています。

 比較のポイント

謙譲語・丁重語

	丁寧すぎる場合がある	失礼になる場合がある	大体いつでも使える	失礼なので使わない方がいい
謙譲動詞（伺う、まいる等）	○			
お＋動詞マス形の語幹＋いたす	○			
お＋動詞マス形の語幹＋する	△		○	
使役形＋ていただく	○			
丁重語（まいる、おる等）	○		△	
デス・マス形		△	△	
動詞・形容詞・「名詞＋だ」の普通形		○		○

- 「お＋動詞のマス形の語幹＋いたす」は丁寧度が高いので、普通は「お＋動詞のマス形の語幹＋する」で十分丁寧になる。
- 謙譲語・丁重語が十分に使いこなせない場合は、「手伝います、話します」のように、デス・マス形を使うのでもよい。
- 「使役形＋ていただく」（例：お手伝いさせていただく、手伝わせていただく、拝見させていただく、待たせていただく）は非常に丁寧な言い方になる。すべての動詞には使えない、丁寧すぎる等、使い方が難しいが、会社等では下の者が上の者に対して使うことも多い。

> まとめ会話

〈学生主催のお別れ会の会場の外で。雨が降っている〉
女子学生：三角(みすみ)先生、お帰りですか。
三角先生：うん。
女子学生：雨が降っていますので、駐車場まで<u>お送りします</u>。
　　　　　　　　　　　　　（先生に対する敬意）
三角先生：いや、大丈夫だよ。
女子学生：いえ、ぬれますので、この傘(かさ)にお入りください。
三角先生：じゃ、ありがとう。
　　　　　　　　　＊＊＊
〈そのあとで〉
女子学生：三角先生を車のところまで<u>お送りした</u>よ。
　　　　　　　　　　（その場にいない先生に対する敬意）
男子学生：あ、送ってくれたの？　ありがとう。

 否定の場合

　謙譲語の否定の形は次のようになります。（例を示します。）「お＋動詞のマス形の語幹＋いたす」の普通体の否定の形、また丁重語の普通体の否定の形はあまり使わないので省きます。

　謙譲動詞：伺いません／伺わない
　　　　　　拝見しません／拝見しない
　お＋マス形の語幹＋する／いたす：
　　　　　　お手伝いしません／お手伝いしない
　　　　　　お手伝いいたしません／　－
　丁重語　：まいりません／　－
　　　　　　いたしません／　－
　　　　　　おりません／　－

第Ⅱ部

使い方の
ポイント

1 主題

1. 話題（主題）を提示する

1）〜って

「林さんってどんな人ですか」のように「って」の前の語を取り上げる。話し手が、今話題になっているもの（主題、トピックと呼ぶ）を知らない場合、また話し手が「相手は知らない」と思っている場合にそのものを会話の中に提示するときに用いる。「って」は「という人・もの・事柄」を短縮した形だが、丁寧な会話でも使える。①②のように質問の形で用いる場合が多い。

①〇〇さんってどの人（ですか）？
②△△さんって議員の△△さん（ですか）？

2）〜という＋名詞＋は

そのものを話題（話の主題）にするために、「〜という〇〇は」の形で取り上げ、解説・定義・説明等をする。そのものについて、話し手が知らないか、話し手が「相手は知らない」と思っている場合に用いる。

①剱岳という山はどこにありますか。
②ヨンさんという留学生はどこの国の人ですか。

3）〜というのは

「〜という＋名詞＋は」の名詞を「の」で省略した形。主題として取り上げたり、相手が取り上げた主題を受けて用いる。

①剱岳というのは、登るのが難しい山だ。
②今おっしゃったトリスというのはどんなものですか。

人に使う場合は失礼になることがあるので、注意する。その人の面前では使わない。

？③山田さんというのはあなたですか。

4）〜は

　主題を表す代表的な表現。基本的には話し手自身がそのものを何らかの形で知ってる場合に、それを話題（主題、トピック）として取り上げる。また、相手が話題にしたものに言及する場合に用いる。

　①私は大阪出身です。
　②A：日本語はどうですか。
　　B：日本語はおもしろい言葉ですね。

2. 話題（主題）の人やものについて述べる

1）〜は

　話し手が何らかの形で知っているものについて、取り上げて説明する。肯定文・否定文・疑問文で用いることができる。疑問詞の入った疑問文や、長い説明文にも用いることができる。

　①この方は〇〇中学の校長先生です。
　②A：これはどうやって使うんですか。
　　B：これは曲げたままでも伸ばしても使えるんですよ。

2）〜って

　話し言葉として、話題となるものについて述べるのに用いる。プラス評価にもマイナス評価にも、軽く述べたりする場合にも使う。丁寧な会話でも用いられる。改まって定義付けしたり解説したりするというより、主題を軽く取り上げ、説明したり判断したりするのに用いることが多い。

　①林さんって朝寝坊なんです。
　②若者が故郷にUターンするのっていいことだと思う。

3)〜（っ）たら

　人や子供、ペットについて親近感を込めて述べる。対象に親近感を抱いているので、困ったり、驚いたり、批判したりする気持ちを、少し甘えた言い方で、取り上げる。丁寧な会話では使わないほうがよい。主に女性や子供が使う。

　　①子供：〈犬に向かって〉クッキー、クッキー!!

　　　　　　〈母親に〉お母さん、クッキーったら、知らん顔してこっちへ来ないよ。

　　②娘：〈母親に〉お母さん、お父さんたらこんなところで寝てるよ。

4)〜なら

　「〜は」が主題を自分に近づけて取り上げるのに対し、「〜なら」はやや突き放し、他人事として取り上げる。丁寧体・普通体どちらの文体にも使う。

　　①A：Cさんはどこ？

　　　B：Cさん？　ああ、Cさんなら公園で見かけたよ。

　　②A：論文の相談にのっていただいて、ありがとうございました。

　　　B：論文の話は来週にでももう一度しましょう。

　　　A：あの、それから就職の話は？

　　　B：ああ、就職の話なら、山田さんに聞いてみてくれる？

5)〜ときたら

　取り上げる対象に対して、呆れた気持ちや非難の気持ちが入る。くだけた言い方で、丁寧な会話では使わないほうがよい。男女ともに使う。

　　①うちの息子ときたら、今日も学校へ遅刻して行ったよ。

　　②妻：あなた、聞いているの？

　　　夫：うん、うん……。

　　　妻：あなたときたら、全然聞いていないんだから。

2 意志

1. 話し手の意志

1）〜ます／動詞の辞書形

「〜ます」は丁寧かつ明確に、話し手の意志・決意を表すことができる。実現度は高い。言い方によっては「柔らかさ」に欠け、丁寧度が落ちる場合もある。動詞の辞書形も話し手の意志・決意を表すが、マス形に比べて、それらの強さがやや落ちる。

①これからちゃんと仕事します。

②来週北海道へ行く。

2）〜（よ）うと思う／思っている

「〜（よ）う」で話し手の意志を表す。「と思う／思っている」を加えると、丁寧に聞き手に伝える表現になる。「意志」の実現性は「〜ます」よりは落ちるが、かなり高い。会話時点では実行する気持ちでいる。ただし、あくまでも意志表現なので、100％の保証はない。柔らかく丁寧な意志表示表現である。

①これからちゃんと仕事をしようと思う。

②会社を辞めようと思っている。

3）〜たいと思う／思っている

「〜（よ）うと思う／思っている」と似て、柔らかく丁寧な意志表示の表現である。願望の「〜たい」を含んでいるので、実現度は「〜（よ）うと思う／思っている」より落ちる。そのように希望しているという意味合いを含む。「〜と思う／思っている」を加えることで、丁寧な伝達表現になる。

①30歳までには結婚したいと思う。

②近いうちに両親を引き取りたいと思っている。

4）〜つもりだ

　「〜つもりだ」は心づもりをしているという意味を持ち、その場で決めたものではなく、以前から思っていた意志を表す。ただし、以前から思っていた事柄というだけで、実現するか否かは保証されない。自分の心づもりを「つもりだ」と言う形ではっきり出すので、やや丁寧度が落ちる。

　　①3時には戻るつもりだけど、少し遅れるかもしれない。

　　②今月中に引っ越すつもりです。

5）〜予定だ

　予定として決まっているという言い方なので、話し手の意志がどの程度含まれているかはわからない。言い方としては、客観的で、実現性も高いと考えられる。

　　①今度の同窓会は広島で行う予定です。

　　②20人ぐらい集まる予定だ。

2. 決定

1）〜ます／動詞の辞書形

　意志・決意以外に、「決定」したことも表す。意志・決意・決定のどれを表すかは文脈・状況から判断するが、できない場合も多い。転勤、出張、発表等、組織と関係する場合は「決定」であることが多い。

　　①この春から九州支店に出向します。

　　②アルバイトを5人募集する。

2）〜ことになる

　「〜ことになった」で、物事が決定したということを表す。決定したことを相手に伝えるには「〜ことになった／なりました」の形をとる。「〜ことになる」は、話し手の意志が直接表れない婉曲な言い方で、相手への配慮を表すことが多い。目上の人への報告には適している。慣用的な言い方である。

①A：来月結婚することになりました。

　B：おめでとう。

　A：それで、仲人をお願いしたいのですが。

　B：ああ、いいですよ。

②オーケストラの指揮をすることになった。自信はないが頑張ろう。

3）〜ことに決まる

　「〜ことになる」とほぼ同じだが、他者との話し合い、検討等の結果、そう決まる／決まったという意味を表す。「協議の結果、離婚することに決まった」では、「何らかの協議の結果、（私は）離婚することになった」ということになる。

　①投票の結果、山田さんに議長をやっていただくことに決まりました。

　②両社は協議を重ねて、合併することに決まった。

4）〜ことに決める

　結果よりも行為に重点を置いた言い方で、自分が「決めた」ということを表したい場合に使う。どちらかというと、親しい間柄の人に用いることが多い。日本の社会では、自分が決めたことであっても「〜ことになった」「〜ことに決まった」と、結果を告げるほうが丁寧で、好まれる場合が多い。

　①いろいろ迷ったが、この企画はもう少し続けることに決めた。

　②資金作りのためにこの絵を売ることに決めました。誰か買ってくれませんか。

5）〜ことにする

　「〜ことに決める」とほぼ同じ意味で、自分が決定の主体であることを示す。慣用的な言い方で、「〜ことに決める」より間接的な、したがって、より丁寧な言い方になる。行為者が示されるので、責任の所在がわかること、明確であるという利点があるが、日本では「〜ことになった／なりました」という結果から見た表現が好まれるときも多い。

①進学はやめて、就職することにしました。

②相談の結果、この企画は取りやめることにしました。

3 願望

1. 話し手自身の願望

1）〜たい

話し手自身の願望を表す。非常に直接的な表現なので、親しい間柄でしか使えない。丁寧を表す「です」を付けると少し穏やかになるが、目上の人には使わないほうがよい。「〜たい」で丁寧さを出したい場合は、「〜たいんですが」とすればよい。

①のどがかわいた。水が飲みたい。

②のどがかわいたので、水が飲みたいんですが。

2）〜たいと思う／思っている

「〜たい」は自分の願望を述べるだけの表現なので、人に伝えるときには、後ろに「と思う」または「と思っている」を付ける。それによって、直接的な表現が間接的になり、丁寧さが増す。

①京都に行きたいと思っています。

②家族に会いたいと思います。

3）動詞可能形＋たら／といいなあ

そうなってほしいという話し手自身の願望を表す。独り言のように述べる表現であるが、願望が実現している人を見て、うらやむ場合にも使う。親しい間柄で用いる会話的な表現。

①彼女みたいに英語がぺらぺらしゃべれたら／しゃべれるといいなあ。

②僕も誕生日プレゼントがいっぱいもらえたら／もらえるといいなあ。

4）動詞可能形＋たら／といいなあと思う／思っている

「～たら／といいなあ」とほぼ同じだが、「と思う」が付くことによって、客観性が生まれ、相手に自分の気持ちを伝えることができる。うらやむ気持ちは含まれなくなる。

①家族といっしょに住めたら／住めるといいなあと思います。
②連休にUSJに行けたら／行けるといいなあと思う。

5）動詞可能形＋たら／といいんだけど／が

「～たら／といいなあと思う」とほぼ同じ。後ろに「んだけど／が」という、非断定的な表現が来ているので、間接的で、丁寧な言い方になる。「～たら／といいと思う」が直接的に自分の気持ちを伝えているのに対し、控えめに願望を述べている。

①予約が取れたらいいんだけど……。どうだろうか。
②あの子と友達になれるといいんですが……。

6）動詞可能形＋ないかなあ（と思う／思っている）

形は否定形だが、否定の意味はなく、話し手自身の願望を表す。意味的には、「可能形＋たら／といいなあ」とほぼ同じ。独り言のように物事の実現を待ちわびる言い方で、相手に実現を叶えるよう、遠回しに伝えている場合もある。

①野球のチケットが取れないかなあ。
②早く退院できないかなあと思います。

2. 他者への願望

1）～てほしい

相手、または他者に対する願望を表す。「～てほしい」で言い切る形はかな

り直接的で強く、指示・命令になることが多い。目下に対して、または親しい間柄で使う。

　　①この仕事は今すぐやってほしい。

　後ろに「んですが／けど」、「と思います／思っています」を入れると、柔らかく、丁寧になる。しかし、要望が直接的な感じは残る。

　　②この仕事は今すぐやってほしいんだけど。

　もし丁寧に願望を述べる場合は、「〜てほしい」ではなく、「〜していただけないでしょうか」「〜していただけたらありがたいのですが」などを使う。

　　③この書類、チェックしていただけないでしょうか。

2）〜てもらいたい

　「〜てほしい」と同じく、他者に対する願望を表す。やや改まった硬い言い方で、目上から目下への指示・命令にもなる。「〜てほしい」より間接的、客観的な言い方である。公的な場で使われることが多い。丁寧にするには、「〜ていただきたい」を使用し、後ろに「んですが／けど」、「と思います／思っています」を付けるとよい。

　　①私の代わりに会議に出てもらいたい（と思う）。

　　②もう一度説明していただきたいんですが。

3）〜てほしいと思う／思っている

　「〜てほしい」は直接的な言い方であるが、「と思う／思っている」を付けることで間接的になり、「〜てもらいたい」とほぼ同義になる。自分の願望や要望を相手に伝える、比較的丁寧な言い方であるが、目上の人には使えない。「〜てほしい」と同じく、指示・命令に近い言い方になる。

　　①親はいつも子供に幸せになってほしいと思っている。

　　②世界が1日も早く平和になってほしいと思います。

4）〜ないかなあと思う／思っている

　「彼女が来ないかなあと思う」のように、他者に対する話し手の願望を表

454

す。「彼女は来られないかなあと思う」のように、可能形も来る。実現しにくい事柄の実現を望む表現である。「〜ないかなあ」だけでは独り言になるが、「と思う」を付けることで、相手に伝える形にすることができる。

①給料が上がらないかなあといつも思っているけど、現実は厳しい。

②誰か英語が簡単に上達する方法を教えてくれないかなあと思っている。

5）〜たらいいんだけど／が

「たら」の前には可能形も来る。「彼女が来たら／来られたらいいんだけど」という形で、実現を望む表現になっている。「〜たらいい」だけでは直接的すぎるので、「んだけど」を付けることによって、願望の気持ちを柔らかく表現している。「〜たらいいんだけど／が」は、①のように他者への願望を表すと同時に、②のように、自分自身の願望も表すことができる。

①社長が給料を上げてくれたらいいんだけど、今年も難しいだろう。

②今晩仕事が早く終わって、参加できたらいいんだけど。

6）〜たらいいのに

「〜たらいいんだけど」が柔らかく願望の気持ちを表しているのに対し、もう少し強く、「なぜそうしないのか」という非難の気持ちや残念な気持ちを含んでいる。例えば、相手が、または他者が来ないというのを聞いて、「来たらいいのに」と言う。通常は、自分自身の願望というより他者への願望に使われる。

①あんなことぐらい自分でやったらいいのに。

②あの人も参加できたらいいのに。

4 義務

1. 義務

1）〜なければならない

　社会的判断に基づく「義務」を表すことが多い。形式的で硬い表現なので、改まった場面以外ではあまり使わない。相手に言うときは目上の人が目下の人に、裁判官が被告に、先生が生徒に、親が子というように使う。やや説教がましく聞こえる。自分に言い聞かせたり、誓ったりするときにも使う。

　　①お年寄りには優しくしなければならない。

　　②私は責任をとらなければならない。

2）〜なくてはならない

　「〜なければならない」とほぼ同じ意味合いを持つ。「〜なければならない」より柔らかく感じられる。①のように他者に対して使えると同時に、②のように自分自身に対しても使える。

　　①おまえは責任を果たさなくてはならない。

　　②私は責任をとらなくてはならない。

3）〜ないわけにはいかない

　かなり硬い、説明的・解説的な言い方である。「そうしないと道理に合わない」という意味で、自分の気持ちよりも社会的・道徳的判断を基準に据える。

　　①あなたは辞めるなと言うけど、私としては辞めないわけにはいかないんです。

　　②やると言った以上、やらないわけにはいかない。

4）〜ないといけない

　「義務」を個人的にとらえた場合に使う。話し言葉的で、「いけない」の他には「だめだ」「困る」などが来る。「いけない」という禁止的な表現を含んでいるために強い言い方になることが多い。

　　①（あなたは）もっと勉強しないといけない。

また、②のように自分自身への警告・忠告としても使うことができる。

　　②たばこはやめないといけない。今日からやめよう。

5）〜ざるを得ない

　「義務」を自分に引き付けて、「そうしなければしかたがない」というところから発する表現。書き言葉的で、会話では、年配の男性が使うことがあるが、若者はあまり使わない。

　　①あんなに頼まれては、引き受けざるを得ない。

　　②行きたくはないが、いつも世話になっているから行かざるを得ない。

6）〜べきだ

　他者向け（ひとごと）の表現で、相手、または他者にそうしなければならないと伝える。硬く改まった言い方で、直接言われるとかなり強く感じる。「〜べきだ」は「〜したほうがいい」という助言の意味も持つ。義務か助言かは、言い方や文脈・状況、相手との関係などで決まってくる。

　　①学生は学業に専念す（る）べきだ。

　　②せっかく九州へ行くんだから、屋久杉を見てくるべきだ。

2. 必然・運命

1）〜ます／動詞の辞書形

　「太陽は東から昇る」「人は死ぬ」のように、必然的であることや、運命的であることを伝えるのに使われる。説教や説明、言い聞かせに用いられることが多い。言い切りの形をとるので、やや決めつけた言い方になる。

①人に親切にすれば、いつか自分に戻ってくる。

②正直者は必ず報われる。

2）〜てしまう

「〜てしまう」という非過去の形で、物事が「最終的にはそうなる」という真理や慣習を表す。また、そうなってしまうことに対する「残念な気持ち」を含ませる。真理や慣習を話しながら、言い聞かせたり、説教、説明をする場合に用いることが多い。

①このごろの若者は、待遇が悪いとすぐ仕事を辞めてしまう。

②どんな災難でも、人はすぐ忘れてしまう。

3）〜ものだ

自分の個人的な意見というのではなく、社会的通念に照らして「本質的にはこうである」と述べるときに用いる。言い聞かせや説教、説明等で用いることが多い。

①子供は親に従うものだ。

②学生は勉強するものだ。

女性の中には、普通体の会話で「〜ものよ」と言う人もいる。

③お年寄りにはもっと優しくするものよ。

4）〜なきゃならない

「〜なければならない」の短縮形。終わりを「なりません」とすれば、丁寧体の会話でも使える。「〜なきゃならない」、さらに縮めた「〜なきゃ」は会話的な言い方である。

①動物は結局は自然の中で生きていかなきゃなりません。

②私達人間ももっと努力して、自然と共存していかなきゃ。

5）〜なくちゃならない

「〜なくてはならない」の短縮形。「〜なきゃならない」と同じく、終わりを

「なりません」とすれば、丁寧体の会話でも使える。

①世間の言うことには従わなくちゃなりませんよ。

「〜なくちゃならない」は短縮して「〜なくちゃ」になる。

②もっと両親に感謝しなくちゃ。

6）〜ざるを得ない

「〜しなければならない」という義務の気持ちと同時に、「逆らってもしかたがない」という気持ちを表す。「〜ざるを得ない」の中には諦めの気持ちが入る。書き言葉的表現である。

①年をとったら、子供に従わざるを得ない。

②彼の言うことはもっともだから、認めざるを得ない。

7）〜ないわけにはいかない

「〜ざるを得ない」とかなり近い意味になる。「そうしないでいることはできない」「不可能だ」という意味を表す。

①いくら大変だからといって、親の面倒をみないわけにはいかない。

②困っている人を放っておくわけにはいかない。

5 推量・推定 1

1. 可能性

1）〜と思う

話し手自身の想像や期待、意見に対し、「と思う」を付けることで、文が丁寧になり、相手に伝える働きを持つ。「と思う」を用いることで、断定性が弱くなる。

①ロボット化は今まで以上に進むと思います。

②頑張れば、2、3か月で話せるようになると思う。

2）〜だろうと思う

　不確かさを表す「だろう」を付けることで、「〜と思う」だけより曖昧に響くが、より丁寧な表現になる。自分の意見をより丁寧に伝えるときに使うとよい。また、確信が持てない場合や、予定が不確定な場合等にも使うことができる。

　　①旅行には参加できるだろうと思います。

　　②彼も来週は来るだろうと思う。

3）〜んじゃないかと思う

　「〜じゃないか」と相手に問う形を含んでいるので、控えめに自分の考えや意見を述べるときに使う。曖昧な言い方になるが、柔らかく丁寧になる。自分の推測や意見を婉曲に伝えたい場合に用いる。

　　①あんなことを言ったから、彼女は腹を立てているんじゃないかと思う。

　　②この考え方はちょっと間違っているんじゃないかと思うんですが。

4）〜かもしれない

　「〜かもしれない」（会話では「〜かもわからない」と言う場合もある）も「〜んじゃないかと思う」と同じく可能性が低いことを表す。可能性の低さから話し手の自信のなさ（時に懸念）を表すこともある。一方、可能性の低さを用いて曖昧に伝え、曖昧であるために丁寧になることが多い。

　　①今月中に就職先を見つけるのは難しいかもしれない。

　　②すみません、私は出席できないかもしれません。

2. 根拠に基づく推量・推定

1）〜そうだ（様態）

　様態を表す「〜そうだ」（例：おいしそうだ、雨が降りそうだ）は客観的情報

に基づく判断による推量表現ではあるが、主に外見・外観・兆候からの判断である。外から見たことを中心に、感じ、推測したことをその場で述べたいときに使う。

①彼は忙しそうだから、彼にはあとで話すよ。
②雨もやんだから、試合ができそうですね。

2)〜ようだ

「〜ようだ」の客観的情報は目から来るものが多いが、基本的には話し手の体験・経験からの類推・判断による。「〜そうだ（様態）」のように即座に判断するのではなく、少し時間をかけ、総合的に判断するときに使う。

①ノックしたが返事がない。彼はまだ戻ってきていないようだ。
②彼はつまらなさそうな顔をしていた。興味がないようだ。

3)〜みたいだ

「〜ようだ」とほぼ同じだが、話し言葉として使う。会話では「〜ようだ」の代わりに多用される。

①A：彼女、夜もバイトしているんだね。
　B：うん、昼の仕事だけじゃ苦しいみたいだよ。
②このラーメン屋にはたくさんの人が並んでいる。人気があるみたいだ。

4)〜らしい

やや硬い言い方。情報を基に客観的に推量する表現だが、情報は耳から来るもの（言語情報）が多いので、伝聞を表すことが多い。「どうも風邪を引いたらしい」のように自分のことに使うときもあるが、伝え聞いた情報を丁寧に説明的に伝えるときに多く使う。

①〇〇先生は来年広島の大学に移るらしい。
②この建物はオリンピックが終わったあとで、マンションとして売り出すらしい。

5）〜はずだ

「自分の現在の認識で判断すると当然こうだ」（太田,2014）を表す。ここでは話し手が当然こうだと思って推量判断する。「〜そうだ」や「〜らしい」と異なり、話し手が自分の認識に基づいて強い推量判断をするときに用いる。

　①午後2時の新幹線に乗ったのだから、京都にはもう着いているはずだ。
　②A：倉庫の鍵はどこ？
　　B：玉川さんが持っているはずだ。さっき倉庫に用事があると言って（い）たから。

6）〜と思う

　いろいろな段階の推量・推定、判断、思考を表すのに用いる。書き言葉・話し言葉両方で多用される。「〜と思います」を付けることで、文や発話が丁寧になる。

　①近い将来、大地震があると思う。
　②あの人はまじめな人だと思います。

6　推量・推定 2

1. 推量判断
2. 納得

1）〜はずだ

　太田（2014）は「〜はずだ」について、次のような分類を行っている。

　「〜はずだ」は、話し手が「自分の現在の認識で判断すると当然こうだ」と思うところで使われる。話し手がある事柄を判断する場合、未確認のまま判断することも、確認済みで判断することもある。前者では、例えば、人から「田中さん」が参加するかと聞かれて、「はっきりわからないけど、たぶん参

加するはずです」と答える場合（（未確認の）回答提示）、後者は「きのう私が尋ねたら参加すると言っていたから、参加するはずです」（不審のとりのぞき）の場合に当たる。

　確認済みの場合で、もし「田中さん」が参加しなかったとき、「田中さんは参加すると言っていたはずなのに……」（不審の表明・非難）や、直接「田中さん」に言う場合は、「田中さん、参加すると言ったはずですよね」（確認要求）等になる。

　「田中さん」の例は「認識と現実が一致しない」場合であるが、「認識と現実が一致する」場合は、例えば「このケーキ、500円もするの。」という発話に対し、もう1人が「それなら、おいしいはずね」というように「納得」を表すことになる。

　　①A　　：社長はいらっしゃいますか。

　　　秘書：もうそろそろ帰ってくるはずです。（（未確認の）回答提示）

　　　〈社長が戻ってくる〉

　　　A　　：貸したお金を返してほしいんですが。

　　　社長：大丈夫ですよ。来月にはお返しできるはずです。（不審のとりのぞき）

　　　A　　：ええっ、今日返してくれるとおっしゃってたはずですが……。（不審の表明・非難）

　　　社長：ああ、そうでしたか。

　　　A　　：今日返してくれるとおっしゃったはずですよね。（確認要求）

　　②〈BはAの友人〉

　　　B：社長さん、お金返してくれた？

　　　A：いや、来月だって。

　　　B：やっぱりね。あの会社、倒産寸前らしいよ。

　　　A：あ、そうか……。

　　　　それなら、返せないはずだね。（納得）

6
推量・推定
2

463

2）〜わけだ

　あることの結果として当然そうなるはずであること（自然的・論理的帰結）を表す。「休みの日はテレビばかり見てゴロゴロしているから、奥さんが文句を言ったわけだ」等のように表す。

　「このケーキ、500円もするの」「それなら、おいしいわけね」の「〜わけだ」では自然的・論理的帰結として「納得」を表している。

　　　①今日は街に人がたくさん出ている。きのう給料日だったから、買い物
　　　　客が多いわけだ。

　　　②A：このメガネ、もうこわれちゃったの。

　　　　B：100均で買ったんだろう？

　　　　A：うん。

　　　　B：100均なら、すぐこわれるわけだよ。

　また、「なぜそんなことするわけですか」のように相手に説明を求める場合にも用いる。それほどの意味がなくても、「なんでそんなことするわけ？」「だからそう言ったわけ？」「それで辞めるわけ？」のように軽く質問をするときにも用いる。

　また、次のように、論理的な説明・解説をするために「〜わけだ」を用いることも多い。

　　　③〈講義で〉これらの分子から生物体が作られているわけですが、分子
　　　　の間に何らかの関係が生じなければ、新しい生物体は生まれてきません。

3）〜のだ／んだ

　基本的な用法は、ある前提・状況があって、それについて「説明を求める」「説明を与える」、そして「説明を強調する（主張）」「納得」である。

　　　①どうして遅れたんですか。（説明求め）

　　　②途中で事故があったんです。（説明）

　　　③事故があったから、遅れたんですよ。（説明・主張）

　　　④ああ、それで遅れたんですか。（納得）

7 伝聞

1. 伝聞

1)〜そうだ（伝聞）

「伝聞」の代表的な表現。人から得た情報を相手に伝える。親しい間柄では「〜そうだよ／よ」の形で、目上には「〜そうです（よ）」の形で用いられることが多い。聞いたことを伝えるので、特に親しい相手には、うらやましい、うれしい、驚いたといった気持ちを込めることが多い。

① 〈妻が夫に話しかける〉お隣さん、来週ヨーロッパへ旅行に行くそうよ。うちも行きたいなあ。

上司に報告する等のフォーマルな場では、「〜そうだ」ではなく、「〜と言っていました」を使うほうが改まった感じがする。

② a　田中から電話がありました。急用ができたので、少し遅れるそうです。

　　b　田中から電話がありました。急用ができたので、少し遅れると言っていました。

2)〜らしい

もともとは推量・推定を表す表現だが、伝聞を表すことが多い。「〜そうだ（伝聞）」が伝えるときに気持ちが入るのに対し、「〜らしい」を使うと、少し冷ややかに、無関心に伝える感じになる。「あの映画、おもしろいそうだよ」と「あの映画、おもしろいらしいよ」では、前者は見るのを勧めている感じがあるのに対し、後者は単に聞いたことを伝えているだけの感じになる。

① A：明日歌手の山中みゆきが来るそうだよ。

　 B：うん、そうらしいね。

② 来月からマヨネーズやバターが値上がりするらしい。

3）〜と／って言っていた

この「って」は「と言っていた」の格助詞「と」（引用）のくだけた形。「〜と／って言っていた」では「誰が言っていたか」を問題にする場合が多い。

　①これ、田中さんがおもしろいって言っていた。

　②山田さんが担当者に連絡したって言っていた。

4）〜と／って聞いた

「私が聞いた」という形で表現する。最初に情報を伝えるという役割ではなく、むしろ確認に用いられることが多い。

　①Ａ：田中さん、結婚するんだって。

　　Ｂ：ええっ、本当？　うそでしょう？

　　Ａ：ううん、本人から結婚するって聞いたよ。

　②Ａ：お隣からＢさんが引っ越されるとお聞きしましたが……。

　　Ｂ：ああ、そうなんですよ。九州のほうへ。

5）〜ということだ

「〜ということだ」は、もともとはその事柄の定義・説明に用いられる。

　①黙っているということは賛成したということだ。

　事柄の定義や説明・解説は通常、聞き手に対してするものなので、それが「伝聞」の働きを担って用いられていると言える。したがって、硬い説明的な伝聞表現になる。「〜ということだ」が定義を表すか伝聞を表すかは文脈から判断される。

　②Ａ：Ｃさんってどんな人？

　　Ｂ：わからないのよね。

　　Ａ：みんなそう言うね。神秘的な人ということだね。

　③実は、事件の真相は、本人以外誰にもわからないということです。関係者がそう言っていました。

6）〜とのことだ

　人からの伝言を硬く、改まった様子で伝える表現。「田中さんがよろしくと言っていました」が、「きのう田中さんにお会いしました。よろしくとのことでした」になる。

　伝言だけでなく、聞いたこと（伝聞）を丁寧に、伝言のように伝えることもある。

　　　①田中さんは来月には出発するとのことです。

ここでは、田中さんが伝言を頼んだかどうかは定かではないが、伝言があったように報告している。

　　　②A社の林さんから電話があって、打ち合わせを中止したいとのことです。

　　　③官房長官の話では、午後緊急に記者会見をするとのことだ。

7）〜みたいだ

　もともとは推量を表す表現であるため、「伝聞」として使う場合も、話し手の想像・推量が入った曖昧さが伴う。曖昧であるので、柔らかく響き、会話では多用される。「田中さんが怒っているみたい。」のように「〜みたい」だけで言い切ることも多い。どちらかというと女性が好む。男性も使うが「〜みたいだね」「〜みたいだよ」となることが多い。

　　　①事件の真相は誰にもわからないみたい（だよ）。小川さんがそう言ってた。

　　　②A：Cさん、今日休み？

　　　　B：うん。

　　　　A：病気？

　　　　B：そうみたい。風邪引いたみたい。

8）〜って。

　親しい間柄での会話に用いる。文末で、「〜だそうだよ」「〜と言ってたよ」「〜と聞いたよ」という意味を表す。親しい間柄の会話では、速く、短くということが優先されるので、「〜って。」の出番は多い。①〜③のように、相手に軽く情報を伝える。

①彼女、結婚するって。

②彼、海外へ行くんだって。

③この本、おもしろいんだって。

9）〜という。

　もっぱら書き言葉として、話の内容が伝聞に基づくことを表す。誰が言ったかは問題にしない。新聞の記事や小説、紀行文等に使う。

　　①建物の修復には時間がかかるという。

　　②この家には幽霊が住むという。

2. 言語情報の情報源 （41「根拠、立場・観点」使い方のポイント 1-3. 参照）

1）〜によると

　情報の出どころを表す。改まった硬い言い方である。通常はニュース、天気予報等、出どころのはっきりした情報源に使うが、個人的な情報源でも使う。

　　①今朝6時の天気予報によると、午後から気温が下がるようです。

　　②田中さんによると、林さんは元気だそうだよ。

2）〜では

　「〜によると」とほぼ同義である。「〜によると」が硬い表現なのに対し、短く簡潔に表すことができる。日常ではよく使われる。「情報源＋では」（例：ニュースでは、新聞の記事では）であるが、人から聞いた場合は「人の＋話では」（例：田中さんの話では）になる。

　　①テレビのニュースでは、火事の原因は放火だという。

　　②小林さんの話では、来月学長選が行われるそうだ。

3）〜は

　主題（トピック）を表すため、「情報源＋は＋〜と／って言っていた／書いていた」等の形をとる。自分が聞いたというのではなく、情報源を前面に出

して表現する。

①テレビの天気予報は、夕方雨が降るって言っていたよ。

②新聞はそう書いていたけど。

4）～で

「情報源＋で＋～と／って聞いた／言っていた／読んだ」の形をとる。話し手が、自分が聞いたことの情報源を伝えたいときに用いる。「さっきテレビで言っていたけれど、駅の近くで事故があったみたいだよ」のように、「～で聞いた／言っていた／読んだけど」の形で、情報源を伝え、後文で情報の内容を説明する場合が多い。

①新聞で読んだけど、流氷の漂着が去年よりも遅いそうね。

②Ａ：Ｃさん、大変だったんだって。

　Ｂ：私もテレビのニュースで知ったんだけど、正面衝突だったみたい。

5）噂では

情報源を特定しない言い方。情報源がはっきりわからない場合に用いることが多いが、わかっていても情報源を出したくないときにも使う。曖昧で、やや無責任な言い方になる。

①噂では、近々金利が下がるそうですね。

②噂では、お隣のＡさんは昔Ｂさんと結婚を約束していた仲なんだって。

8　許可、許可求め

1. 一般的な許可、許可求め

1）～て（も）いい

許可を表す。一般的な許可の形としていつでもどこでも使える。「も」は入

れても入れなくてもいいが、「も」がないと、少し会話的になる。(「も」については2)〜5)も同じ。)

①本は10冊まで借りて（も）いいですよ。

②〈ノックの音が聞こえて〉入って（も）いいよ。

2）〜て（も）かまわない

「かまわない」は本来、「差し支えない」「気にしない」の意味で、「〜て（も）いい」より個人的な感情として、柔らかく許可することを表す。しかし、ほぼ「〜て（も）いい」と同じ使い方ができる。

①〈個人の工房で〉

A：すみません。入って（も）かまいませんか。

B：ああ、どうぞ。

自由に見てくれてかまわないからね。

②ここにある道具は、どれを使ってもかまいません。

3）〜て（も）いいですか／でしょうか

質問の形で許可求めになる。「〜ですか」より「〜でしょうか」のほうが柔らかく、より丁寧になる。

①これ、お借りしてもいいですか。

②ここに座ってもいいでしょうか。

4）〜て（も）よろしいですか／でしょうか

丁寧な許可求め表現。「〜て（も）いいですか／でしょうか」より丁寧で、改まった場合や、目上の人に使う。頼みにくい事柄の許可を求めたいときに、話し手がへりくだって使うことが多い。少し硬い言い方になる。

①これ、お借りしてもよろしいですか。

②お忙しいところ申し訳ありませんが、見せていただいてもよろしいでしょうか。

470

5）〜て（も）かまいませんか

　「〜て（も）いいですか／でしょうか」とほぼ同じ。もともとは「あなたは気にしませんか」と相手の気持ちに重点を置いている表現なので、相手の気持ちを尊重したいときは使ったほうがよい。
　①お話を録音してもかまいませんか。
　②初歩的なことをお尋ねしてもかまいませんか。

2. 丁寧な許可求め

1）〜（さ）せてください

　丁寧な許可求めの表現。目上の人（上司、先生、客等）に対して丁寧に許可を求める。会社や学校で「明日休みます」「明日休んでもいいですか」と言うところを、「明日休ませてください」と言うことによって、「あなたが許可をして、休ませてくれる」という形をとる。
　「〜（さ）せてください」だけでは強く響くので、目上の人には「〜（さ）せてくださいませんか」「〜（さ）せていただけますか／ませんか」「〜（さ）せていただけるとありがたいんですが」等を使うほうがよい。
　①明日休ませてくださいませんか。
　②午後早退させていただけませんか。

2）〜（さ）せてほしい

　「〜（さ）せてください」とほぼ同じだが、「ください」と依頼するのではなく、「ほしい」と自分の願望を述べる。「〜てほしい」は直接的で、強い指示・命令を含む場合が多く、願望を言いながら、強く実現を求める表現になっている。許可求めの場合は、「〜ほしい」で言い切るのではなく、「明日休ませてほしいんですが／けど」「明日休ませてほしいと思っているんですが／けど」を用いるか、「〜（さ）せてください」の丁寧な表現「〜（さ）せてくださいませんか」「〜（さ）せていただけますか／ませんか」「〜（さ）せていただけるとありがたいんですが」等を使うとよい。

①今日の午後、早引きさせてほしいんですが、よろしいですか。

②話し合いに参加させてほしいと思っているんですが。

3）〜（さ）せてもらって（も）いいですか／でしょうか

「使役（させる）＋授受（てもらう）＋許可（てもいい）」と、入り組んだ形での許可求めで、「〜させてください」「〜させてほしい」よりかなり丁寧な許可求めの表現である。目上の人にはこの表現を使うとよい。「明日休む」ことの許可求めは①のようになる。

①明日休ませてもらって（も）いいでしょうか。

②この話し合いに参加させてもらって（も）いいですか。

4）〜（さ）せていただいて（も）よろしいですか／でしょうか

「〜（さ）せてもらって（も）いいですか／でしょうか」より丁寧になる。改まった言い方で、丁寧に許可を求めるには最適の言い方である。「早めに帰る」ことの許可求め表現は①のようになる。ただし、職場やビジネスの場等、簡潔に述べることが要求される場では、丁寧になりすぎないほうがいい場合もある。その場合は、3）の「〜（さ）せてもらって（も）いいですか／でしょうか」でよい。

①今日は早めに帰らせていただいて（も）よろしいでしょうか。

②昼ご飯、ごいっしょさせていただいて（も）よろしいですか。

5）〜（さ）せていただいて（も）かまいませんか

「かまいませんか」が相手が気にならないかどうかを尋ねているので、「いいですか／でしょうか」「よろしいですか／でしょうか」に比べると、やや個人的に意向を聞いている感じになる。しかし、使い方は「〜（さ）せていただいて（も）よろしいですか／でしょうか」とほぼ同じである。

①明日休ませていただいて（も）かまいませんか。

②そろそろ帰らせていただいて（も）かまいませんか。

6）〜ならいい／かまわない

　条件付きの許可表現。「明日ちょっと遅れてきてもいいですか」に対して、①②のように言うことができる。
　　①30分ぐらいならいいですよ。
　　②1時間以内ならかまわないよ。

9 助言

1. 一般的な助言
2. 二者択一の助言

1）〜たらいい

　他と比較するのではなく、話し手が思いついたことを単刀直入に述べる。助言を求めるときは「どうしたらいい（ですか）？」になる。丁寧に助言したいときは「〜したらいいと思います」「〜したらいいと思うんですが」を使う。普通体で使うと、「そんな仕事、辞めたらいいよ」のようにくだけた言い方の助言になる。

　否定の「〜なかったらいい」（例：行かなかったらいい、やらなかったらいい）は不自然な言い方になる。「〜なかったらいい」の代わりに「〜ないほうがいい」（例：行かないほうがいい、やらないほうがいい）を使う。
　　①A：プレゼントもらったんだけど、お返しはどうしたらいい？
　　　B：すぐに返すんじゃなくて、相手の誕生日に何か小さな物でも渡したらいいよ。
　　②遠慮しないで思ったことを言ったらいいですよ。

2）〜といい

　話し手が確信を持って助言する場合に使うことが多い。そのため、決めつ

けたような印象を与える場合がある。柔らかく表現するには、「～といいと思います（が）」（例：行くといいと思います（が））が適切である。

助言求めに「どうするといい（ですか）？」は使わない。代わりに「どうしたら／どうすればいい」を使う。また、否定にした「～ないといい」（例：行かないといい）も使わない。

①A：この仕事は誰に頼めばいいでしょうか。

　B：そうですね。吉田さんか大谷さんに頼むといいですよ。彼らは暇そうにしているし。

②あなたは赤が似合いますね。これからも赤い服を着るといいですよ。

3）～ばいい

丁寧な助言を表す。助言求めには「どうすればいい（ですか）？」が丁寧で柔らかい言い方になる。

①A：商品を取り出したいんですが。

　B：それなら、このレバーを引けばいいんですよ。

②A：僕は何をすればいいんですか。

　B：奥さんのそばにいてあげればいいんですよ。

「どうすればいいか」と聞かれて、「ああ、こうすればいい（ん）ですよ」と優しく言う場合は丁寧で柔らかい響きがあるが、「そんなこともわからないんですか。こうすればいい（ん）ですよ」と怒ったような調子で言うと、突き放したような助言になる。柔らかい助言か冷たい助言かは、状況や文脈、イントネーションによって変わってくる。

4）～ほうがいい

二者のうちどちらがいいかを助言する。①「～たほうがいい」、②「～ないほうがいい」のように肯定・否定を選択することが多い。

①出席したほうがいいですよ。

②出席しないほうがいいですよ。

「～たほうがいい」と「～たらいい」は置き換えが可能な場合が多いが、「北

海道はどこがいいでしょう」というような答えの選択肢（ここでは行く場所）
が多い質問では、二者択一の「〜たほうがいい」は使いにくい。③のように、
多くの中から選ぶ「〜たらいい」が適切になる。

　　③小樽へ行ったらいいですよ。

5）〜たらどう（ですか）？

　「〜たらいい（です）よ」と助言して勧める代わりに、「どう（です）か」と決
定権を相手に委ねる言い方である。決定権を委ねる形をとりながら、「そう
したほうがいい」と助言したり主張したりしていることが多い。「今の家をお
売りになったらどうですか」は「今の家を売ったほうがいいですよ」とイコー
ルの場合が多い。

　　①自伝をお書きになったらどうですか。皆さん喜びますよ。
　　②自分のことは自分でやったらどう？

6）〜べきだ

　義務を表す表現であるが、助言も表す。「あなたが発表するべきですよ」「今
買うべきですよ」「あんな人、あなたから別れてやるべきよ」等。

　義務を表すか助言を表すかは文脈・状況に関係する。「〜べきだ」は口調が
やや強い言い方になる。否定は「〜べきじゃ／ではない」になる。

　　①若者はお年寄りを敬うべきだ。また、お年寄りは若者に尊敬されるよ
　　　うな振る舞いをすべきだ。
　　②Ａ：家を手放したいんですが。
　　　Ｂ：今手放すべきじゃないですよ。もう少ししたら土地の値段が上が
　　　　　りますから。

7）〜たら？・〜ば？

　会話的な助言。疑問の形をとっているが、言い方によっては突き放した言
い方になる。両方とも親しい間柄で使う。「〜たら？」は話し手が思いついた
ことを無遠慮に提案する感じがある。そのものの是非、実行に値するか否か

などはあまり考えていない。「〜ば？」は「〜たら？」より丁寧な感じがする場合もあるが、状況によっては冷たく言い放つ感じがある。

①A：こんなアイデアがあるんですが……。
　B：a　自分でやったら？
　　　b　自分でやれば？
②A：インドカレーが食べたいなあ。
　B：a　自分で作ったら？
　　　b　自分で作れば？

10 誘い、申し出、依頼・お願い

1. 誘い

1）〜ませんか・〜ない？

「〜ませんか」は丁寧な、「〜ない？」は親しい間柄での誘いを表す。主語は聞き手（あなた）であるので、聞き手の意志を尊重して、また、否定の形をとって、間接的に相手を気遣って尋ねることができる。

①この真珠、お値打ちですよ。買いませんか。
②遅いから、もうそろそろ帰らない？

2）〜てみませんか・〜てみない？

「〜てみる」を入れることで、軽く試みることを誘っている。軽く誘うことで、相手への負担の軽減を図ることができる。

①大丈夫だから、1度やってみませんか。
②ヨガでもして、気分を変えてみない？

3）ごいっしょにどうですか・いっしょにどう？

　「いっしょにする」ことを誘う典型的な言い方。丁寧で、柔らかい言い方になる。「どう」の代わりに「いかが」を使うと、より丁寧になる。
　　①夕飯でもごいっしょにどうですか。
　　②今度の祇園祭、ごいっしょにいかがですか。

4）ごいっしょしませんか

　「ごいっしょにどうですか」とほぼ同じ意味になる。人を誘う慣用的表現である。丁寧で、柔らかい言い方である。
　　①A：これからどちらへ？
　　　B：駅まで歩こうと思います。
　　　A：私もそうです。駅までごいっしょしませんか。
　　　B：ええ、いいですね。
　　②昼ご飯、ごいっしょしませんか。

2. 申し出

1）〜ます／動詞の辞書形

　「〜ます」「動詞の辞書形」はそのままで用いると、基本的には話し手の「意志」を表す。そして、意志を示すことが「申し出」となる。「申し出」では、「私が行きます」のように「(私)は」ではなく、「(私)が」を使う。「誰が行くか」に対する答えとして「私が」と主語選択の「が」を使う必要がある。
　　①A：この仕事、誰か代わってくれない？
　　　B：ああ、私が代わります。
　　②A：明日は誰が発表する？
　　　B：誰もいなければ、私が発表するよ。

2）〜ましょう・〜（よ）う

　「〜ましょう」「〜（よ）う」は主語（主体）が「私達」の場合と、「私」の場合

がある。「私達」の場合は、話し手が複数の主語（主体）の気持ちを考えて、「〜ましょう」「〜（よ）う」と合同の行為を申し出る。

　　①このまま会社に直行しましょう。

　　②念のため、もう一度みんなで調査しよう。

　一方、主語（主体）が話し手単独の場合は、自分だけの申し出となる。

　　③暑いから、窓を開けよう。

　　④私がお手伝いしましょう。

「〜ましょうか」「〜（よ）うか」とは異なり、疑問を表す終助詞「か」がない。その分、明確で直接的な「申し出」をしていることになる。相手への配慮は前面には出さないで、積極的に申し出ることで、物事の実現・実行を優先している。

3）〜ましょうか・〜（よ）うか

　「〜ましょうか」「〜（よ）うか」は主語（主体）が複数の「私達」の場合と、単独の「私」の場合がある。

　「私達」の場合は、話し手が複数の主語（主体）と意志を同一にして、「〜ましょうか」「〜（よ）うか」と合同の意向を伺いながら、申し出をする。

　　①そろそろ失礼しましょうか。

　　②〈外での仕事が終わって〉みんな、このまま会社に直行しようか。

　単独の「私」の場合は、話し手が自分1人の行為を、相手の意向を伺いながら申し出をする。

　　③私がもう一度調べましょうか。

　　④電気、つけようか。

4）〜（さ）せてください／てくれ／てちょうだい

　「動詞使役形＋てください」は「明日休ませてください」「質問させてください」のように「許可求め」として用いられる。したがって、「申し出」として使われる場合は、許可を求めながらの申し出になり、丁寧になる。

　　①その仕事はぜひ私にやらせてください。

②ちょっとわからないところがあるので、質問させてください。

「休ませて。」は省略形である。「休ませてくれ」は男性が、「休ませてちょうだい」は女性が使用する表現であるが、男性が親しい間柄で使うこともある。

3. 依頼・お願い

1）〜てください・〜て。

基本的には丁寧な依頼表現であるが、場面、状況、言い方等によって「勧め」「依頼・お願い」「指示・命令」にもなる。例えば「座ってください」も、状況によって、①席を勧める、②依頼・お願いする、③指示・命令をする等の言い方になる。

①どうぞここに座ってください。
②すみません。見えないので、座ってください。
③ご来場の皆さんは1列に座ってください。

「〜て。」は会話的な言い方で、「どうぞ座って。」「早く座って！」等、言い方によって用法が変わる。

2）〜てくれますか／くれませんか・〜てくれる／くれない？

「〜てくれますか」はやや直接的な言い方になる。否定疑問の形「〜てくれませんか」にすると丁寧になる。両方とも目上の人には少し丁寧さを欠く。仕事やビジネスで、内容を明確に伝えたい場合に用いることが多い。

①これ今日中にやってくれますか。
②ここは短くしてくれませんか。

「〜てくれる？」「〜てくれない？」は親しい間柄で使う。親しい相手に頼むとき、どちらを使っても丁寧度はほぼ同じである。

③この仕事、引き受けてくれる？
④返事はちょっと待ってくれない？

3）〜てくださいますか／くださいませんか・〜てくださる／くださらない？

　「〜てくださいますか」も丁寧だが、失礼のないようにしたければ「〜てくださいませんか」と否定疑問の形にするとより丁寧になる。「〜てくださいませんか」は、現在では、「〜ていただけませんか」に取って代わられつつある。「〜てくださいませんか」は「私に個人的に〜てくださる」という響きを持つため、より客観的な敬意表現として、「〜ていただく」や「〜ていただけませんか」が使われていると考えられる。

　　①もう一度説明してくださいませんか。
　　②その店まで私を連れて行ってくださいますか。

　普通体の「〜てくださる？」「〜てくださらない？」は女性言葉になる。親しい間柄で使う。

　　③A：そのコップ、取ってくださる／くださらない？
　　　B：はい、どうぞ。

4）〜てもらえますか／もらえませんか・〜てもらえる／もらえない？

　「〜てもらえますか／もらえませんか」は丁寧な「依頼・お願い」の表現である。店や公的機関で使う場合、また、日常の仕事で使う場合はこの表現で十分に丁寧である。ただし、言い方（「てもらえる／もらえない」の部分を強調する等）によって押し付けがましくなるので注意が必要である。

　普通体の「〜てもらえる？」「〜てもらえない？」は親しい間柄での「依頼・お願い」に使う。「〜てもらえる／もらえない？」は両方同じように使える。

　　①お貸しした本、そろそろ返してもらえませんか。
　　②会議、私の代わりに出てもらえる／もらえない？

5）〜ていただけますか／いただけませんか・〜ていただける／いただけない？

　「〜ていただけますか／いただけませんか」は、丁寧な「依頼・お願い」をするときに最も多く用いられる表現である。「〜ていただけませんか」のほうが「〜ていただけますか」より間接的で柔らかい。

　普通体の「〜ていただける？」「〜ていただけない？」は女性が使う。若い

人はあまり使わない。

①お貸しした本、そろそろ返していただけませんか。

②会議、私の代わりに出ていただけない／いただける？

6）～てもらって（も）いいですか・～てもらって（も）いい？

　今風の言い方で、許可を求めながらお願いをしている。店や病院等でスタッフが用いることが多い。許可を求めながら、指示・命令をしていると考えられる。

　〈看護師が患者に〉

①もう少し右を向いてもらっていいですか。

②ここに横になってもらっていいですか。

③もう少し上に上がってもらっていいですか。

　「～てもらって（も）いい？」は男女とも使う。気を遣ってお願いしている感じがある。「ここ押さえておいてもらっていい？」は「ここ押さえておいてもらえる？」とほぼ同じになる。

11 指示、命令、禁止

1. お願いから指示へ

1）～てください

　基本的には丁寧な依頼表現であるが、文脈・状況によっては「指示」や「命令」になる。丁寧に伝えながら、物事の実行・実現を要求している。

①そこの人、座ってください。

②静かにしてください。

2）～ように（してください）

　「ように」の前には動詞の辞書形が来る。「～てください」より「指示・命令」の意味合いが強くなる。「～ように。」の形で指示・命令を表すことも多い。「～ように。」の場合は書き言葉的になる。

　　①時間を厳守するようにしてください。

　　②時間を厳守するように。

3）～（よ）う／ましょう

　本来は「誘い」や「申し出」を表すが、「指示」として用いられることもある。柔らかく誘うように表現して、実際には物事の実現・実行を示唆している。

　　①時間を厳守しましょう。

　　②遅刻しないようにしよう。

4）～こと。

　書き言葉として用いられる。注意書き等に箇条書きで示されることも多い。簡潔な指示・命令表現である。

　　①時間を厳守すること。

　　②廊下を走らないこと。

5）～てもらいます／いただきます

　「～てください」の代わりに「～てもらいます／いただきます」を使うと、事務的な指示・命令になる。突き放した冷たい感じがある。公的な場で用いられることが多い。

　　①〈病院で〉まずここで着替えていただきます。診察はそのあとで行います。

　　②この青いラインに沿って行ってもらうと、受付があります。

2. 指示から命令へ

1）しろ・せよ

　動詞「する」の命令形。「せよ」は書き言葉的、「しろ」は話し言葉的である。「しろ・せよ」は個人的な命令ではなく、公的、一般的な命令として用いられることが多い。（会話等では「しろ」は男性が用いる。）

　「しろ・せよ」の他に、「行け」「立て」「座れ」等、動詞の命令形も「命令」として用いられる。

　　①静かにしろ／せよ。
　　②警報が鳴ったら、すぐ逃げろ／逃げよ。

2）〜なさい

　命令を表すが、「しろ・せよ」と違い、使い方に制約がある。多くは、親が子供に「早く起きなさい」、先生が生徒に「わかった人は手を挙げなさい」というように、上下関係がはっきりしている場合に使うことが多い。

　また、テストや問題の「指示」として使われる。

　　①〈試験問題〉次の中から正しい答えを選びなさい。

　「〜てください」と比べると、決めつけた命令になる。親しい間柄でも使われるが、その場合は命令の持つ強さはなく、軽い意味合いになる。

　　②やめなさい、冗談を言うのは。
　　③鼻をほじるのはよしなさい。

3）〜こと。

　書き言葉として、文書や注意書き等で用いられる。簡潔な言い方なので、命令ということがわかりやすい。

　　①無断で遅刻しないこと。
　　②私語は慎むこと。

4）～ように。

　「～ように。」のときは、書き言葉として用いることが多い。命令の意味合いが強く、「しろ／せよ」と同等の強さを持つ。

　　①外から戻ったときは、手を洗うように。
　　②見学先では勝手な行動はしないように。

5）～て（ください）

　「～てください」は、本来は丁寧な依頼やお願いを表すが、命令としても使われる。丁寧な表現を保ちながら、相手に有無を言わさない強さも持つ。「ください」の省略された「～て。」（例：立って。座って。）も依頼やお願い、命令を表すが、強い口調で発すると、強い命令になる。話し言葉的であるが、目上から目下にフォーマルな命令口調で使われることもある。

　　①すぐやり直してください。
　　②すぐやり直して。

6）名詞止め

　　文にすると長くなるのを防ぎ、端的に示す。多くは「漢語名詞＋する」の「する」が落ちたもの。「整理整頓」の他に「頭上注意」「スリップ注意」「保護メガネ着用」等がある。短いので覚えやすいという利点もある。

　　①ヘルメット着用。
　　②取扱注意。

3. 禁止

1）～な

　禁止を表す。「しろ・せよ」に対して、「するな」となる。どちらかというと、話し言葉的な表現で、非常に強い意味合いを持つ。

　　①〈公園で〉芝生に入るな。
　　②〈美術館で〉作品に触るな。

2）〜ない（動詞のナイ形）

　もともとは動詞の否定表現だが、禁止を表すこともある。「〜な」よりはわかりやすく柔らかい口調になる。子供に対して用いることが多い。
　　①こんなときは慌てない。
　　②押さない！　押さない！
　注意書きなどでも「ここには入らない。」「触らない。」「崖のほうへ行かない。」等が見られる。

3）〜ないで（ください）

　丁寧な依頼を表す「〜てください」の否定の形で、丁寧な否定の依頼・お願いを表す。しかし、状況や口調によっては厳しい禁止命令になる。
　　①あ、そこの人、写真を撮らないでください。
　　②あ、触らないでください。
　「ください」を省略して「〜ないで。」だけで使われることも多い。話し言葉的で直接的な呼びかけのようになる。
　　③〈公園で〉芝生には入らないで。
　　④〈通勤電車で〉押さないで！

4）〜ないこと。

　「〜こと。」で言い切る形で、書き言葉の命令を表すが、「〜ないこと。」は否定の命令、つまり禁止を表す。肯定表現の「〜こと。」と同じく、書き言葉で使う。
　　①この上に何も載せないこと。
　　②〈宅配便の荷物〉乱暴に扱わないこと。

5）〜てはいけない

　禁止を表すが、「〜な」よりは説明的になる。「〜することはだめだ」ということを言いながら、「〜な」と同じく強い禁止を表す。「タバコを吸うな」「タバコを吸わないで（ください）」「タバコを吸ってはいけない」はほぼ同じ

意味合いになる。話し言葉的な言い方である。

　　①お寺の中では写真を撮ってはいけません。

　　②廊下を走ってはいけない。

6）〜ないように。

　肯定表現の「〜ように。」の否定の形で、書き言葉として禁止を表す。硬い言い方になる。「〜ように。」は直接呼びかけるというより、言い聞かせるような響きを持つ。

　　①廊下は走らないように。

　　②作品には触らないように。

7）〜ないようにしよう／しましょう

　本来は「誘い」や「申し出」を表すが、「禁止」として用いられることもある。「〜ないように」に「しよう／しましょう」が付くと、柔らかく誘うような表現になるが、実際には物事の実現・実行を求めている。「命令」が示唆される文脈・状況、また、強い口調などで否定の命令、つまり禁止ということがわかる。

　　①授業中はおしゃべりをしないようにしよう。

　　②遅刻しないようにしよう。

8）名詞止め

　文で表さずに短く端的に禁止を示す。わかりやすく覚えやすいという利点がある。貼り紙や注意書き等によく見られ、「禁煙」「開放厳禁」「立（ち）入（り）禁止」「駐車禁止」「使用禁止」「作動停止」等がある。

　　①タバコのポイ捨て禁止。

　　②ドアの開放禁止。

12 感情 1(好き、嫌い、驚き)

1. 好き

1)(〜は〜が)好きだ

「いい」「いい感じだ」という軽い意味合いから、「人を愛している」の意味にまで使う。「好き」「好きだ」「好きだよ／よ」「好きです」等、話し手の性別、相手との親疎関係に応じて使い分ける。

①今日の君のヘアスタイル、好きだよ。

②先生が書く小説は全部好きです。

2)(〜は〜が)大好きだ

「好きだ」の程度が非常に高い場合に使う。会話的な言い方。子供っぽい印象を与えることもある。

①このチョコレートおいしいね。大好き。

②日本の料理は全部大好きです。

3)(〜は〜が)嫌いじゃ／ではない

「嫌いじゃない」には2つの意味がある場合が多い。1つは、①のように「それほど好きではないが、嫌いというほどでもない」、もう1つは、②のように「好きだ」ということを間接的に言う場合である。

①魚は嫌いじゃないけど、やっぱり肉のほうが好き。

②A:彼女のことをどう思ってるの?

　B:嫌いじゃないよ。

　A:それは好きってことだろ?

　B:うん、まあ。

4）〜は＋名詞だ

　そういう状態であることを名詞で表す言い方。曖昧さがなく、典型的にそうであることを表す。時に決めつけた言い方になることもある。

　　①僕はコーヒー党です。

　　②彼女は紅茶派だ。

　　③彼はワイン通だ。

5）いつも〜ている

　「いつもコーヒーを飲んでいる」のように習慣を表すことで、あるもの（ここではコーヒー）が好きなことを伝えている。ある歌手のファンなら①②のように言うだろう。

　　①いつも△△さんのCDを買っている。

　　②いつも○○のコンサートに行っています。

2. 嫌い

1）（〜は〜が／は）ちょっと／あまり……

　日本語では、「嫌いだ」とはっきりと言うのは相手に失礼だと考えるため、何か嫌いなものを勧められた場合、「○○はちょっと……」や「△△はあまり……」のように最後まで言わないことが多い。言い方も否定の気持ちを表すように、下降調で言う。「私はこれは嫌いです」とあからさまに言うのは、子供っぽい言い方で、「ちょっと／あまり……」を使うと、自然な、配慮のある日本語になることが多い。

　　①店員：このセーターはいかがですか。

　　　客　：あのう、色がちょっと……。

　　②A：お酒をどうぞ。

　　　B：お酒はあまり……。

2)（〜は〜が／は）好きじゃ／ではない

「好きじゃない」は、「嫌いだ」とは言っていないのだが、「嫌いだ」という意味合いが強く響く場合が多い。日本語では「嫌いだ」と直接的に言うことは好まれないので、「嫌いだ」の代わりに「好きじゃない」を使う場合が多い。「好きじゃない」の前に「あまり」「そんなに」が来ることが多い。

　①A：猫はどうですか。
　　B：あまり好きじゃないんです。
　　A：お嫌いですか。
　　B：そうですね。はっきり言えば……。
　②彼女はいい人なのだけど、人の悪口を言うところは好きじゃない。

3)（〜は〜を／は）〜ない（動詞のナイ形）

コーヒーであれば「（あまり／そんなに）飲まない」と言うことで、「嫌いだ」を表す。自分の好き嫌いや感情を出さずに、自分の意志を習慣や行動で示している。大人っぽい婉曲な言い方と言えるだろう。

　①A：ケーキ、どうぞ。
　　B：いや、甘い物はあまり食べないんです。
　②スポーツはやらないんです。見るだけです。

4)（〜は〜が／は＋）動詞可能形の否定形

3)のように「飲まない」を使って、自分の意志や習慣をあからさまに言わないで、「できない（飲めない）」という形で「嫌いだ／好きじゃない」ということを表す。「飲まない」より婉曲で丁寧になる。また、お酒を勧められて、本当は飲めるのだが断るために、「いや、（車で来ているから）飲めないんですよ」と言う場合もある。

　①A：ビールをどうぞ。
　　B：すみません、飲めないんです。
　②A：パーティーでのご挨拶、お願いしますよ。
　　B：いやあ、私は人前ではしゃべれないんで……。

489

5）（～は～が／は）苦手だ

「得意でない」と言う言い方で、「嫌いだ／好きじゃない」を表す。4）の「動詞可能形の否定形」を使う場合と似ている。勧められて断るときは、1）を使った「○○はちょっと／あまり……」や「△△はちょっと苦手で……」と言う。

　　①私は人前で話すのは苦手で……。
　　②私はにょろっとした物は苦手なの。

6）～から／ので等（理由を述べる）

「嫌いだ」と直接言わないで、理由を述べる言い方。説明的で丁寧になる。断るときにも使える。親しい間柄では「～から」を使うこともできる。

　　①A：コーヒーをどうぞ。
　　　B：あ、眠れなくなりますので……。
　　②A：お魚のポワレを召し上がってください。
　　　B：ああ、もうおなかがいっぱいなので……。

3. 驚き

1）えっ、本当／ホント（ですか）？

　思いがけないことを聞いて、まず発する表現である。本当か否かを問うということもあるが、感嘆詞的に用いて驚きを発していることが多い。少しくだけた言い方だが、広く使われている。

　　A：1等に当選だよ。
　　B：えっ、ホント？　うれしい！

2）えっ、そうですか／そうなんですか

　「そうですか」「そうなんですか」はどちらも人から事実を聞いて、驚いたときに使うことができる。「そうなんですか」は驚きが前面に出るが、「そうですか」は相手の言うことを聞いて、理解したという気持ちが強い。驚きを感じていても前面に出さないようにしている感がある。「ホントですか」が信

じられないという気持ちを表すのに対し、両者とももっと冷静にその情報を受け止める態度がある。

　　A：杉浦さん、事故で今日来られないって。
　　B：えっ、そうですか／そうなんですか。残念ですね。

3）びっくりした

　驚いたときに発する感嘆詞的な表現。突然の驚き、例えば、後ろから誰かに勢いよく肩をたたかれたり、大きな声で呼びかけられたような場面では、「あっ、びっくりした。山田さんじゃないの！」のほうが、「あっ、驚いた。山田さんじゃないの！」より自然となる。

　　①びっくりしたよ。早苗に赤ちゃんが生まれたなんて。
　　②〈肩をたたかれて〉なあんだ、丈二か。ああ、びっくりした。

4）驚いた

　「びっくりした」より客観的な表現。話し言葉にも書き言葉にも用いられる。3）の例文で山田さんだとわかったあと、「山田さんだったとは驚いた」のように説明する場合は、「驚いた」のほうが適している。

　　①驚いたよ。百合が司法試験に通るなんて。
　　②3歳でひらがなが読めるんだね。驚いたよ。

5）〜てびっくりした／驚いた

　「聞いて／見て／読んで」のように驚いた理由を「〜て」で表す。「聞いたからびっくりした」「見たので驚いた」のように、原因・理由を表す「から／ので／ために」等は使わず、「〜て」で受ける。

　　①A：本当のことを知って、びっくりしました。
　　　B：そうなんです。他の皆さんはご存じないんです。
　　②家がめちゃくちゃになっているのを見て、驚きました。

6）〜てびっくりしてしまった／しちゃった・〜て驚いてしまった／驚いちゃった

　「びっくりする／驚く」に「てしまった」が付いた形で、「完全に」「すっかり」の意味が加わり、非常に驚いたことを表す。強調した言い方になる。「〜ちゃった」は「〜てしまった」の短縮形でくだけた表現になり、親しい間柄で用いられる。

　　①大事故のニュースを聞いて、びっくりして／驚いてしまった。
　　②彼女が麻薬をやっていたと聞いてびっくりしちゃった／驚いちゃった。

7）えっ、そんな。

　「そんなことはあり得ない」という驚きの表現。絶句して後半部が省略された形をとっている。そうなったことに驚き、信じられないと思っている。少し批判の気持ちが入る。

　　①Ａ：来週から仕事に来なくてもいいです。
　　　Ｂ：えっ、そんな。
　　②Ａ：責任者が変わりましたので、今までのことは白紙に戻します。
　　　Ｂ：えっ、そんな。

8）えっ、まさか。

　「どう考えてもそのような事態は起らないはずだ」と思ったときに発する表現。「えっ、そんな。」には批判の気持ちが込められるが、「えっ、まさか。」は驚いて信じられないという気持ちが前に出ている。

　　①Ａ　　：田中さん、1位ですよ。
　　　田中：えっ、まさか、私が！
　　②Ａ：キャンプファイヤーの残り火が、火事の原因だったんだって。
　　　Ｂ：えっ、まさか。

9）えっ、うそ！

　情報を聞いて、感嘆詞的に発し、信じられないという気持ちを表す。若者好みの表現であるが、年齢を問わず、親しい間柄で広く使われている。

　　①Ａ：あいつ、仕事辞めたよ。

B：えっ、うそ！

②A：君が1番だよ。

　　　B：えっ、うそ。

13 感情 2（喜び、悲しみ、感謝）

1. 喜び

1）ありがとう（ございます）

　試合に勝ったり、合格、当選等をしたとき、率直に「うれしい」「よかった」と感情を表す方法もあるが、感謝の表現「ありがとう（ございます）」を使うことも多い。喜びが感謝に変わるということもあるが、自分だけの力では達成できなかった、皆さんのお陰ですという謙虚な気持ちを表している。

①A：おめでとうございます。よかったですね。うれしいでしょう？

　　　B：はい、ありがとうございます。

②A：仕事見つかってよかったね。

　　　B：うん、ありがとう。

2）よかった

　「よかった」は過去の形をしているが、現在の気持ちを表す。物事がうまくいったときに使う。安堵感を込めて使うことも多い。当事者は「よかった（です）」、相手は「よかったね」「よかったですね」と言う。「よかったよかった」と繰り返すときもある。次の①のように、物事が終わっていないときは使えない。「合格してよかった」のように「〜て」とともに使うことも多い。

①A：今晩わが家で食事でもどうぞ。

　　　B：{？よかったです／○うれしいです／◎ありがとうございます｝。

　　　　　ぜひ伺います。

493

②A：ただいま。

    B：お帰りなさい。無事に帰ってきて、よかったよかった。

3）うれしい

　喜びの気持ちを率直に表した言い方。親しい間柄では「うれしい」を感情表現として直接使えるが、目上の人には「うれしいです」より「ありがとうございます」がふさわしい。

    ①A：これ誕生日のプレゼント。

    B：うれしい。ありがとう。

　独り言として「うれしい、ああ、うれしいな」のように使うことができる。「上司から声をかけてもらってうれしい」のように「～て」とともに使うことも多い。

    ②自分の企画が通って、とてもうれしい。

4）ほっとした

　気にかかっていたこと、心配していたことが解決して安心したときに使う。安心して緊張が解ける気持ちを表す。

    ①A：すべてうまくいきましたよ。

    B：そうですか、ほっとしました。

    ②A：発表終わってよかったね。

    B：うん、ほっとした。

　「子供が無事に帰ってきてほっとした」のように「～て」とともに使うことも多い。

5）本当／ホント（ですか）？

　今風のくだけた言い方。若い人達だけでなく、年配の人も使う。喜ぶべきことを知らされて、「うれしい」「よかった」を言う前に、まず使う。「信じられない」という驚きと喜びの表れである。「ホント？」は親しい間柄で使うが、「ホント」と短く言う。「ほんとう」と長く伸ばすと疑っているように聞こえる。

①A：あなたが選ばれたのよ。
　　B：ホント？　信じられない。ありがとう。
　目上の人が伝えてくれたことに対しては使わないほうが無難だが、「本当ですか。ありがとうございます」と言えば丁寧になる。
②A：100人目の入場者です。記念品をどうぞ。
　　B：本当ですか。ありがとうございます。

6）うそ！・うそでしょ（う）？
　「ホント？」という驚きと喜びの気持ちを、反対の語を使って表す。若い人達が好んで使用する。親しい間柄でのみ使うべき表現で、目上の人には失礼になる。男性は「うそだろ？」を使用することが多い。
①A：あなたの作品が1番だって。
　　B：うそ！／うそだろ／うそでしょ？　ホント？　うれしい！
②A：合格だよ。
　　B：うそでしょう？

2. 悲しみ

1）あー、そうですか
　「あー、そうですか」はいろいろな状況で用いられる表現で、状況に応じてイントネーションを変える。「悲しみ」の場合は、知らせを聞いて、他に言葉が見つからなくて、まず発する言葉と言える。イントネーションは下降調になる。
①A：○○さんはお亡くなりになりました。
　　B：あー、そうですか。
②〈Bは遺失物係の担当者〉
　A：財布落としたんですが、届いてますか。
　B：いえ、届いてません。
　A：あー、そうですか。

2）残念だ

満足できない気持ち、悲しい気持ち、くやしい気持ちを直接的に表すときに用いる。

①A：失敗でしたね。

　B：はい、残念です。

②A：だめだったね。

　B：うん、残念。

「出場できなくて残念だ」「気持ちをわかってもらえなくて、残念です」のように「〜て」とともに使う場合も多い。

3）それは残念だ

「残念だ」が直接的な感情表現であるのに対し、事柄を一旦受けて、それからおもむろに言う表現。客観性が伴う。自分のことではなく、身近な人の事柄を悲しむ場合に多く用いられる。

①A：山川さん、受験に失敗したんですって。

　B：そうか。それは残念だね。

②A：来週帰国します。

　B：そうですか。それは残念ですね。

4）残念に思う

「残念だ」に「思う」を付けて、残念な気持ちを客観化させ、相手に伝える。丁寧な言い方になる。

①A：だめでしたね。

　B：はい、残念に思います。

②A：認められなかったのは残念に思うけど、また頑張ればいいよ。

　B：はい、頑張ります。

5）悲しい

悲しみの気持ちを率直に表した言い方。親しい間柄では、①のように「悲しい」と直接使えるが、目上の人には「悲しく思います」「残念です」「残念に

思います」を使うことが多い。「みんながいなくなって悲しい」のように「〜て」とともに使うことも多い。

　　①A：彼、行っちゃったね。
　　　B：うん、すごく悲しい……。
　　②親友が亡くなって本当に悲しい。

6）悲しく思う

　直接的な感情表現「悲しい」に「と思う」が付いて、客観的になり、相手に伝える形になるが、「残念に思う」よりも感情が表れる表現となる。「〜て」とともに使うことが多い。

　　①こんなことになって悲しく思います。
　　②理解してもらえなくて悲しく思います。

7）くやしい

　「悲しい」が、心が痛んで泣きたくなるような、自分だけの気持ちであるのに対し、「くやしい」は失敗や恥を経験して得た、諦められない、忘れられない、激しい感情を表す。自分に対して持つこともあるが、他者に対してその感情を持つことが多い。

　　①A：結果はどうだった？
　　　B：2番です。くやしいです。
　　②A：どうだった？
　　　B：負けちゃった。くやしい。
　「負けてくやしい」のように、「〜て」とともに使うことも多い。

8）どうしよう

　感情を表す表現ではなく、悲しみのあまり途方に暮れて、これからどうやっていけばいいか戸惑う表現である。

　　①契約に失敗した。どうしよう。
　　②株が下がってしまった。どうしよう。

3. 感謝

1）ありがとう

　感謝を表す代表的な表現。「ありがとう」はややくだけた、軽い言い方。「ありがとうございます」「どうもありがとうございます」になるにつれて、より丁寧になる。親しい間柄で使う。

　　①A：これ、ありがとう。

　　　B：いいえ、またどうぞ。

　　②今日は来てくれてありがとう。

2）ありがとうございます／ありがとうございました

　「ありがとうございます」と「ありがとうございました」の違いは、「ありがとうございました」が物事が完了・実現した時点で使われる表現だという点である。

　　①先輩：仕事、終わってよかったね。

　　　後輩：はい、いろいろありがとうございました。

　　②A：お借りしていた本、長い間ありがとうございました。

　　　B：いえいえ、役に立ちましたか。

　しかし、実際は、「ありがとうございます」の使用範囲は広く、「ありがとうございました」の代わりに使われることもある。

　　③先輩：仕事終わってよかったね。

　　　後輩：はい、いろいろありがとうございます。

　　④お借りしていた本、長い間ありがとうございます。

③④が可能になるのは、仕事が終わったこと、本を返したことで「感謝の気持ちが終了しない」と話し手自身が思っている場合である。

　一般的には、仕事の終了に対して、また、本の返却の完了に対して感謝する場合は、「ありがとうございました」がふさわしい。外国の人が帰国するとき、もう会えるかどうかはわからないような場合は、完了性・完結性が強いと考え、「いろいろありがとうございました」のほうが感謝を表すのに適して

いると言える。

3）すみません

　本来は謝罪表現であるが、感謝の気持ちを表す場合にも用いられる。日本人は「ありがとう（ございます）」と同じくらいよく使う。直接的に感謝の気持ちを表すより、間接的に表すことをよしとする場合に「すみません」を使う。目上の人には「どうもすみません。ありがとうございます／ございました」と言うこともある。

　　①〈借りた辞書を返す〉辞書すみません。助かりました。
　　②〈お裾分け〉
　　　A：これたくさん作ったので、どうぞ。
　　　B：ああ、いつもすみません。

4）〜てくださって／いただいてありがとう（ございます／ございました）

　感謝の理由を「〜て」で表した言い方。「〜ていただいてありがとう」に違和感を覚える人も多いが、「〜ていただいて」も最近ではよく使われている。

　　①手伝ってくださってありがとう。
　　②遠いところから来ていただいて、ありがとうございます。

5）感謝します

　硬い改まった言い方。「ありがとうございます／ありがとうございました」で礼が尽くせないと思ったとき、「ありがとうございます。感謝します」と言い添える形で使われることも多い。感謝の程度が高いことを示す表現でもある。

　　①応援していただいて、感謝します。
　　②日頃のご協力に感謝します。

6）お世話になりました

　人から援助や恩恵を受けた場合、その援助・恩恵を「世話」という言葉でまとめて、それらに対して感謝するという意味を表す。期間の長さと、援助・恩

恵の量が、ある程度ある場合に使われることが多い。入院をして医師や看護師に世話になった、引っ越しをする、仕事を辞めるとき等に①②を言うことが多い。

　　①どうもお世話になりました。

　　②長い間お世話になりました。

　普通体の会話では、「お世話になりました」を簡略化して、「お世話様。」と言うことがある。女性が使うことが多い。

7）どうも。

　「どうもありがとうございます／ありがとうございました」が長いので、最初の部分を取って使う。省略した形だが、改まった場面でも感謝を表す表現として気軽に使う。どちらかというと仕事やビジネス関係で使うことが多い。親しい間柄の家族関係や友人関係ではあまり使わない。

　　①A：〈名刺を差し出しながら〉どうぞ。

　　　B：あ、どうも。

　　②A：代わりにやっておきました。

　　　B：あ、どうも。

8）悪かった

　本来は謝罪表現であるが、親しい間柄では感謝を表す場合もある。相手に手数をかけた、迷惑をかけたという謝罪の気持ちを含む。

　　①忙しいのに来てくれたありがとう。悪かったね。

　　②学生：荷物、持って来ました。

　　　先生：ああ、悪かったね。

Ⅱ

14 感情 3（謝罪、後悔・反省）

1. 謝罪

1）すみません

「謝罪」の代表的な表現。「すみません」はフォーマルすぎず、また、カジュアルでもない言い方なので、頻繁に用いられる。「でした」はその事態が終了して少し時間を置いてから用いられる。例えば、相手のペンを勝手に使ってしまい、相手から「それ私のですが」と言われて、そのとき即座に発するのは「あ、すみません」であるが、正式にきちんと謝るときは「（お借りしていて）すみませんでした」と言う。

「すみません」は呼びかけとしても使う。相手を呼び止めるなど、突然声をかけたことに対する謝罪、また、自分の用件で相手の行動を中断させることへの謝罪の気持ちが含まれている。

「すまない／すまん」は男性が親しい間柄で使う表現である。

　①Ａ：あなたがほしがってた本、持って来たよ。

　　Ｂ：ああ、お手数かけてすみません。

　②すみません、今いいですか。

2）申し訳ありません

「すみません」が謝罪・お詫びとして気軽に用いられることがあるのに対し、「申し訳ありません」は改まった、非常に丁重な謝罪・お詫び表現である。場面、相手、また、事柄の内容によって丁寧に謝罪しなければならないときは、「すみません」だけでは不十分である。

　①Ａ：どうしてこんなことになったんですか。

　　Ｂ：本当に申し訳ありません。以後、気をつけます。

普通は「でした」がなくてもいいが、事態が完全に終了している場合、また、

501

より深く謝罪の気持ちを表したい場合は「でした」が付くことが多い。

    ②A：これから気をつけてくださいよ。

     B：はい、今回は申し訳ありませんでした。

「申し訳ありません」の普通体は「申し訳ない」である。言い切りの形で使う場合は、主に男性が使う。

3）ご迷惑をおかけしました／いたしました

　相手に迷惑になること（相手が困ったり、不快になること）をしたと判断し、それに対して謝罪する表現である。他人の家のガラスを割った、自動車を傷つけた、仕事でミスをして上司にやり直しをさせられた場合等に用いる。

    ①ご迷惑をおかけしました。申し訳ありません。

    ②工事が遅れて、ご迷惑をおかけいたしました。

4）申し訳ないことをしました／いたしました

　「申し訳ない」「申し訳ありません」は、その場での謝罪であるが、少し時間を置いて、また、一歩下がって、静かに謝罪するときに用いる。丁寧で改まった謝罪になる。「どうもすみませんでした」より丁寧な謝罪になる。

    ①〈1週間前、Aの自転車が子供にぶつかった〉

    A：先日は申し訳ないことをしました。

    B：いやいや。

    A：息子さんは大丈夫ですか。

    B：ええ、ケロリとしていますよ。

    ②ご連絡をさしあげるのを忘れるとは、申し訳ないことをいたしました。

5）許してください

　改まった謝罪表現である。「ごめん」「すみません」「申し訳ありません」等の慣用的な謝罪表現ではなく、きちんと相手に許しを乞う表現。「本当にすみません。許してください」と言ったり、手紙やメールで正式に謝るときにも使う。

①すみません、許してください。何でもしますから。
②勝手なことをしてご迷惑をおかけしました。許してください。

6）ごめん（なさい）

「すみません」の会話的な言い方。親しい間柄や子供に対して用いる。「ごめん」「ごめんね」「ごめんなさい」「ごめんなさいね」となるにしたがって丁寧になる。前2つは男女ともに使うが、後ろ2つは優しい響きがあるためか、女性のほうが多く用いる。

①さっきはきついこと言ってごめん／ごめんなさい。
②A：私の辞書は？
　B：ごめん、明日持って来る。

7）悪い／悪かった

迷惑をかけて申し訳ないと思うときに気軽に使う。親しい間柄で使う会話的な謝罪表現。男女ともに使う。「悪い」には文字通りのbadの意味は入らない。

①A：明日のコンサート、行けなくなっちゃった。
　B：えっ。
　A：悪い、悪い、ごめんね。
②A：100円貸して。
　B：はい。
　A：悪いね、すぐ返すから。

8）これから注意します／気をつけます

普通は、「すみません」「申し訳ありません」等の謝罪の言葉のあとで、二度とこのような迷惑はかけないという決意を明言する表現である。

①これから注意します。二度と繰り返しません。
②A：こんなことをしては困りますよ。
　B：すみません。これから気をつけます。

2. 後悔・反省

1)〜てしまった／ちゃった

丁寧体では「〜てしまいました」、会話体では「〜てしまった」、「〜ちゃった」を使って後悔・反省を表す。直接的な表現である。

「〜ちゃった」は、どちらかというと、東京を中心とした地域の人達が使う短縮形である。「部長、すみません。失敗しちゃいました」のように、丁寧体の会話でも親しい間柄ではある程度なら使うことができるが、会議等のフォーマルな場では、「〜ちゃいました」は不適切で、失礼になる。

①会議でちょっと失礼な言い方をしてしまった。あとで課長に注意された。

②A：この布、高いんだから、気をつけて切ってね。

　B：あ、やっちゃった。

　A：どうしたの？

　B：ちょっと切りすぎちゃった。どうしよう。

2)〜ば／なければ／なきゃよかった

自分がやったことに対する後悔・反省を表す。仮定の形を使って、反事実表現として、主観的に後悔・反省を表す。

①すみません。失敗しました。やらなければよかったです。

②言わなければよかったです。部長を怒らせてしまいました。

「〜なきゃ」も「〜ちゃった」と同様、発音上の変化から起こっている短縮形であるが、「〜ちゃった」と異なり、ほとんどの改まった場面でも使うことができる。

③申し訳ありません。私がやらなきゃよかったんです。私の責任です。

3)〜べきだった・〜べきじゃなかった

「〜べきだった」は義務を表す「〜べきだ」の過去形で、「寒いなあ。セーターを持って来るべきだった」のように、やらなかったことに対する後悔・反省を表す。一方、「〜べきじゃなかった」は「暑いなあ。セーターを着てくる

べきじゃなかった」のように、やってしまったことに対する後悔・反省を表す。

　肯定・否定とも、やったこと、やらなかったことが不適切であった、妥当ではなかったと、客観的に後悔・反省を表す。

　義務や助言を表す「～べきだ」が他者向けの表現であるのに対し、後悔・反省の「～べきだった／べきじゃなかった」は他者へも自分へも使える。

　①　a　〈他者へ〉もっと頑張るべきだ。／老人を尊敬するべきだ。
　　　？b　〈自分自身へ〉私はもっと我慢すべきだ。
　②　a　〈他者へ〉あなたは辞めるべきじゃなかったんです。もっと続けるべきだったんです。
　　　b　〈自分自身へ〉ああ、俺は辞めるべきじゃなかった。もっと頑張るべきだった。

4）～ておけば／とけばよかった

　「～ば」の前には、前もってすることを表す「ておく」を置いて、前もってすべきことをしておかなかったという後悔・反省の気持ちを一層強めている。

　ここでは「～ておく」、および短縮形の「～とく」（例：買っておく→買っとく、準備しておく→準備しとく）が使われている。

　①高校時代にもっとスポーツをしておけばよかった。
　②若いころ、もっと恋をしとけばよかった。

5）～んだった・～んじゃなかった

　「～んだ」には「行くんだ」「やるんだ」のように強い主張を表す用法がある。「パーティーに行くんだった」は「パーティーに行かなかったこと」に対する、「あんなことをやるんじゃなかった」は、「あんなことをやったこと」に対する強い後悔・反省を表す。自分の行為に対する後悔・反省に用いることが多い。「～んじゃなかった」は「～べきじゃなかった」に似ているが、「～べきじゃなかった」がやや客観的に後悔・反省をしているのに対して、「～んじゃなかった」では話し手はより主観的に、感情的にとらえている。

　①事故が起こってしまった。息子に気をつけるように言っておくんだった。

②先生にあんなこと言うんじゃなかった。先生を怒らせてしまった。

「〜んだった」「〜んじゃなかった」の代わりに、「〜のだった」「〜のじゃなかった」も使われる。やや硬い、改まった言い方になる。

15 感情 4（諦め、過度の感情）

1. 諦め

1）〜ざるを得ない

「それ以外に方法がない」「しかたがない」という諦めの気持ちを表す。書き言葉的で硬い言い方。諦めは、最終的には、個人が総合的に判断して行き着く気持ちである。

①これだけの反対があるのなら、撤退せざるを得ない。

②お世話になっているから、頼まれれば引き受けざるを得ない。

2）〜ないわけにはいかない

社会的に、また、道理から考えて、そうするのが正しいと考える言い方で、自分自身の意志や欲求を諦めて、公的な理由を優先させる。

①彼の言っていることは正論だから、認めないわけにはいきません。

②心残りは多いが、祖母が危篤なので帰国しないわけにはいかない。

3）〜ないでは／ずにはすまない

「〜しないままでは許されない／〜しないことは不可能である／〜しないと事が終わらない」の意味。自分の義務感・社会的な通念等から考えて、そうしなければ許されない、物事が解決しないというときに使う。「〜ずにはすまない」は書き言葉的表現。

①部下の失敗に対して、上役は責任をとらないではすまないものだ。

②何度も悪いことをしたのだから、今度は彼も逮捕されずにはすまないだろう。

4）〜なければならない

　社会的な義務を表すことが多いが、「今こそ辞めなければならない」「自分が責任をとらなければならない」のように、自分自身の責任を表すことも多い。この場合に諦めの気持ちが入る。

　　①妻：明日は何時起き？
　　　夫：いつもより早く。得意先に行かなければならないから。
　　　妻：大変ね。
　　　夫：仕事だからしかたないよ。
　　②彼のこと、好きだけど、諦めなければならない……。

5）〜ほうがいい

　「辞めるか辞めないか」「続けるか続けないか」等のどちらかを選択する。選択するときに、自分が積極的に選ぶのではなく、人から言われたり、諸事情を考えて、しかたがないものとして選ぶ場合に、諦めの気持ちが出てくる。

　　①私なんかいないほうがいいんだ。
　　②何も言わず黙っていたほうがいい。

2. 過度の感情

1）〜てしかた／しよう／しょうがない

　「克服する、あるいは、我慢する方法がない」の意味で、その気持ちを抑えることができないということを強く表す。会話的な表現。「〜てしょうがない」が一番会話的で、次に「〜てしようがない」「〜てしかたがない」が続く。「て」の前には、動詞・形容詞が来る。

　　①政治家の話を聞いていると、腹が立ってしかたがない。
　　②彼は彼女ができて、うれしくてしようがないようだ。
　　③この仕事は、いやでいやでしょうがない。

507

「～てしかたがない」の「が」が抜けて、「残念でしかたない」のように、「～てしかたない」になることも多い。

2）～てたまらない

「ある感情・感覚・欲求を抑えられない」という気持ちの高まりの強い言い方。話し言葉として使うが、「～てしかた／しよう／しょうがない」よりやや硬い表現である。

　　①国へ帰りたくてたまらない。

　　②寒くて寒くてたまらない。

3）～てならない

「そういう気持ちを、また、そう思ったり、感じられるのを禁じ得ない」という意味を表す。「～てならない」はやや古めかしい言い方で、書き言葉に用いられることが多い。

　　①あの人が結婚しないなんて、不思議に思えてならない。

　　②独りぼっちで、毎日さびしくてならない。

4）～すぎる

そのものの状態・程度が過度であることを表す。動詞・形容詞が前に来る。「～すぎる」を用いることで、その状態がマイナスの状態であること、不快であることを表している。

　　①ほしいけど、高すぎて買えない。

　　②コンピューターをやりすぎて、目が痛くなってきた。

5）～こときわまりない

程度がこれ以上は行かない、限界・極限であることを表す。書き言葉的で硬い表現。

　　①人前であんなことをするなんて、恥ずかしいこときわまりない。

　　②女性にあんなことを言うとは、失礼なこときわまりない。

508

多くは①②のようにマイナス評価を表すが、「お母さまはお美しいことき
わまりない」のようにプラス評価を表す場合もある。

6）〜ことこのうえない

「これ以上のものはない」「これ以上の程度のことはない」という意味を表
し、程度のはなはだしく高いことを表す。「〜こときわまりない」と類似。書
き言葉的な硬い表現。プラス・マイナス評価のどちらにも使う。
　①うちの子猫はいつもじゃれついてくる。かわいいことこのうえない。
　②うちの母の小言はうるさいことこのうえない。

16 開始、進行中、終了

1. 動作の開始直前

1）〜ます／動詞の辞書形

「これからやります」「今から始める」は話し手の意志を表すと同時に、開始直
前の状態も表す。「これから」「今から」のような「時の副詞」が来ることが多い。
　①今から名古屋シティマラソンを行います。
　②ただ今よりソフトボール大会の開会式を始めます。

2）〜（る）ところだ

「〜（る）ところだ」は動作の開始直前の状況・状態を表す。
　①今出発するところだ。
　②今からお風呂に入るところなんですが。
自分が開始直前にいることを説明することで、「まだ出発しないのか」や
「今お邪魔ですか」等の質問に対し、自分の立場を主張したり相手の申し出を
断ったりするのに用いられる。

3）～（よ）うと思っていたところだ

　話し手が今から開始しようと考えていたことを表す。例えば、電話をしな
ければと思っていて、そこに相手から電話がかかってきたとき、「あ、今電話
しようと思っていたところです」と言うことがある。コミュニケーションを
円滑にする手段としてこの表現を用いることが多い。

　　①Ａ：貸した金、返してくれないか。

　　　Ｂ：あ、今返しに行こうと思っていたところだよ。

　　②ちょうどいいところに来てくれた。今メールしようと思っていたとこ
　　　ろなのよ。

4）～（よ）うとしていたところだ

　「～（よ）うと思っていたところだ」が「思っていた」だけなのに対し、動作
をし始める直前であったことを表す。「～（よ）うと思っていたところだ」よ
り行為の実現度が高い。

　次の①は行く準備をしていたことを、②は実際にメールを打つ直前であっ
たことを、真偽のほどは曖昧であるが、主張している。相手に話を合わせ、コ
ミュニケーションを円滑にする手段として、この表現を用いることが多い。

　　①Ａ：貸した金、返してくれないか。

　　　Ｂ：あ、今返しに行こうとしていたところだよ。

　　②ちょうどいいところに来てくれた。今メールしようとしていたところ
　　　なのよ。

2. 動作の進行中・継続中

1）～ている最中だ

　動作・状態が現在進行していることを表す。「～しているところだ」より物
事が真っ盛り（クライマックス）であることを強調する。話し言葉的表現。

　「最中だ」と言うことで、状況によって「邪魔をしないで」「心配するな」「も
うちょっと待って」ということを伝えている。

①今やってる最中だから、話しかけるな。
　②A：夕飯は？
　　B：今作ってる最中よ。

2）〜ている途中だ
　「途中」は空間的には目的地までの中間の地点（途上）を、時間的には仕事や勉強の「中途」を表す。「〜ている途中だ」は物事の完成までの中途にいること、だから「まだ終わっていない」ことを強調して説明している。
　①今やっている途中だから、邪魔しないで。
　②彼はテストを受けている途中で、教室を出ていってしまった。

3）〜ているところだ
　「〜ている最中だ」「〜ている途中だ」より全体的に状況をとらえ、客観的にちょうど進行中であることを説明している。「何をしているのか」と聞かれて、「今勉強しているところ」と答える場合は、自分の現在の状況を説明しているだけだが、「部屋に入っていいか」に対して「今勉強しているところ」と答えると、部屋に入ることを拒絶している意味合いも出てくる。
　①母親：宿題できた？
　　息子：今やっているところ。
　②今検討しているところです。もうしばらくお待ちください。

4）〜ている
　現在物事が進行中であることを表す。「〜ているところだ」と同じく、説明的になる場合がある。「早く返事をくれ」と言われて「今考えている」と答えた場合、そのときの「〜ている」は状況説明、断るための言い訳等のニュアンスを含むことが多い。
　①母親：ちょっと手伝って。
　　子供：今宿題やっているの。
　②A　：もしもし、健太君、いますか？

母親：すみません。今お風呂に入っています。

こちらからお電話させましょうか。

5）～つつある

「～つつある」は物事の実現・完了を目指しつつ、その実現・完了がまだ途上にあることを表す。実現・完了を表さない行為・動作は「～つつある」は使えない（例：？食べつつある、？買いつつある、○完成しつつある、○実現しつつある）。書き言葉的表現で、通常は話し言葉では使わないが、実現・完了の途上にあることを描写的に説明する場合は使うこともある。

①A：ロボット、できた？

B：うん、今完成しつつあるんだ。

②父親：ほら、蝉だよ。今脱皮しつつあるんだ。

子供：ほんとだ！

3. 動作の終了・完了

1）～（た）ところだ

動作・行為や事態がたった今終了し、自分がその状況にいることを説明的に述べている。「今」「たった今」「さっき」などの「時の副詞」とともに使うことが多い。

①A：作業は？

B：あ、今終わったところ。

②A：昼ご飯は？

B：あ、さっき食べたところだよ。

2）～（た）ばかりだ

動作・行為が終了してから時間がたっていないことを表す。「ケーキをどうぞ」と言われて、「要らない。昼ご飯を食べたばかりだ」と言う場合、昼ご飯を食べてから時間がたっていないからという理由を含んでいる。次の①も、着いて間がないから、すぐには始められないということを言っている。

①A：まだ、始めないんですか。
　B：今ここに着いたばかりなので、ちょっと待ってください。
②今起きたばかりだから、食欲がない。

3）〜た
　動作・行為・事態の終了は、動詞の過去形（タ形）で表すことができる。文や発話で述べられる動作・行為・事態があったことを示す。
①さっき昼ご飯を食べた。
②今ここに着いた。

17　変化

1. なる・〜てくる・〜ていく等

1）なる
　前にイ形容詞・ナ形容詞・名詞が来て、物事の変化を表す。「なる」では習慣や真理を表し、「なった」では物事が変化したことを表す。また、変化によって引き起こされた状態も表すことができる。
①暑くなりましたね。
②子供はすっかり元気になった。

2）なっている
　「変化動詞＋ている」は変化が起こった結果、その状態にあることを表す。「なった」だけでも変化後の状態は表せるが、「なっている」とすることで、状態であることがより明確になる。また、「なっている」は現在状態の変化が進行中であることも表す。
①子供はすっかり元気になっている。

②この2、3年はどんどん暑くなっている。

3)〜てくる

　話し手に近づくような感じで変化が起こることを表す。プラス・マイナス評価のどちらにも使う。

　　①この町では子供が増えてきた。

　　②子供達は新しい学校に慣れてきたようだ。

4）なってくる

　前にイ形容詞・ナ形容詞・名詞が来て、変化が近づいてくることを表す。

　　①これからどんどん暑くなってくるよ。

　また、「なってきた」で、変化が目に見える、また話し手にとって目に見えるかのように起こり始めたことを表す。

　　②暑くなってきましたね。

　　③最近娘の考え方が大人っぽくなってきたように思う。

5)〜ていく

　変化がそのまま続くことを表す。また、前に来る動詞（消える、消滅する、なくなる、死ぬ、枯れる等）によってはそのまま消滅することを表す。

　　①希少動物が減少していく。

　　②貯金がどんどんなくなっていく。

6）なっていく

　前にイ形容詞・ナ形容詞・名詞が来て、変化が今後も続くことを表す。

　　①A：暑くなってきたね。

　　　B：いやいや、これからもっと暑くなっていくよ。

　　②子供が2歳になった。大きくなっていくのが楽しみだ。

514

7）〜てきている（なってきている）

「〜てくる」に「ている」が付いた形。変化が、話し手にとって目に見えるかのように起こり始めていることを表す。

①暑くなってきているので、熱中症に注意してください。
②妻は回復してきている。あともう少しで退院だ。

8）〜ていっている（なっていっている）

「〜ていく」に「ている」が加わった形。起きた変化がそのまま続き、今後もその結果の状態が続くであろうことを表す。

①南部ではどんどん暑くなっていっているようだ。人々の体が心配だ。
②この町では若者数がどんどん減っていっている。

9）〜つつある

物事の変化が実現・完了に向かう途上の状態を表す。書き言葉的表現で、通常は話し言葉では使わない。一方で、「〜つつある」は、実現・完成を視野に入れた現段階の状態を描写的に描くことができる。

①スナック菓子がメインの食事になりつつある。
②状況は改善されつつあるが、時間がかかる。

2. 自動詞・〜ようになる・〜化（する）・〜まる

1）自動詞（変わる、増える、減る等）

自動詞の中で変化を表す動詞は、単独で変化を表すことができる。変化を表す動詞には「なる、変わる、上がる、下がる、増える、増す、減る、伸びる、縮む、太る、やせる」等がある。

①あの子は変わった。きれいになった。
②ここ10年でこの町の人口が減った。

2）～ようになる

前に動詞が来て変化を表す。時間をかけて変化が起こってきたことを表す。

①あの先生は教え方が上手だ。先生の授業を何度か受けると、わからな
かったことがだんだんわかるようになる。

②前は日本語が話せなかったが、今ではたいていのことは話せるように
なった。

3）～化（する）

主に名詞について「形や性質が変わる、また変えること」を表す。「日本で
は高齢化と少子化が大きな問題になっている」の「高齢化」「少子化」のよう
に、名詞として使われるとともに、「する」が付いて使われるものも多い。

①この町では住民が高齢化している。

②新しい薬を実用化するには時間がかかる。

4）～まる（高まる、深まる等）

主にイ形容詞の語幹に「まる」が付いて、変化を表す。「高まる」「深まる」
等で、「高くなる」「深くなる」と同じ意味だが、「関心が高まった」「二人の
仲はどんどん深まっていった」のように、意味が抽象的になることが多い。
「強まる（強くなる）、弱まる（弱くなる）、低まる（低くなる）、薄まる（薄くな
る）」等がある。

①反政府の声が強まってきている。

②水を加えたら、味も色も薄まってしまった。

③仏教は6世紀に伝来し、徐々に広まっていった。

3. 急速な変化・一方的な変化

1）～一方だ

物事の変化がどんどん進んで止まらない状況・状態を表す。「新人選手には
ファンの期待も高まる一方だ」のようにプラスの事態にも、「仕事が増える

一方で、休む暇もない」のようにマイナス事態にも用いるが、どちらかというとマイナス事態を表すことのほうが多い。マイナス事態に用いる場合は、その傾向に対する残念な気持ちや不満が入ることがある。
　①大雨で川の水かさが増していく一方だ。
　②税金が上がって、生活が苦しくなっていく一方だ。

2）～ばかりだ
　物事の変化がどんどん進んで止まらない状況・状態を表す。「～一方だ」と似ている。「～一方だ」が傾向を外向きに（客観的に）とらえようとするのに対し、「～ばかりだ」は個人的に、主観的にとらえようとする。マイナスの事態で用いることが多い。「生活が苦しくなっていく一方だ」と「生活が苦しくなっていくばかりだ」は言い換えが可能だが、「～一方だ」のほうが外に向かって主張している感じがする。
　①働いても働いても生活は苦しくなっていくばかりです。
　②いくら彼女に尽くしても、彼女の心は遠のいていくばかりだ。

3）～だけだ
　限定・限度を表す「だけ」を用いて、変化がその傾向にのみ限られていることを表す。「～ばかりだ」と似ているが、「人口は減っていくばかりだ」と「人口は減っていくだけだ」では、前者は人口減少がどんどん続き、それに対する嘆きが含まれるが、後者は、人口減少に対する諦めはあるが、それ以上のことはないという、割り切ったような、「限定・限度」の意味合いが入る。
　①このまま何もしなければ、収穫量は減っていくだけだ。
　②そんなことをしても事態は悪くなっていくだけだ。もっと根本的な対
　　策が必要だ。

4）～しかない
　「～だけだ」とほぼ同じだが、変化を消極的にとらえ、残念な気持ちを含ませている。それ以外の方法がないことに対する悲観的な気持ちがある。

①住む人がいないため、家はこのまま荒れていくしかない。

②少子化を止める手立てがなければ、子供の数は減っていくしかないの
　ではないか。

5）〜の一途をたどっている

1つの方向ばかりへ変化していることを表す。説明的・解説的な書き言葉的
表現である。プラス評価にもマイナス評価にも使える。

①○○候補の支持者は増加の一途をたどっている。

②ウィルスの感染は拡大の一途をたどっている。

18　経験

1. 普通の経験
2. 珍しい経験

1）〜（た）ことがある

経験をしたという自覚があり、それを相手に報告する姿勢がある。単に
やっただけなら、「〜ことがある」とは言わない。自分の経験を話して、話題
を盛り上げたり、流れをつないだりする役目を果たす。

①A：きのう富士山に登りました。

　B：そうですか、私も登ったことがあるんですよ。

　　　上のほうは曇ってませんでしたか。

②A：納豆を食べたことある？

　B：うん、2度ほど。

　A：私はまだ食べたことないの。おいしい？

2）〜た

　過去を表す動詞のタ形でも経験を表すことができる。次の①では、「〜ことがある」と聞かれているのに、「行ったよ」とタ形を使って事実を述べる形をとっている。相手は、文脈・状況から経験と判断する。
　①A：カラオケ行ったことある？
　　B：うん、1度行ったよ。
　②交通違反で警察に2度つかまった。1度目はスピード違反、2度目は駐車違反。

3）〜ている

　「3度も九州に行っている」という言い方で、経験を表す。自分の経験をことさら取り立てずに、過去にそういうことがあったという経歴としてとらえている。「富士山に登ったことある？」と聞かれて「うん、2、3度登っている」と答えると、相手は「もう慣れた人なのだ」とか「経験のある人なんだ」と思うと考えられる。
　①あの人はいくつか小説を書いている。そして、何度か賞をとっている。
　②彼は警察に2度もつかまっている。1度は万引き、2度目は詐欺事件だ。

4）〜てみた

　次の①は、スキーの経験を聞かれて、試みを表す「〜てみた」で答えている。
　①A：スキーやったことがありますか。
　　B：ええ、1度北海道でやってみました。
　試みたという意味合いから、大した経験ではなく、少し体験してみた程度だという意味になる。②では、登る経験をしたことを「〜てみた」で表している。
　②去年は立山に登ってみたけど、なかなか難しい山でしたよ。

5）〜（た）経験がある

　「経験」という言葉を使っているので、「〜ことがある」より重みのある言い方になっている。「寿司を食べた経験がある」「カラオケをした経験がある」

等は、言わないことはないが、「〜ことがある」のほうをよく使うだろう。また、募集広告では「営業の仕事をしたことがある人」より「営業の仕事をした経験がある人」を使うことが多い。募集等では、「経験」という言葉を単なる「体験」ではなく、「知識や技術としてしっかり身につけていること」を求めていると思われる。

①私は会計士として仕事をした経験があります。

②私はまだ働いた経験がありません。

19 受身

1. 被害の受身1 〜 3

1）受身文

話し手（私）が主語になる受身文は、話し手が被害・迷惑（迷惑受身と呼ぶ）を受ける／受けた意味合いを持つ。他者が主語の場合は、他者が話し手の家族、親族、友人、知人であれば被害・迷惑の意味合いが入りやすい。

①あなたの友達の洋二君が殴られたんだよ。

まったくの他人のときは、ニュースの報道「きのう80歳代の男性が殺害されました」のように、中立的になる。

話し手（私）の所有物・所属物等の被害（間接受身とも呼ばれる）については、被害を受けた「私」が主語・主題として文頭に出て、「私はかばんを盗られた」となる。（「私のかばんを盗られた」、また「私のかばんが盗られた」とはならない。被害を受けたのは「私」なので、「私は」となって文頭に出る。）話し手自身が「私」であり、「私」は既知のことなので、実際には「私は」は省略されることが多い。

②帰宅途中、男にハンドバッグをひったくられた。

「被害の受身」は被害・迷惑を受けたことを伝えるとともに、適切な相手、

機関等に対処してほしいことを訴える場合に使われることが多い。

　　③お宅の猫に花壇を荒らされたんです。何とかしてくださいよ。

2）普通文（能動文）

「誰が何をする／した」を問題にする文なので、次の①②はまず「誰が」したかが重要になる。

　　①泥棒が私のかばんを盗った。
　　②30歳の男が同僚を殺した。

主語が特定できないとき、また主語への言及が不要のときは受身文になることが多い。

　　③林の中で男性が殺された。

話し手の所有物への被害・迷惑を能動文で表す場合は、「泥棒が私のかばんを盗った」のように、「私の〜」を用いる。

2. 自動詞の受身

1）受身文

自動詞とは目的語「〜を」をとらない動詞を指す。「行く、来る、泣く、死ぬ、消える、こわれる、決まる、つく」等である。①②のような文が自動詞の受身文になる。

　　①電車の中で子供に泣かれて困った。
　　②忙しいときに、客に来られて迷惑した。

主語（主体）は話し手で、話し手が困ったり、迷惑を受けたことを表す。「〜て」の形で困った理由・原因を表すことが多い。また、「祖母に死なれて……」のように後半部分を省略することも多い。

親しい間柄で、困ったことを愚痴や不満として話す際に使われることが多い。公的な場ではあまり使わない。

2）普通文（能動文）

　自動詞の受身文を普通文にすると、「電車の中で子供が泣いて困った」「忙しいときに客が来て困った」「祖母が死んで……」となる。普通文は事実を報告する文で、端的でわかりやすいが、受身文が持つ被害・迷惑、困った気持ちはほとんど出せない。若い人達は普通文を好むようであるが、日本語母語話者は、無意識のうちに自動詞の受身文を使っている場合が多い。自分の困った経験を話して、同情を求めたり、共感を得ようとしているのかもしれない。

　　①雨が降って、びしょびしょになってしまった。

　　②夜友達が来て、勉強ができなかった。

3. 中立受身

1）〜が／は＋受身

　「このビルは50年前に建てられた」「主に鉄や銅が輸出されている」「『雪国』は川端康成によって書かれた」のように、無生物や事柄が主語になることが多い。基本的には被害・迷惑の気持ちを含まず、事実を述べる文である。書き言葉的表現であるため、新聞や論文、レポート、事務文書等で用いられる。そのもの・事柄がどうであるかが伝達内容になるため、説明的・解説的になる。

　　①この新薬は10年前に開発が始められた。

　　②ここは沼地だったが、今では宅地として造成されている。

2）〜が／は＋自動詞

　「〜が／は＋自動詞」はいくつかの意味合いを持つ。「壁がこわれた」を例にとると、1つは「大風で壁がこわれた」のように自然にその事柄・現象が起こる場合。もう1つは、「1989年にベルリンの壁がこわれた」のように、その事態を1つの事実として説明する場合である。

　「計画が決まった」「財布が見つかった」「電気が消えた」のように、その事態が発生したことを報告する場合にも用いられる。

　　①の「〜が／は＋自動詞」の文は、②の中立受身の文とほぼ同じ意味を表

すが、中立受身文は書き言葉的であるため、話し言葉では自動詞文が用いられやすい。

①A：このビルは50年前に建ったんだよ。

②〈説明文の中で〉このビルは50年前に建てられた。

3）〜が／は〜を＋他動詞

主語（主体）が他に働きかける文を指す。「子供が本を読む」「太郎が次郎を殴る」「私はブログを更新する」のように、「〜を」は目的語になる。

「〜が／は〜を＋他動詞」文では、「誰がする／した」かが一番重要で、次に「何をする／した」かが重要になる。特に「誰が」を中心に考えるときは、「〜が〜を＋他動詞」を使う。

①大手企業の○○建設がこの住宅団地を建てた。

②日本では国民が選挙で国会議員を選ぶ。

20 とき 1

1. 〜とき・〜ときに・〜ときには・〜ときは

1）〜とき

事柄・事態が起こる／起こった時点を表す。漠然とした「とき」を表し、主に話し言葉として用いられる。

①ご飯を食べるとき、日本人ははしを使う。

②道で会ったとき、田中さんは彼女といっしょだった。

文書等の書いたものでは、厳密性を加えるために「ときに」「ときには」「ときは」等を使い分ける。

2）～ときに

「とき」に時点を表す格助詞「に」が付いているため、後文には「そのときに何をする／した、何が起こる／起こったか」というような動作性の事柄が来ることが多い。

　①朝起きたときに、ぐらぐらっと地震が来た。

　②このペンは小説を書くときに使う。

3）～ときには

「～ときに」を「は」で取り立てている。1つの「とき」を他の「とき」と比べ、対比的に事柄を述べる。「私が行ったときには、彼はもういなかった」は、「私が行く前は彼はいたかもしれないが」ということが暗示される。

「～ときに」は後文に動作性の事柄が来るが、「～ときには」は動作性の事柄と状態性の事柄の、どちらも来ることができる。次の①は動作性の事柄、②は状態性の事柄の例である。

　①a　今度来るときには、借りた本を持って来るよ。

　　b　今度来たときには、いっしょに食事をしよう。

　②a　私が教室に入ったときには、とても静かだった。

　　b　私が起きたときには、部屋は真っ暗だった。

4）～ときは

「～ときは」は「とき」を「は」で取り立てている。前文でその「とき」を特に取り上げて、後文で様子・状態を説明する。

　①きのう会ったときは、彼は元気だったよ。

　②困ったときは、助け合いが大切だ。

また、「～ときには」の「に」が省略されたとも考えられ、そのときには動作性の表現も来ることができる。

　③今度来るときは、借りた本を持って来るよ。

　④今度来たときは、いっしょに食事をしよう。

2. 〜とき・〜たら・〜と・〜てすぐ（に）・〜と同時に

1）〜とき

1.の1）と同じ。前文の事柄・行為が起こる／起こった時点で、後文の事柄・行為が起こる／起こったことを表す。前文と後文の間には因果関係はない。

①わからない単語が出てきたとき、電子辞書は便利です。

②日本人は子供から老人まで、ご飯を食べるときはしを使う。

2）〜たら

「〜たら」は仮定条件、および確定条件を表す。仮定条件は①のように仮定性を含む表現。一方、「確定条件」とは、②のように仮定性を含まず、起こることが確定している条件を言う。

①雨が降ったら、試合は中止だ。

②a　仕事が終わったら、話し合いましょう。

　　b　毎日家へ帰ったら、母の介護をしている。

仮定条件、確定条件は非過去の文で用いられるが、過去の文で用いられる「〜たら」は、「たまたま／偶然に」という意味合いを持つ。偶然起こる事柄に対して、驚きの気持ちが入る場合が多い。

③ドアを開けたら、猫が飛び込んできた。

④きのう町を歩いていたら、知らない人に挨拶をされた。

3）〜と

「〜と」は必ず起こる、引き続いて起こるという意味合いを持つため、非過去の文では習慣を表すことが多い。

①家へ帰ると、いつも母の介護をする。

②席に着くと、すぐパソコンを立ち上げる。

一方、過去の文で用いられる「〜と」には2つの意味用法がある。1つは「〜たら」と同じく、「たまたま／偶然に」という意味合いを持つものである。「〜たら」のほうが「〜と」よりも予想外・驚きの度合いは高い。

③ドアを開けると、猫が飛び込んできた。

④きのう町を歩いていると、知らない人に挨拶をされた。

過去で用いられる「〜と」のもう1つの用法は、後文の行為・事態が「そのまま／引き続いて」起こることを表すというものである。

⑤彼女は店に入ると、すぐさま2階の婦人服売り場へ向かった。

⑥彼はかばんから本を取り出すと、夢中で読み始めた。

4）〜てすぐ（に）

前文の事柄・行為に引き続き、間を置かず、次の事柄・行為が起こる／なされることを表す。時間的な継続を表し、因果関係はない。

①家へ帰ってすぐ、宿題をする。

②高校を出てすぐ、東京に出てきました。

5）〜と同時に

前文と後文の事柄・行為が同じときに起こる／なされることを、明確に表している。①は、音がしたのと爆発が起こったのが同じ「1つの時点」であるのに対し、②は卒業したのと結婚したのが「同時期」であることを表している。「と同時に」の前には非過去と過去の両方が来ることができる。

①バンという音がすると同時に、爆発が起こった。

②彼らは卒業すると同時に、結婚した。

21 とき 2

1-1. 時間の前後関係1「〜てから・〜あとで・〜たら・〜次第」
1-2. 時間の前後関係2「『〜てから』と『〜あとで』の違い」

1）〜てから

　「〜てから」も「〜あとで」も時間を重視する点では変わらないが、「〜てから」は次のような特徴を持つ。

　「〜てから」は前文のほうが後文より先に起こることを表すが、多くの場合「後文の事柄が起こるためには、まず先に前文の事柄が起こることが必要である」という意味合いを持つ。「手を洗ってから、おやつを食べなさい」は、「おやつを食べるためには、まず手を洗う必要がある」という意味合いを含んでいる。「これが終わってから、それをやる」は、それをやるためには、まずこれを終わらせることが先だという含みになる。「〜あとで」が時間の前後関係のみを問題視するのと、その点で異なっている。

　　①白衣とマスクをつけてから、実験室にお入りください。
　　②毎晩薬を飲んでから、ベッドに入る。

2）〜あとで

　時間の前後関係を重視する。事柄は引き続き起こらなくてもよい。「1つのことが完了して」という意識が強く、完了を表すことのできる動詞（終わる、済む、決まる等）と結び付きやすい。

　　①仕事が終わったあとで、来てください。
　　②父が死んだあとで、こんな手紙が出てきた。

3）〜たら

　「この仕事が終わったら、相談しよう」では、「〜たら」は「ほぼ決まってい

る事柄」を表す「確定条件」として使われており、その点では「〜あとで」とほぼ同じになる。ただし、「〜あとで」が時間関係を重視しているのに対し、「〜たら」は前文の事柄が後文の条件であるので、「この仕事が終わることが大事で、それが終わってから」の含みを持つ。話し言葉として使う。

①12時になったら、外で待っているよ。
②卒業したら、公務員になるつもりだ。

4）〜次第

「その動作に続いてすぐに」という意味を表し、改まった硬い言い方になる。①②のように、仕事関係、ビジネス関係で用いられることが多い。「満員になり次第、締め切ります」「送金があり次第、現物をお送りします」のように文書やお知らせ等でよく使われる。

①わかり次第、お知らせします。
②担当が戻り次第、連絡を差し上げます。

5）〜て

「あっちへ行って話そう」「兄は戦争が終わって、戻ってきた」のように、「〜て」は引き続いて事柄・行為が続くことを表す。「〜てから」に似ているが、「〜てから」には「あとで」の意味合いが残り、時間の前後関係が感じられるのに対し、「〜て」は時間の前後関係よりも、「引き続いて」という意味合いを重視する。

①もう遅いから、パジャマに着替えて、すぐ寝ましょう。
②あなたが悪いんだから、お父さんに謝って、許してもらいなさい。

6）名詞＋のあとで

名詞の後ろに「のあとで」が付いた形。「戦争のあとで」「話し合いのあとで」「ビルの建設のあとで」のように使われる。句としてまとめることで、短く簡潔に表すことができる。時間の前後関係を重視する。

①震災のあとでこの町は大きく変わった。

②戦争のあとで人の考え方は変わってしまった。

2. その時点以降を表す「〜（て）以来・〜てからというもの」等

1）〜てから

「〜てから」はある事柄・行為のあとで、引き続き別の事柄・行為が起こることを表すが、その事柄・行為がしばらく続く場合にも使う。「前の文から引き続いて起こって、そのまま続く」という意味になる。

①卒業してから、今の会社で働いている。
②彼女と会ってから、彼女のことが忘れられない。

2）〜をきっかけに

あることが1つの引き金となり、それを機会として、後文の事柄・行為が起こることを表す。プラス評価にもマイナス評価にも使う。

①いじめられたことをきっかけに、息子は不登校になった。
②文学賞受賞をきっかけに、彼は会社を辞めて、小説家になった。

3）〜（て）以来

「あるときから今日に至るまでずっとその状態が続いている」の意味を表す。「以来」の前には名詞や動詞のテ形が来る。

①去年の5月以来、Y選手の不調が続いている。
②震災以来、原発に対する反発が高まっている。
③税金が上がって以来、各店の売上高が落ちている。

4）〜てからというもの

「あることが起こったあと、それが原因・きっかけとなって大きな変化が起こり、その状態がずっと続く」ことを表す。書き言葉的。「〜以来」と意味的には同じだが、「〜てからというもの」のほうが、そのことが起こってからの変化が大きく、「ずっと続く」ことを強調した表現になっている。

①結婚してからというもの、彼は毎日張り切って仕事をしている。
②大地震が起こってからというもの、ちょっとした地震にもびくびくしている。

22 とき3

1. 一定の時間・期間内に状態・行為が終了する

1）〜とき／ときに

「皆がいるときに、決めておきたいことがある」の文では、その時間・期間内で「決める」という事柄・行為を終わらせるという意味合いがある。この場合の「とき」はある一定の長さを持っている。「留学しているときに、彼女と出会った」のように、「ときに」の前に「ている」が来ることが多い。

①その話は社長のいるときにしてください。

②社長がいないときにそんな話をしてもしかたがない。

2）〜あいだに

「あいだ」はある一定の長さを持つ時間・期間を指す。「〜あいだに」は、ある一定の時間・期間内に事柄・行為を終わらせることを表す。

①子供が寝ているあいだに、買い物に行った。

②雨がやんでいるあいだに、洗濯物を干してしまおう。

その時間・期間内に終わらせたほうがいいという意味合いを持つ「〜うちに」とは異なり、「〜あいだに」は時間的な長さを中心に置く。

3）〜うちに

「〜うちに」は2つの意味用法がある。1つ目は、1つの状態が続いている時間・期間内に、また、その状態が変化する前に、物事を済ませてしまうとい

う意味合いである。「うちに」の前に「～ている」等の状態性の表現が来る。ここでは状態が変化することに対する懸念の気持ちが入る。6)の「～ないうちに」よりは状態の変化に対する懸念の気持ちは弱い。

①子供が寝ているうちに、買い物に行ってこよう。

②スペインに留学しているうちに、フラメンコを習っておきたい。

「～うちに」のもう1つの意味用法は、一定の時間・期間が経過していくときに、他の現象も同時に引き起こされることを表すというものである。これも「うちに」の前に状態性の表現が来る。

③日本語を勉強しているうちに、だんだん日本語が好きになっていった。

④彼の説明を聞いているうちに、ますますわからなくなってしまった。

4) 名詞＋中に

動詞「漢語名詞＋する」(勉強する、食事する、入院する)の名詞の後ろに最中であることを表す「中」を付けて、一定の時間・期間を表す。「～あいだに」と同じく時間的な関係を表す。「中」の前に来るのは一定の時間を必要とする名詞である。

「食事中に」は「食事しているあいだに」、「仕事中に」は「仕事をしているあいだに」と同じ意味合いになる。文を句にまとめることで、短く、端的な表現になることが多い。

①仕事中に私的な電話はかけてこないでほしい。

②運転中にスマホをいじることは禁止されている。

5)～前に／までに

「～前に」は時間的な前後関係を、また、「～までに」は物事が実現する期限を表す。「入院しているあいだに」は、言い換えれば「退院する前に」「退院するまでに」になる。「～あいだに」が「一定の時間・期間内」を取り上げるのに対し、「～前に／までに」は「その時間・期間が終了する前」を表す表現である。

①子供が帰ってくる前に／までに、夕食の支度をしておこう。

②予算が決まる前に／までに何度も話し合った。

6）〜ないうちに

「うちに」の前に動詞のナイ形が来て、1つの状態が変化する前に「やってしまう」という意味を表す。状態の変化に対する強い懸念が入る。

①社長の気持ちが変わらないうちに、決めてしまおう。
②暗くならないうちに帰ったほうがいい。

2. 一定の時間・期間、状態・行為が続く

1）〜ときは

「先生がいるときは、生徒は静かに勉強しているが、いないときは、遊んでいる」のように、一定の時間・期間はその状態が続くことを表す。「〜ときは」と「は」で取り立てているので、「そのとき」（先生がいるとき）と「他のとき」（先生がいないとき）の状態が対比されることが多い。①は、「人気がないときは、人は遠ざかる」を連想させる。

①人気があるときは、人は近づいてくる。
②仕事がうまくいっているときは問題はないが、うまくいかないときは、いろいろ問題が出てくるものだ。

2）〜あいだは

一定の時間・期間はその状態が続くことを表す。「〜ときは」と同じように、「〜あいだは」と「は」で取り立てているので、「そのとき」と他のときとの状態が対比されることが多い。①は、「お金がなくなったら、助けられない」ことを暗示している。

①お金があるあいだは、助けてあげる。
②働けるあいだは、働きたいと思っている。

3)〜うちは

「〜ときは」「〜あいだは」と同じく、一定の時間・期間はその状態が続くことを表す。「〜うちは」はその状態が続くあいだはいいが、そうでない場合はよくない、または、その状態が続くのはよくないが、それがなくなればいいというような意味合いになる。次のように対比的に使われることが多い。

　　①若いうちは働く場所があるが、年をとったら働く場所がなくなる。
　　②健康なうちは働けるが、病気になったら働けなくなる。

4) 名詞＋中は

「入院中は」「食事中は」「仕事中は」のように、「漢語名詞＋する」の名詞部分と結び付いて、その時間・期間内を表す。「〜ときは」「〜あいだは」と同じ意味用法になる。

　　①仕事中はあまり話しかけないでください。
　　②旅行中は盗難に気をつけましょう。

5)〜前は／までは

「〜前は／までは」は「その時間・期間が終了する前」を表す表現である。「前は／までは」はそれぞれ「前」「まで」を「は」が取り立てているので、「あと」との対比・連想が起こりやすい。

　　①A：日本語、お上手ですね。いつ勉強なさったんですか。
　　　B：日本へ来てからです。来る前は／までは全然しませんでした。
　　②リフォームする前は／まではあばら家だったが、リフォーム後は見違えるようになった。

「〜前は」は時点を重視し、「〜までは」は物事が実現する期限を重視する。①②では「〜前は／までは」両者の入れ換えが可能であったが、時点のみを取り上げている場合は③のように「〜前は」が、期限のみを強調する場合は④のように「〜までは」がふさわしくなる。

　　③寝る前はコーヒーを飲まないでください。
　　④私が帰ってくるまでは、パソコンを使っていてもいいですよ。

6）〜ないうちは

「うちは」の前に動詞のナイ形が来て、1つの状態が変化しなければ、またはその状態が続くのであれば、次の事柄・行為は起こらない／しないということを表す。その期間はその動作・状態を続けるが、その期間が終わればどうなるかわからないという気持ち（懸念）が入り、その気持ちは「〜ときは」や「〜あいだは」より強くなる。

　　①論文が書き終わらないうちは、遊びに行く気にはなれない。
　話し手の強い主張を含む場合があり、そのときは忠告や注意を喚起したりすることにも使われる。

　　②貸したお金を返してもらわないうちは、帰りません。
　　③簡単な仕事だが、慣れないうちは時間がかかるかもしれない。

23 とき4

1. 同時の動作・状態

1）〜ながら

　同じ主語（主体）が同時に2つのことを行う場合に用いる。①のように短時間の同時作業もあれば、②のように同時作業が長時間にわたるものもある。

　　①歌を口ずさみながら、掃除をする。
　　②大学時代は、アルバイトをしながら研究を続けた。

2）〜かたわら

　「主な生活・活動がある一方で、別のこともしている」という意味で、通常は2つのことが一定期間続く場合が多い。生活や活動が長期間続いている様子を表す。書き言葉的表現である。「かたわら」の前に名詞が来る場合は「名詞＋の」になる。

①彼女は子育てをするかたわら、大学院に通っている。
　②彼は会社勤務のかたわら、俳句を始めた。

3）〜たり

　話し言葉的表現。主な意味用法は「複数の事柄・行為の中からいくつかを例として取り上げる」である。選択的に取り上げて、その他にも事柄・行為があることを示唆する。また、選択的に取り上げることで、曖昧に伝える場合もある。
　①A：きのうどこへ行ったの？
　　B：うん、スポーツ店へ行ったり……。
取り上げるものは「〜たり〜たり」のように2つの場合が多いが、①のように「〜たり」1つの場合もある。
　「〜たり〜たり」は他にも、「事柄・行為を交互に繰り返す」ことを表す。次の②では、類似の事柄・行為を並べ、③〜⑤では対照的な事柄・行為を並べている。
　②きのうは歌ったり踊ったり、とても楽しかった。
　③人生は泣いたり笑ったりの繰り返しだ。
　④このところ暑かったり寒かったりで、服装の調節が大変だ。
　⑤息子は、学校へは行ったり行かなかったりしている。

4）〜し

　事柄や行為を並べ、列挙する働きを持つ。列挙の仕方は、同時的なことや、関連していると思ったものを取り上げ、並べる。ゆるやかな列挙の表現で、話し言葉的な表現である。
　①彼女は歌も歌えるしダンスもできる。
　②あの子は勉強もできるし、家の手伝いもするし、明るいし……。

5）〜つつ

　同じ主語（主体）が1つのことをしながら、同時に他のこともすることを表す。「〜ながら」と類似しているが、「〜つつ」は書き言葉的表現。「つつ」を用いて、前文の動作・行為が今まさに行われている途中であることを描写的に示す。

　　①彼は今までの経過を振り返りつつ、研究の概略を説明した。

　　②いろいろな分野と連携しつつ、学際的な研究を行っていく。

6）〜でもあり〜でもある

　類似の性質や内容を並列する言い方で、事柄は職種、分野等、同じグループの場合が多い。書き言葉的表現。

　　①彼女は私にとって、妻でもあり同志でもある。

　　②これは古くからの問題でもあり、新しい問題でもある。

2. 1つのことが終わって、すぐ次のことが起こる

1）〜てすぐ（に）

「事柄・行為が時間を置かず、引き続いて起こる／なされる」ことを表す。

　　①炎が出てすぐ、爆発が起こった。

　　②ご飯を食べてすぐに横になるのは、よくないそうだ。

2）〜とすぐ（に）

　「〜てすぐ」と同じく、引き続き事柄・行為が起こる／なされることを表すが、「〜とすぐ」は「〜と」が条件を表すため、前文・後文の関係が条件・結果のニュアンスを帯びる。

　　①薬を液体に注ぐとすぐに、泡が出てきた。

　　②彼はアルコールを1滴でも飲むとすぐ、真っ赤になる。

　条件・結果の意味合いがあまり出ない場合も多いが、話し手は、前文のあと次に起こることを待ち望む気持ちや、意外感を含めることが多い。

　　③私は新製品を見るとすぐに買ってしまう。

3）〜たらすぐ（に）

　「〜とすぐ（に）」とほぼ同じ。話し言葉的な表現になる。「〜たら」が持つ条件の意味合いが入り、前文のあと、次に何が起こるかを待ち望む気持ちや、意外な気持ちが「〜とすぐ」より強く感じられる。次の①では、席に着いてすぐ眠ってしまうという事態の経緯が強調されるのに対し、②では予想外な気持ち、意外な気持ちを感じ取ることができる。

　　①彼は席に着くとすぐに、眠り始めた。
　　②彼は席に着いたらすぐに、眠り始めた。

4）〜と同時に

　「前文の事柄とほぼ同じときに、後文の事柄が起こる／行われる」ことを表す。

　　①ドアを開けたと同時に、猫が飛び込んできた。
　　②ボタンを押すと同時に、ベルが鳴り始めた。

5）〜とたん（に）

　前文での行為・動作のあと、またそれがきっかけとなって、同時的、瞬間的に物事が起こることを表す。話し手が予期しなかったことが起こる場合が多い。後文には何かが起こった、事態が変わった等の、現象を描写する文が来やすい。

　　①ボタンを押したとたん、ベルが鳴った。
　　②首相が代わったとたん、いろいろな問題が噴出し始めた。

　後文に意志表現、働きかけ表現は来にくい。話し言葉的表現。

6）〜や否や

　ある事柄・行為のすぐあとに、次の行為・動作が続くことを表す。「〜するかしないかの短い間に」「〜するとすぐに」の意味を持ち、「待ち構えて」次の動作・行為が起こることを表すことが多い。硬い言い方で、書き言葉で用いられる。

①店が開店するや否や、客はどっと入り口に押し寄せた。

②その話を聞くや否や、彼はだめだと言った。

7）〜が早いか

　ある事柄・行為のすぐあとに、次の行為・動作が続くことを表す。スピードのある動作・行為が中心になる。描写的に描いている。書き言葉的表現。

①ベルが鳴ったが早いか、生徒達は教室を飛び出していった。

②パトカーが駆けつけるが早いか、暴走族はさあっと逃げていってしまった。

8）動詞の辞書形＋なり

　ある事柄・行為のすぐあとに、次の行為・動作が続くことを表す。その点では「〜や否や」「〜が早いか」等と似ているが、「〜（る）なり」は、前文の動作・動きの直後に視点が置かれる。直後には、予想外のことが起こることが多い。やや古めかしい言い方。

①彼は家に帰るなり、自分の部屋に閉じこもって出てこない。

②彼女は「キャー！」と言うなり、倒れてしまった。

3. 限界・限度

1）〜（た）きり

　会話等では「〜（た）っきり」になりやすい。前文の事柄・行為を限り（最後）として、そのあとに期待される物事・事態が起こらなくなってしまうことを表す。後文には否定表現が来やすい。話し手の期待外れの気持ち、残念な気持ちが入る。

　時間・期間に重点を置き、①のように時間・期間がたったという感じを抱かせることが多い。

①父は出ていったきり、1年たっても戻ってこない。

②彼女は黙ったっきり、一言も話さなかった。

次のように、後文が省略されることも多い。
　　③A：Ｃさん、帰ってきた？
　　　B：ううん、ゆうべ出ていったきりよ。

2)〜(た)まま
　前文の状態が続いている状況で、後文の事柄・行為が起きる／なされることを表す。「〜(た)きり」と似ているが、「〜(た)まま」は前文の状態・状況が続いていることに視点を置き、その状態・状況を描写的に描く。「彼女はキャーと言ったまま／言ったきり、倒れてしまった」において、「〜(た)まま」は、キャーと言ったときの彼女の状態の描写に重点を置き、「〜(た)きり」はキャーと言ったあとに起こった事態の変化に重点を置いている。
　　①テレビをつけたまま、眠ってしまった。
　次の②のように後文が省略されることも多い。
　　②A：Ｃさん、帰ってきた？
　　　B：ううん、ゆうべ出ていったままよ。

3)〜(た)なり
　「動詞のタ形＋なり」の形をとって、「事態や動作が起こり、それをきっかけとして次に何かが起こる、またはそれ以降物事が途切れる」ことを表す。「〜(た)なり」は動作や動きに重点が置かれる。やや硬い表現である。
　　①彼女はキャーと言ったなり、倒れてしまった。
　　②2人は抱き合ったなり、泣き崩れてしまった。
　次の③のように、「〜(た)なり」の後文は省略しにくい。
　　③　A：Ｃさん、帰ってきた？
　　　？B：ううん、ゆうべ出ていったなりよ。
「〜(た)きり」「〜(た)まま」が後文を省略できるのに対し、「〜(た)なり」で省略しにくいのは、前文で切れてしまうのではなく、後文につながっていく意識が強いためだと考えられる。

4)～たら最後

一度そのことが起こったら、その人・ものの決意や性質などで、必ずそうする、そうなることを表す。話し言葉的表現。やや大げさな言い方でもある。「～たら最後、絶対～ない」の形で用いられることが多い。

①彼女はカラオケで、マイクを握ったら最後、絶対放さない。

②社長はダメだと言ったら最後、絶対考えを変えない。

話し言葉「～たら最後」に対して、書き言葉として「～（た）が最後」が用いられる。

③彼女の魅力に取りつかれたが最後、離れることはできないだろう。

④あいつをつかまえたが最後、本当のことを言わせてみせる。

24 条件 1

1. 仮定性が強い場合
2. 仮定性が弱い場合1、2

1)～たら

①のように仮定性の強い条件から、②のような仮定性の弱い条件（確定条件）まで表すことができる。仮定性の度合いは、文脈・状況から判断される。前文と後文には時間の前後関係（前文の事柄が後文の事柄より先に起こること）が必要である。後文には意志や働きかけの表現（依頼・命令等）が来ることができる。話し言葉として使われる。

会話的な表現であるため、レポート、論文、説明書等の文書では基本的には用いることができない。

蓮沼（1993）は、「～たら」は「話し手が実体験的に新たな事態を認識するといった文脈を要求するものなので、外部からの観察者として事態の生起を客観的に叙述するような文脈では用いられない」と述べている。このことか

らもわかるように、「〜たら」は話し手の直接的な気持ちが入りやすい表現で、仮定を表す場合も、話し手の予測・想定・判断にかなりの自由度を含ませることができる。

　①それが本当だったら、逆立ちしてやるよ。
　②先生：わかりましたか。わかったら、手を挙げてください。
　　生徒：はーい。

「〜たら」が過去の状況で用いられるときには、「たまたま、偶然」そうであったというニュアンスが強い。予想外の気持ちや驚きの感情が入ることが多い。

　③きのうショッピング街を歩いていたら、高校時代の友達に会った。

2）〜ば

　仮定条件（例：雨が降れば、私は行かない。）および、一般条件（例：暖かくなれば、雪が溶ける。）を表す。主に話し手の認識・判断を表し、命令や強い意志のような話し手の行為・実行の表現は得意としない。話し言葉に用いられるが、改まった、やや硬い言い方でもある。

　「〜ば」は後文が望まれているという文脈で使われるため、後文には望ましいことが来やすくなる。①のaは「病気が治る」というプラスのことを言っていて、適切な文になっているが、bでは「病気が悪化する」というマイナスのことを言っているので、文が不自然になっている。

　①　a　この薬を飲めば、病気が治る。
　　？b　あの薬を飲めば、病気が悪化する。

「どうすればいいですか」の形や、「〜ばいいです」の形で助言として用いられることが多い。

　前文と後文には時間の前後関係が必要である。

　②A：この危機を乗り越えるにはどうすればいいだろう？
　　B：お金の使い方を精査して、無駄遣いを減らせばいいと思う。

「〜ば」は基本的には過去で用いられることは少ないが、用いられた場合は、過去の習慣を表すことが多い。

　③子供のころは日曜日になれば、友達と山へ探検に行った。

3）〜と

「前文＋と、後文」は、前文に引き続いて後文が起こる、または必ず起こることを表す。したがって、「春が来ると、花が咲く」のように一般的事実も表す。

後文には意志や働きかけの表現（依頼・命令等）は来ない。前文と後文には時間の前後関係が必要である。事務的な響きがある。

　①小学校では、午後4時になると、下校の音楽が流れる。

　②このボタンを押すと、映像が切り替わります。

「〜と」が過去の状況で用いられるときには、「引き続いて／すぐに」そういう行為をした、または「たまたま、偶然」そうであったという意味合いを表す。後者の場合、「〜たら」よりは弱いが、予想外の気持ちや驚きの感情が入ることが多い。

　③彼女は座席に座ると、化粧をし始めた。

　④きのうショッピング街を歩いてると、高校時代の友達にばったり会った。

4）〜なら

仮定性の強い条件に用いられることが多い。したがって、「？春が来るなら、花が咲く」のように一般的事実は表せない。前文と後文には時間の前後関係は必要ではない。後文には意志表現や働きかけ表現が来ることができる。話し言葉にも書き言葉にも用いられる。

　①あなたが行くなら、私も行きます。

　②やりたくないなら、やらなくてもいいよ。

次のように主題（トピック）を表す用法もある。

　③旅行に行くなら、パプアニューギニア。

　④果物なら、りんごが好き。

「〜なら」は過去の状況では用いられない。

5）〜のなら

「〜なら」と同じ使い方をする場合が多い。「のだ／んだ」の「の」が入っているので、前提や状況のある場合に用いられることもある。おなかが痛そうな顔をしている人を見て、「おなかが痛いのなら、少し休んだほうがいいよ」という使い方である。次の①は、相手の発話（前提）を受けて、「のなら」を使っている。

　　①A：これ、捨てるの？

　　　B：うん。

　　　A：捨てるのなら、私にちょうだい。

　②のように、単に強めるために「の」が入る場合もある。

　　②あの人が来るのなら、私は帰ります。

「〜のなら」は「〜なら」同様、過去の状況では用いられない。

6）〜場合

　仮定条件と確定条件を表す。「そのとき」を重視した言い方で、そのときどうするか、何が必要かなどの可能性を説明する。あくまで「可能性」を表すために、すでに起こった過去の事柄には用いられない。

　？①彼を訪ねた場合、彼はうちにいなかった。

　やや硬い、事務的な表現。後文に依頼や命令等の働きかけ表現をとることができる。

　後ろに助詞を伴うことが多い。「〜場合に」はその時点を重視し、「〜場合は」は他の時や状況を対比的に思い浮かべていることが多い。

　　②不具合が見つかった場合にこの番号に電話ください。

　　③パスワードを忘れてしまった場合は、パスワードを設定し直してください。

7）〜ものなら

　実現する可能性の低い仮定を表す。突き放すような気持ちを込めて、「決して起こらないけれど、仮に起こったら」の意味を表す。全体的には話し手

の否定的な諦めの気持ちを表す。会話的表現で、やや大げさな言い方である。

①北海道？　行けるものなら、すぐにでも行ってみたいよ。

②A：まだ彼女のこと考えてるの？

　B：そうだよ。忘れられるものなら、忘れたいんだけど。

25 条件 2

1. 〜たら・〜としたら・〜となったら
2. 〜ば・〜とすれば・〜となれば
3. 〜と・〜とすると・〜となると
4. 〜（の）なら・〜とする（の）なら・〜となる（の）なら

1）〜たら

　（24「条件1」使い方のポイント1.及び2.1）参照）

2）〜ば

　（24「条件1」使い方のポイント1.及び2.2）参照）

3）〜と

　（24「条件1」使い方のポイント1.及び2.3）参照）

4）〜（の）なら

　（24「条件1」使い方のポイント1.及び2.4）5）参照）

5）〜としたら

「〜たら」より仮定性が強い。「それが事実だと考えた場合、どうなるか／どうであるか」を表す。前文と後文には時間の前後関係は必要ではない。後文には意志や働きかけの表現（依頼・命令等）が来ることができる。話し言葉として使われる。①のように、疑問の形で使われることが多い。

①A：海外に移住するとしたら、どこがいい？
　B：そうね。海外に移住するとしたら、ニュージーランドあたりがいい。
②ホテルで働くとしたら、もっと英語を勉強したほうがいいよ。

6）〜とすれば

「〜としたら」と同じく、「それが事実だと考えた場合」を表す。「〜としたら」と同じく前文と後文には時間の前後関係は必要ではない。仮定性は「〜としたら」よりやや弱く、後文には「〜としたら」よりもっと具体的な内容が来やすい。話し言葉として使われる。前文と後文には時間の前後関係は必要としない。

①海外に移住するとすれば、かなりお金がかかるね。
②A：フィアンセは高給取りなの？
　B：とんでもない。今結婚するとすれば、私も働かないといけないのよ。

7）〜とすると

「〜としたら／とすれば」と同じく、「それが事実だと考えた場合」を表す。仮定性は「〜としたら／とすれば」より弱くなり、後文には具体的な内容が来やすい。「〜とすれば」に比べ、より現実的になる。話し言葉として使われる。前文と後文には時間の前後関係は必要ではない。後文には意志や働きかけの表現は来ない。

①海外に移住するとすると、今の家はどうしよう。
②今結婚するとすると、2人の収入ではやっていけないかもね。

8)〜とする（の）なら

使用頻度が低くあまり使われない。一般には「〜とする（の）なら」の代わりに「〜（の）なら」を使う（例：行くとする（の）なら→行く（の）なら）。

?a　料理を作るとするのなら、あのスーパーで買い物するのがいいですよ。

b　料理を作るのなら、あのスーパーで買い物するのがいいですよ。

9)〜となったら

「そのようなことになった場合、どうなるか／どうするか」を表す。「〜としたら」と同じく仮定性の強い表現であるが、「なった場合」を想定する分、「〜としたら」より現実的な意味合いを持つ。前文と後文には時間の前後関係は必要ではない。後文には意志や働きかけの表現（依頼・命令等）が来ることができる。話し言葉として使われる。

①引っ越しするとなったら、できるだけ早く準備を始めてください。

②ここで店を開くとなったら、まず改装しなくちゃ。

10)〜となれば

「そのようなことになった場合」を表す。前文と後文には時間の前後関係は必要ではない。仮定性の強い表現であるが、話し手のとらえ方が、「〜となったら」より現実的で、後文により具体的な内容が来る。後文に意志や働きかけの表現は、「〜となったら」よりは落ち着きが悪いが、一応来ることができる。

①自分で起業するとなれば、綿密な資金計画が必要だ。

②引っ越しするとなれば、できるだけ早く準備を始めてください。

11)〜となると

「そのようなことになった場合」を表す。前文と後文には時間の前後関係は必要ではない。仮定性の強い表現であるが、話し手のとらえ方が、「〜となったら／なれば」より現実的で、後文にはより具体的な内容が来る。後文には意志や働きかけの表現（依頼・命令等）が来ることはできない。

①引っ越しするとなると、費用はどのくらいかかるんだろう。
②引っ越しするとなると、どこの引っ越し業者に頼むかが問題だ。

12）〜となる（の）なら

　一般には使われない。「〜となる（の）なら」の代わりに「〜（の）なら」を使う（例：行くとなる（の）なら→行く（の）なら）。

　？自分で起業するとなるのなら、綿密な資金計画が必要になる。

26　条件 3

1-1. 必要条件1「それが必要だ」

1）〜なければ

　条件を表す「〜ば」が動詞・形容詞・「名詞＋だ」の否定形（ナイ形）と結び付いた形。「〜なければ」の形で、「もしそうしない場合は、懸念することが起こる」、したがって「そうする必要がある」という意味を表す。

　①保健所の許可がなければレストランを開くことはできない。
　②会員登録しておかなければ、保証は受けられない。

2）〜ないと

　条件を表す「〜と」が動詞・形容詞・「名詞＋だ」の否定形（ナイ形）と結び付いた形。「〜ないと」の形で、①のように「困る、困難である」ことを述べたり、②のように、注意・忠告・警告を表す。

　①a　お金がないと困る。
　　b　仕事がないと、生きていけない。
　②a　勉強しないと、わからなくなるよ。
　　b　今手術しないと、手遅れになるよ。

3）〜なくては

　「〜なくて」という否定の形を用いて、その否定の状態では、後文のことが「できない」「不可能だ」「だめだ」ということを表す。

　　①試合は勝たなくては、何にもならない。

　　②思いやりがなくては、人はついてこない。

　　③相手のすべてを受け入れなくては、愛しているとは言えない。

以上の①から③を言い換えれば、「だから、試合に勝て。」「だから、思いやりを持て。」「だから、相手のすべてを受け入れよ。」と言っているとも言える。説明・解説をしたり、言い聞かせたりしながら、注意や助言をしている表現である。

4）〜ない限り（は）

　前文で「そういう状態・状況が続くあいだは」と範囲を設定し、「そういう状態・状況がなくなれば、状況も変わる」という含みを持つ。強い条件設定になる。次の①は強い決意を表し、②は相手への注意・忠告を表している。

　　①首相：重大な事態が起こらない限り、消費税は上げる。

　　②タバコをやめない限り、長生きできないよ。

5）〜ない以上（は）

　「今の状況・状態をつくってしまったのだから」という強い理由を表す。そして、それが条件となって、決意、忠告、助言、不可能等を表す表現が後文に続く。

　　①働かない以上は、給料は出さないよ。

　　②現状を変えられない以上、今の会社でしばらく頑張ってみたらいい。

　　③証拠がない以上、釈放せざるを得ない。

6）〜ないようでは

　後文に否定の表現を伴って、「そのようなことさえしない／できないでは、困る／だめだ」という意味合いを表す。強く注意をしたり苦言を呈する場合

に使う。それはまた、「今の状態を改善すれば、何とかなる」という方向への勧告を含んでいる。

①こんなことがやれないようでは、困るね。

②こんな問題もわからないようでは、これからの勉強が心配だ。

1-2. 必要条件2「それなしにはできない」

1)〜(た)うえで

「まず、前文で述べられた行為・行動の結果を見て後文の行為・行動に移る」ことを表す。その場で結論を出さないで、もう少し考えたり、相談したりしてから決断するという態度を表す。

①両親と相談したうえで、決めたいと思います。

②これは、十分考えたうえでの結論です。

2)〜ないことには

「それがないと、また、それをしないと、次のことができない」ことを表す。硬い言い方だが、話し言葉で用いられる。次の①②では、「まず、昼飯を食べる」「まず、契約を守る」ということを主張している。必要条件を述べて、その履行を求めたり、警告している。

①昼飯を食べないことには、体がもたない。

②契約を守ってもらわないことには、仕事は続けられない。

3)〜ことなしに(は)

「こと」の前には動詞が来る。「そのことがないと、次のことができない」ことを表す。そのことが次のことが成立するための必要条件になる。書き言葉的表現。「〜ないことには」とほぼ同じ。「〜ないことには」が話し手の主観に基づくことが多いのに対して、「〜ことなしに(は)」のほうは客観的で、論理的な説明になる。

①努力することなしに(は)、成功はあり得ない。

②リスクを負うことなしに（は）、新しいことに挑戦はできない。

4）名詞＋なしに（は）

「動詞＋ことなしに（は）」と意味用法は同じで、「動詞＋こと」が名詞になった形。「人は愛することなしには、生きられない」「努力することなしには、成功はあり得ない」は、「愛なしに（は）〜」「努力なしに（は）〜」になる。それが絶対に必要だということを主張している。

①銀行からの借り入れなしには、会社の立て直しはできない。

②親からの援助なしには、一人暮らしはできないだろう。

5）名詞＋抜きで（は）

「〜を除外して」の意味を表す。「本来ならある／いるべきもの」をあえて除くという意図が入る。

①今晩はうるさい女房抜きで、一杯やろう

「〜抜きで」の後ろに「は」が付くと、後文に否定表現が来やすくなり、「〜なしでは、できない／困る」の意味になる。

②寿司はわさび抜きではおいしくない。

③朝ご飯抜きで仕事に行くのは、体によくない。

2. 誇張した条件表現

1）〜でもしたら

名詞や動詞のマス形の語幹に付いて、「けがでもしたら」「車にぶつかりでもしたら」のように「もし／万一そうなったら」の意味を表す。後文には「大変だ、困る、どうするの」のような表現が来て、全体で注意や忠告をする。「でも」で事柄や行為を取り立て、例として示す。

①そんなところに財布を入れて、落としでもしたらどうするの？

②旅行中に病気でもしたら、大変なことになる。

2）〜（よ）うものなら

「万一そんなことをすれば大変なことになる」という意味合いの表現を、やや大げさに表している。であるから、そんなことはしないほうがいいという忠告、助言として用いられることが多い。

　①社長を批判しようものなら、大変なことになる。
　②あの人にお金を借りようものなら、あとでひどい目に遭うよ。

3）〜でも〜（よ）うものなら

「でも」で1つの例を挙げて、「万一そんなことをすれば大変なことになる」と強調している。「〜（よ）うものなら」より話し手の気持ちが強い言い方である。そんなことはしないほうがいいという忠告・助言を表す。

　①社長を批判でもしようものなら、即座に首になるよ。
　②あの人にお金でも借りようものなら、あとでひどい目に遭うよ。

4）〜なんか／なんて〜（よ）うものなら

「〜でも〜（よ）うものなら」とほぼ同じ意味用法を持つ。「でも」の代わりに、やはり取り立て助詞「なんか／なんて」を使っている。「なんか／なんて」には前に来る事柄や行為を軽視したり、無視したりするニュアンスがあるため、そんなことはやめたほうがいいことを強調的に伝えている。

　①社長を批判なんか／なんてしようものなら、即座に首になるよ。
　②あの人にお金なんか／なんて借りようものなら、あとでひどい目に遭うよ。

27 原因・理由 1

1. 一般的な原因・理由表現

1）〜から

　話し手の直接的、主観的な理由付けを表す。話し言葉。後文には意志表現や働きかけ表現が来ることができる。直接的に響くので、フォーマルな場や目上の人には使わないほうがよい。

　　①うるさいから、静かにしてください。

　　②遅くなったから、帰ろう。

2）〜ので

　「時間切れになったので、試合は引き分けになった」のように物事・事態の因果関係を客観的に示す。一方で、「〜から」より丁寧な表現としても用いられる。後文には命令等の働きかけの強い表現は来にくい。

　　①警官が時間をかけて説得したので、犯人は人質を解放した。

　　②食べ盛りの子供が多いので、食費がかさむ。

3）〜て

　「〜て」そのものには理由を表す機能はない。前文・後文の関係で決まる。前文が形容詞、状態性の動詞や可能形のテ形の場合は原因・理由を表すことができる。

　　①ゆうべは寒くて寝られなかった。

　　②こわい先生がいて、意見が言えなかった。

　理由を表す「〜て」の文では、後文には意志表現や働きかけ表現は来ない。

4）〜ため（に）

　原因・理由を表す書き言葉的な表現である。前文・後文で原因・結果を明示

的に示すことができる。後文には意志表現や働きかけ表現は来ない。多くの場合「〜ため（に）」で引き起こされた結果は悪い事態であることが多い。

　　①雨のために試合は中止になった。

　　②事故があったために、遅刻してしまった。

5）〜し

　原因・理由を表す。「〜から」や「〜ので」が直接的に理由付けをしているのに比べ、理由付けがゆるやかで、ぼかした言い方になる。その分、会話的で遠まわしな感じを与える。ただし、「し」を強調すると、話し手の強い理由付けの気持ちが入る。並列の「〜し」と結び付いて、話し手が思い付いたままを列挙し、最後に理由付けすることが多い。

　　①雨が降ってるし、風もあるし、今日は出かけるのはやめる。

　後文に話し手の意志表現や働きかけ表現をとることができる。

　　②熱があるし、頭も痛いし、病院へ連れて行ってください。

6）名詞＋で

　「大雪で、新幹線が遅れている」「爆発で、大勢の人が死んだ」のように「名詞＋で」の形で原因・理由を表す。「で」の前の名詞は原因・理由を表す語（爆発、事故、大雨、大雪等）が来る。また、原因・理由を詳しく説明する場合は、「友達との喧嘩で」「高速道路での事故で」「トラックとの接触で」のように「名詞＋格助詞（で、と等）＋の」が前に来る。

　　①事故で多数のけが人が出ている。

　　②高速道路のトンネル内での事故で、多数の死者が出た。

2. 評価や言い訳・説明を表す原因・理由表現

1）〜おかげで❶

　他者の行為や事柄から恩恵・利益を受けたことに対し、話し手の感謝の気持ちを表す表現である。

①（あなたが）親切にしてくださったおかげで、（私／息子は）やり通すことができました。

「おかげで」の前には「〜てくれた／くださった」「〜てもらった／いただいた」のような授受表現が来やすい。後文には意志表現や働きかけ表現は来ない。

②手伝ってくれたおかげで、仕事がうまくいったよ。

③来ていただいたおかげで、会が盛り上がりました。

2）〜おかげで❷

1）「〜おかげで❶」の派生的な用法である。他者がやってくれたことが結果的にうまくいかず、不利益を被った気持ちを表す。同じ意味の「〜せいで」と比べると、「〜おかげで」のほうがやや皮肉っぽく、揶揄したような感じになる。目上の人には使えない。

①（君／あなたが）間違った道を教えてくれたおかげで、倍の時間がかかってしまったよ。

②あの人のおかげで、何もかも失敗してしまった。

3）〜せいで

主に他者の行為や事柄から不利益を受けたことに対し、話し手の責める気持ちを表す表現である。言われた人が責められている気持ちになる、かなり強い言い方である。

①あなたのせいで、失敗してしまった。

②寝る前にコーヒーを飲んだせいで、ゆうべは眠れなかった。

4）〜ものだから

「ものだ」の持つ「一般的、社会的なものと照らし合わせて」という意味から、「皆にも当然わかってもらえる（であろう）そういう（大変な）原因・理由で」という意味合いを持つ。「そういう（大変な）原因・理由で」という部分は、話し手にとってのみの場合もあり、そのときは言い訳・弁解がましい印象を

与える。
　　①忙しいものだから、ひげも剃ってこなかったんだ。
　　②時間がなかったものだから、おみやげを買えなかったんだよ。

5）〜わけだから
　原因・理由を客観的、解説的に説明する表現である。確実な事実を根拠にして、当然の成り行きとして後文の事柄が起こるということを表す。「〜わけだから、〜する／なるのは当然だ」という形をとることが多い。
　　①みんな一生懸命やっているわけだから、相手の非ばかり責めるのはよくない。
　　②せっかく選ばれたわけだから、頑張るのは当然だ。
　講義やスピーチなどでは、「〜わけですから、〜」の表現がよく聞かれる。
　　③〈教授が講義で〉空気の密度によって圧力が上下するわけですから、音とは伝播（でんぱ）する空気圧の波であると言えます。

6）〜の／んだから
　話し手も聞き手も知っている事柄を取り上げ、「そういうことだから」と理由付け、後文に「〜てほしい」「〜てください」「〜しろ」のような働きかけ表現が来やすい。話し手の強い主張を表す。
　　①あなたのせいで失敗したのだから、あなたが弁償すべきですよ。
　話し言葉的表現で「〜んだから」になることが多い。
　　②冬は寒いんだから、ちゃんと厚着をしなさい。
　　③私は知らないんだから、聞かないで。

27　原因・理由　1

28 原因・理由 2

1.「から」を含む原因・理由表現

1）〜から

　前文が原因・理由を、後文がその結果を表す。「〜から」は話し言葉に用いられる。話し手の直接的な理由付けの気持ちを表す。

　　①涼しくなったから、エアコンを消してください。

　　②今日はいい天気だから、洗濯をしよう。

2）〜からか

　原因・理由を表す「から」に不確かな気持ちを表す「か」が付いて、原因・理由を曖昧に提示する。原因・理由が不確かである場合はもちろんだが、話し手の気持ちとして曖昧にぼかしておきたい場合にも用いる。同じく曖昧な原因・理由を表す「〜せいか」とほぼ同じ意味合いであるが、次の点で違っている。

　〜からか：「からか」の前には文が来る。

　　　　　　　「せいか」に比べると、原因・理由を明確にしようとしている気配がある。

　〜せいか：「せいか」の前には文が来るが、「名詞＋の」の形で名詞も来る。判断は、「からか」よりも話し手の気持ちに依拠するところが多い。

　　①台風が近づいているからか／せいか、風が生暖かい。

　　②年をとったからか／せいか、目が覚めるのが早くなった。

3）〜からこそ

　「唯一その理由のために」何かをする／したという、強い理由付けを表す。

「からこそ」の前に来る事柄が重要になる。後文には話し手の強い判断表現「～のだ／んだ」「～べきだ」「～なければならない」等が来ることが多い。話し言葉的表現。

①子供：うるさいなあ。

　母親：あなたのことを大事に思っているからこそ言うんです。

　　　　まじめに勉強しなさいって。

②遠距離恋愛でなかなか彼に会えない。会えないからこそ、会いたい気持ちが強くなる。

4）～からには

その理由・根拠のために「こうあらねばならない」「こうしなければならない／すべきだ／したい」という話し手の強い決意、願望、義務、実行や対処を表す。話し言葉的表現。

①この学校に入ったからには、1番になってみせる。

似た表現に「～からこそ」があるが、「からこそ」が前に来る事柄を重視するのに対し、「～からには」は後文に来る事柄を重視する。

②オリンピックがあるからこそ、毎日の厳しい練習に耐えている。

③オリンピックに出るからには、毎日の厳しい練習に耐えなければならない。

②では「オリンピックがある」ことが唯一無二の理由だということを主張し、③ではオリンピックのために「毎日練習に耐える」ということが話し手の主張になっている。また、「からには」の前には「ある」のような状態動詞や形容詞等は来にくく、意志性のある動作動詞が来る。ここにも「～からには」が意志を強く示す表現であることがわかる。

？④家族があるからには、家の1軒も建てたいものだ。

2. その他の原因・理由表現

1）〜なくて／ないで

原因・理由を表すのは「〜なくて」のほうである。「〜ないで」は動作動詞と結び付いて「その動作をすることなしに」の意味を表す。「〜ないで」が原因・理由として用いられるのは、次の①②のように、会話等で「〜なくて」の代わりとして使われる場合である。

　　①A：どうしたの？
　　　B：うちの子は野菜を食べないで困るの。お宅は？
　　　A：うちの子は魚を食べないで困るのよ。
　　②優秀な人は、失敗した人の気持ちがわからないで困る。

2）〜せいか

「〜せいで」（例：あなたが変なことを言ったせいで失敗した。）は、話し手がその原因・理由のために不利益を被った場合に使うが、「〜せいか」は必ずしも不利益を被った場合にのみ使われるのではない。助詞「か」が不確実さを表すため、「はっきりした理由はわからないが、たぶんその理由だろう」という場合に使う。

　　①ヘアスタイルのせいか、今日の彼女は若く見える。
　　②ゆうべあまり寝なかったせいか、あくびばかりしている。
「年のせいか〜」「気のせいか〜」のように慣用的に使われることが多い。

3）〜ばかりに

そのことが唯一無二の原因・理由であると特定する。そのことのために期待していたことが起こらなかった、無駄になったというような場合に用いる。「〜せいで」は人を責める意味合いが入るが、「〜ばかりに」は「惜しかった」「残念だ」「くやしい」という話し手自身の反省の意味合いが強い。

　　①保証人になったばかりに、借金を抱えてしまった。
　　②稼ぎが少ないばかりに、家では小さくなっている。

4）〜ばこそ

「他でもないこの理由で」を表す原因・理由の強調表現である。プラスのことに使い、マイナスのことにはあまり使わない。書き言葉的表現。文章の中や、改まった言い方として使われる。後文には事実や判断を述べる表現が来て、意志表現や働きかけ表現は来ない。

　①体が健康であればこそ、こうやって毎日働けるのだ。
　②君を愛すればこそ、こんな苦言も言うのだよ。

「〜からこそ」と似ているが、「〜ばこそ」は書き言葉的表現で、慣用的表現として用いることが多い。

5）〜だけあって

「だけあって」の前に社会的評判があったり期待されたりしている人物や事柄が来て、「その評価・期待通りであるので」という意味を持つ。後文にはプラス評価の判断内容が来る。話し言葉にも書き言葉にも使う。

　①A：どう、おいしい？
　　B：うん、高いだけあって、おいしいね。
　②モデルをやっていただけあって、彼女はスタイルがいい。

6）〜だけに

前文で、「〜という（特別の）状況なので、」と述べ、後文で「その状況で当然予想・期待される事柄・内容」を述べる。プラス評価・マイナス評価の判断内容が来る。硬い言い方。話し言葉にも書き言葉にも使う。

　①彼女はモデルをやっているだけに、スタイルがいい。
　②古くからの友人だっただけに、亡くなったのは悲しい。

「〜だけあって」が前文に重点を置いて前文をプラス評価するのに対し、「〜だけに」は後文に重点を置いて、前文の事柄について推量や判断を行う。

7）〜ゆえに

「〜が原因で／理由で」という意味を表す。原因・理由を表す「〜ために」と

類似。古語的で、書き言葉として用いられる。硬い文章の中で使う。「ゆえに」の前に動詞が来るときは、「がゆえに」になる。

　　①教育を受けられないがゆえに、ストリートチャイルドになる子供がいる。

「ゆえに」の前に名詞が来るときは、「名詞＋（の）ゆえに」になる。

　　②政府の無策のゆえに国内は内乱状態に陥った。

　　③貧困ゆえに教育を受けられない人も多い。

「の」のない場合は、より古語的な表現になる。

3. 2文をつなぐ接続詞

1）そのため（に）

　前文を受けて、「それが原因・理由となって」と、次に続けていく。因果関係を明確に、論理付けて表す。書き言葉的表現である。

　　①適切な対策をしなかった。そのために、事故が起こったのではないか。

　　②彼の話が長くなりすぎた。そのために、質問の時間がなくなってしまった。

2）それで

　原因・理由を表すが、柔らかく結び付ける。会話等で話の展開を広げていく接続詞である。丁寧な言い方である。明確に原因・理由を主張しないので、原因・理由を表すのか、単に文をつないでいるのか、曖昧になることもある。

　　①主人が喜んでおりました。それで、今日は一言お礼を申し上げようと思いまして……。

　　②天候が不順になった。それで、登山を断念した。

3）ですから／だから

　原因・理由を表す。「ですから」は丁寧な発話の中で用いる。柔らかい述べ方である。しかし、強調したり、荒げた言い方になると、丁寧ではあるが、主張の強い表現になる。

①彼はとてもいい方です。ですから、今でもお付き合いさせていただいています。

「だから」は親しい間柄の会話で用いる。断定を表す「だ」を含むため、かなり強い理由付けになる。使い方によっては主張の強い言い方になる。最近の使われ方としては、特に理由付けもないのに、文頭に「だから」を付ける現象も見られる。

②A：こんなやり方していてもできないでしょ。
　B：だから、もっとお金をかけるべきなんですよ。
　A：無理だよ。お金がないんだから。
　B：だから、だめなんですよ。けちけちしているから。

4）なぜなら

英語のbecauseを連想するためか、日本語学習者が「今日休みます。なぜなら、熱があります」のように言いたがる表現である。書き言葉的な表現で翻訳調の響きがある。自然な日本語ではあまり使用しないが、因果関係をはっきり説明・主張したいときには便利な接続詞なので、使うこともある。

①保育園の先生はすばらしい。なぜなら、先生方がつくっているものは、子供達の未来なのだから。
②誰でも一生に1冊は本が書ける。なぜなら、人の一生はドラマなのだから。

5）というのは

「なぜなら」と同じく、前文を受けて、原因・理由を説明する表現である。「なぜなら」が翻訳調の表現であるのに対し、前文を柔らかく受け、丁寧さを加えた形で説明することができる。話し言葉的表現である。

①明日は参加できません。というのは、国の父が倒れてしまって……。
②授業中、私はずっと下を向いていた。というのは、その日はまったく予習をしてきていなかったから。

29 目的

1. 〜に・〜ため（に）・〜ように

1）名詞／動詞のマス形の語幹＋に＋移動動詞

私達が移動するのは多くの場合目的があるからで、「〜に＋移動動詞（行く、来る、帰る等）」は移動の目的をコンパクトな形で表す。

①今から図書館へ本を借りに行く。

②わからないことがあったので、事務所へ聞きに行った。

「この大学へITを勉強しに来ました」は「この大学へITの勉強に来ました」とも言うことができる。「漢語名詞＋する」（食事する、研究する、旅行する等）では、「に」の前に来るのはその名詞部分で、目的になり得る語である必要がある。「？心配に行く」「？後悔に来た」では、「心配」や「後悔」は目的を表す語ではないので、不自然になる。

2）〜ため（に）

動詞と結び付く場合は、「生きるため（に）」「食べるため（に）」のように辞書形を用いる。タ形と結び付いた「〜たため（に）」は、「大雪が降ったため（に）」のように原因・理由を表す。目的「〜ため（に）」は、目的に向かう、話し手の意志的な行為を表す。

①生きるために必死で働く。

②食べるためには何でもする。

3）名詞＋のため（に）

2）の「ため（に）」が名詞につながる場合は、「名詞＋の」の形をとる。

①子供のために、頑張る。

②彼女は結婚もせず、仕事のために一生を捧げた。

「の」の前に来る名詞は何でもいいというのではなく、目的になるような語である必要がある（例：？机のため（に）、？ソファのため（に）、〇家のため（に）、〇会社のため（に））。

4）～ように

「～ために」が「目的そのものに向かう」意志的な行為を表すのと対照的に、「～ように」は、到達した結果を思い描いて、それを目標として行為をするという言い方になる。両者とも、話し手の言いたいことはあまり変わらないが、どこに重点を置くかが異なる。「漢字を覚えるために、毎日勉強する」は「漢字が覚えられるように、毎日勉強する」と言い換えることができる。話し手自身が自分の目的と決意を述べるときは「～ために」、一方、聞き手を含めた第三者に、目標に向かって頑張れと言いたいときには、結果を描く「～ように」が使われることが多い。

①私は国立大学に入るために、頑張っています。
②国立大学に入れるように、頑張りなさい。

5）～ないように

否定（～ない）という結果を思い浮かべ、その結果が起きないことを目標として述べる表現である。話し手自身が使うときは、①のように、また、相手への注意としては②のようになる。

①a　失敗しないように頑張ります。
　b　栄養が偏らないように、料理を工夫しよう。
②a　これからは遅刻しないように、10分前には来てください。
　b　お金を無駄遣いしないように、半分は貯金しなさい。

2. ～に向けて・～を目指して・～に・～のに・～には

1）名詞＋に向けて

もともとは「ある方向・対象に面するように顔や体の角度を変える」の意味

である。名詞には「未来、合格、完成、発表、実現、成功、到達目標、契約」等の目標の対象となる事柄が来る。「新製品の完成のために」「科学誌ニュートンへの発表のために」は「新製品の完成に向けて（努力している）」「科学誌ニュートンへの発表に向けて（論文を作成する）」になる。

　　①若者達よ。明日に向けて飛び立とう。
　　②よりよい癌（がん）の治療薬の開発に向けて、製薬会社の競争が始まっている。

2）名詞＋を目指して

　「そこを目標として進んで行く」「そこを行動の目標とする」の意味を持つ。「〜に向けて」が目標へのアプローチの仕方がやや漠然としているのに対し、「〜を目指して」は1点に目標を絞り込んで狙い定めている。前に来る語は「〜に向けて」と共通している。

　　①戦争のない社会を目指して、頑張ろうではないか。
　　②多くの若者が漫画家を目指して、日々努力を重ねている。

3）名詞＋に

　「買い物に1時間かかった」「この洗剤は洗濯にいい」のように、「名詞＋に」の後ろに「お金／時間／費用がかかる」や「使う」、また「いい／よくない、使える／使えない、便利だ／不便だ」のような評価の表現が来る。「名詞」は「漢語名詞＋する」の名詞部分が来やすい。

　　①私立の学校は入学に多額のお金がかかる。
　　②この機器は老人の介護に適している。

4）〜のに

　3）「名詞＋に」の名詞の代わりに「動詞の辞書形＋の」が来る。後文に「お金／時間／費用がかかる」や、「使う」、また「いい／よくない、使える／使えない、便利だ／不便だ」のような評価の表現が来るのは、「名詞＋に」と同じである。

　　①ゲームはストレスを発散するのにちょうどいい。

②このカメラは持ち運びするのにちょうどいいサイズだ。

5）〜には

　目的を表す格助詞「に」と取り立て助詞「は」が結び付いた形で、「その目的達成のために何がいいか、何が必要か」を述べる表現である。「〜のに」が後文にやや固定的な短い表現（例：金／時間がかかる）が来るのに対し、「〜には」は長い文も来ることができる。また、「〜のに」が話し手や聞き手に関わる具体的な事柄（例：仕事に行くのに車が必要だ。）が多いのに対し、「〜には」は一般的な事柄が多い。

　①長生きするには、栄養と適度の運動が必要だ。
　②店を開くには、事前の調査とかなりの資金が要る。
　③あの会社に入るには、日本の会社で働いた経験があったほうがいい。

30 逆接 1

1. 一般的な逆接表現

1）〜が

　前文・後文の関係が逆接や反対、対比にあることを表す。また、前文が前置き表現になることもある。逆接・反対とは①のように前文からの予想とは逆の、または反対の事柄が後文に来る場合を言う。対比とは②のように前文・後文の内容が対照的な場合を言う。また、「〜が」の前文・後文の関係は比較的ゆるやかで、③のように逆接・反対とは言えないような場合でも結び付く。前置きは④のように、話の内容に入る前に、導入的に使う表現を言う。

　「〜が」の後文には、意志表現や働きかけ表現が来ることができる。書き言葉的で、改まった、やや硬い言い方である。普通体の会話では、「〜が」は男性言葉になる。女性は「〜けれども」や「〜けど／けれど」を使う。書き言葉

では、「〜が」は男女ともに使える。

　　①きのうはいい天気だったが、どこへも出かけなかった。

　　②この車は形はいいが、色は悪い。

　　③本を買いましたが、まだ読んでいません。

　　④苦しいだろうが、頑張ってくれ。

2）〜けれども／けれど／けど

　ほぼ「〜が」と同じ意味用法を持つ。「〜が」より話し言葉的で、会話的な言い方である。「けれども」は「けれど」「けど」に短縮されることが多い。「〜けど」は会話の中で一番多用される。「〜けど」と短縮されても、丁寧体で用いることができる。1）の例文の「〜が」を「〜けれども」で置き換えると、文全体が柔らかく感じられる。

　　①きのうはいい天気だったけれども／けど、どこへも出かけなかったよ。

　　②この車は形はいいけれど／けど、色は悪い。

3）〜ても

　「が」「けれども」の前には完全な形の文が来るのに対し、「〜ても」では、前文は常に動詞・形容詞等のテ形になる。接続する形がテ形1つであるということは、前文には話し手の判断や気持ちを表す表現（モダリティ表現）が来にくいということになる。逆接の条件関係を端的に示す。常に前文が切れることなく後文に続いていくと言える。

　　①雨が降っても行く。

　　②何度やっても失敗した。

　後文には意志、働きかけの表現が来ることができる。

　　③どんなことがあっても、やり抜いてください。

4）〜のに

　逆接を表す。後文には話し手の非難や不満等の気持ちが入る。後文には意志や働きかけの表現は来ない。

①助言してあげたのに、彼は私の言う通りにしない。

また、②のように前文・後文が対照的・対比的な関係にあることも表すことができる。

②奥さんは教育熱心なのに、ご主人は子供のことに関心がない。

5）〜くせに

前文から予想されることとは異なることが起こったため、後文で話し手が非難したり、責めたりする表現である。

①やると言ったくせに、どうしてやらないの？
②彼はお金があるくせに、いつも人におごってもらう。

「〜のに」にも非難・批判が入るが、「〜のに」が持つ残念な気持ちは「〜くせに」にはない。もっぱら相手や第三者を責める表現になる。前文・後文は同一主語になる。

2. 書き言葉的な逆接表現

1）〜ながら（も）

前文と後文が逆接や反対、また、対照的な関係にあることを表す。「〜ながら」は書き言葉的な表現で、「〜ながらも」になると、より強めた言い方になる。逆接「ながら（も）」の前には状態性の表現（ある、いる、知っている、貧しい等）が来る。

①彼は弁護士という立派な仕事がありながら、ろくに働こうとしない。
②彼女の、小さいながらも頑張っている姿には心を打たれる。

慣用的な表現が多く、「ずっと知りながら、知らん顔をしている」「いけないとわかっていながら、やめられない」「若いながらも頑張っている」「子供ながらも、力持ちだ」等のように使われる。

2）〜にもかかわらず

前文と後文が逆接や反対の関係にあることを表す点では「〜が」「〜けれど

も」と似ているが、後文に前文から予想されない、予想外の事柄・事態が来るという点では、「～のに」と似ている。しかし、「～のに」が批判・非難の意味合いを含むのに対し、「～にもかかわらず」は批判・非難の意味合いはない。気持ちが入ることもあるが、通常は客観的な書き言葉的表現である。

　　①私が帰るなと言ったのに、彼は帰ってしまった。

　　②私が帰るなと言ったにもかかわらず、彼は帰ってしまった。

　「～にもかかわらず」は論説文など書かれたものに用いられる。後文には意志表現や働きかけの表現は来ない。

3）～ものの

　　①きのう転んで足をくじいた。痛みは取れたものの、腫れがまだひかない。

①は、「きのう転んで足をくじいた」という出来事があり、そのために「腫れがまだひかない」ことを伝えている文である。そして「痛みは取れたものの」は、「転んで足をくじいてまだ腫れがひかない」という事態の流れに、「痛みは取れたけれど」という補足的な説明（注釈）が「～ものの」を使ってなされている。

　「～ものの」は事態の流れ、文脈の流れの中で、その流れとは部分的には沿わないけれども、こういう事態も存在するということを示す役割を果たす（松下, 2017）。

　「～ものの」は書き言葉的表現だが、やや古めかしい言い方である。話し手の反省や残念な気持ちが入ることが多い。

　　②彼は金塊強奪の容疑で尋問されている。証拠はないものの、彼が犯人
　　　である確率は高い。

　　③ブランド品を見るとつい買ってしまう。このバッグも高い値段で買っ
　　　たものの、一度も使っていない。

4）～にかかわらず

　「～にもかかわらず」の「も」がない形であるが、意味用法は異なる。「～のに」や「～くせに」のように批判・非難や不満の気持ちは含まない。「晴雨・大小・好む好まない」等の対立語や、「年齢・距離・性別」等の語に付いて、「それ

らと関係なく」という意味を表す。後文には意志表現や働きかけ表現が来ることができる。書き言葉的表現である。
　　①好む好まないにかかわらず、バスケットチームのメンバーに入れられた。
　　②年齢・経験にかかわらず、応募してください。

5）～によらず
　「それらに関係なく、それらを問題とせず」の意味を持つ。やや硬い言い方であるが、話し言葉としても用いられる。「見かけ、年齢、性別、人種、結果、理由、方法」等の語や、「何事、何(なに)」のような疑問詞が来やすい。
　　①レポートの提出が遅れた場合は、理由によらず受け付けません。
　　②何事によらず、過ぎたるは及ばざるがごとしである。

31　逆接2

1.「仮にそうであっても」を表す逆接表現

1）～としても
　強い仮定を表す。「仮にそうだと考えても」「仮にそうであった場合を想定しても」の意味になる。「雨が降っても試合は行う」と「雨が降る／降ったとしても試合は行う」では、後者のほうがより仮定性が強い。
　辞書形「降るとしても」とタ形「降ったとしても」では、タ形「～たとしても」のほうが話し手の「仮に」という気持ちが強くなると考えられる。
　　①明日この世を去るとしても、今日の花に水をあげなさい。
　　②結婚に失敗したとしても、結婚しないよりましだ。

2)〜にしても

　仮の話だから認めたくないが、「仮に認めた場合でも」という消極的な認めを表す。「〜としても」との違いは、「〜としても」が仮定性が強いのに対し、「〜にしても」は、仮定のことであるが、より現実的にとらえようとするニュアンスがある。「新幹線に乗ったとしても」と「新幹線に乗ったにしても」を比較してみる。

　　①（彼が）新幹線に乗ったとしても、今からでは会議には間に合わない。
　　②（彼が）新幹線に乗ったにしても、まだ着いていないのはおかしい。

　①は今から新幹線に乗ることを単に仮定しているが、②は「（彼が）乗ったこと」を一応は認めるが、その仮定のうえでも「まだ到着していないのはおかしい」と言っている。

3)〜にせよ

　「前文の事柄に左右されずに（後文の事柄が起こる／行われる）」という意味合いを持ち、「〜にしても」に言い換えることができる。

　　①仕事を断るにせよ／にしても、頼んできた相手にきちんと事情を説明
　　　しなさい。

　4)の「〜にしろ」と同義であるが、「〜にせよ」のほうがより古語的な言い方で、「〜にしろ」よりは柔らかい言い方になる。

　　②あなたの言っていることが正しいにせよ、今は黙っていたほうがいい。
　　③将来どこかの会社に就職するにせよ、今は基礎学力を付ける時期だ。

4)〜にしろ

　「〜にせよ」とほぼ同義である。どちらも「する」の命令形を用いているので、やや強い言い方になる。「〜にしろ」のほうがより強く響く。「〜にしても」と同じ意味合いを持ち、「前文の事柄に左右されずに（後文の事柄・行為が起こる）」ことを表す。後文に意志表現や働きかけ表現が来ることができる。相手に向かって言うときには、助言や命令、依頼表現が来ることが多い。

　　①辞めるにしろ、挨拶に行ったほうがいい。

②おまえの考えが正しいにしろ、今は黙っていろ。

2.「仮にそうしても、無駄だ」を表す逆接表現

1)～ても

　前文から予想される結果と逆のことが、後文に現れることを表す。「～ても」が仮定的な事柄を表すときは、副詞「もし／万一／たとえ」などといっしょに使われることがある。「～ても」は基本的には、プラス・マイナス評価のないニュートラルな逆接条件を表す。

　　①雨になっても、運動会は決行します。

　「仮にしても、役に立たない／取り返しがつかない」という意味を表すためには、後文に「だめだ」等の否定的な表現が必要となる。

　　②頑張って働いても、給料は増えない。

2)いくら／どんなに～ても

　1)「～ても」の仮定の程度を強めた言い方。意味用法は1)の「～ても」と同じ。

　　①いくら働いても、給料は増えない。

　　②どんなに説明しても、彼はわかってくれない。

3)～(た)ところで

　「そのような行為をしても、期待する結果が得られない」ことを表す。後文には動詞・形容詞等のナイ形や、「無駄だ、無意味だ」等の否定的表現が来て、「決してできない」ことを強調的に示す。話し言葉。

　　①今から頑張ったところで、試験には受からない。

　　②勤め先を変えたところで、同じような問題は出てくるものだ。

4)いくら／どんなに～(た)ところで

　3)「～(た)ところで」の仮定の程度を強めた言い方。意味用法は「～(た)

ところで」と同じ。

① いくら頑張ったところで、試験はダメだろう。

② どんなに言って聞かせたところで、あの子は聞く耳を持たない。

5）～たって

「～ても」のくだけた会話的な表現で、親しい間柄で使う。「～たって」の作り方は次のようである。

動詞 ：言っても→先生に言ったって、聞いてくれない。

読んでも→いくら本を読んだって、わからない。

イ形容詞：おいしい→おいしくたって、食べすぎはよくない。

悲しい→悲しくたって、私は泣かない。

ナ形容詞：きれいだ→いくらきれいだって、性格がよくない人もいる。

名詞＋だ：先生だ→先生だって、間違うこともある。

イ形容詞の場合、強調すると、「悲しくったって」「さびしくったって」のように、「たって」の前に促音「っ」が入ることがある。

「～たって」は話し言葉的表現として、「～（た）ところで」の代わりに使うこともできる。

① 今から行ったって、新幹線には乗れないよ。

② 頑張ったって、100点はとれない。

32 逆接 3

1. 部分的に認めて言い直す表現

1）～といっても

前文で述べた事柄を一応認め、後文で「実はそれで十分なのではない」と部分的な言い直しをする表現。後文には「～ない」や否定的な表現が来るこ

とが多い。
　①秘書といっても、仕事の内容は電話番やお茶くみ程度のものだ。
　②降水量の少ない12月といっても、今年は2、3日に1度くらいは雨が
　　降っている。

2）〜とはいえ
　「〜といっても」と同義である。「〜といっても」が話し言葉的表現であるのに対し、「〜とはいえ」は書き言葉的な表現である。前文で「それはそうなのだが、しかし」と述べ、後文で「実はそれで十分なのではない」ということを表す。
　①暑くなってきたとはいえ、夜は寒いときもある。
　②世界的に国際化が進んだとはいえ、すべての国がそうなのではない。

3）〜からといって／からって
　「そういう理由は認めるが、しかし、その理由だけで（結論付けてはいけない）」という話し手の考え、主張を表す。後文には否定的な内容が来る。話し言葉的表現。
　①貧乏だからといって、恥じる必要はない。
　②受験に失敗したからといって、母親の私を責めてはいけないよ。すべ
　　て自分の責任なのだから。
　「〜からって」は「〜からといって」の短縮形。会話的な表現である。
　③年下だからって、子供扱いしないで！

4）〜といえども
　書き言葉的表現である。話し言葉では「けれども」に言い換えられる。前文には「社会通念として認められる事柄・人・もの」（名詞）が来ることが多く、後文で「（そうした事柄・人・ものから期待される予想とは異なって、）実際はそうではない、〜すべきだ／すべきではない」ということを表す。「といえども」の前には、①のように動詞が来ることもある。
　①コンピューターは進歩したといえども、人間には劣る部分がある。

②少子化の影響で、たとえＴ大学といえども、学生を集めるのが大変に
なるだろう。

5）〜することはする／したが・〜したことはしたが

前文で自分の行為を認めながら、後文でそれについて一部否定する言い方
である。過去のことを述べる場合は「ことは」の前には動詞の非過去（辞書形）
とタ形が来ることができる。断定するのを避けたり、注釈を付けたりするこ
とによって、自分の自信のなさや相手への配慮を表す。

①Ａ：テスト、どうだった？
　Ｂ：一応できたことはできたけど、あまり自信がない。
②Ａ：すばらしい作品ですね。
　Ｂ：いやいや。描いてみることは描いてみたんですが、なかなかうま
　　　く描けません。

6）〜とはいうものの

「一般的にはそう言うし、そう見られているが、実際はそうではない」とい
うことを表す。話し言葉的表現であるが、やや硬い言い方である。前文で、世
間一般に言われている事柄を示し、後文でそれに対してそうでもないという
事実や判断を述べる。

①Ｋ国の裁判制度は二審制をとっているとはいうものの、事実上は一審
制である。
②ネット上には有益な情報が溢れているとはいうものの、信頼できない
ものも多い。

2. 2文をつなぐ接続詞

1）しかし

意味の幅が広く、次の①は「逆接」、②は「対比」、③は「転換」、④は「補足」
として用いられている。

①すぐに応急処置をした。しかし、間に合わなかった。

②兄は遊び人だ。しかし、弟は働き者だ。

③彼には困ったものだ。しかし、今日は別のことを話し合おう。

④今日は別のことを話し合おう。しかし、話し合いは3時には終わりにしよう。

「しかし」は、基本的には、先の話を受けてそれと反対、または一部違うことを述べるときに使われる。書き言葉的で、話し言葉では改まった場面で使用される。話し言葉では男性が使用することが多い。会話では、「でも」「けれども／けど」に取って代わられやすい。

2）けれども／だけど／けど

「しかし」と意味用法はほぼ同じであるが、表現が柔らかく、話し言葉として用いられる。「しかし」同様、「逆接」「対比」「転換」「補足」の働きを持つ。「けれども」も使われるが、会話では「だけど／けど」を使うことが多い。柔らかい響きがあるので、多用される。

①彼に仕事を引き受けてくれるように頼んだ。けれど、彼はできないと言って断ってきた。

②参加するつもりでいた。だけど、急用ができて欠席せざるを得なかった。

3）ですが

後文には前文の内容と相反する、または対立する叙述表現、および判断表現が来る。丁寧で、柔らかい話し言葉的表現である。

①私達は一生懸命勉強に取り組んでいるんです。ですが、うまくいかないんです。

②花火大会はすごかったです。ですが、そのあとに残されたゴミの量もすごかったです。

4）だが

「ですが」の普通体である。「ですが」と同じく、後文には前文の内容と相反

する、または対立する叙述表現、および判断表現が来る。断定の「だ」がある
せいか、強い響きを持つ。書き言葉としては男女とも使えるが、話し言葉と
してはもっぱら男性が使う。(女性は「だが」の代わりに、主に「でも」を使う。)

　①私達は一生懸命勉強に取り組んでいる。だが、うまくいかないんだ。

　②彼はお金も地位もある。だが、まだ独身だ。

5）でも

　「しかし」「けれども」と同じく逆接を表す。「しかし」よりくだけた表現で、
会話的であり、書き言葉としては使わない。「でも」は言い訳、弁解する場合
や、感想や疑問を述べる場合に使われることが多い。論理的な逆接関係を示
すというより、情緒的な展開を示す接続詞である。

　①コンビニ弁当は手軽に買えて、うまい。でも、どこか味気ない。

　②別に用事はない。でも、私は行かない。

6）もっとも

　前文の内容について、後文で情報を付け加えたり、一部修正をしたりする
働きを持つ。個人的な発話や文章で使われることが多く、文章では意見文(話
し手の判断・主張等を述べる文)で使われることが多い。後文には意志表現や
働きかけ表現は来ない。後文の文末は「〜が。」で終わる場合が多い。

　①いつでも相談に乗るよ。もっとも、彼が承知すればだが。

　②森さんは必ず優勝しますよ。もっとも、林さんが出場しなければの話
　　ですが。

7）ただし

　前文で話し手が最も伝えたいことを述べ、次に前文では伝えきれなかった
重要情報を、「ただし」のあとで付け加える。公的な(客観的な)事実文や通
知、お知らせ等で使用されることが多い。後文には意志表現や働きかけ表現
が来ることができる。

　①レポートの提出を1週間延長します。ただし、それ以後の延長は認めません。

②当公民館の使用を認める。ただし、市に在住、または在勤の者に限る。

33 対比

1.「〜は」を用いた対比

1）〜は〜て、〜は〜

「父親は大人しくて、母親は口うるさい」「妻は料理を作って、夫は食器を洗う」のように、前文と後文が「〜て」をはさんで対照的になる。話し言葉的で、軽く後文につなぐ。「この家は外観は日本風で、中はヨーロッパ風だ」のように、大きな主題（この家）に続けて、部分（外観・中）を対比させることもある。後文の取り立て助詞「は」が格助詞「が」になることも多い。その場合は、「名詞＋が」が強調される。

①a　我が家では母親は仕事優先で、父親は家庭優先である。

　b　我が家では母親は仕事優先で、父親が家庭優先である。

②休みが2日続くときは、1日は家の片付けをして、1日は外に出かける。

2）〜は〜が、〜は〜

1）の「〜は〜て、〜は〜」は並列を表す「〜て」を使って対比を示しているが、対比には「〜て」の代わりに逆接・反対を表す「〜が」を使うことが多い。「〜が」を使うと、前文・後文が対比的、対照的であることがはっきりする。

①父親は静かだが、母親は口うるさい。

②妻は料理をするが、夫はしない。

3）〜は〜けれども／けど、〜は〜

2）の「〜は〜が、〜は〜」の「〜が」の代わりに「〜けれども」を使った形である。「〜が」の場合より、会話的で柔らかい言い方になる。「けれども」は

「けど／けれど」になりやすい。

①父親は大人しいけれど、母親は口うるさい。

②奥さんは料理はするけど、ご主人はしない。

4）〜は〜のに、〜は〜

2）3）の「〜は〜が／けれども、〜は〜」の「〜が／けれども」の代わりに「〜のに」を使った形である。対比の意味合いを表す。「〜のに」を使うと、対比を表しながら、話し手の予想外の気持ち、また、予想外の気持ちから来る非難の気持ちが入る。

①父親は大人しいのに、母親は口うるさい。

②妻は料理をするのに、夫はしない。

2. 取り立て助詞「だけ・しか・ほど・も・は等」による対比

1）だけ

「あなただけに話したのよ。2人だけの秘密よ」のように、範囲をそれに限定する意味合いを持つ。その限定の中には特に否定的な意味合いはない。両親が健在かと聞かれたとき、「母だけいます」と答えるのは不適切で、「母しかいません」にする必要がある。

「日本語が少しだけ話せる」と「日本語が少ししか話せない」では、話せる程度は同じでも、話し手がそれを肯定的にとらえているか、否定的にとらえているかが異なってくる。

①母だけが私のことを理解してくれている。

②このごろは忙しい。休めるのは日曜日だけだ。

2）しか

「だけ」と同じく限定を表すが、後ろに否定表現を伴う。話し手の「少しである」という気持ちを表す。日本人は実際それほど「少なく」なくても、「お金は少ししかない」「英語はちょっとしか話せない」のように否定的に表現す

る傾向がある。「だけしか」は「しか」を強く表したものである。

　　①信頼できる人はあなたしかいない。
　　②財布には100円しか／だけしかない。

3）ほど／くらい／ぐらい

　取り立て助詞「ほど」は「おおよその分量・程度」を表す。勉強したのがきっかり「2時間」であっても、ややぼかして「2時間ほど」と言うことが多い。曖昧に表現することが丁寧に通じるからである。

　「くらい／ぐらい」と似ているが、「ほど」のほうが、やや改まった丁寧な言い方になる。程度表現では、①のように両者が置き換え可能な場合が多いが、「ほど」には②のような「くらい／ぐらい」が持つ「軽視」の用法はない。

　　①寝る時間がない {○ほど／○くらい} 忙しい。
　　②そんなこと {○ぐらい／？ほど} 自分でやってください。

4）も

　取り立て助詞「も」はいろいろな意味用法を持つ。基本的には①②のように「同類のもの・こと」を示す。

　　①私も行く。
　　②今年は米も果物も不作だ。

　他にも、③のように「完全否定」や、④のように「多いという気持ち」、⑤⑥のように「感情・感慨を添える」等の用法がある。

　　③朝から何も食べていない。
　　④ゆうべは10時間も寝た。
　　⑤今年も終わりだ。
　　⑥子供も大きくなった。

5）は

　取り立て助詞「は」は、主題を表すとも対比を表すとも言われる。別のとらえ方からすると、「は」は対比を表し、対比の程度が低い（ゼロの）ものが主

題であるとも理解できる。「は」は名詞だけでなく、名詞＋格助詞（名詞句）
（例：今日からは頑張る。）や、動詞（例：わかってはいるけど、やめられないん
だよ。）の後ろにも付く。「〜は」の対比は次の①のように、対比するものが明
示される場合もあるが、②のように、「明日は」と言うことで「今日は（行か
ない）」との対比を暗示させる場合もある。

　　①明日は行くが、今日は行かない。

　　②わかった、明日は行く。

　また、次のように副詞や数量を表す語に付いて、「最低限」を表す場合もあ
る。対比を暗示させることで、「少なくとも」という気持ちを表すことができる。

　　③〈母親が息子に〉航太郎、少しは手伝ってよ。

　　④毎日2時間は日本語の勉強をしている。

3. 〜一方（で）・〜反面・〜に対して・〜にひきかえ

1）〜一方（で）

　あることと並行して別のことが存在したり、行われることを表す。同一の
主語・主体について述べる。硬い表現で、説明的・解説的である。話し手の評
価が入ることもある。

　　①彼は仕事ができる一方で、かなりの遊び人でもある。

　　②医師は診察や手術を行う一方で、基礎研究にも励んでいる。

2）〜反面

　3）「〜に対して」、4）「〜にひきかえ」では、前文と後文で取り上げる項目
が相反することが多いが、「〜反面」は、通常は1つの事柄がいろいろな面を
持っていて、前文で1つの面について、後文で別の面について言及するとい
う形をとる。前文でプラス評価、後文でマイナス評価の事柄が来ることが多い。

　　①彼女は陽気な反面、さびしがり屋である。

　　②代表に選ばれてうれしい反面、身の引き締まる思いがする。

3）〜に対して

前文と後文で異なった主語・主体を取り上げ、両者の対立的、対照的な事柄を客観的に比較する。「に対して」の前に動詞・形容詞等が来るときは、「〜のに対して」になる。

① 兄がまじめなのに対して、弟は遊んでばかりいる。
② 日本語が高低アクセントを用いるのに対して、英語は強弱アクセントを用いる。
③ 非正規雇用者に対して、正規雇用者は責任の重さが違う。

4）〜にひきかえ

3)「〜に対して」と同じく、前文と後文の主語・主体を対立的、対照的に比較する「〜に比べて」の意味を表すが、比較にプラス評価・マイナス評価が入ることが多い。「無口な旦那さんにひきかえ、奥さんはおしゃべりだ」では、旦那さんと奥さんを比べているが、無口な旦那さんを引き合いに出して、奥さんのおしゃべりを強調している。古めかしい言い方で、年配者が使うことが多い。「にひきかえ」の前に動詞・形容詞等が来るときは、「〜のにひきかえ」になる。

① 台風被害の多かった北海道にひきかえ、関東地方は今年も豊作である。
② 兄が慎重なのにひきかえ、弟は向こう見ずなところがある。

34 比較

1-1. 二者比較1（質問と答え）
質問

1）〜と〜と、どちらが

「〜と〜と」で並べられた二者を比較し、そのどちらかを選ぶ質問文であ

る。話し手が思い付くままに選択肢を並べたという感じがある。

　　①この時計とあの時計と、どちらがいいと思う？
　　②鈴木さんと川口さんと、どちらが当選するでしょうね。

2）～と～では、どちらが

　1）「～と～と、どちらが」と同じく二者を比較し、そのどちらかを選ぶ質問文である。選択肢は「～では」を使って限定する形になっている。

　　①この時計とあの時計では、どちらがいいと思う？
　　②鈴木さんと川口さんでは、どちらが当選するでしょうね。

3）～と～は、どちらが

　1）、2）と同じく二者のうちのどちらかを選択する質問文。「～と～は」のように主題を表す「は」を用いているので、二者が話題の中心になっている感じがある。

　　①この時計とあの時計は、どちらがいいと思う？
　　②鈴木さんと川口さんは、どちらが当選するでしょうね。

4）～と～なら、どちらが

　仮定を表す「～なら」を用いているので、「仮に考えてみると」の意味合いが入る。また、①のように1度尋ねて、次にものを変えて「この場合はどうか」という意味合いでも用いる。「なら」の持つ仮定性の働きによると考えられる。

　　①A：赤いのと白いのと、どちらがいい？
　　　B：わかんない。
　　　A：じゃ、赤いのと黒いのなら、どちらがいい？
　　　B：黒いの。
　　②A：一軒家とマンションなら、どちらに住みたい？
　　　B：うーん、迷うね。マンションかな。

答え

5）〜（の）ほうが

　二者比較・二者択一において、どちらかを選ぶときに「〜（の）ほうが」を使う。一方を選んだ場合、「〜（の）ほうがいい」を用いることが多い。

　　①A：京都と奈良と、どちらへ行きたい？

　　　B：京都のほうがいい。

　　②A：赤ちゃんは男の子と女の子と、どっちがほしい？

　　　B：女の子のほうがいい。

6）〜が

　二者比較・二者択一において、「ほう」を用いずに直接「が」で受ける形で、「コーヒーがいい」「あれがいい」という言い方になる。比較して選択するというより、そのものずばりを指名、指定する形になる。直接的な言い方になる。

　　①A：赤いのと青いのとどっちがいい？

　　　B：青いのがいい。

　　②A：邦画と洋画と、どちらが好き？

　　　B：うーん、やっぱり洋画がいい。

7）〜で

　二者択一を求められているときに「〜で」を用いると、積極的に選択するのではなく、消極的にそれを選ぶというニュアンスが入ることが多い。しかたがないからそれを選ぶという場合もあれば、②のように相手に面倒をかけたくないという気持ちが入る場合もある。

　　①A：オレンジジュースとコーラと、どちらがいい？

　　　B：コーラでいい。

　　②A：熱いのと冷たいのとでは、どっちがいい？

　　　B：冷たいのでいいよ。

　話し手が自分の好みを前面に出さずに、控えめに選択している場合もある

が、相手が自分の好みを知りたい等の状況がある場合は、「が」のほうが適切な場合が多い。

8）名詞止め

「オレンジジュースとコーラ、どちらがいい？」と聞かれて、「オレンジジュース。」、また、「コーラ。」と名詞だけを言う形。親しい間柄ではよく使われるが、目上の人には失礼になる場合がある。「です」を付けて「コーラです」と言うだけでも丁寧になる。

 ①A：大きいのと小さいのと、どちらがいい？
  B：もちろん、大きいの。
 ②A：ベッドと布団と、どっちがいいですか。
  B：布団です。

1-2. 二者比較2（1文レベル）

1）〜（の）ほうが

「〜（の）ほうが」が叙述文の中で用いられるのは、二者比較・二者択一において、どちらかを強調的に取り上げる場合である。

 ①佐藤さんのほうが仕事熱心だ。
 ②どちらかというと、A選手のほうが有利だ。

2）〜より〜（の）ほうが（ずっと）

「オレンジジュースよりコーラのほうが好きです」のように二者を比較し、選択するものを「ほうが」で、選択しないものを「より」で受ける。選択した「〜ほうが」をより強調する場合は「ずっと」を用いる。

 ①にぎやかなところより静かなところのほうがほっとする。
 ②A：出かける？
  B：いや、出かけるより家にいるほうがずっといい。

3）〜よりむしろ〜（の）ほうが

2)「〜より〜（の）ほうが」の「〜（の）ほうが」の前に「こちらのほうがいい」という意味の「むしろ」が入って、「〜（の）ほうを選択する」という話し手の判断や評価、意志が入る。「むしろ」は硬い、解説的な表現である。

①重役１：A案とB案とではどちらがいいだろうか。
　重役２：私はA案よりむしろB案のほうがいいと思います。
②ここで連絡を待つより、むしろ家で待っていたほうがいい。

4）〜わりに（は）

「常識的に予想される程度・基準をやや超えている」ことを表す。後文にはプラス評価・マイナス評価が来る。①では、日本に5年いれば日本語が上手になるはずであるが、その予想・期待を少ししか実現していないというマイナス評価を、②では、いい意味で予想・期待を裏切ったというプラス評価をしている。話し言葉的表現。

①彼は日本に5年いたわりには、日本語がそんなにうまくない。
②このバッグは値段のわりにはいい物に見える。

5）〜より〜（の）ほうがましだ

「どちらもいいとは思わないが、どちらかを選ぶのであれば」という意味を持つ。次の①では、親のあとを継ぐのも他の会社に就職するのも嫌だが、親のあとを継ぐのに比べると他の会社に就職するほうがいい」という、消極的な選び方を「ましだ」で表している。

①親のあとを継ぐより、他の会社に就職するほうがましだ。
②結婚するより独身のほうがましだと考える若者が増えている。

2-1. 三者以上の比較1（質問と答え）
質問

1) ～と～と～と、どれが一番～

「～と～と～と」で並べられた三者を比較し、その中から1つを選ぶ質問文である。話し手が思い付くままに選択肢を並べたという感じがある。「もの」の比較には①のように「どれ」を、「とき」を比較する場合は②のように「いつ」を使う。「場所」を比較する場合は「どこ」、「人」を比較する場合は「誰／どなた／どの人」等を使う。

①A：マグロとタコとイカと、どれが一番おいしい？
　B：もちろんマグロですね。
②A：金曜日と土曜日と日曜日と、いつが一番都合がいいですか。
　B：そうですね。金曜日の午後にお願いします。

2) ～と～と～では、どれが一番～

1)「～と～と～と、どれが一番～」と同じく、三者を比較し、その1つを選ぶ質問文である。選択肢は「では」で限定する形になっている。

①金沢と富山と福井では、どこが一番楽しめる？
②佐藤さんと深野さんと玉川さんでは、誰／どの人が一番働き者ですか。

3) ～と～と～の中で（は）、どれが一番～

3つ並べて3つ目の後ろに「の中で（は）」を付けた形の質問文。2)「～と～と～では」より明確に、選択範囲を限定している。

①これとそれとあれの中で、どれが一番いい？
「～と～と～と、3つの中／うちで」と言うこともできる。

②これとそれとあれと、3つの中／うちでどれが一番いい？

4）〜の中で、何/どれが一番〜

　選択肢を列挙するのではなくて、飲み物、スポーツ、音楽、先生のように、上位の語を使って、その中の1つを選択させる質問文である。不特定多数の中から選ぶので基本的には「何」を使う。話し手のイメージの中に具体的なものがいくつか浮かんでいる場合は「どれ」になることもある。

　①スポーツの中で何/どれが一番好きですか。
　②音楽の中で何/どれが一番好きですか。

答え

5）〜が

　3つ以上の選択肢があるときに、「一番」を使わずに「〜が」のみで答える形である。「一番」を言わなくても通じる場合に用いられる。

　①A：3つの中でどれが一番好き？
　　B：これが好き。
　②A：金土日で、いつが都合いいですか。
　　B：そうですね。土曜日がいいですね。

6）〜が一番〜

　3つ以上の選択肢があるときに、1つを選び「これが一番〜」と言う、一般的な言い方である。「一番」と言うことで選択されたものを強調している。

　①A：3つの中でどれが一番好き？
　　B：これが一番好き。
　②A：京都、奈良、鎌倉の中で、どこへ一番行ってみたいですか。
　　B：そうですね。奈良が一番いいですね。

7）〜で

　積極的に選択するのではなく、消極的にそれを選ぶというニュアンスが入ることが多い。「しかたがないから」という意味合いが入ることもある。

①A：3種類しかないんだけど、どれがいい？
B：うーん、これでいいよ。これで何とかするよ。

また、もっと積極的に、相手に合わせるというニュアンスが入ることもある。

②A：今日はこれしかないんですが……。
B：ああ、これでいいですよ。

8）名詞止め

（使い方のポイント 1–1.8）参照）

2-2. 三者以上の比較2（1文レベル）

1）〜が一番〜

（使い方のポイント 2–1.6）参照）

2）〜より〜ものはない

「〜より〜ものはない」の形で、「それ以上のものはない」「それが一番〜である」という意味を表す。①では「平和が他の何よりも大切なものである」ということを述べている。人の場合は②のようになる。

①平和より大切なものはない。
②あの先生より教え方の上手な人はいない。

3）〜ほど〜ものはない

2）の「〜より」が「〜ほど」になった形。2）が比較を中心に考えているのに対し、「〜ほど〜ものはない」は重点が「〜ほど」に置かれ、「それ以上のものはない」「それが一番だ、すばらしい」と述べている。「親ほど子供のことを真剣に考えているものはない」は比較ではなく、「本当に真剣に子供のことを考えているのは親だ」ということを言っている。

①学生時代ほど楽しいものはない。
②人間にとって無視されるほどつらいものはない。

4）〜くらい／ぐらい〜ものはない

3)「〜ほど〜ものはない」の「ほど」が「くらい／ぐらい」になった表現。意味的にはほぼ同じ。「ほど」が丁寧な言い方であるのに対し、「くらい／ぐらい」はより会話的になる。

①親の子供に対する愛ぐらい、ありがたいものはない。
②友達から無視されるくらいつらいものはない。

5）〜くらい／ぐらいなら、〜ほうがいい／ましだ

「くらい／ぐらいなら」の前に極端な例を挙げて、「そんなことをするのはいやだ。それをするよりは〜するほうを選ぶ」という意味を表す。会話的で、自分を主張する言い方。

①泥棒をするくらいなら、死んだほうがましだ。
②人に迷惑をかけるぐらいなら、やらないほうがいい。

35 比例

1. 一般的な比例表現

1）〜につれて

前文の事柄が引き金となり、比例的に後文の事柄も変化の程度を増すことを表す。

①試合が緊迫してくるにつれて、場内の歓声が大きくなった。
②付き合っていくにつれて、彼女は彼を批判的に見るようになっていった。

「〜につれて」は2つの変化が同時に、同調して起こることを、目に見えるような形で提示する。もっぱら前文・後文の連動的な変化を表すため、後文には意志表現や働きかけ表現は来ない。

2）〜にしたがって

　「指示通りに（行動する）」（例：担当者の指示に従って行動してください。）という意味と、「〜につれて」と同じく「ある事態の変化・推移に合わせて」という意味を持つ。「〜につれて」は同時性・同調性を表すが、変化・推移の「〜にしたがって」は少し時間的ずれがあっても使うことができる。時間的ずれを表す「やがて」は「〜にしたがって」では使用可能だが、「〜につれて」では少し不自然になる。

　　①付き合うにしたがって、やがて彼女は彼を批判的に見るようになっていった。
　？②付き合うにつれて、やがて彼女は彼を批判的に見るようになっていった。

　また、変化・推移を表す「〜にしたがって」は後文に意志表現や働きかけ表現をとることができる。

　　③子供が成長するに｛○したがって／？につれて｝、叱り方も変えてください。

3）〜とともに

　「子供とともに歩んでいきたい」のように「といっしょに」「と手を携えて」という意味もあるが、ここでは「降雨量が増えるとともに、川の水位も上がっている」のような「ある事態の変化・推移に合わせて」という意味用法を取り上げる。書き言葉的な表現で、硬い言い方。「ともに」の前には変化を表す名詞や動詞が来る。変化・推移を表す「〜とともに」は後文に意志表現や働きかけ表現をとることができる。

　　①子供が成長するとともに、叱り方も変えてください。
　　②川の水位が上がるとともに洪水の危険性が出てくる。

4）〜（の）にともなって

　「〜につれて」「〜にしたがって」と同じく、「〜をきっかけとして」、また「ある事態の変化・推移に合わせて」という意味を表す。変化・推移を表す「（の）にともなって」の前には変化・推移を表す名詞（例：難民の増加にとも

590

なって)、または動詞(例:難民が増えるのにともなって)が来る。書き言葉で、硬い表現。改まった場で使われることが多い。取り上げる事柄も一般的、社会的なものが多い。

①核分裂にともなって、放出される中性子が増加する。
②体重が増えるのにともなって、運動量が減っていく人が多い。

5)〜ば〜ほど

「考えれば考えるほど、わからなくなる」「宝石は大きければ大きいほどいいというものではない」のように、同じ語を「ば」と「ほど」の前に置き、「〜ば〜ほど」の度合いに合わせて、後文の事柄の程度も変化するという比例関係を表す。後文には「いい・悪い」等の判断・評価表現や事実を述べる文が来る。

①値段を下げれば下げるほど、客は増える。
②彼の気持ちがわかればわかるほど、注意できなくなる。

2. 書き言葉的な比例表現

1)〜につれ

「〜につれて」の書き言葉的な表現。意味的には「〜につれて」と同じく、前文の変化に同調して後文も変化の程度を増すことを表す。②は「歌はその時代の影響を受け、世の中も歌から影響を受ける」というほどの意味である。

①時間がたつにつれ、このあたりもどんどん変わってきている。
②歌は世につれ、世は歌につれ。

2)〜にしたがい

「〜にしたがって」の書き言葉的な表現である。①の「指示通りに(行動する)」という意味と、「〜につれて」と同じく、②の「ある事態の変化・推移に合わせて」という意味を持つ。

①担当者の指示にしたがい、行動してください。
②子供の成長にしたがい、親も成長する必要がある。

インターネットで「にしたがい」を検索すると、比例表現としてではなく、「指示通りに」という意味で用いられている例が多い。「要領に従い」「条例に従い」「下記事項に従い」のような例文が圧倒的である。書き言葉としては、本来の使い方「指示通りに」が定着しているようだ。

3）〜（の）にともない

「〜（の）にともなって」の書き言葉的な表現である。「ある事態の変化・推移に合わせて」という意味を表す。取り上げる事柄は一般的、社会的なものであることが多い。

　①各企業でのロボット化にともない、失業する労働者が増えている。

「〜（の）にともない」をインターネットで検索すると、比例表現の例は少なく、「〜をきっかけとして」という意味で用いられている例が多い。次のようなお知らせの文に多く見られる。

　②台風21号接近にともない、台風情報に注意してください。

　③停電に伴い、サービスが一部制限されます。

4）〜（の）に応じて

「人々は自分の人生設計に応じて、働き方を変えている」のように、前文の状況の変化に合わせて、後文の事柄も変化することを表す。書き言葉的な表現で、改まった場で使われる。文書で用いられることが多い。取り上げる事柄は、一般的、社会的な事柄が多い。後文には、意志表現や働きかけ表現も来る。「に応じて」の前に動詞が来ると、「〜のに応じて」になる。

　①学費は履修する単位数に応じて変動する。

　②環境が変化するのに応じて、人々のニーズも変化する。

36 並列・例示 1

1. 名詞の並列・例示

1)〜と〜

「と」は語と語を結ぶ並列助詞（並立助詞とも呼ぶ）である。「と」で結ばれたものは、そこにあるもののすべてを示す。「ノートとペンを取ってください」と言うとき、手渡す物は「ノートとペン」だけになる。「あそこに田中さんと小川さんがいる」は、話し手が見ているのは田中さん、小川さんの2人だけということになる。「と」はすべてを列挙するので「全部列挙」「すべて列挙」とも呼ばれる。

①参加するのは田中さんと小川さんです。

②その商品は、東京と大阪と福岡の支店で取り扱っています。

2)〜や〜

1）の「と」と対照的な並列助詞で、いくつかの中から少数を選んで並列・列挙する。「あそこに田中さんや小川さんがいる」は田中さん、小川さんの他に何人か人がいることを意味する。「や」は選択的に列挙するので、「一部列挙」「部分列挙」とも呼ばれる。

①日本には京都や奈良など古い町がたくさんある。

②最近のデパートには、子供の遊び場や広い休憩所などが設けられている。

「や」は一部列挙を表すが、特に他に暗示するものがなくても使うことがある。「正月には神社や寺に行って参拝する」「彼女は休みになると、海外や国内を旅行する」では、参拝するのは神社か寺に限られるのに、「神社や寺」と言っている。また、旅行する先は、海外と国内で網羅されるのに、「海外や国内」と言っている。

3）〜、〜、そして／それから〜

　つなぎの助詞（並列助詞）を使わずに、列挙するものを並べ（書いたものでは読点「、」を使う）、接続詞「そして」「それから」等とともに最後の列挙項目を挙げる。書き言葉的で、事務的な印象を与える。文書、お知らせ、論文やレポート、また事務的な説明等で用いられる。

　　①会議にはアメリカ、中国、フランス、そしてドイツ等が参加した。
　　②店を開くためには、資金調達、店舗探し、店員募集、それから、材料の
　　　調達も考えなくてはならない。

①では部分列挙、②では全部列挙になる。

4）〜をはじめ、〜や〜

　まず最初に、代表的なものを「〜をはじめ」で提示し、それに準ずるものを「や」で並べる。列挙するものの中で特に取り上げるべきものがある場合に、この形を使う。

　　①本日は首相をはじめ、幹事長や官房長官にもご出席いただいております。
　　②アメリカをはじめ、各国の代表が参加した。

5）〜とか〜とか

　「〜や〜」と同じ意味用法を持つ。「や」は話し言葉、書き言葉両方に使うのに対し、「とか」は話し言葉で用いる。会話的な言い方である。「や」は列挙項目の最後には付かないが、「とか」は付くこともある。

　　①子育てには努力とか忍耐とか我慢が必要だ。
　　②子育てには努力とか忍耐とか我慢とかが必要だ。

「とか」を多用すると会話的になりすぎるので注意が必要である。また、「とか」を強く長く発音すると、子供っぽく、また冗長に聞こえるので注意する。

6）〜か〜

　いくつかのものを列挙し、そのうちの1つを選ばせたり、またはどれとも明示しない場合に使う。

①オレンジジュースかコーラが飲みたい。

②1時か2時（か）に戻ってきます。

②のように最後の言葉に「か」が付く場合もある。

2. イ形容詞の並列・例示
3. ナ形容詞・「名詞＋だ」の並列・例示

1）〜くて

　　イ形容詞を並べるときは、「〜くて」でつなぐ。1つのものについて複数の性質・特徴を取り上げるときは、性質・特徴に関係する形容詞を並べる。例えば、車について述べる場合は、スピードが速い／遅い、形・色・性能・燃費がいい／悪い、値段が高い／安い、運転がしやすい／しにくい等が用いられる。

　　形容詞の並べ方は、通常、色や形等の外観を表すものを先に、「いい、悪い、つまらない」等の話し手の評価を表すものを最後に持って来る。

　　①新幹線は速くて、モダンで、安全である。

　　②この車は、形がスマートで、中が広くて、性能がいい。

2）〜く、（かつ）〜（連用中止（形））

　　イ形容詞を並べるときは、テ形（〜くて）を使わないで、連用中止（形）（〜く）を使うこともある。

　　①このりんごは大きく、甘い。

　　②彼は強く、たくましく、男らしい。

　　「〜くて」は話し言葉的になるが、連用中止（形）は書き言葉的な表現である。「かつ」は「そして」に当たる書き言葉的な接続詞である。

3）〜で

　　ナ形容詞を並べるときは、「〜で」を使う。通常は話し言葉として用いられる。

　　①彼はハンサムで親切だ。

　　「名詞＋だ」の場合もこの形を用いることができる。

②彼は私の父で、小学校の校長をしている。

4）〜な／〜い

形容詞が名詞を修飾する形（例：元気な子供、新しい家）。

2つ以上の語が1つの名詞を修飾するとき、ナ形容詞は「〜な」の形で、他の修飾語を越えて名詞を修飾することができる（例：あの子は元気な、明るい子供だ）。意味は「あの子は元気で、明るい子供だ」と同じになる。

イ形容詞の場合も、修飾語を越えて名詞を修飾できる（例：先生が赤い、きれいな花をくださった）。かかり方を曖昧に感じる場合は、「先生が赤い、小さい、きれいな花をくださった→先生が赤くて、小さくて、きれいな花をくださった」のように「〜くて」を使うとよい。

①都会にはにぎやかな、楽しい場所がたくさんある。

②私は大人しい、ちょっとニヒルな感じの人が好きだ。

5）〜し

そのことに関係した事柄、また、話し手がそのことに関連して思い付くことをゆるやかに列挙する。ナ形容詞や名詞を並べる場合は「〜だし」となる。

①今日は日曜日だし、暇だし、何をしようかな。

並べ方は思い付くままであることが多い。「し」を強調すると、話し手の主張が強い言い方になる。

②あの子はよく遅刻するし、やる気がないし、困ったもんだ。

6）〜たり〜たりする

イ形容詞・ナ形容詞が「〜たり〜たり」で結ばれると、その様子・現象が交互に繰り返されることを表す。「時によって」という意味合いが入る。「〜たり〜たりする」の「する」が、②のように「だ／です」になることもある。

①このごろは暑かったり寒かったりする。

②学校のテストは簡単だったり、難しかったりだ。

「名詞＋だ」のときは、ナ形容詞と同じく「このごろは雨だったり、曇りだっ

たりして、晴れの日はほとんどない」のように「～だったり～だったり」になる。

7）～く／でもあり、～く／でもある

1つのものや事柄が、いくつかの側面を持っていることを並列的に述べる。書き言葉的な表現である。イ形容詞の場合は「～くもあり、～くもある」、ナ形容詞の場合は「～でもあり、～でもある」になる。

①子供が独り立ちすることは、親にとってうれしくもあり、さびしくもある。
②ITの急激な進化は脅威でもあり、危険でもある。

なお、「名詞＋だ」の場合はナ形容詞と同じく「～でもあり、～でもある」になる。

③彼は私にとって友でもあり、ライバルでもあった。

4. 動詞の並列・例示

1）～て

動詞・形容詞・「名詞＋だ」等のテ形を用いて、いろいろな意味用法を表す。ここでは動詞の並列表現を取り上げる。「ゆうべ彼女とどこへ行ったの？」と聞かれて、「お茶を飲んで、少し話して、別れたよ」と答えたとする。彼が別れる前にしたことは、「お茶を飲む」「少し話す」だけである。このように、「～て」はすべての動作・行為を取り上げる性質を持つ。「全部列挙」「すべて列挙」とも呼ばれる。一部列挙の「～たり～たりする」とは対照的になる。

①日曜日には部屋中を掃除して、衣服は全部洗濯する。
②午後はスーパーへ行って、買い物して、クリーニング屋へも行ってくる。

2）連用中止（形）／マス形の語幹

「国へ帰って仕事を探す」は「国へ帰り、仕事を探す」と言うこともできる。この「帰り、」を「連用中止（形）」と言い、動詞のマス形の語幹を用いる。書き言葉的な表現で、以下の3つの用法がある。

（1）動作が引き続いて起こる「継起」を表す

例：食事をとり、すぐ出発する。

（2）物事の手順を説明する

例：野菜を細かく切り、鍋に入れて煮る。塩を足し、味を見る。

（3）並列表現

例：花が咲き、草が生える。

「〜て」との違いは、「〜て」が次の動作へのつながりを表そうとするのに対し、連用中止（形）は、そこで切れる感じがすることである。

3）〜たり〜たりする

動詞の「〜たり〜たりする」は複数の動作の中からいくつかを選んで述べるときに使う。

①A：休みの日は何をしてるの？

B：部屋を片付けたり、洗濯したり……。

「〜たり〜たりする」に対照的な動詞、また、肯定・否定を用いると、動作が交互に繰り返されることを示す。「〜たり〜たりする」の「する」は、③のように「だ／です」になることもある。

②アパートの前を大型トラックが、終日行ったり来たりしている。

③予習はしたりしなかったりだ。

4）〜し

話し手が思い付くままに、ゆるやかに列挙する形をとる。動詞文を並べる場合は、辞書形やタ形の肯定・否定を用いる。

①雨が降っているし、何もすることがないし、どうしようかな。

②カレーは作ったし、サラダもできているし、ワインも揃ったし、これで完璧だ。

37 並列・例示 2

1. 例を挙げて、評価的な結論を導く

1)～も～も

　同類のものや事柄を複数（通常2つ）「～も～も」の形で並べ、「どちらも／すべて、そうである／そうでない」と述べる言い方である。後文では事実を述べたり、判断・評価も表す。主観的に述べる場合もあるが、2）以降の表現と比べると、ニュートラルで客観的に表現することができる。

　　①父も母も出かけた。
　　②父も母もいない。

2)～といい～といい

　前文で、「例として対照的、または類似の2つのもの」を取り上げ、後文で、「他のものもそうである」という意味を表す。後文では、批判や評価、特別な感情（呆れたという気持ち、感心、諦めなど）を表すことが多い。

　いいことや悪いこと、特に悪いことをあげつらう（言い立てる）感じがある。慣用的な話し言葉的表現で、年配者が使うことが多い。

　　①彼は息子といい娘といい、親孝行な子供を持っている。
　　②うちの子は息子といい娘といい、自分勝手ばかりしている。

3)～といわず～といわず

　「といい」の否定形「といわず」を用いた表現である。「～といい～といい」のように、特定のものを指定せず、「何もかもすべて」「誰もかもすべて」という意識が強い。慣用的な書き言葉的表現である。後文では事実を述べたり、判断・評価を表す。

　　①強盗は宝石といわずがらくたといわず、全部持って行ってしまった。

②中山といわず川中といわず、役に立たない者ばかりだ。

4）〜にしても〜にしても

　列挙された事柄を消極的に認めたうえで、「そういう場合でも、そのどちらの場合でも（同じだ、あまり変わらない）」という意味を表す。「にしても」の前には、対照的、または類似の事柄が来る。肯定・否定の場合もある。

　　①行くにしても行かないにしても、返事は早くしたほうがいい。

　　②地震が大きいにしても小さいにしても、警戒はしておくべきだ。

5）〜であれ〜であれ

　「であれ」の前には対照的、並列的な事柄が来て、「（列挙した事柄を含め、）どんな場合であっても」、または「どちらの場合であっても」の意味を表す。後ろには「事態に変わりがない」ことを示す表現が続く。書き言葉的な表現。個別的な事柄より、一般的、社会的な事柄が来ることが多い。

　　①人であれ動物であれ、幸せになる権利がある。

　　②正社員であれパートであれ、同一労働には同一賃金で報いるべきだ。

6）〜にしろ〜にしろ

　前文で複数（通常2つ）の事柄を例示し、後文で「後文の内容は、例示するものすべてに当てはまる」ことを暗示する。「にしろ」の前には、対照的、または類似の事柄が来る。肯定・否定のどちらの場合もある。

　　①小林にしろ大林にしろ、悪意があってやったわけではない。

　　②辞めるにしろ辞めないにしろ、早く態度を決めたほうがいい。

　話し言葉的表現で、命令形の「しろ」を使っているので、ややぞんざいに聞こえることがある。2）「〜といい〜といい」、3）「〜といわず〜といわず」と異なり、後文に意志表現や働きかけ表現が来ることができる。

7）〜にせよ〜にせよ

　6）「〜にしろ〜にしろ」と類似。前文で複数（通常2つ）の事柄を例示し、

後文で「後文の内容は、例示するものすべてに当てはまる」ことを暗示する。「〜にしろ」が命令形「しろ」を含んでいるため、強く、またややぞんざいに聞こえるが、「せよ」は書き言葉的で柔らかい言い方なので、「〜にせよ〜にせよ」も柔らかくなっている。

　　①大企業にせよ中小企業にせよ、課題が多いという点では同じである。
　　②やめるにせよ続けるにせよ、結論は早く出すように。

「〜にしろ」と同じく、後文に意志表現や働きかけ表現が来ることができる。

2. 例を挙げて、「やり方」を助言する

1）〜とか〜とか（したらどうか）

　戸惑っている相手に対し、「〜とか〜とか」を用いて例を示し、後文で相手にやり方を助言する表現である。①のように「とか」の前に名詞が来る場合、②のように動詞が来る場合がある。

　　①先生とか事務の人とかに聞いたらどうですか。
　　②インターネットで調べるとか、図書館で調べるとかしたらどうですか。

2）〜たり〜たり（したらどうか）

　例を挙げてやり方を助言するという点では1)「〜とか〜とか」と同じだが、主に動詞の場合に使う。

　　①インターネットで調べたり、図書館で調べたりしたらどうですか。
　　②テレビばかり見ていないで、部屋を片付けたり、掃除をしたりしたらどう？

3）〜なり〜なり（したらどうか）

　これも例を挙げてやり方を助言するという点では1)「〜とか〜とか」、2)「〜たり〜たり」と同じだが、「〜なり〜なり」は何もしようとしない相手に少しイライラして、「こういう方法もあるんだから、やってみなさいよ」とかなり強く責めている。「〜とか〜とか」「〜たり〜たり」にはそのような感情

は入らず、単に例を挙げているだけである。

　子供：宿題のやり方がわかんない。

　母親：先生言わなかったの？

　子供：言ったけど、忘れちゃった。

　母親：しょうがない子ね。

　　　　隼君に聞くなり、翔君に電話するなりしたらどうなの？

3. 並列助詞「の・だの・やら等」を使った並列・例示

1）〜とか〜とか

　話し言葉で気軽に例を挙げる。話し手の気持ちを入れずにニュートラルに表すことが多いが、①②のように、例を挙げて、文句を付ける場合もある。

　　①まずいとかまずくないとか、いろいろ言うのはやめてください。

　　②親は、あれをしちゃダメとか、これをしちゃダメとか、とてもうるさい。

2）〜の〜の

　前文で、話題に上っている人物がうるさく言う様子を取り上げ、後文でそれを厳しく評価する。「の」は名詞には付かず、動詞、形容詞が来る。対立語や肯定・否定の形、類似の語が並ぶ。例示表現の後ろには「と言って」「と／って」が来ることが多い。

　　①大きいの小さいのって、どれも同じでしょ！

　　②（子供達は）食べるの食べないのと、うるさいことこのうえない。

3）〜だの〜だの

　2）「〜の〜の」と似ているが、話し手が望ましくないもの、心理的に距離のあるものととらえた事柄を列挙する。後文では単に事実を述べる場合（例：箱にはりんごだのみかんだのがいっぱい入っている。）もあるが、多くの場合はマイナス評価が来る。

　　①うちの子は虫が好きで、ミミズだの毛虫だの、芋虫だのを取ってくる。

②好きだの嫌いだの言わないで、さっさと食べなさい。

4）〜わ〜わ

物事が一度に重なり、それを問題として騒いでいる様子を表す。対照的な語、類似の語が並ぶ。
　①タイヤがパンクするわ、ガス欠になるわで、大変な1日だった。
　②水は出ないわ、停電になるわで、みんな右往左往していた。

5）〜やら〜やら

前文で明確ではないが、あれやこれやと並べ挙げ、後文で「大変だ、尋常ではない」という様子を表す。
　①値上がりすると聞いて、肉やら魚やらをたくさん買い込んだ。
　②泣くやらわめくやら大変な騒ぎだった。
　③息子が帰ってきて、うれしいやら面倒くさいやら、複雑な気持ちだ。

38 無関係

1. 〜ても〜ても・〜（よ）うと〜まいと等

1）〜ても〜ても

前文で対照的、または類似的な事柄を挙げ、後文で「それらには関係なく〜である」「同じだ」ということを表す。話し言葉的で、短く端的な言い方である。
　①息子は、口で言っても叩いても、言うことを聞かない。
　②彼は、メールしても電話しても、連絡をくれない。
肯定・否定を対比させ、「授業はおもしろくない。出ても出なくても同じだ」と言うこともできる。

2）～（よ）うと～（よ）うと

1）「～ても～ても」と類似しているが、「～ても～ても」より硬く、強い言い方になる。前文には対照的・類似的な表現が来る。後文には「それでも／それにもかかわらず～である／する」という説明や意志表現が来る。慣用的表現として使うことも多い。

①泣こうとわめこうと、だめなものはだめだ。

②馬鹿にされようと無視されようと、自分の考えは貫きたい。

強く言い放つ表現なので、目上の人に使うと失礼に当たることがある。

3）～（よ）うと～まいと

2）「～（よ）うと～（よ）うと」が対照的、また類似的な表現を並列・例示するのに対し、「～（よ）うと～まいと」は肯定・否定で示す表現である。「～（よ）うと」は肯定形で「行こうと、食べようと、しようと、来ようと」、「～まいと」は否定形で「行くまいと、食べまいと／食べるまいと、するまいと／しまいと、来るまいと／来まいと」になる。

①彼が来ようと来るまいと、私には関係ない。

②引き受けようと引き受けまいとあなたの自由だが、みんなの気持ちも考えてあげてください。

強く言い放つ表現なので、目上の人には失礼に当たることがある。

4）～（よ）うが～（よ）うが

2）「～（よ）うと～（よ）うと」の「と」が「が」になった、古語的な言い方である。かなり強い言い方である。現代の会話でも慣用的な言い方として年配者を中心に使われることもある。

①犯人達は、人質が死のうがけがをしようが、まったく気にかけない連中だ。

②赤ん坊が泣こうが叫ぼうが、パチンコに夢中になっている夫婦もいる。

5)～（よ）うが～まいが

4)「～（よ）うが～（よ）うが」の2つ目の「～（よ）うが」を否定にした表現である。3)「～（よ）うと～まいと」とほぼ同じ意味合いになる。古語的で、かなり強い言い方になる。目上の人には使わないほうがよい。

　①国民が悲しもうが悲しむまいが、年金は毎年少しずつ減っていく。
　②電車の中で赤ん坊が泣こうが泣くまいが、知らん顔をしている乗客が多くなった。

2. いくら／どんなに／いかに～ても／～（よ）うと等

1)いくら／どんなに／いかに～ても

「～ても～ても」と並列・例示するのでなく、「いくら／どんなに」等の副詞を使って、何度も強く試みても、結果には関係がない／なかったことを表す。聞き手は「いくら」「どんなに」等が先触れとなって、後文には無関係なことや否定的なことが来ると想像できる。「いくら／どんなに」は話し言葉的だが、「いかに」は書き言葉的表現になる。

　①いくら言っても、だめなものはだめだ。
　②どんなに反対しても、私達は結婚します。

2)いくら／どんなに／いかに～（よ）うと

1)「いくら／どんなに／いかに～ても」の「～ても」が「～（よ）うと」になった言い方。イ形容詞、ナ形容詞、「名詞＋だ」につながると、「～かろう／なかろうと」（例：寒かろうと／寒くなかろうと）、「～だろう／であろう／でなかろうと」（例：元気だろうと／元気であろうと／元気でなかろうと、金持ちだろうと／金持ちであろうと／金持ちでなかろうと）になる。先触れの「いくら」「どんなに」の代わりに書き言葉的表現の「いかに」を使う場合もある。

　①あなたがどんなに謝ろうと、私は許さない。
　②いかに貧乏であろうと、心までは貧しくはない。

3）いくら／どんなに／いかに～（よ）うが

　2）「いくら／どんなに／いかに～（よ）うと」の「～（よ）うと」が「～（よ）うが」になった言い方。「～（よ）うと」よりさらに古語的な表現になる。「いくら」「どんなに」の代わりに「いかに」を使う場合も多い。

　　①いくら／どんなに／いかに弁解しようが、私は許さない。

　　②波がいくら／どんなに／いかに高かろうが、今日は船を出す。

3. ～によらず・～を問わず・～にかかわらず等

1）～によらず

　「～に関係なく」の意味であるが、依拠する、根拠とするの「拠る」から派生しているため、「～を根拠としない」「～は基準にはならない」という意味になる。書き言葉的表現。

　　①この奨学金は、個人の事情によらず、誰でも応募できます。

　　②免許を持っているかいないかによらず、採用する。

2）～を問わず

　「～によらず」と類似している。書き言葉的表現。「問う」は、本来は「資格・条件を問題にする」という意味から来ている。否定形の「～を問わず」は、人や組織が「条件としては問わない、問題にしない」という場合に使う。①～③のように、「～に関係なく、広く」の意味で慣用的に使われることが多い。また、文末に意志表現や働きかけ表現をとることができる。

　　①年齢・経験を問わず、どなたでも応募してください。

　　②国内外を問わず、ハッキング被害が多発している。

　　③この商品は、老若男女を問わずお使いいただけます。

3）～にかかわらず

　「晴雨・大小・好む好まない」などの対立語や、「年齢・距離・性別」などの語に付いて、「～に関係なく」という意味を表す。文末に意志表現や働きかけ表

現をとることができる。「も」の入った「〜にもかかわらず」とは意味用法が異なるので注意する。書き言葉的表現。

　①好むと好まないとにかかわらず、参加しなければならない。
　②サイズの大小にかかわらず、ナイフを保持しているということが問題である。

4）〜と関係なく／なしに

　1）「〜によらず」、2）「〜を問わず」、3）「〜にかかわらず」は、書き言葉的な硬い表現であるが、「〜と関係なく」「〜と関係なしに」は書き言葉にも話し言葉にも使う一般的な表現である。「なく」と「なしに」は入れ替えが可能で、「なしに」を使ったほうがより柔らかい言い方になる。また、文末に意志表現や働きかけ表現をとることができる。

　①選手は、年齢・経験と関係なく、実力で選ばれた。
　②この企画は本社とは関係なしに進めている。

5）〜をよそに

　「よそ」は「ほかのところ」「ほかの家」の意味を持つ。「〜をよそに」は「〜に関係なく」「〜を無視して」「〜を気にしないで」という意味を表す。①では、「親の心配」を「無視して、軽く見て」という意味が入る。「をよそに」の前には「心配・懸念・期待」等が来やすいが、②のように、人が来る場合もある。

　①息子は親の心配をよそに、毎日遊び回っている。
　②車の中で眠っている赤ちゃんをよそに、パチンコにふけっている。

39 付加

1. 〜し・〜だけで(は)なく(て)・〜ばかりで(は)なく(て)・〜うえに等

1)〜し、それに／しかも

　並列・例示を表すが、話し手が思い付くままに物事を付け加えて述べるという点では、「付加」を表すとも考えられる。柔らかい話し言葉的表現である。後ろに付加を表す接続詞「それに」や「しかも」が来ると、より付け加えの意味合いが強まる。「〜し」の「し」が強く発音されると、主張が強くなる。

　　①彼を採用しよう。熱心だし、勉強家だし、それに経理のことをよく知っている。

　　②この本はなかなかよい。ストーリーがおもしろいし、しかも小さなことまで丁寧に描かれている。

2)〜だけで(は)なく(て)

　「前文の事柄にとどまらず、それ以外にも」という意味を表す。「〜なく」と否定の判断を表すので、「だけではなく」のように「は」が入ることも多い。話し言葉にも書き言葉にも使える。後文には「も」「まで」が付いて、後文の事柄をより強調する場合が多い。

　　①彼は中東だけではなく、アフリカにも足を延ばした。

　　②雨だけでなく風まで吹いてきた。

3)〜ばかりで(は)なく(て)

　2)「〜だけで(は)なく(て)」と同義の表現で、「前文の事柄に限定されるのではなく、それ以外にも」の意味を表す。「〜だけで(は)なく(て)」よりも硬い言い方であるが、より丁寧になる。

　　①この店はおいしいコーヒーばかりではなく、おいしいケーキも出す。

②企業は利益を追求するばかりでなく、社会貢献も必要だ。

4）〜のみならず
　　2)「〜だけで（は）なく（て）」、3)「〜ばかりで（は）なく（て）」と同義。しかし、この二者が話し言葉にも書き言葉にも使われるのに対し、「〜のみならず」は書き言葉で用いる。「のみならず」の前にナ形容詞や「名詞＋だ」が来る場合は、「〜であるのみならず」になる。後文には「も」や「まで」が付いて、後文の内容を強調することが多い。
　　①彼女は地方紙のみならず、全国紙でも話題になった。
　　②彼はこの町の英雄であるのみならず、日本の英雄でもある。
　　③彼は中東のみならず、アフリカにまで足を延ばした。

5）〜うえに
　　前文の事柄に後文の事柄を付け加える表現である。硬い言い方で、説明や解説に用いることが多い。多くの場合、前文以上の事柄が後文に来るが、前文・後文には同じ評価（プラス評価、マイナス評価）の内容が来る。
　　①子供を出産すると、一時金がもらえるうえに、毎月子供手当までもらえる。
　　②この会社は給料が安いうえに、残業が多い。

2．〜はもちろん・〜はもとより・〜はおろか・〜どころか等

1）〜はもちろん
　　前文で、あるものを代表として挙げて、これは当然のものだが、その他にもこういうものが続くと列挙する。話し手の「当然だ」という積極的な気持ちが入る。
　　①彼は英語はもちろん、中国語もぺらぺらです。
　　②パソコンはもちろん、スマホからでも申し込めます。

２）～はもとより

　１）「～はもちろん」とほぼ同義で、「～はもちろん」が話し言葉的であるのに対し、「～はもとより」は書き言葉的で硬い言い方になる。前文で代表的、基本的なものを挙げて、さらに次に続くものも同様にそうであると述べる。

　　①日本全国はもとより、海外からも応援のメッセージが届いている。

　　②この薬は、花粉症はもとよりほとんどの鼻炎にも効果があります。

３）～はおろか

　書き言葉的な表現である。「～はおろか」は通常、「～はおろか～も／さえ／まで～ない」の形で否定的側面を強調して表現する。

　　①彼は漢字はおろかひらがなも読めない。

前文に実現しにくい事柄が、そして、後文に実現しやすい事柄が来て、「前文の事柄（漢字を読むこと）はハードルが高く難しいが、それに加えて、もっと基本的で簡単である後文の事柄（ひらがなを読む）までもできない」という意味になる。後文が否定的な内容になることが多い。

　一方、「～はおろか」は②のように肯定文で使われることもある。肯定文で使われるときは、次のように「実現しやすい事柄（ひらがなを読むこと）」が前文に来て、「実現しにくい事柄（漢字を読むこと）」が後文に来る。「実現しやすい事柄は当然だが、実現しにくい事柄もできる」という意味になる。

　　②彼は勉強家で、「ひらがな」はおろか「漢字」まで読める。

４）～どころか

　前文の事柄について「それだけでなく、こんなものまで」という勢いで、後文につなぐ。前文で提出された事柄に対して、後文で「まったくそのようではなく、実際は反対の事柄だ」という、話し手の強い驚きや予想外の気持ちが入る。話し言葉的表現で、やや大げさに響くため、目上の人には失礼になる場合もある。プラス・マイナス両方の事柄に使う。次の①はプラス、②はマイナスの事柄である。

　　①Ａ：あの商品は売れてないんじゃないですか。

B：売れないどころか、売れて売れて……。ありがたいことです。
　②A：あの商品は売れてないんじゃないですか。
　　　B：売れないどころか評判が悪すぎて、廃棄処分になりました。

5）〜に限らず
　「〜だけでなく」「〜ばかりでなく」という意味で、前文で述べられたことに限定されないということを表す。
　①この方法は中高生に限らず、大人でも使える。
　②これは家の中に限らず、公園などでもできるゲームです。

3. 2文をつなぐ接続詞

1）それに
　話し言葉的表現で、気軽な場で使われることが多い。「付け加え」の働きを持つが、どちらかというと、前文に本質的な事柄が来る。「それに」はあくまでも前文を踏まえて後文で追加するという意識がある。接続詞「そのうえ」に意味用法が似ているが、「そのうえ」は後文に来る文の付け加えの度合いが強くなり、意味合いが強調される。
　①この家は狭くて日当たりが悪い。それに、駅からも遠い。
　②A：アフリカの人達とコミュニケーションはとれるかな？
　　　B：まずは英語を使って、それに、絵を描いたり、ジェスチャーをしたりすれば何とか通じるよ。

2）しかも
　前文で述べられている判断・評価に対して、後文でそれを補強するコメントを付け加えるというのが典型的な形である。後文の内容のほうが重要になる。「そのうえ」と類似。「しかも」は硬い言い方であるが、話し言葉にも書き言葉にも使える。
　①スマホはどんどん薄くなっている。しかも、操作しやすくなっている。

②彼女は聡明で、しかも美人だ。

3）そして

　いろいろの意味用法を表すが、基本的には①のように「事柄を並列する」、また②のように「それに続いて」という意味を表す。

　　①父は教師です。そして、私も教師です。

　　②京都へ行った。そして、金閣寺を訪ねた。

「それから」とよく似ているが、「そして」のほうがやや書き言葉的で、硬い言い方になる。

4）それから

　①のように「事柄の付け加え」、および②のように「時間の前後関係」を示す。主に話し言葉に用いられる。因果関係や言い換え、話題・行為の転換などには使えない。

　　①社長が来ている。それから、専務も来ている。

　　②買い物をした。それから、映画を見に行った。

5）そのうえ

　前文の事柄・事態に、さらに説明を加えるときに用いられる。単なる追加ではなく、ダメ押し的に、あえて付け加えるという強調的な意味合いがある。後文に重点が来る。

　　①彼らは有り金を全部盗んでいった。そのうえ、店の商品もあらかた
　　　持って行ってしまった。

　　②先生はたくさんの宿題を出した。そのうえ、自由研究までしてこいと
　　　言った。

6）また

　「同様に」という意味合いを持ち、同一の話題に関して、並列的、付加的に続けて言うときに使われる。また、対照的な事柄が来ることもある。

612

①彼女は主婦であり、また、エッセイストでもある。

②木々は緑の木陰をつくる。また、枯れ葉で大地に栄養を与える。

40 類似、比喩・比況

1-1. 類似1「〜に／と似ている・〜に／とそっくりだ等」

1）〜に／と似ている

　AがBに「類似」であることを表す。「に」と「と」の違いはほとんどないが、「と」のほうが話し言葉的になる。

　　①この子は父親と似ている。

　　②この絵はモネの絵にタッチが似ている。

2）名詞＋似だ

　「〜に／と似ている」を「名詞＋似だ」でまとめた表現である。しかし、「この絵はモネの絵似だ」とは言わない。「名詞＋似だ」は親子・兄弟・親族等、血縁関係に使う。

　　①この子は母親似だ。

　　②この子はおじいさん似ですね。

3）〜に／とそっくりだ

　「そっくり」の本来の意味は「全部まとめて」で、「そっくりだ」は非常によく似ていることを表す。特にプラス評価・マイナス評価はない。文脈・状況によって「そっくりである」ことがプラスになったり、マイナスになったりする。

　　①この子は父親にそっくりだ。

　　②この絵はモネの絵とタッチがそっくりだ。

613

4）～と瓜二つだ

3）「～に／とそっくりだ」と同義である。瓜という植物の果実になぞらえた慣用的な言い方である。主に顔かたちの似ていることに使う。少し古い言い方で、最近は特に若い人にはあまり使われていないようだ。「似ている」が漠然とした類似のとらえ方であるのに対し、「そっくりだ」「瓜二つだ」は、よく見て、細部までよく似ていることを表している。

①この子は死んだ兄と瓜二つだ。兄の生まれ変わりかもしれない。

②あの2人は他人同士だが、顔かたちが瓜二つだ。

5）～と～は似ている

「AがBに似ている」という形ではなく、AとBが主語となって「AとBは似ている」となる。「似ている」の代わりに「そっくりだ」「瓜二つだ」でも置き換えられる。

①この歌とあの歌はメロディーが似ている。

②この学生の答案とその学生の答案はよく似ている。カンニングの可能性がある。

1-2. 類似2「評価の入る類似表現」

1）似たり寄ったりだ

どれも同じくらいで、差のないことを表す。数ある作品や応募者、候補者等についてマイナス評価をするときに使う。「どれもこれも似たり寄ったりだ」という言い方をする。慣用的表現で、「大同小異だ」「どっこいどっこいだ」とも言う。

①空港は世界中どこも似たり寄ったりだ。

②応募作品は似たり寄ったりで、ユニークなものがない。

2）似たようなものだ

「似たり寄ったりだ」とほぼ同義でマイナス評価を表す。「似たようなもの」にはプラス評価もマイナス評価も入らないが、「だ」の付いた「似たようなものだ」は、「代わり映えしない」「特に新しいところはない」というマイナスの意味になる。

①この皿と、同じでなくてもいいんですが、似たようなものはありませんか。
②私達日本人の英語力は似たようなものだ。

3）似通っている

「互いが似ている、共通なところがある」という意味を表す。ものや作品、景色、性質、手段・方法等の「内容」のある事柄に用いる。具体的な人物の顔かたちについて、「この子は母親に似通っている」とは言わない。「この子の行動・性質は母親と似通っている」のように行動・性質などについて使う。個別の事柄ではなく、社会的、心理的にとらえた場合に使うことが多い。書き言葉的表現。

①長く連れ添った夫婦は、考え方まで似通っている。
②日本とモンゴルは地理的に離れているが、文化や習慣が似通っている。

4）同じだ

顔が似ているときに「顔が同じだ」という言い方もするが、「同じだ」は通常、外見、サイズ、そして内容が同一である、別のものではない、また、共通であることを表す。特にプラス・マイナス評価は入らない。

①彼と職場が同じだ。
②この味は母が作るのと同じだ。

5）代わり映えしない

本来は「他のものと代えてもよくならない」の意味で、「いつもと変わらない」「変化がない」「新味がない」というマイナス評価を表す。「この作品は他の作品と比べて、代わり映えしない」「どれもこれも代わり映えしない」とい

40 類似、比喩・比況

う言い方をする。

①新内閣には代わり映えしない顔が並んでいる。

②代わり映えのしない毎日なので、退屈である。

2-1. 比喩・比況1

1）～だ

「彼は宇宙人だ」のように、他のものになぞらえて、A＝Bの形で表現する。
そのものずばりのたとえ方で、簡潔でユニークな感じがある。直接的で、決
めつけすぎる感じを与える場合もある。

①子供からお金を巻き上げるなんて、彼は鬼だ。

②彼女は上品で美しい。今世紀のお姫様だ。

2）いわば～だ

1）「～だ」の前に「いわば」を付けた形。「いわば」は「他の語で表してみれ
ば」「たとえてみれば」の意味になる。

①三重苦を乗り越えた彼女は、いわば日本のヘレンケラーだ。

②ここはいわば私の第二の故郷だ。

3）～（の）ようだ／みたいだ

3）4）のように、「～ようだ／みたいだ」を付けて似ていることを表すのを
比況と言う。「彼は鬼だ」と決めつける代わりに、「鬼のようだ」と間接的に
たとえる。「～ようだ」より「～みたいだ」のほうが話し言葉的になる。「まる
で」を付けると、似ていることが強調される。

①彼女は皆にちやほやされて、まるでお姫様みたいだ。

②彼の言動は子供のようだ。

4）～（の）ように見える

3）「～（の）ようだ／みたいだ」と言い切らずに、そのように見えるという

言い方をしている。少し柔らかい言い方になる。
　①ちやほやされている彼女は、お姫様のように見える。
　②彼の行動は子供のように見える。

2-2. 比喩・比況2

1)〜んばかり（の）

　「〜しそうなほど」という意味を表す。また、比喩を使って程度がはなはだしいことを表す。例えば、「言わんばかり（の）」は実際に「言った」のではなく、態度等からそのように感じられることを表す。「ばかり（の）」の前には、動詞のナイ形の語幹＋「ん」（言わん、泣かん、倒れん、飛びかからん等）が来る。

　「〜んばかりの＋名詞」では、「様子・態度・表情・口調」などの名詞とともに用いられることが多い。書き言葉的、かつ慣用的な表現である。
　①彼女は泣き出さんばかりの表情で、私に訴えてきた。
　②彼女は飛びかからんばかりの迫力で、私に向かってきた。
　③会場は割れんばかりの拍手と歓声に包まれていた。

2)〜そうな

　様態を表す「〜そうだ」を用いた形である。「〜そうな」の後ろには名詞が来る。1)の、書き言葉的な「〜んばかり（の）」を平易に話し言葉的に表した言い方で、「泣き出しそうな顔」「飛びかかってきそうな迫力」というふうになる。
　①彼女は泣き出しそうな顔で、私を見た。
　②今にも雪が降りそうな空模様だ。

3)〜かのごとき

　「光陰矢のごとし」は「時間は矢のように早く過ぎる」ということわざであるが、古語の「〜ごとし」の名詞修飾形が「〜ごとき」である。「〜ような」という意味を表す。
　①金星はダイヤモンドのごとき美しさで輝いている。

「かのごとき」の「か」は詠嘆（感動の気持ち）、また、疑問の気持ちを添える。

②ニュースでは、まるで戦争が始まるかのごとき報道をしている。

③彼女は当然であるかのごとき顔をして、500万円を受け取った。

4）〜かと思うような

実際に起こっているのではないが、「実際にその様子・状態であるように思える」ことを表す。

①この鉛筆画は、写真かと思うような精密なタッチで描かれている。

②その映像を見たときは、心臓が止まるかと思うようなショックを受けた。

41 根拠、立場・観点

1-1. 根拠1「外見・外観1」

1）〜から言って

根拠を表す「〜から言って」「〜からして」「〜から見て」は「言う」「する」「見る」という動詞を使っているが、意味はほぼ同じで「〜を根拠に判断して」になる。厳密に言うなら、「〜から言って」は「判断して、それを言葉にするなら」の意味になるであろう。慣用的表現。

①我が家の経済状態から言って、浪人するのは無理だ。

②あの大学は難易度から言って、比較的入りやすい。

2）〜からして

「〜を根拠に判断して」の意味で慣用的表現として使う。1）の「〜から言って」より慣用的で、それを根拠とすることを当然のことのようにとらえている感じがある。

①我が家の経済状態からして、浪人するのは無理だ。

②あのときの表情からして、彼はきっと驚いたにちがいない。
　「〜からして」の2つ目の用法として、「1つの例を挙げて、全体を強めて言う」用法がある。「この刺身は色からして古い感じがする」は「色から判断して」という意味だが、言いたいことは「この刺身は古い」ということで、その1例として「色」を挙げているにすぎない。意味的には「〜をはじめとして」の意味になる。「あの男は目つきからして怪しい」は、「あの男はまず目つきが怪しくて、他にも怪しいところがある。だから、怪しい人間だ」という解釈になる。

3）〜からすると
　2)「〜からして」と同じ意味を持つ。
　　①我が家の経済状態からすると、浪人するのは無理だ。
　　②彼のあのときの表情からすると、きっと驚いたにちがいない。
　「〜からして」は文の流れとして次へ続いていこうとするが、「〜からすると」はそこでポーズが置かれ、次に結果が述べられる感じがある。2)の「〜からして」の2つ目の用法「1つの例を挙げて、全体を強めて言う」という用法は「〜からすると」にはない。
　　?③この刺身は色からすると、古い感じがする。

4）〜から見て
　1)「〜から言って」、2)「〜からして」と同じく、「〜を根拠に判断して」の意味で慣用的表現として使う。「見る」には判断するという意味があり、目で見るという要素は含まれるが、必ずしも見る／見たものが根拠になるのではない。
　　①全体から見て、設計はうまくできていると思う。
　　②裁判の成り行きから見て、彼が無罪になる確率は高い。

5）見るからに
　「ちょっと見ただけですぐわかるように」という意味で、外から見た情報で判断する表現である。「まさにそうである」という強調的な言い方である。「見るからに金持ちそうな人」「見るからにこわそうな男」のように慣用的に使われる。

41 根拠、立場・観点

①彼女はいつも見るからに高級そうな服を着ている。

②見るからに怪しげな男が門のそばに立っている。

1-2. 根拠2「外見・外観2」

1）〜から

外見・外観から得た情報を原因・理由として「〜から」を用いて表している。後文の文末には「のだ／んだ」が来ることが多い。

①彼女は晴れ晴れした顔をしているから、絶対合格したんだと思う。

②人の声が聞こえなくなったから、お祭りは終わったのだろう。

2）〜の／ところを見ると

状況を見て客観的に判断する表現である。「今の動作や状態から全体的に判断して」という意味になる。

①すぐに帰ってきたの／ところを見ると、デートはうまくいかなかったのだろう。

②順調に作動しているの／ところを見ると、修理はうまくいったようだ。

「の／ところ」はほぼ同じ働きをするが、次のように、「ところ」が事象や傾向としてとらえるのに対し、「の」は全体としてまとめる感じがある。

③ボランティアとして立派に働いているの／ところを見ると、彼が健全に育っているのがわかる。

3）〜くらい／ぐらいだから

前文で、「そういう程度の高い状態にあるのだから」と判断基準を述べ、後文で、「こうなるのは自然だ、当然だ」という意味合いになる。後文には、「〜のだろう」「〜にちがいない」のような推量表現が来やすい。

①我慢強い彼女が泣き出すくらいだから、よほどくやしかったのだろう。

②何軒も倒壊したぐらいだから、よほど大きな地震だったにちがいない。

1-3. 根拠3「言語情報」

1）〜によると
　（7「伝聞」使い方のポイント2.1）参照）

2）〜の話では
　特定の人や組織が話したことを情報源として用いる。「田中さんの話では」「社長の話では」「政府の話では」のように使う。後文には「〜ということだ」「〜そうだ」「〜らしい」「〜ようだ」、会話では「〜って」等が用いられる。
　①林さんの話では、今日の会合はキャンセルになったそうだ。
　②政府の話では、被災地に送る自衛隊員を増強するということだ。

3）〜が言って（い）たんですが／だけど
　2）の「〜の話では」をわかりやすく述べた表現になる。語りかける語調なので、柔らかく響く。「誰が言っていた」かが重要になるので、「〜が」の前には個人を表す語が来る。
　①林さんが言っていたんですが、今日の会合はキャンセルになったそうです。
　②官房長官が言っていたんだけど、被災地に送る自衛隊員を増強するということだよ。

4）〜が言うには
　「〜が言うことには」を略した言い方で、慣用的表現である。意味的には「〜の話では」「〜が言っていたんですが」と同じであるが、情報源は親しい人、友人、家族の場合が多い。
　①A：森さん、今日休みだって。
　　B：あ、そう。珍しいね。
　　A：妹さんが言うには、家で何かあったらしいよ。
　②うちの子が言うには、○○先生、3月に転勤だって。

5）噂では

（7「伝聞」使い方のポイント2.5）参照）

2. 立場・観点

1）私は

「私はこう思う」「私はその意見には賛成／反対です」のように、「私は」を用いて考えを述べることができる。簡潔で、一番手っ取り早い方法である。ただし、「私は」を繰り返すことは時に押しつけがましい印象を与えるので、注意が必要である。

　①私は常日頃からこのように考えてまいりました。

　②私は賛成でも反対でもない。

2）私としては

　自分の意見を述べる場合は、直接的に「私は」と言うより「私としては」を使うほうが、今から意見が述べられるという形が整う。「（私としては）その意見には賛成できません」「（私としては）～ほうがいいと思います」「（私としては）～するべきではないと考えます」のような後文が続く。自分の立場を明確にするときに使用する表現で、1つの発話に1回程度使うのが好ましい。使いすぎはよくない。

　①私としては、このまま続けて大丈夫だと思っています。

　②私としては、今の制度を続けるべきではないと思います。

3）私としても

　他の意見に賛同するとき、自分の立場からもその意見がいいと考えるときに「私としても」を使う。「私としては」が自分の立場を取り立てて表明するのに対し、人に賛同する形をとるので、柔らかい表現になる。

　①私としてもその意見には賛成です。

　②私としても、そうしていただければありがたいです。

一方、誰かの意見に賛同して使うのではなく、単に自分の立場を柔らかく表明するだけのために、「私としても」を使うこともある。

4）私から言うと

話の流れや他の意見に対し、自分の意見・考えを表明する場合に使う。異なる見方や、異なる意見を差しはさむ場合が多い。「私から言うと」はやや直接的になるので、改まった場では「私から言わせていただくと」になることも多い。

①〈上司の批判をしている〉

友達1：私は上司の態度がよくないと思う。

友達2：私から言うと、あなたは甘えていると思う。
上司なんてそんなものよ。

②〈隣人同士のトラブル〉

A：テレビの音がうるさいんですが……。

B：そうですか。すみませんね。
でも、私から言わせていただくと、お宅の犬の鳴き声もうるさいですね。

A：ええっ？

5）私から見て

「私から見て」は「私の判断では」「私の個人的な意見では」の意味になる。「～から言うと」よりやや客観的、間接的な言い方になる。例えば、AとBが言い争っている場合、同僚として、また、上司として①のように言ったり、また、出された案に対して、②のように言うことができる。

①私から見て、B君の言っていることのほうが正しいと思う。

②私から見て、詰め方が甘いように思う。もう一度考えたほうがいいんじゃないか。

42 前置き

1. 声をかける

1）ちょっとすみませんが／けど

　人に声をかけるときに、呼びかけ、また、前置きの言葉としてよく使われる表現である。「すみません」は本来は謝る表現であるが、ここでは「話しかける失礼をお許しください」という意味合いを持つ。「話しかけ・呼びかけ」の慣用的表現と言える。

　　①ちょっとすみませんけど、お話があるんですが。

　　②ちょっとすみませんが、お時間ありますか。

2）申し訳ありませんが／けど

　1）の「ちょっとすみませんが／けど」より、改まった丁寧な言い方になる。相手が目上の人の場合やフォーマルな場で用いる。

　　①申し訳ありませんが、ちょっと時間いただけますか。

　　②申し訳ありませんが、皆さんこちらにお集まりください。

　普通形になると、会話的に用いることができる。「申し訳ないんだけど、今時間ある？」のようになる。

3）ちょっと（お）話があるんですが／けど

　相手に話しかけたいとき、1）の「ちょっとすみませんが／けど」、2）の「申し訳ありませんが／けど」を使わないで、相手に直接「ちょっとお話があるんですが／けど」と言うこともできる。相手が「何ですか」と聞いてきたら、「あのう／実は」「突然で申し訳ないんですが」等を使って話し始める。①のように切り出したり、親しい間柄では②のように切り出したりする。

624

①ちょっとお話があるんですが、今よろしいでしょうか／お時間いただけませんか。
　　②ちょっと話があるんだけど、今いい／時間ある？

4）ちょっと（ご）相談したいことがあるんですが／けど

　3）の「（お）話」の代わりに「（ご）相談したいこと」を用いた言い方である。「（お）話がある」は一方的にこちらから話したいことが多く、「（ご）相談したいことがある」は相手の意見を聞きたいことが多い。しかし、「（お）話」に「（ご）相談」を含める場合もある。
　　①ちょっとご相談したいことがあるんですが、時間いただけませんでしょうか。
　　②ちょっとご相談したいことがあるんですが、今よろしいでしょうか。
　親しい間柄では「ちょっと相談したいことがあるんだけど、時間ある？」「ちょっと相談したいことがあるんだけど、今いい？」等と言う。

5）この間のことでちょっと

　相手に声をかける代わりに、5）を用いることもできる。「○○さん」と相手を引き留めて「この間のことでちょっと」と続ける。まったく新しいことを持ちかけるのではなくて、以前触れたことをきっかけとして話しかける方法である。
　　①大谷さん、今いいですか。この間のことでちょっと……。
　　②大谷さん、この間のことでちょっと。実は……。

6）ちょっと悪いけど／悪いんだけど

　1）の「ちょっとすみませんが／けど」がカジュアルな場で使われると、「ちょっと悪いけど／悪いんだけど」になる。男女ともに使う。「悪い」はbadの意味ではなく、相手に時間をとらせたり、手間をとらせることに対する謝りの表現である。「ちょっと悪いけど／悪いんだけど」の形で用いられる。親しい間柄で使う表現なので、フォーマルな場では用いないほうがよい。

①ちょっと悪いけど、10分ほど待って。

②ちょっと悪いんだけど、先に行っててくれる？

2.「すでに話したことである」と言って考えを述べる

1）前にも言いましたように

1つのことを話す導入表現として使う。「前にも言った」と言うことにより、聞き手を「そうか、じゃ、聞かなくては」という傾聴の気持ちにさせる。

①A：私1人じゃだめですか。

　B：前にも言ったように、俺はたくさんの人に聞いてもらいたいんだ。これはみんなの問題なんだ。

②先生：前にも言いましたように、ここで大事なことは、子供が規則を破ったとき、怒らないこと、叩いたりしないことです。

「ように」の代わりに「通り」を使う言い方もある。「前に言った／言いましたように」より硬い、説明的な言い方になる。

③前にも言いました通り、事柄によって対処の方法は変わるのです。

④前にも言った通り、その日は私は仕事が入っているんだよ。

2）前にも言いましたが／けど

1）の「言いましたように」は少し決めつけるような感じがあるが、「言いましたが／けど」は婉曲で柔らかい言い方になる。相手の記憶を少し喚起させようという話し手の意図がうかがえる。

①前にも言いましたが、私はご協力できないんです。

②前にも言いましたけど、これは多くの人が言っていることなんです。

3）前にも言った（か）と思いますが／けど

2）「前にも言いましたが／けど」が断定的に聞こえるのに対し、「～と思う」が入っているので断定的な語調が弱まり、柔らかい感じになる。相手に「あなたは覚えていますか」という尋ね返す響きが入ることもある。「前にも

言ったかと思いますが／けど」のように「思う」の前に「か」を入れると、より柔らかい感じになる。
　①前にも言ったかと思いますが、その日はちょっと都合が悪いのです。
　②前にも言ったかと思いますが、私はその案に賛成できません。

4）（今さら）言う必要はないと思いますが／けど
　相手にとって必要はないかもしれないが、「念のため」という意味合いを含んでいる。丁寧だが、話し手の主張がやや強くなっている。
　①今さら言う必要はないと思いますが、権利と義務は一体のものなのです。
　②今さら言う必要はないと思うが、教育とは人の心を育てるということなんだよ。

3. 慣用的な前置き表現

1）ご存じのように
　「存じる／存ずる」のマス形の語幹に「ご」の付いた形で、「知っていらっしゃるように」という意味を表す。話を切り出す前置きとして使う。向けられる対象は個人の場合も多数の場合もある。個人の場合は「〇〇さんもご存じのように」、多数の場合は「皆さん／皆様もご存じのように」となる。硬い言い方で、フォーマルな場で使う。相手が知っている場合が多いが、知らなくてもかまわない。
　①ご存じのように、政府ではマイナンバー制度の導入を進めています。
　②ご存じのように、3月11日は東日本大震災が起こった日です。

2）（ご）周知のように
　「多くの方々がすでに知っていらっしゃるように」の意味で、話を切り出す前置きとして使う。硬い言い方で、フォーマルな場で使う。個人に向けて使うこともあるが、多くは講演や説明会、演説会のような場で、複数の人々、大勢の人に向けて用いる。

①ご周知のように、この選挙は日本の運命を決する大切な選挙であります。

②ご周知のように、若者の晩婚化、非婚化が社会的な問題になっております。

3）ご案内のように

2）「（ご）周知のように」と同じように使う。「もうすでにご存じのように」という意味の硬い慣用的表現。「皆様、ご案内のように」と言うことが多く、相手は多数の場合が多い。政治の場面等で使われる。

①本件につきましては、ご案内のように、本日13時から臨時総会が開かれる予定でございます。

②ご案内のように、金融市場の混乱が続いているという状況の中で、やはり実体経済の悪化が続いているということが根本にあると思われます。

4）ご承知のように

「ご存じのように」とほぼ同義に使うことができる。「承知する」には「知っている」と「理解している」両方の意味があるが、「ご承知のように」は単に「知っている」だけではなく、「理解している」の意味も含まれる。

①ご承知のように、我が校で暴行事件が起こりました。

②皆様ご承知のように、まもなく総選挙が行われます。

5）言うまでもありませんが／けど

「言う必要はないぐらいご存じだろうが」と前置きしておいて、その事柄に言及する。個人、また多数に向かって使う。少し持って回った言い方である。

①言うまでもありませんが、オリンピックの主役はあくまでも選手であって、役員ではないんです。

②言うまでもありませんが、国民を第一に考えた政治を目指さなければなりません。

43 敬語 1（尊敬語）

1-1. 敬意の対象者が相手1「先生と学生の会話」
1-2. 敬意の対象者が相手2「社員と上司の会話」
2-1. 敬意の対象者がその場にいない1「学生同士の会話」
2-2. 敬意の対象者がその場にいない2「社員同士の会話」

1）尊敬動詞（いらっしゃる／いらっしゃいます、なさる／なさいます等）

　尊敬動詞には「いらっしゃる、なさる、ご覧になる」等があり、使用頻度が高いものとそれほどでもないものがある。その中でも「いらっしゃる」は群を抜いて使用頻度が高く、敬語として日常的に使われている。「いらっしゃる」には「行く、来る、いる」の3つの意味があるが、最近の傾向として「行く」が減り、「来る」「いる」の敬語として使われることが多いという。①は「来る」、②は「いる」の意味で使われている。

　　①いつ日本へいらっしゃいましたか。
　　②いつまでいらっしゃるんですか。

　他の「なさる」「ご覧になる」等は、敬意の程度が高く、会社の上司、目上の人、年齢の高い人、特に敬意を払うべき人等に使う。

2）お＋動詞のマス形の語幹＋になる／なります

　原則的にはすべての動詞のマス形の語幹に付くが、「見る、いる」のようにマスの前が1音しかない動詞（みーます、いーます等）はこの形はとらない。「召し上がる」「見える」はそれ自体で尊敬動詞であるが、①②のように「お＋マス形の語幹＋になる」になることもある。

　　①どうぞお召し上がりになってください。
　　②今日は奥様もお見えになりますか。

　「お＋マス形の語幹＋になる」はやや硬い印象を与える表現で、尊敬動詞

「いらっしゃる、なさる等」に取って代わられやすい。しかし、形通りに作れば、多くの動詞の尊敬語として使うことができるので、重宝ではある。

3）尊敬受身（受身形を使った尊敬表現）

　以前は敬意が低い表現として使用を躊躇されたが、現在では丁寧すぎない尊敬表現として、多く用いられるようになった。作り方に沿って受身形にすれば尊敬受身になるので、学習者には便利である。地域によって使用の度合いに差がある（関東より関西のほうが尊敬受身に抵抗がない）ようだが、特に強く敬意を表したい場合を除いては、尊敬受身を使用できる。

　①いつ国へ帰られますか。

　②○○氏は、次回にボランティア活動について話されます。ご期待ください。

4）お／ご～です

　「お／ご＋動詞マス形の語幹＋です」「お／ご＋形容詞＋です」「お／ご＋名詞＋です」の形で尊敬を表す。すべての動詞や形容詞、名詞に使えるのではなく、むしろ使えるものは限られる。親しみのこもった優しい言い方になる。敬意対象に対して質問する場合に使うことが多い。

　動詞の場合

帰る	：お帰りです（か）	急ぐ	：お急ぎです（か）
持つ	：お持ちです（か）	出かける	：お出かけです（か）
済む	：お済みです（か）	呼ぶ	：お呼びです（か）
泊まる	：お泊まりです（か）	出張する	：ご出張です（か）
使用する	：ご使用です（か）	宿泊する	：ご宿泊です（か）

　イ形容詞の場合

　　お忙しいです（か）　　おつらいです（ね）

　ナ形容詞の場合

お暇です（か）	お元気です（か）
ご立派です（ね）	ご無理です（か）
お好きです（か）	お上手です（ね）

名詞の場合

　お風邪です（か）　　　ご病気です（か）　　　ご定年です（か）

①社員：部長、今日はどちらにお泊まりですか。
　部長：プリウスホテルに泊まる予定だよ。
②社員：明日のゴルフ、ごいっしょにいかがですか。
　部長：いや、明日はちょっと。
　社員：お忙しいですか。
　部長：うん。
　社員：ご無理ですか……。わかりました。

5）デス・マス形

　先生が帰宅しようとしているときに「先生は、今から帰りますか」、また先生がマスクをしているときに「先生、風邪ですか」は失礼になる。敬意対象が眼前にいるときは、せめて尊敬受身の「先生は、今から帰られますか」、または「お／ご～です」の「お風邪ですか」を使ったほうがよい。しかし、日本語学習歴が浅く、敬語が十分に使いこなせない場合は、「今から帰りますか」「風邪ですか」も使用可能と考えたい。何も言わなかったり、内容が伝わらないより、次のようにデス・マス形できちんと、明確に話すほうがよいと思われる。

　〈教授の研究室で。明日の実験について話している〉
　教授　：明日は大丈夫ですか。
　留学生：はい、大丈夫です。明日は9時に来ます。
　教授　：じゃ、待っています。
　留学生：わかりました。明日は何をしますか。
　教授　：実験の続きをします。
　留学生：はい、何か持って来たほうがいいですか。
　教授　：いや、特にありません。
　留学生：先生は何時に来ますか。
　教授　：いつもの時間に来ています。

6）動詞・形容詞・「名詞＋だ」の普通形

　敬意対象が眼前にいる場合に、「先生、今からうちに帰る？」「先生、風邪？」「先生、忙しい？」というような言い方はしないほうがよい。せめて、デス・マス形、できることなら「れる／られる」を使った尊敬受身を使いたい。

　ただし、敬意対象が眼前にいない場合は、「先生、帰ったよ」「課長、ご機嫌ななめだよ」「部長、忙しそうだよ」等は使うことができる。しかし、女性の中にはもう少し丁寧な言い方を好む人もいる。

　次の例は社員同士が部長のことを話している普通体の会話である。

　　　社員1：きのう部長怒ってたね。

　　　社員2：うん、みんなが賛成しなかったからね。

　　　社員1：だって、部長がもっと具体的な案を出さないから。

　　　社員2：そうだね。でも、僕らももっとわかってあげなくちゃいけないのかもしれない。

44 敬語 2（謙譲語・丁重語）

1-1. 敬意の対象者が相手1「先生と学生の会話」
1-2. 敬意の対象者が相手2「社員と上司の会話」
2-1. 敬意の対象者がその場にいない1「学生同士の会話」
2-2. 敬意の対象者がその場にいない2「社員同士の会話」

1）謙譲動詞（伺う／伺います、まいる／まいります等）

　「まいります」は「行く」の丁寧な表現だが、「伺います」は敬意対象者の家や部屋を訪ねることを指す。より丁寧な、改まった表現になる。

　　①教授：ユン君、あとで研究室へ来てくれる？

　　　ユン：はい。今から図書館へ行って、そのあとで伺います。

　「申します」は謙譲語としても、丁重語としても用いられる。謙譲語の場合

は次のように相手に対する敬意を表す。

　②〈先生に〉母が先生によろしくと申していました。

「申し上げます」は目上の人に自分自身の意見や考えを述べるときに使うが、丁寧な硬い言い方である。

　③〈会社の会議で〉

　　　Ａ：Ｂさん、ご意見をまとめてください。

　　　Ｂ：はい、私が申し上げたいことは、今こそ積極的に打って出ていく

　　　　　べきだということです。

「いたします」も丁寧で硬くなりすぎる場合が多いが、上下関係のはっきりしている状況では用いることがある。

　④〈会社で〉

　　　部長：先方にちゃんと連絡しておいてくれよ。

　　　部下：はい、すぐ連絡いたします。

2）お＋動詞のマス形の語幹＋いたす／いたします

　かなり改まった硬い言い方になる。組織の中で地位の高い人に対して、また丁寧に表現したほうがいい場合、フォーマルな場面等で用いる。

　①〈会社で〉

　　　専務：書類がないよ。

　　　社員：あ、すみません。すぐお持ちいたします。

　　　専務：コピーでいいよ。

　　　社員：はい、すぐにコピーをお取りいたします。

　②〈旅館を出るとき〉

　　　旅館の女将：またのおいでをお待ちいたしております。お気をつけて

　　　　　　　　　行っていらっしゃいませ。

「漢語名詞＋する」の謙譲の形は、基本的に「ご＋漢語名詞＋いたす」になる。

　③この件につきましては、後日ご連絡いたします。

3）お＋動詞のマス形の語幹＋する／します

　2）の「お＋マス形の語幹＋いたす」ほどではないが、丁寧で改まった場で
も使える。「いたす」が硬い印象を与えるので、ほとんどの場合は「お＋マス
形の語幹＋します」で大丈夫と言える。会社等の組織の中だけでなく、先生
と学生の場合でも使える。

　　①〈立食パーティーで〉

　　　学生：先生、何を召し上がりますか。

　　　先生：ああ……。適当に。

　　　学生：私がお取りします。

　　②編集者：先生、お願いしていた原稿、できあがりましたでしょうか。

　　　作家　：ああ、今最後のところを書いているの。明日まで待ってくれる？

　　　編集者：そうですか。では、明日の夕方までお待ちします。

　「漢語名詞＋する」の謙譲の形は、基本的に「ご＋漢語名詞＋する」になる。

　　③駅まで来ていただければ、そのあとは私がご案内します。

4）使役形＋ていただく／いただきます

　「使役形＋ていただく」（例：待たせていただく、説明させていただく、紹介
させていただく）は自分の行動を述べる非常に丁寧な言い方になる。丁寧す
ぎる場合もあるが、会社等や改まった場では下の者が上の者に対して使うこ
とも多い。

　　①〈説明会で〉この件に関しましては、私のほうから説明させていただ
　　　きます。

　　②〈ポイさんが会社を訪ねる〉

　　　ポイ：○○部長にお会いしたいのですが。

　　　受付：部長は今会議中です。お待ちになりますか。

　　　ポイ：はい。では、ここで待たせていただきます。

5）丁重語（まいる／まいります、おる／おります等）

　丁重語と謙譲語の違いは、その事柄・行為が敬意対象と関わりがあるか否

かにある。次の例で、「学会」は特に敬意対象のAに関係することではないが、Bは丁寧の気持ちで丁重語の「まいります」を使っている。

①A：明日学会に行かれますか。

　B：はい、まいります。

次の例でも、「自宅にいる」のは相手（敬意対象）とは関わりのないことだが、丁重語「おります」を使って、Bに対して丁寧に話している。

②A：明日は自宅におりますので、おいでください。

　B：ありがとうございます。お伺いします。

〈次の日、BがAに電話をかける〉

B　　　　：もしもし、Aさんのお宅ですか。

Aの母親：はい、そうです。

B　　　　：Aさんいらっしゃいますか。

Aの母親：はい、おります。少々お待ちください。

丁重語の「申します」は、「私は田中と申します」のように自分自身や自分の家族を紹介するときに使う。

「ここにあります」の「あります」を丁寧にしたのが「ございます」で、「責任者の小川である／です」の「である／です」を丁寧にしたものが「でございます」（責任者の小川でございます）である。（「ございます」「でございます」は丁寧語と呼ばれる。）学習者は丁寧に話したいという気持ちが強く、この「ございます／でございます」を使うことがあるが、ほとんどの場合丁寧すぎる。「ございます／でございます」は理解だけにとどめておいて、使用しないほうがよいと思われる。

6）デス・マス形

先生や上司に対して、「私が手伝います」「お仕事が終わるまで、ここで待ちます」のようなデス・マス形は、場合によっては失礼になることもあるが、日本語学習歴が浅く、敬語が十分に使いこなせない場合は使用可能である。丁寧すぎる言い方より、端的で明確になるので、内容さえきちんと伝わるのであれば、敬意対象にデス・マス形も使ってよいと思われる。①②はデス・マ

ス形を使ったやりとりで、敬語を使ってはいないが、内容は伝わっている。

①教授　　：明日は大丈夫ですか。

　留学生：はい、大丈夫です。明日は9時に来ます。

　教授　　：じゃ。

　留学生：今日はこれで失礼します。

②教授　　：実験を続けましょう。

　留学生：私は何をしましょうか。

　教授　　：検体の準備をしてください。

　留学生：はい。できました。ここに置きます。

　　　　　　今から顕微鏡を調節します。

　教授　　：データの記録は？

　留学生：はい、ここに記録します。

7）動詞・形容詞・「名詞＋だ」の普通形

　敬意対象に対して、普通形の「手伝うよ」「ここで待つよ」等は失礼である。せめてデス・マス形（手伝います、ここで待ちます等）を、できれば日本語初心者以外は「お＋マス形の語幹＋する」（お手伝いします、ここでお待ちします等）を使いたい。

　一方、敬意対象者が目の前にいない場合は、「俺／僕／私、（先生を）手伝うよ」「（先生を）待つよ」「先生は元気だよ」のような動詞・形容詞・「名詞＋だ」の普通形を使うことができる。ただし、「〜だ」での言い切りは男性言葉なので女性は使わないほうがよい。

　社員1：資料、揃った？

　社員2：うん、揃ったよ。

　社員1：いつ部長に渡す？

　社員2：明日朝一番に。

　社員1：そうだね。今日は間に合わなかったね。

　社員2：うん、朝一番に行って、謝るよ。

参考文献

庵功雄他（2000）松岡弘（監）『初級を教える人のための日本語文法ハンドブック』スリーエーネットワーク

――――（2001）白川博之（監）『中上級を教える人のための日本語文法ハンドブック』スリーエーネットワーク

池上素子（1997）「「のに」・「ながら」・「ものの」・「けれども」の使い分けについて」『北海道大学留学生センター紀要』1号

――――（2000）「「〜化」について―学会抄録コーパスの分析から―」『日本語教育』106号

伊豆原英子（2014）「補足の接続詞「もっとも、ただし」の意味分析」『愛知学院大学教養部紀要』61巻4号

泉原省二（2007）『日本語類義表現使い分け辞典』研究社

市川保子（2005）『初級日本語文法と教え方のポイント』スリーエーネットワーク

――――（2007）『中級日本語文法と教え方のポイント』スリーエーネットワーク

太田陽子（2014）『文脈をえがく　運用力につながる文法記述の理念と方法』（日本語教育学の新潮流9）ココ出版

グループ・ジャマシイ（編著）（1998）『教師と学習者のための日本語文型辞典』くろしお出版

小林幸江（2005）「「にかかわらず」「を問わず」「によらず」の意味用法」『東京外国語大学留学生日本語教育センター論集』31号

鈴木智美（2004）「「〜だの〜だの」の意味」『日本語教育』121号

谷口真樹子（2009）「条件節「ば」の用法と文末制限について」『言語文化教育研究』4号

寺村秀夫（1981）『日本語の文法（下）』（日本語教育指導参考書5）国立国語研究所

――――（1991）『日本語のシンタクスと意味Ⅲ』くろしお出版

友松悦子他（2010）『改訂版どんなときどう使う日本語表現文型500初中級』アルク

中俣尚己（編）（2017）『コーパスから始まる例文作り』（現場に役立つ日本語教育研究5）くろしお出版

蓮沼昭子（1993）益岡隆志（編）「「たら」と「と」の事実的用法をめぐって」『日本語の条件表現』くろしお出版

増田真理子（2017）江田すみれ・堀恵子（編）「日本語教育における「んですけど。」の扱い―自然な日本語を積み上げる教育実践の一例として―」『習ったはずなのに使えない文法』くろしお出版

松下光宏（2017）「文・節の連接からみた接続辞「ものの」の使用文脈の特徴」『日本語教育』166号

森山卓郎（2000）『ここからはじまる日本語文法』ひつじ書房

索引

あ あー、そうですか　110　495
　　　〜あいだに　185　530
　　　〜あいだは　190　532
　　　〜あとで　176　178　527
　　　あまり……　100　488
　　　ありがとう（ございました）　114　498
　　　ありがとう（ございます）　107　114　493
　　　498

い （今さら）言う必要はないと思いますが/けど
　　　419　627
　　　言うまでもありませんが/けど　422　628
　　　いかに/いくら〜ても　292　368　571　605
　　　いかに/いくら〜（よ）うが　368　606
　　　いかに/いくら〜（よ）うと　370　605
　　　いくら〜（た）ところで　294　571
　　　〜以上（は）　234　548
　　　〜一途をたどっている　150　518
　　　〜一方（で）　311　580
　　　〜一方だ　150　516
　　　いつも〜ている　97　488
　　　〜以来　181　529
　　　いわば〜だ　397　616

う 〜う　→　〜（よ）う
　　　〜うえで　238　549
　　　〜うえに　377　609
　　　受身・受身文　158　159　160　161　164
　　　520　521　522
　　　うそ！　103　107　492　495
　　　うそでしょ（う）?　107　495
　　　〜うちに　185　530
　　　〜うちは　190　533
　　　うれしい　107　494
　　　噂では　55　409　469　622

え えっ、うそ！　103　492
　　　えっ、そうですか/そうなんですか　103
　　　490
　　　えっ、そんな。　103　492
　　　えっ、本当/ホント（ですか）?　103　490
　　　えっ、まさか。　103　492

お お〜いたす/いたします　437　440　441
　　　442　633
　　　〜おかげで　250　553　554

お〜する/します　437　440　442　634
お世話になりました/お世話様　114　499
お〜です　427　430　431　432　630
驚いた　103　491
同じだ　393　615
お〜になる/なります　427　430　431　432
629

か 〜か〜　338　594
　　　〜が［逆接］　279　565
　　　〜が［選択・比較］　315　322　583　587
　　　〜が言うには　409　621
　　　〜が一番〜　322　325　587　588
　　　〜が言って（い）たんですが/だけど　409
　　　621
　　　〜化（する）　146　516
　　　〜かたわら　195　534
　　　〜かと思うような　400　618
　　　悲しい　110　496
　　　悲しく思う　110　497
　　　〜かのごとき　400　617
　　　〜が早いか　200　538
　　　〜かもしれない　34　460
　　　〜から［理由］　100　245　256　406　490
　　　552　556　620
　　　〜から言って　403　618
　　　〜からか　256　556
　　　〜からこそ　256　556
　　　〜からして　403　618
　　　〜からすると　403　619
　　　〜からといって/からって　296　573
　　　〜からには　256　557
　　　〜から見て　403　619
　　　代わり映えしない　393　615
　　　感謝します　114　499

き 嫌いじゃ/ではない　97　487
　　　〜きり　205　538

く 〜く、［連用中止（形）］　342　595
　　　〜くせに　279　567
　　　〜くて　342　595
　　　〜くもあり、〜くもある　342　597
　　　くやしい　110　497
　　　くらい/ぐらい　308　579
　　　〜くらい/ぐらいだから　406　620

639

〜くらい/ぐらいなら、〜ほうがいい/ましだ
325 589
〜くらい/ぐらい〜ものはない　325 589

け 〜経験がある　153 155 519
けれども/けど　301 575
〜けれども/けれど/けど　279 566
謙譲動詞　437 440 441 442 632

こ ご案内のように　422 628
ごいっしょしませんか　74 477
（ご）いっしょにどう（ですか）？　74 477
（ご）周知のように　422 627
ご承知のように　422 628
ご存じのように　422 627
ご〜です　434 630
〜こと。　88 91 482 483
〜ことがある　153 155 518
〜こときわまりない　129 508
〜ことこのうえない　129 509
〜ことなしに（は）　238 549
〜ことに決まる　13 451
〜ことに決める　13 451
〜ことにする　13 451
〜ことになる　13 450
この間のことでちょっと　415 625
ご迷惑をおかけしました/いたしました
118 502
ごめん（なさい）　118 503
これから気をつけます/注意します　118
503

さ 〜（さ）せていただいて（も）いいですか/で
しょうか　62
〜（さ）せていただいて（も）かまいませんか
62 472
〜（さ）せていただいて（も）よろしいですか/
でしょうか　62 472
〜（さ）せていただきます/いただく　437
440 634
〜（さ）せて（ください/くれ/ちょうだい）
62 78 471 478
〜（さ）せてくださいませんか　62
〜（さ）せてほしい　62 471
〜（さ）せてもらって（も）いいですか/でしょ
うか　62 472
〜ざるを得ない　25 30 126 457 459
506
残念だ　110 496
残念に思う　110 496

し 〜し　195 245 342 346 349 535 553
596 598

使役形＋て〜　→　〜（さ）せて〜
しか　308 578
しかし　301 574
〜しかない　150 517
しかも　386 611
〜し、それに/しかも　377 608
〜次第　176 528
〜したことはしたが　296 574
自動詞　146 164 515 522
周知のように　423 627
しろ　91 483

す 好きじゃ/ではない　100 489
好きだ　97 487
〜すぎる　129 508
〜ずにはすまない　126 506
すまない/すまん　118 501
すみません　114 118 499
すみませんが/けど　415 624
〜することはする/したが　296 574

せ 〜せいか　261 558
〜せいで　250 554
〜せて〜　→　〜（さ）せて〜
せよ　91 483

そ 〜そうだ［伝聞］　50 465
〜そうだ［様態］　37 460
そうですか/そうなんですか　103 490
〜そうな　400 617
そして　386 612
〜、〜、そして/それから〜［並列］　338
594
そのうえ　386 612
そのため（に）　267 560
それから　386 612
それで　267 560
それに　386 611
尊敬受身　427 430 431 432 630
尊敬動詞　427 430 431 432 629
そんな　103 492

た 〜た　139 153 155 513 519
〜だ　397 616
大好きだ　97 487
〜たいと（思う/思っている）　9 17 449
452
〜（た）うえで　238 549
だが　301 575
だから　267 560
〜（た）きり　205 538
だけ　308 578

640

～だけあって　261　559
～（た）経験がある　153　155　519
～だけだ　150　517
～だけで（は）なく（て）　377　608
だけど　303　575
～だけに　261　559
～（た）ことがある　153　155　518
ただし　301　576
～たって　292　572
他動詞　164　523
～（た）ところだ　139　512
～（た）ところで　292　571
～（た）なり　205　539
～だの～だの　360　602
～（た）ばかりだ　139　512
～（た）まま　205　539
～ため（に）［原因・理由］　245　552
～ため（に）［目的］　271　562
～たら　172　176　178　210　214　217　221　525　527　540　544
～たら？　68　475
～（っ）たら　5　448
～たらいい　67　71　473
～たらいいなあ（と思う/思っている）　17　452　453
～たらいいのに　21　455
～たらいいんだけど/が　17　21　453　455
～たら最後　205　540
～たらすぐ（に）　200　537
～たらどう（ですか）？　67　475
～たり　195　535
～たり～たり（したらどうか）　358　601
～たり～たりする　342　346　349　596　598
～だろうと思う　34　460

ち
～ちゃった　122　504
～中に　185　531
～中は　190　533
ちょっと……　100　488
ちょっと（お）話があるんですが/けど　415　624
ちょっと（ご）相談したいことがあるんですが/けど　415　625
ちょっとすみませんが/けど　415　624
ちょっと悪いけど/悪いんだけど　416　625

つ
～（っ）たら　5　448
～つつ　195　536
～つつある　136　142　512　515
～って［主題］　2　5　446　447
～って。［伝聞］　50　467

～って言っていた　50　466
～って聞いた　50　466
～つもりだ　9　450

て
～て　178　245　349　528　552　597
～で　55　315　322　346　469　583　587　595
～で［原因・理由］　245　553
～であれ～であれ　353　600
～ていく　142　514
～ていただけますか/～ていただける？　82　480
～ていただけませんか/～ていただけない？　82　480
丁重語　437　634
～ていっている　142　515
～（て）以来　181　529
～ている　136　153　155　511　519
～ている最中だ　136　510
～ているところだ　136　511
～ている途中だ　136　511
～ておけばよかった　122　505
～て驚いた　103　491
～て驚いてしまった/ちゃった　103　492
～てから　176　178　181　527　529
～てからというもの　181　529
～てきている　142　515
～て（ください）　82　88　91　479　481　484
～てくださいますか/～てくださる？　82　480
～てくださいませんか/～てくださらない？　82　480
～てくださって/いただいてありがとう（ございます/ございました）　114　499
～てくる　142　514
～てくれますか/～てくれる？　82　479
～てくれませんか/～てくれない？　82　479
～てしかた/しよう/しょうがない　129　507
～てしまう　30　458
～てしまった/ちゃった　122　504
ですが　301　575
ですから　267　560
～てすぐ（に）　172　200　526　536
デス・マス形　427　430　437　440　631　634
～てたまらない　129　508
～てならない　129　508
～では　55　468
～てはいけない　94　485

641

～てびっくりした　　103　491
～てびっくりしてしまった/しちゃった
　103　492
～てほしい（と思う/思っている）　　21　62
　453　454
～てみた　　153　155　519
～てみませんか/～てみない？　　74　476
～ても　　279　292　368　566　571　605
でも　　301　576
～でもあり～でもある　　195　346　536
597
～て（も）いい　　58　469
～て（も）いいですか/でしょうか　　58
　470
～て（も）かまいませんか　　58　471
～て（も）かまわない　　58　470
～でもしたら　　241　550
～ても～ても　　365　603
～でも～（よ）うものなら　　241　551
～て（も）よろしいですか/でしょうか
58　470
～てもらいたい　　21　454
～てもらいます/いただきます　　88　482
～てもらえますか/～てもらえる？　　82
480
～てもらえませんか/～てもらえない？
82　480
～てもらって（も）いい（ですか）？　　82
481

と　～と　　172　214　228　525　542　544
～と～　　338　593
～といい　　67　473
～といい～といい　　353　599
～といいなあ（と思う/思っている）［願望］
　17　452　453
～といいんだけど/が［願望］　　17　453
～という。　　52　468
～ということだ　　50　466
～というのは　　2　446
というのは　　267　561
～という＋名詞＋は　　2　446
～といえども　　296　573
～と言っていた　　50　466
～といっても　　296　572
～といわず～といわず　　353　599
どうしよう　　110　497
どうも。　　114　500
～と瓜二つだ　　390　614
～と思う　　34　37　459　462
～と思うような　　400　618
～とか～とか　　338　360　594　602

～とか～とか（したらどうか）　　358　601
～と関係なく/なしに　　372　607
～とき　　168　172　185　523　525　530
～と聞いた　　50　466
～ときたら　　5　448
～ときに　　168　185　524　530
～ときには　　168　524
～ときは　　168　190　524　532
～とけばよかった　　122　505
～どころか　　381　610
～ところだ　　133　139　509　512
～ところで　　292　571
～ところを見ると　　406　620
～としたら　　221　545
～としても　　288　569
～とすぐ（に）　　200　536
～とすると　　228　545
～とする（の）なら　　231　546
～とすれば　　225　545
～とそっくりだ　　390　613
～とたん（に）　　200　537
～と～では、どちらが　　315　582
～と同時に　　172　200　526　537
～と～と～では、どれが一番～　　322
586
～と～と、どちらが　　315　581
～と～と～と、どれが一番～　　322　586
～と～と～の中で（は）、どれが一番～
322　586
～とともに　　329　590
～となったら　　221　546
～となると　　228　546
～となる（の）なら　　231　547
～となれば　　225　546
～と似ている　　390　613
～とのことだ　　50　467
～とはいうものの　　296　574
～とはいえ　　296　573
～と～は、どちらが　　315　582
～と～は似ている　　390　614
どんなに～（た）ところで　　292　571
どんなに～ても　　294　370　571　605
どんなに～（よ）うが　　370　606
どんなに～（よ）うと　　368　605

な　～な［禁止］　　94　484
～な［ナ形容詞］　　346　596
～ない［嫌い］　　100　489
～ない［禁止］　　94　485
～ない？　　74　476
～ない以上（は）　　234　548

642

〜ないうちに　185　532
〜ないうちは　190　534
〜ない限り（は）　234　548
〜ないかなあ（と思う/思っている）　17　21　453　454
〜ないこと。　94　485
〜ないことには　238　549
〜ないで［原因・理由］　261　558
〜ないで（ください）　94　485
〜ないではすまない　126　506
〜ないと　234　547
〜ないといけない　25　457
〜ないようでは　234　548
〜ないように［目的］　271　563
〜ないように（しよう/しましょう）　94　486
〜ないわけにはいかない　25　30　126　456　459　506
〜ながら［同時］　195　534
〜ながら（も）［逆接］　283　567
〜なきゃならない　30　458
〜なきゃよかった　122　504
〜なくちゃならない　30　458
〜なくて　261　558
〜なくては　234　548
〜なくてはならない　25　456
〜なければ　234　547
〜なければならない　25　126　456　507
〜なければよかった　122　504
〜なさい　91　483
〜なしに（は）　238　550
なぜなら　267　561
なっていく　142　514
なっていっている　142　515
なっている　142　513
なってきている　142　515
なってくる　142　514
〜なら　5　210　217　448　542
〜（の）なら　231　544
〜ならいい/かまわない　62　473
〜なり［動詞の辞書形＋なり］　200　538
〜（た）なり　205　539
〜なり〜なり（したらどうか）　358　601
なる　142　513
〜なんか/なんて〜（よ）うものなら　241　551

に　〜に［目的］　271　275　562　564
〜に応じて　334　592
〜にかかわらず　283　372　568　606
〜に限らず　381　611
苦手だ　100　490

似通っている　393　615
〜にしたがい　334　591
〜にしたがって　329　590
〜にしても　288　570
〜にしても〜にしても　353　600
〜にしろ　288　570
〜にしろ〜にしろ　353　600
〜にせよ　288　570
〜にせよ〜にせよ　353　600
〜にそっくりだ　390　613
〜似だ　390　613
〜に対して　311　581
似たようなものだ　393　615
似たり寄ったりだ　393　614
〜につれ　334　591
〜につれて　329　589
〜にともない　334　592
〜にともなって　329　590
〜に似ている　390　613
〜には　275　565
〜にひきかえ　311　581
〜に向けて　275　563
〜にもかかわらず　283　567
〜によらず　283　372　569　606
〜によると　55　409　468　621

ぬ　〜抜きで（は）　238　550

の　〜のあとで　176　528
能動文　158　159　161　521　522
〜のごとき　400　617
〜のだ　42　46　464
〜のだから　250　555
〜ので　100　245　490　552
〜の中で、何/どれが一番〜　322　587
〜（の）なら　217　231　543　544
〜のに［逆接］　279　566
〜のに［目的］　275　564
〜（の）に応じて　334　592
〜（の）にともない　334　592
〜（の）にともなって　329　590
〜の〜の　360　602
〜の話では　409　621
〜（の）ほうが　315　319　583　584
〜のみならず　377　609
〜（の）ようだ　397　616
〜（の）ように見える　397　616
〜のを見ると　406　620

は　〜は［主題］　2　5　55　447　468
〜は［2時間は］　308　579
〜ば　210　214　217　225　541　544

643

〜ば？　68　475
〜場合　210　214　217　543
〜ばいい　67　474
〜はおろか　381　610
〜は〜が、〜は〜　305　577
〜ばかりだ［変化］　150　517
〜（た）ばかりだ　139　512
〜ばかりで（は）なく（て）　377　608
〜ばかりに　261　558
〜は〜けれども/けど、〜は〜　305　577
〜ばこそ　261　559
〜はずだ　37　42　46　462
〜は〜だ　97　488
〜は〜て、〜は〜　305　577
〜は〜のに、〜は〜　305　578
〜ば〜ほど　329　591
〜はもちろん　381　609
〜はもとより　381　610
〜ばよかった　122　504
〜反面　311　580

ひ　びっくりした　103　491

ふ　普通形　431　432　441　442　632　636
　　普通文　158　159　161　521　522

へ　〜べきだ　25　67　457　475
　　〜べきだった/べきじゃなかった　122
　　504

ほ　〜ほうが　315　319　583　584
　　〜ほうがいい　71　126　474　507
　　ほっとした　107　494
　　ほど　308　579
　　〜ほど〜ものはない　325　588
　　本当/ホント（ですか）？　103　107　490
　　494

ま　〜前に　185　531
　　前にも言いましたが/けど　419　626
　　前にも言いましたように　419　626
　　前にも言った（か）と思いますが/けど
　　419　626
　　〜前は　190　533
　　まさか　103　492
　　〜ましょう　78　87　477　482
　　〜ましょうか　78　478
　　〜ます　9　13　32　78　133　449　450　457
　　477　509
　　〜ませんか　74　476
　　また　386　612
　　〜までに　185　531

〜までは　190　533
〜まま　205　539
〜まる　146　516

み　〜みたいだ［推量］　37　50　461　467
　　〜みたいだ［比喩］　397　616
　　見るからに　403　619

め　名詞止め　9　91　94　315　322　484　486
　　584　588
　　迷惑をかけた　118　502

も　〜も［2時間も］　308　579
　　申し訳ありません　118　501
　　申し訳ありませんが/けど　415　624
　　申し訳ないことをしました/いたしました
　　118　502
　　もっとも　301　576
　　〜ものだ　30　458
　　〜ものだから　250　554
　　〜ものなら　210　543
　　〜ものの　283　568
　　〜も〜も　353　599

や　〜や〜　338　593
　　〜や否や　200　537
　　〜やら〜やら　360　603

ゆ　〜ゆえに　261　559
　　許して（ください/くれ）　118　502

よ　〜（よ）う　78　88　477　482
　　〜（よ）うか　78　478
　　〜（よ）うが　368　606
　　〜（よ）うが〜まいが　365　605
　　〜（よ）うが〜（よ）うが　365　604
　　〜ようだ［推量］　37　461
　　〜ようだ［比喩］　397　616
　　〜（よ）うと　368　605
　　〜（よ）うと思う/思っている　9　449
　　〜（よ）うと思っていたところだ　133　510
　　〜（よ）うとしていたところだ　133　510
　　〜（よ）うと〜まいと　365　604
　　〜（よ）うと〜（よ）うと　365　604
　　〜ように［目的］　271　563
　　〜ように（してください）　88　91　482
　　484
　　〜ようになる　146　516
　　〜ように見える　397　616
　　〜（よ）うものなら　241　551
　　よかった　107　493
　　〜予定だ　9　450

～より～（の）ほうが（ずっと）　319　584
～より～（の）ほうがましだ　319　585
～よりむしろ～（の）ほうが　319　585
～より～ものはない　325　588

ら　～らしい　37　50　461　465

る　～（る）ところだ　133　509

れ　連用中止（形）　342　349　595　597

わ　～わけだ　42　46　464
～わけだから　250　555
私から言うと　412　623
私から見て　412　623
私としては　412　622
私としても　412　622
私は　412　622

～わりに（は）　319　585
悪い　118　503
悪いけど/悪いんだけど　416　625
悪かった　114　118　500　503
～わ～わ　360　603

を　～をきっかけに　181　529
～を問わず　372　606
～をはじめ、～や～　338　594
～を目指して　275　564
～をよそに　372　607

ん　～んじゃないかと思う　34　460
～んだ　42　46　464
～んだから　250　555
～んだった/んじゃなかった　122　505
～んばかり（の）　400　617

645

著者
市川保子
　　元筑波大学助教授
　　元東京大学・元九州大学教授
　　『Japanese：A Comprehensive Grammar, 2nd Edition』（2013）ROUTLEDGE（共著）、『日本語
　　誤用辞典　外国人学習者の誤用から学ぶ　日本語の意味用法と指導のポイント』（2010）ス
　　リーエーネットワーク（共著）、『中級日本語文法と教え方のポイント』（2007）スリーエー
　　ネットワーク、『初級日本語文法と教え方のポイント』（2005）スリーエーネットワーク、『日
　　本語教育指導参考書22：日本語教育のための文法用語』（2001）国立国語研究所、『Situational
　　Functional Japanese Ⅰ－Ⅲ』（1991-1992）凡人社（共著）

装丁・本文デザイン
Boogie Design

日本語類義表現と使い方のポイント
―表現意図から考える―

　　　　　　　2018年9月25日　初版第1刷発行
　　　　　　　2023年1月27日　　第 3 刷 発 行
　著　者　　市川保子
　発行者　　藤嵜政子
　発　行　　株式会社スリーエーネットワーク
　　　　　　〒102-0083　東京都千代田区麹町3丁目4番
　　　　　　　　　　　　トラスティ麹町ビル2Ｆ
　　　　　　電話　営業　03（5275）2722
　　　　　　　　　編集　03（5275）2725
　　　　　　https://www.3anet.co.jp/
　印　刷　　萩原印刷株式会社

ISBN978-4-88319-777-4　C0081
落丁・乱丁本はお取替えいたします。
本書の全部または一部を無断で複写複製（コピー）することは著作
権法上での例外を除き、禁じられています。